케이서사열전 列傳

원효에서 한강까지 ……
장장하게 흘러온 K-철학의 강물

사실과 가치

케이서사열전 — 원효에서 한강까지

초판인쇄 | 2025년 9월 26일
초판발행 | 2025년 9월 30일

지은이 | 김상천
펴낸이 | 김상천
기획부장 | 이남원
편집부장 | 방성
인쇄한곳 | 한성문화인쇄
펴낸곳 | 사실과가치

등록번호 | 2017년 9월 13일 제 2017-000058호
주소 | 서울시 양천구 목동중앙본로20길 61 301호

전자우편 | criticks@hanmail.net
전화번호 | 010-5034-9132
팩스번호 | 070-8291-9998

ⓒ 김상천 2025 Printed in Seoul, Korea

ISBN 979-11-962546-7-4

이 책의 판권은 지은이와 사실과가치 출판사에 있습니다.
따라서 양측의 서면 동의 없는 무단 전재 및 복제를 금합니다.

원효에서 한강까지

케이서사열전

늘샘 김 상 천 지음

"형식이야말로 지식의 참된 대상이다."

– 플라톤, 〈국가〉 중에서

머리말

지구촌이 하나가 되었다는 오늘, 그러나 우리는 다양한 문화와 가치가 서로 충돌, 교류하는 가운데 공존하며 살아가고 있습니다.

그래 헬레니즘과 헤브라이즘으로 얘기되는 서구적 가치가 있는가 하면, 아시아적 가치라 불리는 동양적 유교가 있고, 인도문화가 있으며, 이슬람 문화라 칭하는 또 다른 문화가 있습니다. 서구적 가치만 하더라도 잘 보면 느낄 수 있는 사실이지만 자유의 여신상으로, 헤브라이즘으로 상징되는 아메리칸 벨류가 있는가 하면, 장발장으로, 헬레니즘으로 대표되는 프렌치 벨류가 또한 있습니다.

그 어느 때인가,

헨리 제임스의 장편소설 〈아메리칸〉(민음사)을 흥미롭게 읽은 기억이 있습니다. 거기 돈 많은 미국의 실업가 뉴만이 프랑스 벨가드 가문의 아름다운 싱크레 부인을 신부로 맞이하려다 물코를 먹은 이야기인데, 바쁜 일상에서도 이 이야기에 손을 놓을 수 없었던 것은 대체 유럽의 구대륙과 아메리카 신대륙 간에는 대서양이라는 물리적 공간의 차이를 넘어 문화의 간극이 분명히 존재하는 것을 모르고 덤볐다가 실패한 이야기로 저쪽 세계에 대한 문화적 소양이 부족한 나의 열등한 호기심을 해소하는데 적지 않게 도움이 되었기 때문입니다.

"우리의 견해는... 솔직히 고백하건대, 우리가 반대하는 건 당신의 성격이 아니라 내력이죠. 실제 우리는 장사치와 어울릴 수 없답니다." 노 벨가드 부인이 말했다.

이것을 이해한다는 것은 단순한 지식의 문제가 아닌 저 깊이 모를 강물과 같은 심오한 인문적 소양의 문제가 아닌가. 즉 여기서 우리는 아래에서 볼 수 있듯이 하나의 문화적 지층으로 끝도 없이 이어지는 다양한 문화적 층위를 지닌 무의식의 지층을 상상해 보는 것이지만,

귀족과 부르주아
가문의 내력과 개인의 성격
가톨릭과 프로테스탄트
남방과 북방
명예와 실제
말과 사물
예술의 신과 시장의 신
보편자와 개별자
시와 소설
실재론과 유명론
아리스토텔레스와 플라톤
리세와 아카데미
……

소설 또한 하나의 인생의 교과서이니, 그 나라의 문화와 특정한

가치를 존중하는 모럴에 대한 기본 지식이 없으면 나 또한 낭패를 볼 수도 있다는 간접교훈이 아닌가 말입니다.

자, 그렇다면 오늘 K-철학으로서의 '**코리안 벨류Korean values**', 즉 '한국적 가치'는 무엇인가? 가치는 하나의 내용이자 사유의 핵심으로, 사유는 반드시 형식으로 드러나게 마련입니다. 그래 내가 전하고자 하는 내용, '이 스토리는 무엇을 담고 있는가'라는 문제는 곧 '이 내용을 어떻게 볼 것인가'라는 인식론의 문제와 더불어 '이것을 어떻게 나타낼 것인가'라는 표현론의 문제에 닿아있습니다. 궁극적으로 형식이야말로 가장 중요한 지식이 아닐 수 없습니다.

앞에서 잠깐 보았듯이 오늘, 서구 유럽의 정신을 가로지르는 구대륙과 신대륙 간에는 그 메워질 수 없는 그 어떤 이원론으로서의 강이 놓여 있음을 볼 수 있습니다. 남방정신을 대변하는 니체의 정오의 순간, 북방정신을 대변하는 헤겔의 황혼의 시간, 이것은 시와 소설이라는 양식에 반영된 것으로 우리는 서구 문화의 정점에 선 괴테의 명작 〈젊은 베르테르의 슬픔〉에 드러나고 있는 호메로스(제1부/사랑)와 오시안(제2부/죽음)을 통해서도 확인할 수 있습니다. 그러니까 오늘 '**프렌치 벨류 French values**'와 '**아메리칸 벨류American values**' 사이에는 알게 모르게 서구인의 사유와 정신적 가치를 형성하는 무의식의 띠에는 분명 '**이원적dualistic**' 흐름이 구조화되었음을 알 수 있습니다. 가령, 이런 사실에 대한 하나의 유력한 방증으로 우리는 니체를 들 수 있습니다. 니체는 분명 독일의 철학자입니다. 그런데 그는 독일보다는 프랑스에서 더욱 인기를 누리고 있습니다. 그것은 좀 이해하기 어려운 현상입니다. 그러나 조금만 생각해보면 알 수 있는 현상이기도 합니다. 즉 '프랑스의 니체주의들'이라는 휘황찬란한 데리다, 푸코, 바르트, 들뢰즈, 라캉, 바타유, 블랑쇼 뭐 이런 철학계의 영웅들이 모두 니체를 사유의 종조로 하고 있는 데에는 그만한 이유가 있는 것으로, 사실 니체가 그의 주저인 〈차라투스트라는 이렇게 말했다〉, 〈즐거운 학문〉 등을 집필할 당시 가장 큰 영향을 미친 것은 그 스스로 〈이 사람을 보라〉에서도 술회하고 있듯이 바로 남유럽, 특히 프로방스 지방에서 체험한 삶과 문화의 영향 때문입니다. 즉 니체 사유의 명랑성과 시적 기술 형식은 남방의 영향에서 비롯된 것이고, 이런 취향과 경향을 지닌 니체의 사유가 자연 프랑스 철학자들에게는 매우 친연성을 지닌 이유가 되었던 것입니다. 어쨌든지 간에 우리가 한국의 독자이든 세계의 독자이든 서양의 문화와 철학을 이해한다고 했을 때, 이런 문화의 지층에 대한 이해는 매우 기본적인 소양에 해당한다는 사실입니다. 그러고 보니 중국문화에도 유가와 〈시경〉으로 대표되는 북방문화가 있고, 도가와 〈초사〉로 상징되는 남방문화가 있습니다.

자, 그렇다면 한국의 문화와 철학을 가로지르는 문화의 지층에 흐르는 정신구조는 무엇일까요? 이 글은 고유의 한국형 K-서사체를 찾아가는 지적 여정을 담고 있는 K-문화 오디세이입니다. 우리는 왜 이리저리 방황하다 다시 고향에 돌아가는가. 왜 〈삼국지〉이고, 왜 〈호메로스〉이며, 왜 〈삼국유사〉인가? 거기 시간의 압력을 이겨낸 고전의 강물에는 지금도 여전히 과연 나의 무릎을 치게 하고 두 손을 놓을 수 없게 만드는 삶의 영롱한 지혜라고 할 그 어떤 무엇이 흐르고 있기 때문입니다. 그것은 뭐 인생의 지혜 또는 진실의 강물이라고 하는 바의 것입니다. 그래 지혜와 진실은 무엇인가는 단언해서 말하기 어려운 얘기지만 나는 '유명론'이라는 철학적 회의의 막대를 지팡이 삼아 오늘 K-철학의 기원이 된 한국적 서사 형식의 내재적 기원을 탐색하는 여정을 감당하고자 했던 것입니다. 이 과정에서 어디에서나 볼 수 있는 스토리를 '이론화'theorizing 한다는 것은 매우 중요한 것입니다. 이를 통해 가령 저 롤랑 바르트의 〈신화론〉처럼 일상에서 일어나는 사건이나 현상을 설명해 낼 수 있기 때문입니다. 모든 대상을 다룰 수는 없으니 꽃도 있고 열매도 있는 명사들을 중심으로 다루었습니다.

이 여정에서 "나는 여러 가지 사실들을 탐구하고 난 후에야 현시대 신화에 대한 방법론적인 정의를 시도하였다."는 기호철학자 롤랑 바르트(〈mythologies〉)의 진술과 "미네르바의 부엉이도 황혼 무렵에야 비로소 날기 시작한다."라는 헤겔 〈법철학〉 '서문'의 명제는 나에게 말할 수 없는 학문적 위로와 용기, 영감을 주었습니다. 이는 곧 다양한 한국적 기호현상들(多)을 가로지르고 있는 단일한 K-문화 이론체계(一)가 무엇인가를 한 걸음 뒤로 물러서서 사유하게 하는 지침이 되었습니다.

더불어 베토벤의 '월광 소나타'는 그 말로는 이루 다할 수 없는 예술적 위로와 용기, 정신적 쾌감psychic orgasm를 주었습니다. 그래 나는 용기를 내어 한국 고유의 지적, 정신적 유산을 낳은 천재들의 작품을 다양하게 검토하는 가운데 서양의 지적 계보에 못지않은 우수한 내력을 지닌 K-컬쳐로서, 그러나 서양의 이분법을 형상화한 시와 소설이라는 대표 양식과 달리 시도 아니요, 소설도 아닌 '**불일불이不一不二한 한국 고유의 서사 변증법**'이자 문화적 결절점으로서의 '한국형 서사체'에 대한 일관된 이론 체계를 세울 수 있었습니다.

……

여행은 참으로 고독한 맛에 하는 것이지만 다행히 내 옆에는 연금술사 같은 노인이 있어 이 이야기를 마무리하는데 중요한 길잡이가 되었습니다. 이것이야말로 지복이고 청복이 아닌가. 사마천은 〈사기〉에서 "나를 낳아준 사람은生我者는 부모父母요 나를 알아준 사람은知我者는 포숙아鮑叔牙"라고 했습니다.

다행히 이 책이 성공한다면 전적으로 노인의 덕일 것입니다.

다만 즐거운 여정이 되시길~~~

2025년 가을에...

양천구 목동 우거에서

늘샘 김상천

한국 철학의 종조이자 비조인 원효, 그는 또한 '민중'에 기반을 둔 한국형 서사체(또는 케이서사)의 진정한 기원이기도 한 중대한 seminal 인물입니다. 경주 분황사

|케이서사열전 01|

머리말 _ 7

총론 _ 19

    1, 한국朝鮮의 유래 _ 20
    2, 어디로 갈 거나 _ 31
    3, 서사이론 개요 - 42

개관 _ 57

제1부, 고대편 _ 71

    1, 원효 _ 72
    2, 이규보 _ 84
    3, 일연 _ 97

제2부, 중세편 _ 111

    4, 김시습 _ 112
    5, 서경덕 _ 127
    6, 정철 _ 140

|케이서사열전 02|

제3부. 근세편 _ 153

7. 허균 _ 154
8. 홍대용 _ 171
9. 연암 박지원 _ 189

제4부. 근대편 _ 211

10. 만해 한용운 _ 212
11. 임화 _ 254
12. 백석 _ 310

제5부. 현대편 _ 341

13. 김수영 _ 342
14. 한강 _ 381

대결어(또는 요약) _ 441

|케이서사열전 03|

부록; 연암과 다산의 문자전쟁 _ 448

　　　　보론 _ 478

해설; 조동길 _ 480

후기 _ 502

일 러 두 기

– 이 책은 한글맞춤법과 글쓰기의 기본을 준수합니다.

– 다만, 한 편의 철학적 비평서이자 작품으로서 감상의 효과를 내기 위해, 또 대중적 어법의 감성화 경향, 간략화 추세 등을 반영하여 더러 어법의 파괴를 감행했음을 알립니다.

가령, '면'을 '먼'으로, '겠'을 '것'으로, '못'을 '모'로 등

– '형태소'에 기반한 근대의 표준 어법語法은 획일적이라는 한계를 지니고, 이는 사실 일종의 상징폭력형태로 다양성을 해치는 비민주적 잔재입니다.

– 누구나 주인공이고 모두가 애널리스트인 대중서사, 대중평자시대, 비평 또한 하나의 작품으로 나에게는 나에게 어울리는 나만의 고유한 향기를 지닌 개인적이고 사회적인 어법이 필요한 시대입니다. 그것은 기본적으로 스타일의 문제이고, '목소리voice'의 문제입니다.

– 대중서사, 대중평자시대는 또한 '상호성'이라는 모럴을 중시하는 상호주체의 시대이니 상대를 염두에 두고 말하듯이 쓰는write like you talk 대중적인 글쓰기 형식을 요구하고 있습니다. '경어체'를 기본으로 쓴 이유도 여기에 있습니다.

– 그리고 읽기 문화의 개선을 위해서 단락을 중심으로 시원하게 편집을 하였습니다. 따라서 자연 '들여쓰기'의 필요를 느끼지 않았습니다.

– 이런 점 등을 넓으신 아량으로 이해해 주길 바랍니다.

총론

1. 한국朝鮮의 유래
2. 어디로 갈 거나
3. 서사이론 개요

1
한국朝鮮의 유래

대체 한국은 어디서 비롯되었나...

여기, 한국은 그 헤겔적 의미에서의 하나의 '대자적' 개념입니다. 오늘 우리 말글을 국수적인 의미의 '한글'보다는 보다 중성적으로 '한국어'라고 부르는 것처럼, 우리의 정신을 오롯이 담은 학문을 전래로 '한국학'이라 부르는 것은 상대를 의식한 것입니다. 따라서 이 글에서 한국학은 국수주의적 민족주의도 아니요, 부르주아적 민족주의도 아닌 '대상적' 또는 '저항적' 의미를 지닌 한국학을 가리킵니다. 한국학은 기본적으로 오랜 연원을 지닌 한민족의 정신적, 문화적 유산을 총칭하는 개념이지만 일제의 경제적, 문화적 침략에 따른 대응에서 비롯되었기 때문입니다. 또한 한국학은 오늘 K-문화이자 세계 문화의 일부로서 '한국적인 것'이라는 소수성을 이루고 있는 우리의 특수한 문화를 일컫기도 합니다.

하나의 '자기 의식self-consciousness'으로 우리가 자신에 대한 자의식이자 대자적 인식의 소산으로 자신을 주체적으로 자각하기 시작한 것은 외부와의 만남을 통해서였습니다. 즉 어느 민족이든 그러한 것처럼, '한국'이라는 개념 또한 외부에 대한 대타적 인식의 소산으로서의 민족 감정, 영토 의식, 언어 주권 등 에스니ethnies 한 민족의식과 관련되어 있습니다. 그리하여 우리가 저 독일을 가리켜 '게르만German'이라 하고, 영국을 '브리튼Briton'이라 부르며, 프랑스를 '골Gaul족'의 후예라 칭하는 것처럼, 꼭 그처럼 중국인들은 자신을 한고조漢高祖 유방이 세운 한漢이 양자강의 큰 지류인 한수漢水에서 유래되었다 하여 '한인漢人'이라 자칭하듯이, 마찬가지로 천황에 대한 가장 근원적인 감정으로서의 충성을 지닌 일본인이 스스로 '니혼진日本人'이라 하듯, 우리는 우리 스스로를 대개 역사적인 민족의 개념으로 '한국朝鮮'으로 불러왔습니다.

세계의 어느 민족이든 하나의 신화이자 하나의 내력으로서 자신만의 삶에 터한 고유한 문화와 역사를 지니고 있습니다. 여기, 한국이라는 문화와 역사도 마찬가지입니다. 그리하여 오늘 한국의 공식명칭인 대한민국을 'Korea'라고 하는데, 본래는 한국이라 했던 것으로 '한국朝鮮'은 대한민국의 국조라 일컬어지는 단군이 처음 나라를 개창開創한 때의 서울로 우리말 '아사달'을 한자로 음차한 것입니다. 그러니까 '한국'과 '서울'과 '아사달'은 이음동의어입니다. 그래 오늘 아침이라는 고대어 '아사'의 의미는 지금도 남아서 한국의 후예인 고구려-백제의 땅 충남 홍성의 '조양문朝陽門'에 그 자취가 남아 있고, 일본의 유력한 저널 조일신문朝日新聞을 '아사히신문'이라 읽는데, 이것 또한 고한국의 후예가 고구려, 백제를 거쳐 일본으로 건너가 남긴 엄연한 흔적이니, 이는 그리스 신화 상의 대지의 여신 데메테르Demeter의 'matr'가 라틴어 'mater'를 거쳐 오늘 영어 'mother'와 'metro'가 된 것처럼 하나의 기원으로서의 민족문화의 고유한 내력을 지닌 언어의 힘과 영향은 마치 어깨에 불주사를 맞은 자국처럼 문화의 흔적은 결코 하루아침에 사라질 수 없는 것입니다.

그렇다면 대체 '코리아'는 어디서 나온 말인지… 잘 알다시피, 'Korea'는 고려 왕조 당시 외국 상인들에 의해 세계에 알려진 이래 '고려'의 영어식 표현인 'Corea'가 바뀐 형태로 오늘에 이르고 있는 대한민국의 통칭입니다. 그렇다면 고려는 또 어디서 나왔나. 고려高麗는 고구려高句麗의 후손이라는 계승의식에서 나온 준말입니다. 그렇다면 다시 고구려는 어디서 나온 말인가. 어원학philology도 일종의 퍼즐 맞추기라면 잃어버린 어휘 조각들을 하나하나 맞춰나가는 사회역사적이고 고고학적인 상상-조합능력이 요구됩니다. 자, 코리아가 고려에서, 고려가 다시 고구려에서 발원되었다고 하니, 고구려부터 시작해 보겠습니다. 고구려의 시조는 동명성왕東明聖王으로 불리는 고주몽高朱蒙입니다. 여기서 우리는 기본적으로 고씨高氏에서 '고高'가 나왔을 것이라 짐작할 수 있습니다. 남는 건 '구려句麗'입니다. 대체 '구려'는 또 뭘까. 〈삼국유사〉'고구려'조, 〈세종실록지리지〉등 여기저기 고문헌 상에 드러난 여러 자료를 참고해 이야기해 보겠습니다.

고古한국의 후예 해모수가 나라를 세우고 이름을 북부여라 했습니다. 그의 아들이 해부루인데, 그가 오래도록 아들이 없어 산천에 제사 지내기 위해 큰 연못가를 지나는데, 큰 바위 근처에서 빛이나 들춰보니 금빛 개구리 모양의 어린애가 있었습니다. 해부루는 이 어린애를 거두어 아들을 삼았는데, 금덩이처럼 빛이 난다 (또는 금빛 개구리 모양 같다) 하여 '금와金蛙'라 했습니다. 그러니까 금와는 우리말의 '금개구리'(또는 '금두꺼비'[1])를 한자로 취한 것입니다. 후에 해부루가 세상을 떠나자, 금와가 왕위를 이었습니다. 이 북부여의 금와왕이 졸본으로 옮겨와 한 여자를 취했는데, 그 여자가 바로 하백河伯의 딸 유화柳花입니다.

이 여자가 대단한 미인이었는지 마치 저 그리스의 바람둥이 신 제우스처럼 해모수가 몰래 유인하여 정을 통해 놓고는 돌아오지 않아 부모는 중매 없이 혼인한 것을 꾸짖고 귀양을 보냈습니다. 금와는 이 여자를 이상히 여겨 방 속에 가두어 두었는데 햇빛이 따라다니면서 비쳤다 합니다. 이후 곧 태기가 있어 알 하나를 낳으니 매우 컸습니다. 이 알을 짐승들에게 던져주니 먹기는커녕 오히려 보호하여 주었습니다. 왕이 그것을 쪼개려 했으나 쪼갤 수 없어서 그 어머니에게 돌려주었는데, 얼마 후에 그야말로 '금두꺼비'처럼 골격이 크고 외양이 특이한 한 아이가 껍질을 부수고 나왔습니다. 이건 그대로 고대의 영웅신화를 연상케 하는 대목이 아닌가. 또 알에서 신성한 시조가 태어났다는 것은 세계 어디서나 목격되는 태양신화의 일종이라 볼 수 있습니다.

아무튼 이렇게 낳은 아들이 고주몽인데, 주몽이라는 '이름personal name'은 당시 활을 잘 쏘는 사람을 일컫는 말에서 취하였다고 하니 그렇다 치고, '성씨family name'는 왜 해씨도 아니고

---

[1] 한국의 술Korean wine의 대명사 '소주'의 상징이 두꺼비인 것도 이를 신성시하는 오랜 민중적 기원을 이루고 있다 할 수 있습니다.

유씨도 아니고 고씨일까. 고기古記를 '다시' 보니, 금와왕이 유씨 부인을 몰래 유인하여 정을 통한 곳이 웅신산熊神山입니다. 일설에 따르면, 웅신산은 우리말로 곰신2)을 숭배하는 산 '고마뫼' 곧 개마산으로, 백두산을 달리 이르는 말이니, 웅신산은 곧 백두산입니다. 즉, '고'는 고마뫼, 태어난 곳에서 취한 것입니다. 한국인의 성씨를 일컬을 때 태어난 곳, 관향貫鄕을 따르니 이는 충분히 가능한 얘기입니다. 그래도 남는 것은 '구려'입니다. 대체 '구려'는 어디서 취한 것인지, 의문은 뜻밖에 박지원의 글(《열하일기》, '피서록', 돌베개)에서 풀렸습니다.

고구려라는 이름은 〈한서漢書〉 '지리지'에 처음으로 나오는데, 선조는 금와金蛙입니다. 우리나라 말에 와蛙를 '개구리皆句麗' 또는 '왕마구리王摩句麗'라고 하는데, 옛날 사람들은 질박하고 솔직하여 임금의 이름을 곧바로 국호로 삼았고, 그래서 성씨인 고高를 앞에 붙여서 고구려하고 한 것입니다.

라며, 당시 박지원의 제자이자 규장각의 각신閣臣으로 있던 청장관靑莊館 이덕무의 말을 인용하고 있습니다. 즉 Korea의 어원이 된 '고구려'는 관향, 백두산과 고주몽의 선조, 금와왕에게서 취한 것입니다. 금와왕도 단군의 자손이니, 우리는 고유의 내력을 지닌 고한국의 시조 단군의 후예이고, 백두의 혼을 지닌 역사적 민족임을 알 수 있습니다. 물론 경계해야 할 것은 한민족이 특별히 하늘로부터 선택받은 천손天孫의 민족이라거나 신인神人인 단군의

---

2) 곰신 숭배는 한국의 지명 여러 곳에 산재해 있습니다. '고마나루'를 뜻하는 공주公州도 그 중의 하나입니다. *참고 〈고마〉 창간호(2020)

자손이라는 과도한 국수주의적 태도입니다. 그래 국민을 불행하게 했던 자들이 '민족'이라는 외피로 국민을 기만하고 자신들의 과오를 은폐, 희석시키려 했던 '개 같은 자들'이었음을 우리는 저 이광수, 김동인, 김팔봉, 서정주 류의 가짜 민족주의 문사들에게서 배운 바 있습니다.

이는 비단 우리만이 아닙니다. 히틀러는 독일의 민족부르주아지들을 부추기어 인류를 소돔 속으로 몰아넣었으며, 그럴 때마다 그가 외친 것은 늘 '위대한 게르만 민족'이라는 수사였음을 우리는 모르지 않거니와, 저 공자孔子에게서 비롯된 중국적 국수주의, 이른바 '중화주의'도 마찬가지로 주변국에 대한 과도한 우월감에 바탕하고 있는 지나친 중화적 민족 의식은 외부와 동화하기 어려운 한계가 있거니와, 그리고 동양 침략에 열광했던 일본인들처럼 천황을 등에 업은 침략적 국수주의는 자국민을 기만적 동일화의 맹목에 빠뜨리고 '배타적인' 감정을 불러일으키는 등 우리가 이런 국수주의적 민족주의를 경계하는 이유는 지금도 여전히 인류를 '어둠의 심연'에 빠뜨릴 수 있는 전체주의적 독소를 지니고 있기 때문입니다.

그렇다고 해서 신화는 비역사적이라고 하면서 단군을 한국민족정신의 출발점으로 삼고 있는 일반적인 한국인의 무의식을 백안시하는 일부 교조적 계급 사관을 지닌 자들의 좌편향도 인정하기 어렵습니다. 왜냐하면 신화는 세계 공통의 보편적인 문화적 특성을 지닌 고대 국가 성립기의 건국 설화이기 때문입니다. 하나의 건국설화로 신화의 주인공, 가령 제우스는 헤겔(《역사철학강의》)의 말대로 국가라는 공동체 작품을 낳은 정치적인 신이었던 것입니다. 신화는 고대 그리스, 로마에만 있는 것이 아닙니다. 또한 갈릴레이 이전의 천동설도 지금에야 신화에 불과하지만 하나의 역사적 단계에서의 과학의 역사를 반영하고 있는 엄연한 과학지식입니다. 왜냐하면 과학사의 한 층layer을 형성하고 있는 천동설을 비근대적인 신화적 자연관이라고 해서 부정할 수 없는 것처럼, 꼭 그처럼 그 궁극에서는 신화도 하나의 역사이고, 하나의 가치이기 때문입니다. 어떤 실재real도-이 실재가 주관적이든 객관적이든 상관없이-하나의 사회적 합의로서 그 '실재성realite'이 옹호되지 않고서는 실재로서의 진실(성)은 인정될 수 없습니다. 이것은 과학도 그렇지만 신화도 예외가 아닙니다.

신화는 또한 예술이기도 합니다. 가령, '물할머니'만 해도 그렇습니다. 나는 이 말 한마디에 참으로 무한한 상상력을 지닌 문화 유전자로서의 신화의 잠재력을 봅니다. 오늘 신화는 대중문화의 매트릭스입니다. 그러니까 현대의 리더들이 고전에서 영감을 발견하는 것처럼, 꼭 그처럼 신화는 지금도 여전히 자연이나 사회적인 여러 형태 그 자체로 이미 민족의 공상과 상상에 의하여 의식, 무의식 속에 하나의 예술적인 방식으로 다양하게 살아나고 있습니다. 이런 신화가 오랫동안 유지 전승, 현재까지도 한 민족의 의식, 무의식 속에 '무적無的' 생명력을 발하고 있는 것은 신화의 불사성不死性을 말해주기도 합니다. 과학적 유물론의 창시자 마르크스조차 이런 예술의 불사성이 지닌 문화의 의의를 무시할 수 없었습니다. 그는 호메로스 서사시의 사회적인 발생 조건을 깊고 상세하게 분석한 뒤에 이렇게 말했습니다.

그러나 어려움은, 그리스의 예술이나 서사시가 사회적 발전의 일정한 형태와 결합되어 있음을 이해하는 데 있는 것이 아니다. 어려움은 그것들이 지금까지도 우리들에게 예술적 즐거움을 제공하며 어떤 점에서는 규범으로서 또는 도달할 수 없는 모범으로써 통용되고 있다는 데 있다.

- 칼 마르크스, 〈정치경제학 비판〉 '서설', 중원문화

그러나 어느 문화도 그 혼자서는 결코 꽃을 피울 수 없습니다. 가령, 마르크스가 말하는 하나의 규범이자 모범으로서의 고대 그리스 문화가 유럽 문명의 원형이라 하지만 이 또한 이집트와 크레타 등 지중해 문명과의 활발한 교류에서 탄생한 것입니다. 그러면서 또한 중요한 것은 오랜 세월 언중들에게 구전되어온 말의 뿌리가 세월의 흐름에 따라 약간의 이형, 변형을 지니고는 있으나 그 깊은 근원에서 볼 때, 현실에서 발원한 원형의 흔적을 남기고 있다는 점입니다. 인간의 문화와 사상은 현실에 바탕하지 않고서는 꽃을 피우고 열매를 맺을 수 없기 때문입니다. 이런 관점에서 볼 때, 오늘 K-컬쳐의 모태가 된 한국의 신화 또한 저 그리스 신화처럼 역사적 시원으로서의 뿌리를 지닌 한국인의 보편적 꿈과 욕망, 의지를 드러낸 정신적 공동체의 원형 상징이라 할 것입니다. 그것은 가령, 호메로스의 〈오디세이아〉에 나오는 유명한 '세이렌siren' 신화처럼, 꼭 그처럼 최근 세계적인 반향을 불러일으켜 화제가 된 애니물 〈케데헌KPop Demon Hunters〉의 '저승 사자jeoseung saja' 신화를 통해 우리는 한국의 신화적 모티프가 자연스럽게 이 시대의 문화로 다시 재현되고 있음을 볼 수 있습니다. '한국'의 신

화는 결코 우연의 산물이 아니라 저 그리스 신화처럼 역사적 시원으로서 뿌리를 지닌 한국인의 보편적 꿈과 욕망, 의지를 드러낸 정신적 공동체의 원형 상징이라 볼 수 있습니다.

그러므로 세계사에 등장하는 모든 민족에게는 말할 것도 없이 언어예술, 조형예술, 학문, 철학이 존재한다. 그러나 그것들은 민족에 따라 표현양식과 방향성이 다를 뿐만 아니라, 오히려 내용에야말로 큰 차이가 있는데, 그것도 합리성의 차이라는 가장 큰 차이이다.

— 헤겔, 〈역사철학강의〉, 동서문화사

이런 차이로 인해 세계사에 등장하는 각 민족은 각자 그 고유의 특수성을 지니게 됩니다. 역사적으로 보아도 '한국'이라는 개념은 고려 후기 몽고의 침략과 이에 대응한 일연 〈삼국유사〉의 고한국 신화와 '사뇌가詞腦歌'라는 이야기(성)을 지닌 독특한 10구체 향가, 이규보의 민족서사시 〈동명왕편〉, 정철의 사설시조와 가사에 나타난 장가長歌, 한국 후기 현실학파인 실학에서 '한국지풍朝鮮之風'으로 나타나고 있는 연암의 〈열하일기〉와 일련의 패사체 소설들, 일제 강점기, 만해의 '님의 침묵'을 비롯한 상징적 산문시 특히 3.1 혁명 이후 '한국학 열풍'을 상징하는 임화의 프로시 '네거리의 순이' 등과 1960년대 똥구덩이 같은 역사의 무덤에서 발견한 김수영의 산문시 '거대한 뿌리', 특히 동북아적 사유에 기반한 한강의 생명사상 등은 모두 민족의 위기, 그러니까 우리가 외부의 타자와 만나는 순간마다 항상 나타나는 하나의 민족 정체성으로서의 '한국적인 것'은 하나의 차이이자 동일성으로 민족을 하나의 끈으로 묶는 구심체이고 생명체이며 정신적 실체로 기능하였습니다. 이렇게 집단적이고 구심적인 역할을 지닌 서사체 형식은 민족 공동체의 역사에서 생명의 노래이자 영혼의 발현체로 나타났던 것이고, 이들은 모두 민족의 정신이 작품으로 외화되어 나타난 것이니, '한국'은 이렇게 민족의 고난과 함께 동일성의 요구에서 비롯된 대자적 자기의식에서 비롯되었습니다.

그러나 오늘날 민족(또는 국적: nationality)이라는 말은 주관적 개념이어서 과학적 의미에서의 정의를 내리기가 매우 어려운 게 또한 부인할 수 없는 객관적인 사실입니다. 그만큼 민족은 다양한 스펙트럼을 지닌 개념입니다. 또한 지구를 마을처럼 하나의 개념 단위로 사고하는 것이 가능해진 글로벌화 한 지구촌 시대를 맞아 민족의 개념은 이제 폐기된 언어에 가깝습니다. 그럼에도 지금 우리에게 요구되는 한국의, 아니 한국의 이미지는 무엇인지, 아니 세계는 우리에게 무엇을 바라고 있는지… 그러나 돌이켜보면 우리 자신을 '대자적으로' 돌아보고 반성해야 할 일이 하나둘이 아니거니와, 오히려 또한 그러함으로 우리 또한 그 세계사의 한 부분이자 새로운 역사 창조의 계기로 그들과 함께 나아가는 창조적 외화의 길에 동참할 수 있으리라 여겨집니다.

이와 관련하여 볼 때에 있어서 다음 대목은 세기의 지성 루카치(《청년 헤겔》, 동녘)가 자기도 모르게 '이처럼 아름답고 올바른 규정'이라고 다소 감상적이고 주관적인 평을 놓았던 것처럼, 이것은 나와 그들, 민족과 세계와의 진실한 관계에 대한 참으로 아름답고 올바른 규정일 뿐 아니라 종말이지 승복하지 않을 수 없는 깊이 있는 인식입니다.

무한히 많은 유기체, 즉 개체들이라는 점에서는 수다성(數多性, Vielheit)이며 유기적으로 조직된, 즉 분리되어 있으면서 동시에 통일되어 있는 단일한 전체라는 점에서는 통일이다.

중요한 것은 개체와 전체는 서로 같지도 않지만 그렇다고 서로 다르지도 않고 둘이 아니라는 불일불이不一不二한 헤겔의 '유기적인' 변증법적 사고가 결코 그만의 것이 아니요, 전래의 한국에도 원효의 오도송悟道頌을 비롯 연암 박지원의 천재적인 산문 등에 이미 세계와 통하는 '한국 고유의' 사유와 시도 아니요 소설도 아닌 한국형 서사체라 할 고유의 서사 형식으로 간단없이 흘러오고 있으며, 만해의 대승적인 산문시, '이식문화론' 등 임화의 교섭적 문화변증법과 프로시, 김수영의 "나는 소설을 쓰는 마음으로 시를 쓰고 있다"는 종합적 변증법과 산문시 또한 이에 못지않게 독자적이면서도 고유한 사유와 형식을 보여주고 있다는 점입니다. 이는 앞으로 계속해서 이 글을 이끌어 나가는 종지宗旨가 되겠거니와, 아무튼 하나의 기호 막대로써 '한국'이라는 대자적 자기의식이 그 어떤 이념적 무늬와 얼개를 지니고 오늘 우리들의 삶에 지속적으로 투사되어 흘러 왔는지 그 이야기를 좀 장장하게 풀어보도록 하겠습니다.

……

2
어디로 갈 거나

'A painting is a thought'

대체 그림에는 무엇이 담겨 있고, 그림은 또한 그 무엇을 표현하자는 것인지. 다만 볼 뿐인가. 그러나 그림도 글처럼 '그리다'를 기본형으로 해서 나온 것이니 뭐 언어의 세계처럼 억압된 욕망에 대한 하나의 새로운 출구이자 탈주선, 꿈으로서의 탈영토적 의지를 담고 있지 않겠는가... 무엇보다 여기, 취뫼 김구의 명화 '어디로 갈 거나(97X79.5cm, 1986년 작, 기름한지 먹 연필)'에는 다단계 사유로서의 변증법적 모색이 담겨 있는 사유의 공간, 토포스topos가 아닌가. 그러니까 아리스토텔레스가 〈변증론〉에서 정의가 본질을 규정하고 있는 근거를 검사하는 논의의 공간으로서 토포스를 제시하고 있는 것과 마찬가지로, 취뫼 김구 또한 여기, '어디로 갈거나'라는 사유의 공간을 통해 하나의 변증법으로 우리의 존재 방식이 어떠해야 하는지 논의의 토포스를 제시하고 있는 것입니다. 양극을 지양한 변증법이야 저 원효(〈금강삼매경론〉) 이래 지속되어 온 한국 고유의 대승적 사유이기도 하지만, 일반적으로는 하나의 진전운동으로서 동일(정)과 비동일(반)의 동일성(합)의 법칙을 말하는 헤겔 고유의 심오한 생성 이론이 아닌가.

그래 이 그림이 우리의 눈길을 머물게 하고 저 깊은 사유의 뜰을 거닐 게 함이 바로 이것이 아닌가. 그러니까 하나의 시대적 환경a periodic milieu으로 1980년대라는 엄혹한 독재 시대에 놓고 이 그림을 본다고 전제할 때에 있어서 그림의 화자가 묻고 있는 것은 '어디로 갈 거냐'라는 생의 출구로서의 탈주에 대한 치열한 화두가 아닌가. 그 하나의 길이 현실도피로서의 관조의 길이요, 다른 하나의 길은 현실참여로서의 투쟁의 길입니다. 화가는 익숙한 전통

회화를 반복하는 기법을 통해 우리를 낯설게 하기보다는 친숙한 기호의 세계로 안내합니다. 그러니까 여기, 기초평면 위에서 전자는 강희안의 문인화 '고사관수도高士觀水圖'에서, 후자는 김홍도의 풍속화 '씨름'에서 일부를 갖다 놓고 있습니다. 그러나 그것은 화가의 눈높이에 맞게 재구성, 재해석되면서 새로운 의미의 차이를 낳고 있다는 데에 작도drawing의 새로움이 있습니다. 즉 높은 망대에서 내려다보듯 현실에서 저만치 떨어져 있는 한가한 자들에 대한 비판의 눈길이 그 하나요, 자기만이 옳다고 삿

바 싸움을 벌이고 있는 그악한 정치 현실에 대한 인식이 그 또한 하나입니다. 그러니까 여기, 한가한 자가 정these이라면, 살바 싸움을 벌이고 있는 자들은 반anti-these이 아닌가. 중요한 것은 과연 두 극단을 떠나듯 좌우 양변을 떠나 있는 나의 정체성입니다. 바로 여기, 대자적 거리를 유지한 채 나에게 하나의 물음을 던지고 있는 이 그림이 지금도 나에게 유효한 것은 무엇인가. 그렇지만 바로 여기, 저 출구 없는 막막한 현실 한가운데 서 있는 나들에게 하나의 진전 운동으로 노벨티한 것으로서의 새로운 그 무엇에 대한 기대와 가능성을 끊임없이 호명해 내고 있다는 데에 이 그림이 던지고 있는 진지한 사유의 깊이가 있습니다.

또한 우리는 이 그림의 평면에서 기름한지를 써서 그런지 특이한 질감과 양감이 어우러진 삶의 무늬를 접하는 데서도 이 그림만이 지닌 그 독특하고 고유한 예술적 분위기aura를 접하게 됩니다. 그것은 결코 화려하지도 어둡지도 않습니다. 그것은 하나의 스페큐레이티브한 사색적인 분위기를 조성하는데 적절한 선택이었던 듯합니다. 그리하여 여기, 결코 화려하지도 어둡지도 않은 사색적인 분위기를 자아내는 그만의 색조는 곧 철학적 어조에 다름 아닙니다. 그러니까 시화일치詩畫一致라고도 하거니와, 여기 개인적 어조가 늘 삶과 직접적으로 접촉하면서 시적 담론을 형성하듯, 사색적 분위기를 지닌 특이한 색조로서의 선적 화포 또한 그만의 사유의 형식으로 대중과 만납니다. 왜냐하면 선은 확실히 지적 범주[3]에 속하기 때문입니다. 그리하여 하나의 두드러진 개성적 어조가

---

3) V.프리체, 《예술사회학》, 온누리, 1986

누군가와 끊임없이 관계하며 말을 걸듯, 하나의 독특한 어조로서의 선적 색조 또한 대중에게 말을 걸고 있습니다.

'어디로 갈 거냐'

그러니까 이 물음은 누구를 향한 것인가? 어조가 움직여 가는 이 방향은 상황을 결말짓고 제 3자의 참여를 마련합니다. 제 3자는 누구인가. 바로 여기에 점点 과 선線을 넘어 면面으로 이 그림

이 지닌 사회적 담론으로서의 새로운 운동성이 발현되고 있습니다. 모든 것은 사회적입니다. 고립된 발화란 있을 수 없습니다. 인간은 사회적 관계의 총체입니다. 저 마르크스(《임금 노동과 자본》)의 말대로 흑인은 흑인일 뿐입니다. 그는 특정한 관계 속에서in certain relations 노예가 될 따름입니다. 노동자도 마찬가지입니다. 그는 다만 노동자일 뿐입니다. 그러나 자본주의화 된 사회라는 특정한 현실로서의 자본주와의 관계에서 그는 하나의 프롤레타리아 노동자가 되는 것입니다. 마찬가지로 여기 이 그림도 다만 그림일 뿐이지만 하나의 발화체

로 대화적 성격을 지니고 있다는 데서 우리는 이 그림이 선조적인 linear 질서를 넘어 레이어한 층을 지닌 다면체로 하나의 역동적인 관계로서의 사회적인 면을 느끼게 됩니다. 그렇습니다. 면은 하나의 장이고 대화이고 텍스트이고 역사입니다. 그러니까 여기, '어디로 갈 거냐'라는 언표는 결코 개인적인 차원의 발화가 아닌 사회적 차원의 발화입니다. 그러니 이것은 또한 하나의 디스꾸르 discourse로 발화는 늘 하나의 담론으로서의 공공적 지향성을 지니고 있습니다. 대화적 발화가 늘 인간 사유의 영역을 가로지르면서 웅변적 현실로 다가오는 이유입니다.

중요한 것은 이 그림이 하나의 사회적 발화로서의 인간들 사이의 특정한 관계를 암시하고 있는 것만이 아니라는 데 의미가 있습니다. 그러니까 이 그림이 자꾸 우리의 시선을 잡아끄는 것은 이 사회적 발화로서의 특정한 관계의 중심에 바로 내가, 확장된 공적 관계로서의 너와 다르지 않은 우리들의 보편적 초상이 있기 때문입니다. 다시 말해 이 특정하면서도 보편적 관계를 결정짓는 것은 결국 인간의 의지이고 해석이고 실천이라는 묵시입니다. 3단으로 된 기하학적 구성과 수직적 구조는 이런 사색적이고 운동적인 분위기를 더욱 견고하게 떠받치고 생기있게 뛰어놀게 합니다. 왜냐하면 거기 양자를 사유의 거리 너머에 두고 있는 나의 실존적 고독이 물러설 수도 그렇다고 격렬히 다툴 수도 없지만 현실과 어티케든지 앙가제engagement 하지 않을 수 없는 사회적 자아로서의 고뇌가 실존적 자아를 넘어 독자와 충분한 공감을 나누며 긴장된 미적 거리를 유지하기 때문입니다. 그러니까 이 작품에서 내가 비록 저 실존주의 조각가 자코메티의 환생이라도 되는 양, 그러니까 마치 피라미드처럼 거대한 석조물 같은 막대한 현실에서 잘록한 개미허리를 지닌 미물처럼 표현되어 있지만, 그렇기에 더욱 이 작품이 그 존재의 미광微光을 발하면서 보편적인 공감대를 형성하는 이유는 바로 나 또한 그와 마찬가지로, 그러니까 나는 그들과 결코 같지도 않지만 그렇다고 다르지도 않다는, 그렇다고 해서 또 반드시 그들과 같지도 다르지도 않지만, 다시말해 나는 아직 분화되고 결정되지 않은 미분화되고 미결정된 상태에 놓여 있지만, 아니 바로 그렇기에 더욱 이 작품이 하나의 미적 가치를 발하고 있는 것은 분명 하나의 해결점이자 열린 지평으로서의 보편성에 대한 기대를, 가능성의 여백을 확보하고 있기 때문입니다. 그리하여 여기, 아직은 특정한 포즈를 취하지는 모하고 있지만 미분화되고 미결정된 세계로서의 미적 공간을 확보하고 있는 이 그림이 하나의 그림을 넘어 빈 공간으로 여백처럼 다가오고 있는 데서 우리는 하나의 가능성으로서의—그렇습니다. 마치 쓰여지지 않은 백지처럼 존재는 하나의 가능성입니다—침묵을 동반한, 그러나 생명을 지닌 '무無'의 생성지대로서의 원초적인 여백을 보는 것입니다. 그러니까 중요한 것은 화가는 이것도 저것도 아니라 마치 오리-너구리처럼 이것-저것을 지양한 두터운 반성적 지점에 하나의 출구로서 나를 새롭게 위치시키고 대자화시키고 있다는 점, 가령 김수영이 '머리'만으로도 '심장'만으로도 아닌 온몸으로의, 즉 육탄의 시학을 통해 그만의 개성적인 민중적 변증법을 보여준 것처럼, 꼭 그처럼 바로 여기, 현실 '로부터'의 문제도 아니고 현실 '에로'의 문제만도 아닌 그 현실 '을' 하나의 정치적 무의식으로 다루고 있다는 점, 바로 이것이 우리를 저 미적 대사유의 숲으로 이끄는 칡뫼 김구 화풍의 도저한 경개가 아닌가 합니다.

이왕나온 얘기이니 한 걸음 더 들어가 보겠습니다.

이 그림을 밑그림으로 놓고 다시 말하고자 하는 데 있어서 또한 이 그림이 하나의 정치적 무의식으로 우리 한국인에게 적지 않은 사유의 영토에 노닐게 하는 이유로 남다른 가치를 지니는 데는 바로 동양과 서양, 대륙세력과 서양세력이 교차하는 우리의 지정학적 환경geo-political milieu과도 크게 다르지 않기 때문입니다. 이것은 마치 칸트(《순수이성비판》)가 영국과 프랑스의, 그러니까 경험론과 관념론을 박치기시켜 독일적 종합을 이루어 내고 이를 다시 지양, 대자적으로 인식하여 저 헤겔적 변증법을 창조해낸 계몽기 독일의 관념 철학을 연상시키는 대목과도 유사합니다. 다시 말해서 '어디로 갈 거냐'가 우리에게 미적 충격을 주고 있는 이유는 하나의 암시 이상으로 우리가 놓인 현실뿐 아니라 우리가 어떻게 자신을 이끌어 나갈지에 대한 하나의 이념 지도와 사유의 패러다임으로서의 지도리 같은 역할을 하고 있기 때문입니다. 나는 여기서 자꾸만 '우리'라는 말을 구사하고 있는데, 이것은 한국인들에게 있어 하나의 무의식으로 작용하고 있는 것으로, 최봉영[4]에 따르면, 한국사람은 '나'에 바탕을 둔 개인적 자의식과 '너'에 바탕을 둔 대타적 의식의 일치를 위해, 나와 너를 가르는 경계를 허물어 하나의 페밀리 의식으로 '우리'로 통합하려고 하는 서사적 경향성을 지닙니다. 그러니까 이 그림이 이 글을 이끌어 나가야 할 중책을 짊어진 나에게 적지 않은 희망을 준 것은 K-컬쳐로서 하나의 **'미적 금도襟度'**랄까 우리들에게 서양도 아니요, 동양도 아닌 그

---

4) 최봉영, 《한국사람에게 OO은 무엇인가》, 묻따풀학당, 2024.

대승적 성격을 지닌 '한국적 변증법'에 대한 모델로서, 그러니까 시도 아니고 소설도 아닌, 그러면서 또한 시이기도 하고 소설이기도 한, 동양의 관념과 서양의 이분법적 장르 이론을 뛰어넘은 '한국형 서사체'에 대한 구상을 넌지시 알려주기 때문이기도 합니다. 그래 이것은 끊임없이 그 사회 역사적 상상력으로서의 영감을 샘솟게 하는 가히 천재적인 텍스트라 아니할 수 없습니다.

이뿐이 아닙니다. 이 명화가 나에게 불러일으키는 구체적인 사회 역사적인 상상력으로서의 영감의 물결은 대체 아래와 같은 것입니다. 가령, 한국 후기 명청明淸 교체기, 중국을 어떻게 대할 것인가, 이것은 당시 새롭게 떠오르는 동북아의 주도세력인 '청淸을 어티케 볼 것인가'라는 중대한 외교적 사안이자 어디로 갈 것인가 정책의 방향을 정해야 하는 초미의 국시였습니다. 이것은 임란 당시 한국을 도운 명明에 대한 의리를 지킬 것인가, 아니면 새로운 세력으로 떠오른 청淸에 대한 사대의 예를 갖출 것인가 라는 현실적인 문제로, 그것은 '북벌北伐'이냐 '북학北學'이냐 라는 양대 세력의 주장으로 나타났습니다. 그리하여 '북벌北伐'이냐 '북학北學'이냐, 이것은 한국 후기 정치는 무론 철학사상사를 가르는 핵심개념이 되었습니다. 그것이 바로 한국의 후기 철학사상사를 분식하는 유명한 이기철학사상의 '호락湖洛' 논쟁입니다. 여기, '호湖'와 '락洛'은 각각 충청도와 서울을 가리키는 말입니다. 남당 한원진으로 대변되는 충청도의 호론 세력은 명과의 의리를 중시하는 원칙론자들입니다. 그래 그들은 '청나라는 오랑캐다'라는 입장을 인물성이人物性異라는, 즉 사람(한국)과 물(청)은 성이 다르다 라고 표현했던 것입니다. 이와 달리 외암 이간을 중심으로 하는 서울의 낙론 세력은 망해가는 명과의 의리보다는 동북아의 정세 등을 고려한 한국의 현실을 중시한 유연한 사고의 소유자들입니다. 그래 그들은 '청나라는 오랑캐가 아니다'라는 입장을 견지했던 것으로 인물성동 人物性同이라고, 사람(한국)과 물(청)의 성은 같다 보아 홍대용, 박지원처럼 청나라의 우수한 문물을 배워야 한다고 했던 것입니다. 이것은 후일 연암의 북학론을 계승한 갑오경장의 개혁론으로, 임화의 이식문화론으로, 다시 김수영의 외국문화 수용론으로 장장하게 이어지고 있는 한국문화사상의 고고학적 계보에 속하는 일이거니와, 이것은 마치 〈삼국지〉의 유비가 어떤 일이 있어도 약속을 지켜야 한다고 주장한 것과 달리, 조조는 약속은 때로 파기될 수도 있다는 사고와 유사한 사례로, 특히 대륙세력과 해양세력 사이에 놓인 우리에게는 피할 수 없는 운명적 화두입니다.

이런 상황을 기호철학적으로 좀 더 추상화시키면 '말'과 '사물'의 관계에 대한 실재론과 유명론의 관계를 짐작할 수 있는 단서를 얻을 수 있습니다. 즉 말과 사물의 관계를 일원적으로 보고 있는 실재론에서는 상황이야 어찌되었든 명나라는 무조건 숭배해야 할 나라이고, 청나라는 무조건 오랑캐 나라가 되는 것이니, 이는 그대로 말이 곧 사물이 되는 맹목적인 관계인 것입니다. 그러나 말과 사물의 관계를 이원적으로 보고 있는 유명론적 관점에서는 말은 사물과 반드시 일치하지 않는 것으로, 사실 당시 오랑캐라는 지배적인 의식에 젖어있던 사대부들에게 있어 연암의 〈열하일기〉는 대단한 충격을 주었던 것으로 연암의 주장은 한마디로 청나라는 자기가 돌아본 바로는 우리가 알고 있는 미개한 오랑캐 나라가 아니라는 것입니다. 이는 곧 말과 사물이 반드시 일치하는 것은 아니라는 것이니, 유명론은 이렇게 현실과 유리된 말의 비판과 관련이 있는 것으로 우리는 '말의 비판'을 통해 언어를 문제삼는 비판적 인식의 일단을 엿볼 수 있습니다.

아토피아 역시 묘사나 정의, 언어, 이름(잘못)의 분류인 '마야 maya'에 저항한다.

―롤랑 바르트의 〈사랑의 단상〉 중 '아토포스'에서

그렇다고 해서 실재론은 개나쁜 것이고 유명론은 개좋은 것인가요? 전혀 그렇지 않습니다. 원론적이고 민족주의 성격이 강한 실재론을 따르는 호론湖論이 배타적이고 좁직한 사고를 보여주고 있는 것 같지만 오히려 그런 비타협적인 원칙이 있었기 때문에 내포 지역에서 위정척사운동이 나오고 역사적인 항일운동이 가능했던 것입니다. 그런 가운데서 한용운도 나오고, 또한 신동엽도 나왔던 것입니다. 즉 호론은 이 땅 민족 문학의 마르지 않는 이론적 뿌리이자 젖줄입니다. 그렇다면 유명론은 어떨까요? 보다 포용적이고 넓은 사고를 보여주고 있는 낙론洛論은 반민족적이고 이중적이라는 비판 앞에 직면하고 있지만 한국의 개화를 앞당기고 근대화를 이끄는 동력이 되었습니다. 이런 가운데 임화의 거대한 리얼리즘과 김수영적 종합이라는 민중 문학의 또 다른 사상적 뿌리가 되고 한국문화의 마르지 않는 젖줄이 되었습니다. 오늘 한국의 민족 문학과 민중적 민족문학의 이념적 뿌리가 이렇게 한국 후기의 북벌―북학 논쟁에서 비롯되었다 해도 크게 틀리지는 않을 것입니다. 어찌 되었든 현실은 가치판단의 세계이니 어떤 노선이든 선택해야만 했던 것으로, 노론세력을 등에 업은 호론의 득세로 인해 우리는 병자호란이라는 비극을 감당해야 했던 것입니다. 이런 몇 가지 사실들만 보더라도 우리는 '어디로 갈 거냐'가 던진 화두가 결코 호락호락하지 않은 것임을 짐작할 수 있습니다. 그것은 양변을 떠나면서도 양변을 포괄하는 대승적 화두로 지금도 그때와 다르지 않은 삶을 감당해야 할 그 '현재성'으로서의 도저한 철학적 물음을 지녔기 때문입니다.

기호의 세계는 다양합니다. 그림 또한 하나의 기호로, 그것은 그대로 간접화 된 그 무엇으로서의 메시지를 담고 있습니다. 그러나 이런 기호가 단순한 기호 막대도, 간접화 된 그 무엇만도 아니라는데, 즉 그림은 하나의 사유라는 명제를 전제로 한다면, 여기 칡뫼 김구의 명화에서 '어떻게 살 것인가'를 넘어 '어떻게 볼 것인가'에 대한 미적 사유의 피라미드랄까, 미적 관조주의와 속류 현실주의에 대한 비판으로서의, 그러니까 하나의 고매한 리얼리즘으로서의 진실을 밝히겠다는 화가의 유명론적 의지랄까, 우리는 칡뫼 김구의 그림에서 그 미적 방법에 대한 뛰어난 본보기로 앞으로 한국 철학사에 담긴 우리의 독자적인 서사문화 형태를 어티케 풀어 나갈 것인가에 대한 하나의 고전적 인식론a classical epistemology을 마주합니다.

난 그렇게 봅니다.

3
서사이론 개요

AI 형님과 롱맨 영영사전을 빌려 말해 보건대,

'서사이론narratology'은 이야기의 구조와 표현 형식을 체계적으로 연구하는 학문 분야로, 이 이론은 서사 즉 이야기를 순서대로 전달하는 기술(또는 예술)narrrative is the art of telling a story in order이라 할 것입니다.

여기서 주목되는 표현은 '체계적으로' 또는 '순서대로' 라는 부사어구입니다. 그러니까 우리가 서사이론을 접근한다고 할 때, 우선적으로 느끼게 되는 것은 이것이 구조적으로 매우 정교한 짜임을 지니고 있다는 암시입니다. 그래 서사이론을 떠받치고 있는 가장 대표적인 개념이 '텍스트text'[5]인 것만 보아도, 서사이론은 전대의 맹목적(실체substance)이고 일방적(형태form)인 시대가 요구하던 모럴과는 분명히 다른 것을 표현하는 시대의 이론이라 할 것입니

---

[5] 줄리아 크리스테바, '말, 대화, 소설', 〈세미오티케〉, 동문선 "바흐친의 모델에 따르면, 모든 텍스트는 정태성에서 벗어나 다른 구조를 향해 형성되는 것으로, 그는 문학의 구조를 존재가 아니라 형성의 개념으로 이해한 최초의 학자였다." 롤랑 바르트, '작품에서 텍스트로', 〈텍스트의 즐거움〉, 동문선 "텍스트는 어떤 언어도 다른 언어보다 우세하지 않으며, 그리하여 언어들이 자유롭게 순환하는 바로 그 공간이다."

다. 그래 미디어가 중심이 된 21세기는 '상호성'(맥루한)이 중요한 가치로 떠오른 시대로, 이는 영웅과 천재의 시대가 가고 대중이 역사를 창조해가는 텍스트적 주체가 되었음을 방증하는 것으로, 저 '68 혁명의 아이콘이라 불리는 푸코의 "누가 말을 하든 무슨 상관인가?"('저자란 무엇인가', 1969)가 이런 시대정신을 선구적으로 잘 대변했다 할 것입니다.

> 하나의 가치로 자본주의 사회에 '상품'이 대응하듯이, 하나의 기호로 미디어가 중심이 된 사회에는 '이야기'가 대응한다.

서사이론이 갖는 '현대성modernity'으로서의 시대적 의의는 마르크스의 〈자본론〉이 지닌 시대적 의의와 대비된다 할 것입니다 즉 20세기 자본주의단계에서는 '생산양식'이 무엇보다 중요한 시대였고, 그 결과로 '상품'이 집적되어 나타난 사회였습니다 따라서 이 상품에 대한 집중적인 분석이 요구되었고, 마르크스의 〈자본론〉이 출현했던 것도 이와같은 배경에서였습니다 그렇다면 지금은 어떤가요? 지금 21세기 미디어가 중심이 된 사회에서는 '정보양식'이 중요해진 시대입니다 그 결과로 '이야기'-그것이 진실이든 아니든-가 차고 넘치는 정보(지식 또는 담론) 과잉의 사회가 되었습니다. 따라서 이 이야기에 대한 정교한 분석이 요구되고 있는 시대로, 이 시대는 하나의 시대의 철학으로서의 〈서사론〉을 요구한다 할 것입니다.

그렇다면 좀 구체적으로 들어가서 보건대, 이 시대의 정보(지식 또는 담론)는 어티케 맹글어지는 걸까요? 잘 알다시피, 이 시대의 정보는 '픽셀pixel'이라는 화소畵素에 의해 생산되고 있습니다. 즉 가로값과 세로값을 합해 인터넷이라는 가상의 도메인 공간 토포스에서 이 시대의 정보가 주조되고 있습니다. 이 시대의 서사, 이야기들 또한 마찬가집니다. 서사 또한 '의미소seme'라는 화소話素에 의해 지금, 여기라는 크로노토포스한 시공간에서 사실소와 가치소의 결합으로 하나의 기호이자 논의의 주제로서의 토포스가 구워지고 있습니다. 따라서 우리는 이를 다음과 같이 정식화할 수 있습니다.

기호(서사)=사실(소)+가치(소)

나는 이것을 이미 전대의 '음소音素', '형태소形態素'에 견주어 '문장소文章素'(《텍스트는 젖줄이다》, 2014, 소명출판)라 칭한 바 있지만, 이는 마치 물질을 가공해 상품을 생산하듯이, 마찬가지로 사실에 가치를 더함으로 의미가 탄생할 수 있는 것과 같은 이치입니다. 이때 만들어진 상품이 사용가치보다 교환가치를 지닐 때 더욱 사회적 의의를 지니듯이, 마찬가지로 정보와 지식도 사실의 차원에서 가치의 차원으로 불이 옮겨붙을 때 더욱 그 사회적 의의를 지닌다 할 것입니다.

그렇다고 해서 물질과 사실이 경시될 수는 없습니다. 아니, 경시되어서는 절대 안 됩니다. 하나의 바탕element을 이루는 것으로, 물질matter는 마치 어머니matr와도 같이 근본적이기 때문입니다.

우리의 일상생활을 돌이켜 보면 알 수 있듯이 인간의 생활은 물

질적 수단 없이는 지탱될 수가 없다. 우선 집이 있어야 하고 먹고 입을 것도 있어야 한다. 또 음악가가 되려면 악기가 있어야 하고 화가가 되려면 화구가 있어야 한다.

-조순, 정운찬 공저, 〈경제학 원론〉 제1장, 법문사

이것은 뭐 인간 생활의 제1차 전제 조건에 해당하는 이야기입니다. 그래 금강산도 식후경이라 했고, 공자도 〈논어〉에서 '회사후소 繪事後素'라 했으니, 뭐 그림 그리는 일도 화구가 먼저 있어야 한다basic first, painting afterwarts는 것이며, 저 영국의 소설가 버지니아 울프가 한 편의 장편소설을 쓰기 위해서는 '돈'과 '자기만의 방'이 필요하다고 창작의 조건을 역설하고 있는 것도 마찬가지입니다. 그러나 더욱 중요한 것은 물질을 가공producing, 창조하여 상품을 만드는 일이고, 또한 사실을 가치화valuation, 서사화narrativization하여 의미를 창조하는 일입니다. 시화poetizing도 그중의 하나가 될 수 있습니다

여기서 톡! 저기서 톡!

여기저기서 마치 다연발 폭죽처럼 욕망의 글꽃들이 톡톡 터지고 있습니다. 바야흐로 민주적 사고가 일상화되고 표현의 자유가 대중화되면서 목격하게 되는 자연스런 현상입니다. 그리하여 개똥이, 쇠똥이, 미자도 말자도 너 머하냐... 잘들 있느냐며 저마다 자판을 두드려대며 수다를 떨고 있습니다.(주의환기) 그러나 나는 얼마나 나의 욕망을 자연스럽고 세련되게 표현하고 있는

지.(문제제기)

우리는 지금 인터넷에 기반한 전자글쓰기시대에 살고 있습니다.(전제) 한때 힘으로 지배되었던 '맹목적인' 거인의 문화는 지식에 의해 '일방적인' 문자문화로 대체되었고, 문자문화는 다시 오늘 '상호성'을 그 모럴로 하는 전자글쓰기문화로 급속하게 바뀌고 있습니다.(상술) 그리하여 다양한 가치가 서로 대립, 충돌, 공존하는 현실에서 우리는 지금 주어진 사실(조건 또는 상황)을 창조적으로 결합 또는 '조합combination'하여 새로운 부가가치를 생산하는 시대를 맞이하고 있습니다.(주지) 여기, 주어진 사실을 창조적으로 조합하여 새로운 부가가치를 생산한다는 것은 인문글쓰기의 핵심입니다.(부연) 즉 인문글쓰기는 가치를 생산하는 의미 있는 작업입니다.(요약)

자, 그렇다면 어떻게 주어진 사실을 조합하여 의미 있는 가치를 생산할 것인가? 이 말은 일단 사실의 세계와 가치의 세계가 서로 다른 영역임을 암시하고 있습니다. 이미 말했듯이, 글의, 정보의 기본 요소는 '사실(소)'과 '가치(소)'입니다. 다음 사례는 '사실'과 '가치'의 세계가 분명한 경계를 이루면서 글의 기본 요소로 기능하고 있음을 알려주고 있습니다

"음 나쁘지 않군." 폴 샌이 고개를 끄덕였다.
"고맙습니다."
"특히 빗방울이 퇴거당하는 사람들의 얼굴을 때린다는 그 묘사가 마음에 쏙 들어."

"……고맙습니다."
폴 샌은 캐멀 담배를 뽑아 불을 붙였다. 그러고는 기사의 맨 뒤를 지목했다.
"여기 보여? '그렇다. 이것은 비극이다.' 라고 떡하니 당신이 쓴 대목 말이야."
"그렇습니다."
"그 대목, 내가 박박 지워버렸네. 다음부터 그 얼어 죽을 '비극' 같은 단어를 두 번 다시는 쓰지 말라구! 당신은 기자잖아? 두 눈으로 본 그대로만 옮겨 적는 게 임무 아냐? '아, 저건 정말로 비극이군!'하고 느끼는 것은 독자의 몫이야. 알아들어? 당신이 먼저 펑하고 울어버리면 엉망이 되는 거야. 그렇게 하면 독자들은 막 나오려던 눈물이 쏙 들어가는 법이야."

— 새뮤얼 프리드먼, 〈미래의 저널리스트에게〉, 미래인

이글로 볼 때, 글은 과연 사실의 세계와 가치의 세계로 나뉩니다. 다음 자료를 보면, 사실의 차원과 가치의 차원이 존재하는 것은 더욱 분명한 것입니다.

두 가지의 존재 방식이 있는데, 오로지 그 두 가지 존재 방식만 있다. 하나는 즉자 존재인데, 공간에 펼쳐진 대상들의 존재요, 다른 하나는 대자 존재인즉, 의식의 존재이다.

— 메를로 퐁티, 〈지각의 현상학〉, 문학과지성사

여기, '즉자 존재'가 바로 사실의 세계요, '대자 존재'가 바로 가치의 세계라 할 것입니다. 무론 이것은 전적으로 헤겔의 것입니다. 그런데 기자는 사실의 세계를 충실하게 전해야 하는 자신의 책무를 잠시 잊고 가치의 세계에 개입함으로써 보도 기사의 기본 특성을 벗어났음을 알 수 있습니다(무론 '해설기사'나 '의견기사'에서는 기자의 개입이 가능합니다.)

사실의 세계 – 빗방울이 퇴거당하는 사람들의 얼굴을 때린다.

가치의 세계 – 그렇다. 이것은 비극이다.

무론 중요한 것은 사실을 가치화, (사회적 교환관계라는 의미에서) 시화poetizing하는데 있습니다.(주지) 왜냐하면 사실을 가치화, 시화하는 것이 중요한 이유는 헤겔(《대논리학》)이 말했듯이, 모두가 그 시원점에서는 한낱 공허한 낱말이며 한낱 있는 그대로의 존재에 지나지 않기 때문입니다.(근거) 그러니까 어떤 것에서 다른 것, 즉 사실 그 자체로서가 아니라 이것이—마치 경제적 교환관계의 '상품과 마찬가지로—사회적 교환관계의 '이야기'로 의미 있는 진전이 이루어지지 않으면 최초의 규정은 단지 직접적인 것일 뿐입니다.(상술)

이는 달리 말해 사실을 가치화한다는 것은 '물적' 현실을 '미적' 현실로 전환시켜 창조적인 상태로의 사유의 진전을 이루어내는 것을 말합니다.(재상술) 가령, 유능한 셰프가 식자재를 능숙하게 조리調理하여 구미가 당기는 훌륭한 음식물을 내놓듯, 텍스트를 생산하고 글을 잘 쓰는 사람 또한 단어와 문장을 적재적소에 조리條理있게 배치하여 사실을 재구, 재생산할 수 있는 것과 같습니다.(예시) 중요한 것은 과연 조리에 일정한 순서가 있는 것처럼, 글쓰기에도 일정한 절차가 있다는 점입니다.(주지) 그래 요리의 우선이 재료를 선정하고 다듬는 과정에서 비롯되듯이, 글쓰기 또한 먼저 사실을 확인하고 배열하는 과정에서 비롯됩니다. 여기, 이 사실을 드러내는 게 바로 동사(무엇이/누가 어찌한다), 형용사(무엇이/누가 어떠하다) 등 용언들로, 하나의 이미지로서의 감각적 현실태들입니다. 예를 보겠습니다.

*민수 아빠가 오늘도 술을 마시고 있다.

'누군가가 술을 마시고 있다'(누가 어찌한다)는 사실의 진위 여부를 가리키는 동사로, 뭐 '있는 그대로의 존재의 모습'입니다. 이 사실을 가치화시키기 위해서는 명사화, 개화(무엇은/누구는 무엇이다)를 통해 사실에서 가치로의 질적 전환을 시켜야 합니다.

*민수 아빠는 알콜 중독자다.

사실이 대개 객관적이고 중립적인 기술에 불과하다면, 가치에는 그 기술 대상에 대한 주관적이고 심미적 판단이 개입, 굴절되어 있습니다. 사실이 즉자적인 인지단계라면 가치는 대자적인, 아니 자기의식으로서의 반성단계입니다. 이런 가치판단을 바탕으로 자연스럽게 당위를 끌어낼 수 있습니다.

*민수 아빠의 알콜 중독을 빨리 치료해야 한다.

이런 일련의 전개를 통해서 우리는 글쓰기가 사실(재료)을 바탕으로 한 하나의 가치창조 과정이자 정보처리를 통한 문제해결과정이며, '공통감common sense'을 이끌어내기 위한 사회적 소통 행위임을 알 수 있습니다. 이런 글쓰기를 통해 우리는 자연스럽게 자신과 주변을 돌아보게 됨으로써 개인적 자아는 사회적 자아로, 서정적 개인은 서사적 개인이 됨을 봅니다. 중요한 것은 이 모든 일을 스스로 해내야 한다는 점입니다. 그래 직물적 성격을 지닌 글쓰기를 통해 우리는 인간이 자기결정적self-decisive이고 자기형성적self-formative인 존재임을 확인합니다. 또한 우리는 사실의 가치화, 개념화를 통해 현실에 매몰되지 않고 그 현실을 사유하고 객화客化시켜 항해사 오디세우스처럼 험한 파도를 헤치고 나아갈 수 있는 튼튼한 사유의 힘을 지닌 성숙한 존재임을 확인합니다.
자, 그러면 좀 연습해 보겠습니다.

하나의 토포스로 '인문학을 살려야 한다'는 취지로 글을 쓰기 위해서는 우선 인문학이 처한 사실로부터 시작해야 할 것입니다.

인문학이 빈사 상태다.(사실소)
(그러나) 인문학은 삶의 뿌리다.(가치소)

→ 따라서 인문학을 살려야 한다.

(*밑줄 부분의 우리말 조사표지에서 '-이/가'는 오성적 인식을 드러내는 즉자적 표지이고, '-은/는'은 이성적 인식을 나타내는 대자적 포즈입니다. 그리고 '-을/를'은 정치적 무의식을 드러낸 대타적 기호입니다)

또한, 다음 사례를 보더라도 우리는 사실로부터 출발하지 않을 수 없습니다.

자전거는 생각보다 빠르다.
자전거는 공해를 줄일 수 있다.
자전거는 에너지도 줄일 수 있다.

→ 자전거는 녹색 교통수단이다.

(*사실은 나열이고 묘사이고 평면이고 점點의 세계입니다. 그러나 가치는 개괄이고 서사이고 입체이고 리니어한 선線의 세계입니다.)

이런 사실은 다음 예를 보면 더욱 분명해질 것입니다.

그는 좋은 교육을 받았다.
그는 몸가짐이 세련되었다.
그는 사람들과 사귀는데 은근한 언어를 구사한다.
그는 사람들과 접하는 능숙한 태도를 지니고 있다.
그는 정신적으로 매우 신중한 태도를 지니고 있다.
그는 감정을 잘 제어할 줄 안다.
그는 풍부한 지식을 지니고 있다.

→ 그는 교양인이다.

자, 이번에는 시를 통해 사실이 어떻게 재구, 시화poetizing될 수 있는지를 보것습니다.

다음 시는 어느 날 망원역을 지나다 채록한 전철 벽시입니다. 기다림, 텅 빈 시간... 바로 그곳에 시가 다가왔습니다.

나뭇잎이
벌레 먹어서 예쁘다
귀족의 손처럼 상처 하나 없이 매끈한 것은
어쩐지 베풀줄 모르는 손 같아서 밉다
떡갈나무 잎에 벌레구멍이 뚫려서
그 구멍으로 하늘이 보이는 것은 예쁘다
상처가 나서 예쁘다는 것이 잘못인 줄 안다
그러나 남을 먹여가며 살았다는 흔적은
별처럼 아름답다

– 이생진, '벌레 먹은 나뭇잎' 전문

이 시는 어떻게 써졌을까. 기호 생산의, 시작의 과정을 따라가 보것습니다.

다른 사람들과 마찬가지로 시인도 어디를 가다가 주위에 떨어진 '벌레 먹은 나뭇잎'을 보았을 것입니다. 우리는 대개 그냥 지나치기 일쑤지만 시인의 눈길은 역시 다른 것입니다. 그는 여기, 이 '벌레 먹은 나뭇잎'에서 '남을 먹여 가며 살았다는 흔적'을 발견하였으니 말입니다. 즉 시인은 '벌레 먹은 나뭇잎'에서 갈라터진 어머니의 손길을, 희생의 가치를 발견하고는 이렇게 하나의 아름다운 가편을 낳았습니다.

우리는 여기 '벌레 먹은 나뭇잎'이 '남을 먹여가며 살았다는 흔적'으로, 다시 '갈라터진 어머니의 손길로, '희생의 가치'로 연속적으로 변화, 진전하는 과정을 보면서 동시에 사실이 가치화하는 과정을 봅니다. 그러면서 우리는 주어진 사실이 가치화하는 과정에 개념적인 요약이 이루어지면서, 이 시가 결국 '희생의 가치'를 담은 매우 뛰어나고 감동적인 시임을 읽어낼 수 있었습니다.

이렇게 우리는 지금 나에게 주어진 정보를 재구, 요약, 개작re-writing하면서 주어진 상황이 요구하는 조건에 맞게 텍스트를 재생산해야 하는 메타 비평, 또는 하이퍼 글쓰기 시대를 살고 있습니다. 서평도 그중의 하나이고, 아래 단평도 마찬가집니다.

....

이 시는 일상의 소재로도 얼마든지 훌륭한 시를 쓸 수 있다는 범례를 잘 보여줬다. '예쁘다', '밉다', '아름답다' 등 친숙한 일상어를 그대로 사용하면서 의미를 더했다. 귀족의 손처럼 매끈하고 예쁘지는 못하지만 평민의 손처럼 투박하고 다정한 시다.
시각 또한 참신하다. '벌레 먹어서 예쁘다'는 해석은 참 신선하다. 이러한 해석에서 의미가 발생한다. 의미는 차이다. 다르게 보기다. 일상에서 이 같은 행위는 중요하다. 그래야 삶이 빛나기 시작한다. 더구나 떡갈나무 잎에 뚫린 구멍으로 바라보는 하늘은 얼마나 크고 파랗던가.

이처럼 이 시는 김치처럼 친근한 소재에다 겉저리처럼 새로운 맛을 더했다. 벌레 먹은 나뭇잎에 희생의 가치를 담았다. 차디찬 세상, '벌레 먹은 나뭇잎'처럼 소박하지만 넉넉하고 건강한 눈길을 만난다는 것은 참으로 큰 기쁨이 아닐 수 없다.

....

우리는 이처럼 '사실소'와 '가치소'라는 기호를 사용하여 새로운 의미를 창조할 수 있는 거미같은 직물적 존재입니다.

사실소; 떨갈나무 잎이 벌레 먹어서 구멍이 뚫렸다.
가치소1; '벌레 먹은 나뭇잎'은 아름다운 희생의 손이다.
가치소2; '벌레 먹은 나뭇잎'은 소박하지만 넉넉하고 건강한 시다.

이처럼 하나의 서사이론a narrative theory으로 '사실소'와 '가치소'가 글(케이문화콘텐츠 등 또한 마찬가지로)의 기본 요소basic elements로 기능하고 있다 라는 사실은 거개의 모든 글이 또한 사실소와 가치소로 분석, 추출될 수 있는 텍스트임을 말하는 것입니다.

이상을 귀납하여 정리, 요약하면 아래와 같습니다.

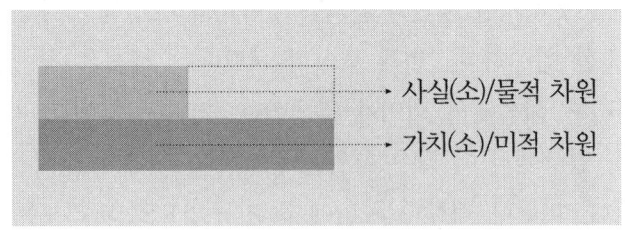

—늘샘 김상천의 서사이론(또는 텍스트 생산) 모형

*사실(소)의 영역=결과, 근거, 전제, 사례, 사건, 경험…자연, 객체, 모방, 보여주기, 시, 미메시스, 모티프…

*가치(소)의 영역=원인, 주장, 결론, 종합, 분석, 해석… 인간, 주체, 굴절, 말하기, 소설, 디에게시스, 작품…

그러나 실제 글을 쓰고, 문화적 콘텐츠를 창작하는 과정에는 이보다 더 복잡한 요소들이 한데 얽히고설켜 하나의 작품을 낳는다고 가정할 때, 무엇보다 중요한 것은 바로 이렇게 서로 다른 요소들을 창조적으로 결합하creatively combines disparate elements는 힘에 있다 할 것입니다. 최근 세계적으로 선풍을 일으키고 있는 매기 강 감독의 애니메이션 영화 〈케데헌〉(KPop Demon Hunters)이 그 단적인 사례로, 거기서는 케이팝과 애니메이션, 한국전통예술과 신화mothology 등을 하나의 주제 아래 감동적으로 엮어내고 있습니다. 세계의 명화 〈기생충〉의 '복숭아' 모티프를 비롯 '돼지슈퍼'는 또 어떻고… 여기, 〈케데헌〉의 주요 모티프로 어릴 때 들었던 고유의 '저승사자' 신화가 결정적으로 작용하였다 하니, 그래 이리저리 굴러다니는 짚검불도 K-라면을 끓이는 데는 훌륭한 불쏘시게가 될 수 있다니, 그러니 그대 거미[6] 같은 창조자

---

[6] 롤랑 바르트, '이론(Theorie)', 〈텍스트의 즐거움〉, 동문선 "텍스트는 직물을 뜻한다. 그런데 지금까지 사람들은 이 직물을 그 뒤에 다소간에 의미(진리)가 감추어져 있는 하나의 산물, 완결된 베일로 간주해 왔다. 이제 우리는 이 직물에서 지속적인 짜임을 통해 텍스트가 만들어지며 작업하는 생성적인 개념임을 강조하고자 한다. 이 직물, 이 짜임새 안으로 사라진 주체는 마치 거미줄을 만드는 분비액을 토해 내며 약해지는 한 마리의 거미와도 같이 자신을 해체한다. 우리가 신어 사용을 좋아한다면, 우리는 텍스트론을 거미학(hyphologie. 그리스어의 어원인 히포스(hyphos)는 직물, 거미줄을 뜻한다)이라 정의할 수 있을 것이다."

에게 어찌 버릴 게 단 하나라도 있단 말인가.

난 그렇게 봅니다.

개관

오늘 한국은 세계의 아테네가 될 수 있을 것인가... 그러나 우리 고유의, 그것도 세계에 통하는 범용한 문화이론 없이 세계의 아테네가 될 수는 없습니다.

하나의 문화적 결절점a cultural node이랄까. 모든 것은 한 곳으로 모인다니, 한동안 프랑스 빠리는 현대철학의 메카로서의 중심지 역할을 톡톡히 해냈습니다. 세계의 아테네로서 고대의 고전기 그리스를, 근대 계몽기 독일을 넘어 '탈중심주의decentrism'를 특징으로 하는 현대의 아테네로 부상한 프랑스 철학의 그 휘황찬란하기 그지없는 사유의 영향은 지금도 여전합니다.

그러나 좀 더 거리를 두고 볼 때에 있어서 하는 말이지만 인간과 자연의, 주체와 객체의 관계를 조금만 돌이켜보면 아는 사실이지만 소크라테스, 플라톤, 아리스토텔레스로 상징되는 고전기 그리스 철학은 객체(자연)에 그 중심이 가 있고, 칸트를 비롯, 피히테, 셸링, 헤겔로 대표되는 근대 계몽기 독일의 관념 철학은 이성적 주체(인간)에 관심이 있던 철학이었습니다. 이에 비해 현대의 프랑스 철학은 이성에 기초하고 있는 서구 근대철학의 그 오만하기 이를 데 없는 인간중심주의를 벗어나 자연과, 객체와의 공존에 큰 관심을 지닌 것이었고, 그래 이것은 이른바 탈근대철학, 현대철학의 핵심 주제인 타자의 철학이고, 바깥의 사유이며, 저 현란을 극하였던 프랑스 니체주의자들—바타유, 블랑쇼, 데리다, 푸코, 바르트, 들뢰즈, 라깡—의 이른바 탈근대철학으로서의 탈중심주의, 탈주체철학이 아닌가.

그러나 이것은 사실 한국철학에 있어 오랜 연원을 두고 있는 저 원효와 이이의 불이不二의 사상이고, 저 홍대용과 박지원의 인물성동론人物性同論이 아니고 무엇인가. 이것이 바로 '민중'에 신성을 부여한 만해와 임화의 대규모의 리얼리즘이 아니고 무엇이며, 풀뿌리 의식을 지닌 김수영('달나라의 장난')의, 저 찬란한 프랑스 현대철학에도 뒤지지 않는 탈중심적 중심으로서의 우리 고유의 indigenous 거대한 생명의 사유가 아니고 그 무엇이란 말인가.

그러나 곰곰이 다시 생각해 보건대, 한 나라의 고유한 문화가 가능하기 위해서는 우선 삶이 지속되어야 하고, 이런 삶의 외화로서의 문화가 아름답고 풍요한 꽃을 피우고 영롱한 열매를 맺기 위해서는 하나의 문화의 뿌리로서 이를 떠받치는 튼튼한 사유의 기둥 a pillar of thought이 또한 없고서는 불가능한 일입니다. 이는 곧 오랜 문화의 고유성을 누리고 있는 우리에게 그 무엇인가 사유의 기둥으로 지금도 우리의 일상을 버티게 하고, 하나의 문화로 우리의 삶을 지속적으로 끓어오르게 하는 사유의 번철燔鐵이 있었다는 것을 암시합니다. 그래 중국에 가지 않고서도 스스로 일종을 이룬 원효가 그(사유의 번철) 아니며, 좌우를 통섭하며 중국의 이기철학을 넘어선 이이가 그 아니것는가. 아니 선진학문을 주체적으로 수용하여 더욱 풍성하고 유연하면서도 한국적 기풍을 잃지 않은 연암이 그 아니고 무엇이고, 그 대승적 사유를 보여준 시인 만해가 그 아니고 무엇이며, 탁월한 문화교섭론으로서의 주체적인 눈깔을 지녔던 임화와 김수영이 또한 그들이 아닌가.

우리는 분명 정치-사회적으로 적지 않은 문제를 지닌 세계 속의 나라이지만, 하나의 놀라운 사회-문화적 현상으로 오늘 한국인은 지금 전 세계 매스컴의 커다란 주목을 받고 있습니다. 산업화와 민주화를 동시에 이룬 모범국가라는 찬사가 있고, 분단국가라는 지정학적 이유도 그 하나가 될 수 있습니다. 어쨌든 이것은 분명 놀랄만한 사회-문화적 현상임에 틀림이 없는 것으로 이것은 분명 경제력에 바탕한 문화의 힘이라고 볼 수 있는 바의 것입니다. 그래 한국인은 오늘 음악인을 비롯 영화인, 문학인 등 세계적인 인재를 배출하고 있는 예술의 나라가 되었습니다. 가히 문화 르네상스라 할까... 이런 사실은 분명 한국문화에 세계와 통하는 범용한 문화적 모형으로서의 그 무엇이 있다는 반증입니다. 자, 그렇다면 대체 세계문화와 통용 가능한 범용한 그릇으로서의 한국문화의 정체는 무엇인지... 잘 알다시피, 하나의 표상으로 삶이 외화되어 나타난 문화는 인식의 반영입니다. 그러니까 '어띠케 살 것인가'라는 인생론의 문제는 필연코 '어띠케 볼[見] 것인가'라는 철학적 인식론을 요구하고 있는 것입니다. 그래 하나의 내용으로서의 철학과 하나의 형식으로서의 문화는 둘이 아닙니다.

그렇다면 한국의 문화에 나타난 철학은 무엇인지, 하나의 꼴로 정형화시킬 수 있는 우리 고유의 문화이론에 대한 하나의 개념적 거리두기로서 철학이 필요한 이유가 바로 이것 때문입니다. 잘 알다시피, 철학은 아무래도 현실에서 한 발 뒤로 물러나 있는 '한가한 schole' 성격을 지니고 있습니다. 우리가 현실에 눈깔이 먼 속배가 되지 않고, 그래도 하나의 염도를 지닌 건강한 인간으로 현실에 오염되지 않고 온전하게 자신을 지키고 건강하게 살아가기 위해서라도 현실이라는 대상에 대한 '개념적 거리두기conceptual distancing'는 필수적입니다. 뭐 헤겔의 이른바 자기의식으로서의 대자적 의식 그것입니다. 이렇게 개념적 거리두기로서의 철학을, 그것도 현대인의 감성과 사유, 태도를 잘 보여주는 철학자로 자부한다고 할 때, 우리는 그동안 그리스, 독일, 프랑스의 저 구대륙의 찬란한 지적 스타들의 영향을 무시할 수 없는 현실에 살고 있습니다. 그들은 그만큼 스스로 빛을 발하는內光 매혹적이고 강력한 존재들이기 때문입니다.

나는 한때 오디세우스처럼 드넓은 철학의 바다에서 헤겔을 넘어 니체를 종조를 하는 현대철학의 계보를 추적해 본 적이 있습니다. 그만큼 현대철학에서 차지하는 그의 위상은 거의 절대적이기 때문입니다. 니체, 그는 분명 현대철학의 공식적인 대부입니다. 그러나 니체를 종조로 한다는 현대철학은 대체 어티케 생성되어진 것인지... 그를 제대로 알기 위해서는 기본적으로 저 까마득한 그리스 문화와 기독교 문화를, 그들의 철학과 언어를 철저히 익혀야 하는 일이고, 그가 태어나 영향을 받은 독일의 관념 철학의 계보를 꿰어보는 일이고, 그의 직속으로 쇼펜하우어를, 그의 사상적 기원이 된 인도의 불교 철학 등을 톺아보아야 하는 일이니, 이것은 하나의 '사유의 핵심the heart of the thought'으로 그가 '호메로스–플라톤–니체'의 계보(《도덕의 계보학》)를 통해 스스로 서구 철학 사상사의 언덕에 선 초인이었음을 암시하고 있거니와, 이것은 그러나 저 깊은 아마존의 발원지를 찾아 밀림을 헤치고 가는 것만큼이나 매우 어려운 일이고 또한 흥미진진한 철학적 모험이 아닐 수 없습니다.

What matters~

중요한 것은 이것을 지금, 여기 내가 서 있는 21세기 한국이라는 사유의 시공간에서 읽고 재구하고 해석하여 의미의 불을 밝혀내는 일입니다. 왜냐하면 그것은 하나의 모럴로서 현재의 철학이고 우리의 철학이어야 하기 때문입니다. 무엇보다 이것을 놓치지 말아야 합니다. 그러나 발군의 문학사가 임화林和의 지적처럼 우리는 아직도 '이식문학사移植文學史'로서의 문화적 식민의 역사를 제대로 벗어나지 모하고 있습니다. 철학도 마찬가지입니다. 우리는 아직도 우리의 눈으로, 우리가 만든 언어적 툴tool과 개념으로, 우리의 양식으로 현실을 바라보지 모하고 서구의 눈과 그들이 만든 언어적 툴과 개념으로, 그들의 양식을 통해 우리를 바라보고 있습니다. 가장 대표적인 것은 바로 오랜 형이상학적 기원을 지닌 이원론적 사고입니다. 이것은 동양의 교학인 유교(성리학)의 그 문화적 오만에 따른 배타적인 사고 또한 마찬가집니다. 이런 것은 모다 문화의 식민적 성격을 잘 보여주는 것으로 일부 지식인들의 우쭐하고 자홀에 빠진 사대적 코스프레입니다.

무론 서구의 선진학문과 문화이론을 애써 배워야 하는 이유는 그들의 학문적 성과가 그만큼 뛰어나기 때문입니다. 사실 지금도 '마르크시즘Marxism'과 '정신분석학Psychoanalysis' 그리고 '기호학Semiotics'이라는 서구의 문화이론을 부정하고서는 단 한 발자국도 학문의 걸음을 내딛기 어려운 게 현실입니다. 그 정도로 그들이 일구어놓은 학문적 가치는 절대적인 것입니다. 그 중에서도 헤겔을 넘어 니체를 위시한 수많은 철학적 개구리알들이 탄생하였습니다. 니체, 그는 가히 현대철학의 종족의 우상이 될 만한 철학적 시조입니다. "분명, 현대철학은 대부분 니체 덕으로 살아왔고, 여전히 니체 덕으로 살아가고 있다."는 니체 이후의 갓돌capstone 들뢰즈의 평가(《니체와 철학》)는 결코 과장도 수사도 아닙니다. 여기, 60년대를 기점으로 현대의 프랑스 철학을 화려하게 수놓았던 수많은 니체의 개구리알들, 니체의 종족 중에 푸코, 바르트, 데리다, 라깡, 들뢰즈는 특별한 존재들입니다. 왜냐하면 그들이 있음으로써 니체를 종조로 하는 프랑스 현대철학이 비로소 저 고전기 그리스 철학과 계몽기 독일의 관념 철학에 버금가는 휘황찬란한 문화의 꽃을 피우고, 단단한 사유의 열매를 맺었기 때문입니다.

여기까지 이르면 독자들은 다음과 같이 생각할지도 모릅니다. '아니, 이 자식이 한국철학을 얘기한다 해놓고는 맨 서양철학과 문화이론을 주워섬기고 있지 않느냐' 라고 말입니다. 그러나 문화의 바람버섯과 사유의 물씨는 따로 경계가 있는 게 아니어서 나는 이것을 김수영을 연구하면서 '페이퍼 로드paper road'라고 말한 적이 있거니와, 인류사는 사실 하나의 지식과 문화의 대교류의 역사이기도 한 것입니다. 과연 그러한지 함 보겠습니다.

대부분이 잘 알다시피, 서양의 현대철학사에서 푸코의 고전, 《말과 사물》이 던진 충격은 철학사 이상의 상징적 의미를 지닌 것입니다. 그래 기왕의 서양철학사는 데리다와 더불어 '말(씀)' 중심의 로고스 중심주의에 대한 비판적 인식을 전제로 하고 있는 그의 전언에서 우리는 탈근대철학자이자 프랑스 니체주의자로서의 그의 위상을 엿볼 수 있거니와, 중요한 것은 '인간은 종말을 고하고 있다'고 폭탄 같은 메세지가 던진 철학사적 의미입니다. 그래 인자부터는 신이든 인간이든 로고스(이성) 중심의 근대의 합리주의를 바탕으로 한 거짓된 분류(학)의 세계를 벗어나, 그러니까 이것은 이성을 본으로 하는 근대의 메카니즘에 하나의 폭탄을 던진 것으로 그의 고전이 던진 메시지는 사부인 니체를 넘어 지금도 우리를 매혹시키고 있는 것입니다.

그런데 여기, 우리를 매혹시키고 있는 푸코 철학의 탈근대적 사유의 중심에 하나의 토포스로 '말'과 '사물'이 있습니다. 그러니까 푸코의 전언도 그렇거니와, 우리가 하나의 철학적 토포스로 푸코의 저작에서 느끼는 메시지의 시적 상징으로서의 철학적 사유의 핵심으로 전통의 말과 더불어 사물이 있다는 것이 중요합니다. 즉 니체의 적자 푸코의 철학을 상징하는 철학적 화두는 바로 실재론의 '말(씀)'이 아니라 유명론으로서의 '사물'입니다. 바로 여기서 우리는 신과 인간 중심의 말(씀)의 세계에서 벗어나지 못하고 신음해왔던, 뭐 바깥의 사유(블랑쇼)의 대상으로 배제되었던 성城 밖의 소수자들, 인간도 아닌 온갖 사물들에 대해 각별한 관심을 지녔던 그를 생각하게 되는 것입니다. 바로 여기에 그러한 지배자들의 말의, 이성의, 합리의, 지식의, 근대의, 부르주아의 세계를 꼬나보고 있는 탈근대철학자 푸코의 커다란 눈깔이 겹치는 것으로, 바로 여기서 우리는 또한 프랑스의 김수영이랄까 회의주의적 유명론자로서의 푸코의 실체를 마주하는 것입니다. 이제야 우리는 이성의 성 밖에서 방황하던 소수 약자들을, 광기를 옹호한 그를 비로소 조금은 알 수 있는 것입니다.

그러나 중요한 것은 이게 아닙니다. 사실 서양의 현대철학은 동양철학의 창조적 번안에 지나지 않습니다. 하나의 계보학으로 푸코의 지식의 고고학은 니체의 계보학에 빚지고 있습니다. 그러나 잘 알다시피 니체 또한 자신의 철학적 계보의 시원에 쇼펜하우어를 들고 있습니다. 실제로 쇼펜하우어의 주저 〈의지와 표상으로서의 세계〉를 가로지르는 철학적 사유의 물씨에는 예의 동양의, 인도의 철학이, 더 정확하게 말해서 불교의 대승적 사유가 바탕을 이루고 있습니다. 이런 사실은 무론 근대 이후, 지리상의 발견으로 제국주의 식민화의 첨병으로 기능했던 선교사들의 동양 고전 번역이 한몫을 하는 가운데 얻어진 문화적 교섭의 창조적 결과물로 보아야 할 것이지만, 그러니까 쇼펜하우어가 활동할 당시는 영국은 무론 프랑스, 후발선진국 독일도 동양에 대한 지식이 넘쳐났던 것으로 괴테, 헤겔은 무론 하이데거, 헤세 등과 마찬가지로 쇼펜하우어 또한 인도와 동양에 대한 지식에서 예외일 수 없는 것이어서 그의 후계자인 니체는 뭐 서양의 부처로 자처하였던 것입니다. 이런 니체의 철학을 대변하는 주저가 〈짜라투스투라는 이렇게 말했다〉로 거기서 니체는 '중심은 없다'고 근대의 이성에 기반한 인간중심주의를 폭파시킴으로써 탈근대철학의 비조가 되었던 것입니다. 이것은 무론 인도 대승불교의 종지인 무아사상無我思想에서 비롯된 것입니다. 그래 하나의 문화적 유전자로서as a gene of culture 우리가 추종해 마지 않는 현대 프랑스 철학의 사유의 뿌리도 사실 알고보면 이렇게 동양철학에서 비롯된 것이고, 그들의 철학이 전혀 낯설지 않고 친숙하게 다가오고 있는 이유도 여기에 그 문화의 교섭적 배경이 있는 것입니다.

그런데 진공묘유眞空妙有라고 할까... 여기, 서구의 현대철학으로서의 프랑스 니체주의자들의 철학이 전혀 낯설지 않고 친숙하게 다가오고 있는 것 중의 하나가 바로 시와 산문의 절묘한 결합입니다. 이것은 모든 것을 분리해서 보는 서구 전래의 이원적인 사고와는 전혀 다른 새로운 철학이자 형식에 대한 옹호입니다. 그래 니체의 철학적 주저 〈짜라투스트라는 이렇게 말했다〉에서 새삼 눈에 띄는 것은 바로 그것이 시인지 소설인지 아니 수필인지 대체 서양의 전통적인 형식 개념으로서는 종잡을 수 없는 전혀 새로운 형식을 보여주고 있다는 것입니다. 이것은 전혀 우연이라고 할 수 없습니다. 잘 보면 알 수 있는 것이기는 하지만, 호메로스에서 플라톤을 거쳐 니체로 전환되고 있는 서구 지성사의 고고학적 지층(〈도덕의 계보학〉)에는 또한 시에서 소설로, 하나의 '에크리튀르 문화현상'으로 다시 현대의 철학적 글쓰기의 일종이라 할 비평적 에세이로 변환되고 있는 거대한 두께로서의 세계문체사의 고고학적 지층이 겹치고 있는 것입니다. 이것은 그대로 고대의 영웅서사시에서 근대의 시민서사시로, 다시 현대의 대중적인 성격을 지닌 서사시로 변화하고 있는 미적 형식의 역사적 문제입니다. 그래 프랑스 니체주의자들, 가령 바르트가 '저자의 죽음'을 이야기한 것이 우연이 아니고, 왜냐하면 저자의 죽음은 곧 작가의, 지식인의, 천재의, 이성의, 합리의, 모더니즘의, 소설의 종말을 전제로 해야 했기 때문입니다. 프랑스 '68의 정신을 대변한다 할 푸코가 '저자란 무엇인가'(1969) 서두에서 "누가 말을 하든 무슨 상관인가"인가 한 것도 전혀 우연이 아닙니다. 이것은 확실히 대중의 등장과 관련이 된 것입니다. 그러니 그들의 등장이 필연코 하나의 형식적 헤게모니로 역사적 형식이 되었던 것이라 할 것입니다. 역시 형식은 내용의 연장이니 말입니다. 그래 자기의 철학사적 위상을 자각하고 있던 니체 자신이 처녀작 〈비극의 탄생〉에서 근대의 소설을 부정하고 있는 것입니다. 우리는 탈근대철학의 비조 니체와 프랑스 니체주의자들의 가장 빛나는 적자로 푸코를 드는데 망설이지 않거니와, 그의 대표작인 〈광기와 문명〉, 〈말과 사물〉이 또한 시인지 소설인지 예술비평인지, 오늘의 철학적 수필인지, 뭐 하나의 대교향악으로서의 '혼성적hybrid' 글쓰기의 현란한 극치를 보여주고 있는 대작이 아닌가 말입니다.

이것은 철학적 망치 이상으로 나의 뇌리를 사로잡은 하나의 장르에 대한 철학적 눈깔이 아닌가 말입니다. 그런데 중요한 것은 이것이 우리에게는 그리 낯설지 않다는 사실입니다. 그러니까 '우리'에게는 하나의 사회적 공동체로서의 패밀리 의식으로 너와 내가 둘이 아니라는 대승적인 불이不二사상으로 한국 고유의indigenous 독자적인 사유의 전통적 유산이 있습니다. 그것은 원효의 '감분불이龕墳不二'를 비롯 이이의 '이기불이理氣不二', 홍대용과 연암, 백석의 '인물불이人物不二', 만해의 '님'과 임화의 '민중', 그리고 김수영의 '거대한 풀뿌리' 인식, 한강의 도저한 생명철학으로 나타나고 있거니와, 이는 지금도 기염을 토하고 있는 '중심이 없다'는 니체의 종지宗旨와 '인간은 죽었다'는 푸코의 전언과도 다르지 않은 것으로, 바로 이런 철학적 인식이 형식에 영향을 미쳐서는 이는 그대로 또 하나의 불이의 형식으로 시와 소설도 아닌, 그러나 세계에 통하는 범용한 보편적 형식으로서의 한국형 서사체로서 그 산문(시)적 경향을 지닌 오늘 '케이서사론'의 이론적 배경이 되고 있는 것입니다. 그 무어라 특징지을 수 없는 것을 아토포스atopos의 진짜 의미[7]라 했던 것처럼, 중심이 없고 분류할 수 없는 것으로서의 독창성을 지닌 무형식의 형식이 하나의 형식이 되는 것, 이것이 현대철학의 글쓰기 모델로서의 한국의 케이철학과 케이서사론이 세계철학에 기여하고 있는 케이문화 현상이 아닐까 합니다.

과연 그럴까요? 사실이야 바른 말이지 오늘 세계적 위상을 지닌 한국적인 것으로서의 그 어떤 문화 현상이 갑자기 된 것은 아닙니다. 뭐 국뽕 오해 마시길... 그러니까 가장 대표적인 사례로 그의 산문시도 무론 그만한 이유가 있는 것으로 김수영이, 푸코에게 큰 영향을 준 역시 프랑스 니체주의자의 선배인 바타유와 블랑쇼의 일본어판 번역서를 읽고는 '새삼스럽게'라고 하는데, 잘 알다시피 부사는 덧붙여 하는 말이니 단어 사용에 있어서도 청교도적 맴을 지녔던 시인에게 이는 각별하게 붙인 말입니다. 이것은 '김수영 편'에서 자세하게 볼 수 있습니다. 그래 우리 고유의 우수하고 거대한 전통으로 보건대, 그러니까 뭐 바깥이니 이웃이니 소수자니 하는 말은 우습지도 않고 새롭지도 않다는 것으로, 이것은 문화 선진국인의 의젓한 자존감이 아닌가 말입니다.
이와 같은 맥락에서...

나는 한국 철학의 종조인 원효를 필두로 이이, 연암, 만해, 임화, 김수영, 한강 등 오늘 한국의 문화를 화려하게 수놓은 한국 철학의 거인들이 하나의 철학적 물씨로서 어티케 풍요한 수원水源

---

7) 롤랑 바르트, '아토포스', 〈사랑의 단상〉, 동문선, 2004

을 형성하여 커다란 물줄기를 이루고 오늘에 흘러왔는지, 아니 어티케 이들의 철학적 수원이 마르지 않고 수많은 사유의 새끼the sons of thought를 치고 있는지, 그들이 어티케 하여 그 너르고 풍요한 내연 관계를 형성하며 한국의 철학사를 밝히고 문학사를 수놓아 그 레이어한 광산의 빛나는 문화산맥을 이루었는지, 특히 2024년 한강의 노벨문학상에 빛나는 수상 이유문의 '시적 산문 poetic prose'이 상징하듯이 시도 아니고 소설도 아닌, 시와 소설을 넘어선 한국 고유의 독특한 대승적 서사 장르에 대한 인식론적 해명으로서의, 아니 하나의 코리언 내러티브로서의, '루시드lucid한' 한국문화사의, 그 내재적인 기원으로서의 고고학적 서사지도를 완성하고자 합니다.

그러나... 천학비재한 늘샘이 철학의 바다를 수십 년 떠다닌 끝에 겨우 그려낸 이 한국문화의 고고학적 서사지도가 얼마나 충실하고 유익한 안내서가 될지는 오직 위대한 독자만이 아실 것입니다.

부디 즐거운 사유의 여행이 되기를~

제1부

고대편

1. 원효
2. 이규보
3. 일연

1
원효(AD617~AD686)

한국 최초의 유명론의 개조는 단연 신라국의 원효元曉입니다.

이름 그대로 그는 한국 철학의 '갓밝이 새벽'"元曉亦是方言也 當時人 皆以鄉言稱之始旦也", 《삼국유사》, 솔)이었습니다. 중국의 고구려 유민 찬령贊寧이 지은 〈송고승전宋高僧傳〉'당신라국의상전'에 이 원효가 도반 의상義湘과 더불어 당나라로 구법 여행 중에 겪은 오도송에 얽힌 일화가 실려 있습니다. 내가 보기에 이중에 가장 중요하다고 여긴 원문은 이렇습니다.

심생고종종법생心生故種種法生, 심멸고감분불이心滅故龕墳不二

마음이 일어나니 온갖 일들 생겨나고, 마음을 내려놓으니 감분이 둘이 아니로구나!

한 생각이 일어나니 온갖 일들이 따라 일어나고, 이 한 생각을 내려놓으니 호화찬란한 감실龕室과 평범한 봉분封墳이 차이가 없다는 것입니다. 잘 알다시피, 대구에서 중요한 것은 뒷부분입니다. 그리하여 여기 '감분불이龕墳不二'를 통해 원효가 말하고자 하는

진정한 의도를 엿볼 수 있는데, 무론 핵심은 술어에 있으니 '불이
不二'가 더 중요합니다. 즉 진리의 세계는 둘이 아닌 곳에, 분별이
없는 곳에 있다는 것이니, 뭐 그렇다고 하나라는 뜻도 아니니 이것
은 하나의 대신주요, 대명주요, 대명명주로서 입당入唐하지 않고
도 스스로 일종一宗을 이룬 원효 사상과 철학의 종지宗旨가 박혀
있는 것으로, 세계에 내놓을만한 참으로 소중한 우리 고유의 사
상이자 대철학이 아닐 수 없습니다. 세상에 '불이不二' 한 구절이
이렇게나 중요합니다. 그러니까 몸과 혼이 서로 다르다心身二元論
는 서구 전통의 형이상학의 실재론[8]과 다른 −가장 대표적인 예로
서양의 정신세계를 대변하는 소크라테스가 몸과 달리 혼이 '그 자
체'로서 순수실재로 존재한다는 아이디얼한 인식을 드러내고 있는
것과 달리 우리는 '맴'이라는 말을 쓰고 있는데, 이것은 몸도 아니
요, 마음도 아닌 그 무엇으로서의 우리의 구체적인 삶에 몸과 마
음을 담고 있는 지극히 현실적인 근거를 지닌 존재 개념이 아닌가
말입니다− 사유의 씨앗으로, 이것이 말할 수 없이 심오한 의미를
담고 있다는 데에 오늘 우리는 원효를 한국 철학과 사상의 종조
로 다시 생각하게 되는 것입니다.

'감분龕墳'을 더 보겠습니다. 여기, '감龕'은 감실龕室의 준말로, 이
것은 마치 저 로마의 거대한 판테온 신전처럼 사당 안에 신주를
모셔두거나 성당 안에 성체를 모셔둔 곳을 가리킵니다. '분墳'은 젖
가슴처럼 봉긋이 솟아오른, 그러나 평민의 보잘것없는 흙무덤을
가리킵니다. 그러니까 여기서 우리는 원효가 지향하는 것이 무론

---

[8] 플라톤, 〈파이돈〉, 숲, 2017.

저 드높은 깨달음의 경지로서의 마음의 세계이지만, 그 깨달음의 세계는 막연하고 추상적인 그것이 아니라 현실 '에' 대한 깨달음이라는데 의미가 있습니다. 그러니까 리얼한 현실이 하나의 깨달음의 대상으로 대상화되어 있다는데 중요한 의미가 있습니다. 그런데 원효에게 깨달음을 불러일으킨 이 현실은 어떤가요. 원효가 주목한 것은 바로 저 피라미드처럼 어마어마한 권력자의 거대한 감실과 작은 흙무덤에 불과한 초라하기 이를 데 없는 서민의 봉분입니다. 이것은 그대로 서민 대중의 인식으로 권력에 대한 '대타적' 인식을 지니고 살아갔던 원효에게 민중적 인식의 눈을 떠올리게 하는 이미지입니다.

중요한 것은 과연 '감분龕墳'에 대한 그의 의식입니다. 그러니까 신라의 고도 경주에 가면 볼 수 있는 거대한 피라미드 같은 왕실 봉분도 초라한 흙무덤에 불과한 서민들의 토분도 그 근본에 있어서 큰 차이가 없다는 대승적 사고입니다. 이것은 실로 엄청난 언표적 사건이 아닐 수 없습니다. 왜냐하면 하나의 '찢기tearing'로 감분이라는 분명 객관적인 차이, 차별상이라는 엄연한 사실에도 불구하고 이것을 그 근원에서부터 부정하고 있으니 말입니다. 따라서 이것은 불교 사상을 단순하게 설파한 것에 지나는 것이 아니라 하나의 사건이고 해석이며, 거대한 부정입니다. 진리는 이렇게 사물을 새롭게 볼 것을 요구하고 있습니다.

마음의, 깨달음의, 일심의, 대승이라는 드높은 언덕인 조망의 세계에서 볼 때 눈에 보이는 웅장한 피라미드도, 저 거대한 권력의 세계도 사실은 아무것도 아니라는 것이니, 뭐 영원한 것도 없고 영화도 일순간이라는 것이니... 그러니 "꾸물거리며 살아가는 (힘없는-인용자) 군생들" (충담사, '안민가安民歌')에게 이것은 참으로 크나큰 위로이자 희망이자 용기를 주었을 것입니다. 진정한 깨달음이란 한갓 마음만의 문제가 아니라 이렇게 거대한 선언이자 권력에 대한 날 선 비판입니다. 왕후장상이고 화려한 이름을 단 왕릉이고 뭐고 다 덧없는 이름에 불과하다는 유명론적 인식입니다.

도반이었던 의상 또한 '불이不二'와 크게 다르지 않은 '무이無二'를 설파하고 있습니다. 그러나 −엄격하게 말해서strictly speaking− '둘이 아니다'라는 선언과 '둘이 없다'는 것은 엄청난 기호적 차이를 지닌 언표enonce적 사건입니다. 왜냐하면 '둘이 없다'는 것이 단순한 기술에 불과하다면 '둘이 아니다'라는 것은 하나의 서술이기 때문입니다. 그러니까 '있다', '없다'의 세계형식이 형용사의, 묘사의, 시의, 조화의, 따라하기의, 용언의, 노예적 질서를 상징하는 존재 일반에 대한 사실 차원의 순응적인 기술에 불과하지만 '이다', '아니다'는 세계형식은 동사의, 서사의, 소설의, 이화의, 창조하기의, 체언의, 주인의 세계질서를 나타내는, 존재에 대한 사유를 보여주고 있는 가치 차원의 비판적인 서술입니다.

둘이 없다無二/묘사적 사실 범주

둘이 아니다不二/서사적 가치 범주

그러니까 우리는 여기서 왜 의상이 신라 왕실불교로서의 화엄종의 종조가 되고, 원효는 민중불교를 상징하는 한국사상사의 개조가 되었는지 여기, 그들의 사상적 특징을 잘 나타내는 간단한 명제를 통해서도 분명히 확인할 수 있는 것입니다. 이런 사실은 또한 의상이 창건했다는 화엄 종찰인 부석사 무량수전의 비로자나불이 어마어마한 거상巨像으로서의 숭고미를 지닌 압도적인 이미지로 나

에게 다가오는데 비해, 원효가 머물렀다는 분황사 보광전의 투박하기 그지없는 약사여래 입상이 친근한 비속미를 지닌 것과도 무관하지 않을 것입니다. 아무튼 의상의 유명한 '법성게法性偈'의 제일성이 바로 '법성원융무이상法性圓融無二相'입니다. 뭐 진리의 본성은 원융해서 분별이 있을 수 없다는 것입니다. 이 또한 신라 불교의 어떠함을 대변하는 놀라운 경계 중의 하나입니다. 그는 그물코 하나하나가 벼리와 얽혀 그물 전체를 이루고 있듯이 하나 가운데 모든 것이 있고, 많은 것 중에 하나가 있다 一中一切多中一는 총체적 개념지로서의 화엄의 종지를 잘 대변하고 있습니다.

그러나 잘 보면 알 수 있는 일이지만 이것은 그 구체적이고 현실적

계기로서의 '매개'가 생략된 관념 세계에, 실재론의 세계에 속하는 것입니다. 왜냐하면 나는 너를 만나야 비로소 사회를 이룰 수 있고, 전체도 될 수 있기 때문입니다. 다시 말해 의상 화엄종華嚴宗의 종지를 통해 우리는 고중세 아이디얼한 세계의 드높은 동아시아적 종교철학의 위상을 확인할 수 있다는데 —사실 화엄종은 세계국가를 이룬 당唐의 국가 이데올로기입니다— 그 중요한 의미가 있는 것이 사실이지만, '법성게'를 통해 드러나고 있는 법성의 현신인 비로자나불이 당시 신라의 국찰인 불국사佛國寺 본존의 배경을 이루고 있는 것을 통해서도 확인되고 있는 것처럼, 의상의 화엄학은 하나의 '공통된 그 무엇'(김수영의 '달나라의 장난')으로서의 국가 교학[9]으로 어디까지나 중국唐의 그것과 마찬가지로 일원적인 이상주의로서의 국가지배이데올로기인 왕실불교[10]의 이념을 대변하는 지배철학이라는 데에 근본적인 한계를 지닌 것입니다.

국가는 사람들이 교회에 대해서 했던 것과 같은 우상 숭배를 국가에 대해서도 해주기를 바라고 있다.

— 프리드리히 니체, 〈반시대적 고찰〉, 청하

무론 철학도 시대의 딸이라는 헤겔의 말대로, 그들의 철학도 분명 시대의 공기를 완전히 벗어날 수 없는 것은 분명해 보입니다. 그러니까 시대와의 관계를 고려해서 본다고 할 때, 원효(617~686)의

---

9) 김진무, 〈중국불교사상사〉, 운주사, 2015
10) "의봉 원년(의봉은 당나라 고종의 연호로 신라 문무왕 16년, 676에 해당합니다—인용자)에 의상은 태백산으로 돌아가 조정의 명령을 받들어 부석사를 지었다儀封元年 湘歸太白山 奉朝旨創浮石寺", 〈삼국유사〉, 솔

철학은 삼국이 통일(676)하던 시대의 정신을, 다시 말해서 비록 지금은 삼국으로 갈라져 있지만 우리는 결코 '둘이 아니다不二'라는 혁신적인 통일 철학의 명제로서 이해 가능하고, 의상(625~702)의 철학 또한 통일이 완성된 시대의 국가 정신을 대변해야 하는 현실에서 볼 때 '이미' 통일이 된 마당에 '둘은 없다無二'는 안정된 기조로서의 조화로운 진술 또한 충분히 이해 가능한 것입니다. 이에 덧붙여서 하는 말이지만 신라 말에 호족 세력이 득세하면서 상대주의의 일종인 선종禪宗이 크게 유행한 것도 시대와 무관하다고는 할 수 없을 것입니다.

그러나 우리가 오늘에서 보아도 느끼는 것이지만 원효의 사상이 참으로 크고 진실한 것은— 그러니까 원효의 사상도 분명 시대성의 한계를 지닌 특수성으로서의 (종교)철학이지만, 그것이 또한 시대적 한계를 지닌 특수성을 뛰어넘어 오늘에까지 그 보편적 의의를 지닌 이유는—그것이 변치 않는 하나의 모범으로서의 사유의 원형을 지니고 있기 때문입니다. 가령, 역사적 유물론을 논하고 있는 마르크스가 저 유명한 〈정치경제학 비판〉'서문'에서 모든 것이 변하는 가운데서도 그리스의 고전, 특히 호메로스의 서사시가 그 변치 않은 모범을 지녔다고 예찬한 것처럼 말입니다.

이런 관점에서 비교해 보더라도 원효와 의상의 철학은 저 그리스의 플라톤과 아리스토텔레스 사상과 비견되는 보편적 패러다임에 틀림없습니다. 왜냐하면 창업創業과 수성守成은 인간사의 가장 일반적인 실상이기 때문입니다. 지킬 것인가 깰 것인가, 그리하여 우리는 수성을 대표하는 의상의 '무이無二'의 철학에서 삶의 조화를 통한 인간의 꿈을 생각하게 되고, 창업을 대변하는 원효의 '불이不二의 철학'에서 창조적 이반을 통한 역사 창조의 의지를 읽을 수 있습니다.

반론을 가정하고 논의를 더욱 전개해 보겠습니다. 어떤 이는 불이不二는 결국 일一이, 하나가 아니냐 라고 되물을 것입니다. 그러나 굳이 '불이不二'라고 한 것은 현실적인 차별상을 부정하지 않기 위해서입니다. 그러면서도 이에 동조하지 않고 그 차별상을 부정하려는 기도try로 볼 수 있습니다. 그렇다면 다시 진리의 세계는 하나가 아니라고 물을 것입니다. 바로 그렇습니다. 원효의 사상은 둘이 아니기 때문에 또한 하나도 아닙니다. 하나도 아니면서 둘도 아닌 세계 不一而不二, 바로 여기에 참으로 희한하기조차 한, 그 비교할 수 없는 독창성을 지니면서도 보편성을 지닌 글로컬한 원효철학사상의 깊이가 있는 것입니다.

그렇다면 하나도 아니고 둘도 아닌 세계는 어떤 세계일까요? 말과 사물, 내용과 형식은 무론 생사가 그렇고 부부관계가 그렇고 나와 너의 관계, 나와 이웃, 사회, 국가와의 관계, '우리'와 '타자'간의 관계 등등이 모두 그렇지 않은가 말입니다. 이것뿐이 아닙니다. 그리하여 의상의 사상이 일원론으로 왜 시가, 게偈('법성게')가, 노래가 되고, 원효의 철학은 이원론으로 왜 소설이, 론論('금강삼매경론')이 되고, 소疏('대승기신론소')가, 이야기가 되었는지... 이것은 사상과 형식이 결코 다르지 않음을 보여주는 것인데, 왜냐하면 형식은 내용의 연장이기 때문입니다. 국문학자 조동일[11]은 "원효의 사상

---

11) 조동일, 〈한국의 문학사와 철학사〉, '의상·명효·원효의 질서관과 문학이론', 지식산업사, 1996

과 더욱 근접된 관계를 가진 문학갈래는 시가 아니라 설화이다"라고 했습니다. 이것은 정확한 통찰임에 틀림없습니다. 왜냐하면 하이데거 식으로 말해서 운문은 은폐이고, 산문은 개진이기 때문입니다. 대체 무엇에 대한 은폐이고, 그 무엇에 대한 개진인지... 기본적으로 원효처럼 어떤 경전에 대해 소疏를 달고, 론論을 펼치는 이유는 경전의 내용이 시처럼 간결하고 난해하기에 설명을 요구하기 때문입니다. 이런 소와 론은 '이것은' 또는 '이는' 하고 이미 그 대상 텍스트에 대한 맹목적인 숭배가 아니라 대자적 거리로서의 '서사적敍事的' 관점을 지닌 하나의 해석이기에 주체의 언어일 수밖에 없습니다. 더구나 '론論'은 매우 체계적이고 정합적인 논증을 요구하는 것으로, 이것은 아무나 할 수 없는 것으로, 그러니까 원효가 한국의 대철학자이자 주체적인 이야기꾼인 이유가 여기에 있는 것입니다.

이 글은 전체적으로 '한국형 서사체의 형성'과 관련된 만큼 이 부분을 좀 더 논하지 않을 수 없습니다. 그러니까 원효 사상의 요체라 할 불일이불이不一而不二(줄여서 '불일사상不一思想')에서 어떻게 설화를, 소설을, 서사를 이야기할 수 있느냐 이겁니다. 우선 간단하게 이야기하자면, 불일不一은 하나가 아니라는 것입니다. 그러니까 원효가 주장하는 바의 불일사상不一思想은 기본적으로 일원론을 부정한 이원론입니다. 그렇다고 일원론을 부정한 것만도 아닙니다. 일원론은 동일성에, 시에, 말과 사물의 일치(실재론)에 기반하고, 이원론은 차이에, 소설에, 말과 사물의 분리로서의 불일치(유명론)에 기반해 있습니다. 그러니까 이를 형식에 적용하면 원효가 던진 사상과 형식으로서의 내용과 표현에 있어서의 묘리妙

理는 그것이 시도 아니요(不二), 소설도 아닌(不一), 시와 소설의 결합으로서의 한국형 서사체에 대한 그 무엇에 해당합니다. 이것은 한국 고유의 변증법이자 철학적 유산으로 우리의 민족적 형식에 대한 하나의 메타포입니다. 이는 원효의 사상이 중앙권력을 지향한 것이기보다는 '탈중심적' 요소를 지녔음을 암시합니다. 원효의 사상은 저 '어디에나 중심이 있다'며 근대의 주체(중심, 이성)에 기반한 이념을 근본적으로 뚜드려부순 망치철학자 니체도, '나무라면 진절머리가 난다'며 이성에 기반한 근대 분류학의 질서를 전복시킨 프랑스 철학의 갓돌capstone 들뢰즈도 경배를 바칠만한 위대한 탈주flight의 사상입니다. 아니, 원효의 대승적 불일사상이야말로 저 심오한 변증법적 사유를 낳은 위대한 헤겔, 마르크스가 울고 갈 비의를 지닌 장장한 한국의 변증법이 아닌가 말입니다. 나는 여기서 권력에 쉽게 동화되지 않는 고유한 독자성을 지닌 그 '동일성'와 '차이', '전체'와 '부분'의 사유에 대한 오랜 전통을 지닌 한국학의 기원을 마주합니다.

원효가 던진 '불일사상不一思想', 이것은 한편으로는 권력에 대한 통쾌한 일격이자 다른 한편으로는 정신을 환하게 여는 미적 충격이기도 합니다. 왜냐하면 이것은 무엇보다 현실에서 얻은 매우 설득력을 지닌 진리이기 때문입니다. 그리하여 지금, 여기라는 크로노토포스한 '현재성'이 나를 지탱하는 진실이라는 새삼스러운 깨달음이 안전에 있을 때 생은 다시금 새로워지는 이치와도 같은 것이니, '감분불이龕墳不二'가 던진 충격은 실로 오도송* 이상의 큰 의미가 있습니다. 원효가 던진 사상은 또한 우리에게 대상 세계를 어떻게 마주하고, 사유하며, 표현할 것인가에 대한 주체성의 형성에 하나의 실마리를 던져주고 있습니다. 왜냐하면 동일성에 대한 사유하는 주체로서의 '미적 거리두기'가 오늘 난마처럼 얽힌 복잡한 현실을 '물끄러미' 바라보고 난맥상을 풀어나가는 데에 성숙한 인식을 제공하기 때문입니다.

우리에게는 이렇게 비근한 사례를, 리얼한 현실에 기초한 유명론적이고 민중적인 비판의 전통이 있습니다. 서구의 철학이 그리스의 고전 철학에서 탄생하였듯이, 오늘 세계에 통할 한국학으로서의 한국철학사상은 실로 여기, 원효의 '감분불이龕墳不二'에서 탄생하였습니다. 무엇보다 원효의 철학에서 우리가 주목해야 할 것은, 이것이 중국중심주의를 거부하면서도 얼마든지 동북아시아 공동의 보편 철학과 개별 사상으로 오늘 세계의 모순은 무론 남과 북이 마주한 현실에서도 분명한 의의를 지니고 있다는 점입니다. 이것이 바로 동양은 무론 서구 중심주의와 중국 전체주의의 허구를 밝은 눈으로 쏘아볼 수 있는 한국 철학의 민중적 기원으로 '특정한 세계 지평에서 이루어진' 세계철학사[12]에 견주어 볼 때 그의 대승적 민중사상이 더욱 빛을 발하고 있는 이유입니다.

나는 그렇게 봅니다.

---

12) 이정우, 〈세계철학사 1〉, (길)

*참고로 〈송고승전宋高僧傳〉에 소개된 원효의 오도송悟道頌 원문은 다음과 같습니다.

심생고종종법생 心生故種種法生
심멸고감분불이 心滅故龕墳不二
삼계유심 三界唯心
만법유식 萬法唯識
심외무법 心外無法
호용별구 胡用別求
아불입당 我不入唐

마음이 일어나니 온갖 일들 생겨나고,
마음을 내려놓으니 감분龕墳이 둘이 아니로구나!
이 우주가 오직 마음뿐이니
모든 진리가 마음의 표상이구나!
마음 밖에 진리가 따로 없으니
어찌 따로 진리를 구할까
내 결단코 중국에 가지 않으리...

2
이규보(1168~1241)

두루 알다시피, 이규보는 고려 후기 무인정권 시기의 대시인이었습니다.

국자감시에 1등으로 합격하는 등 탁월한 재능을 지닌 시인이었으나 나라가 어지러운 시대에 대처하고 살아야 했던 문인으로 특히, 중국과의 사대의 관례에 찌든 기성 시단의 권력자들과도 힘겨운 대응을 해야하는 등 적지 않은 시대고를 감당해야 했던 한국의 시인이었습니다. 뭐 그대는 〈동국이상국집〉을 통해 한국 최초의 민족서사시 '동명왕편'과 '백운소설', '국선생전', '문조물' 등 패관문학과 잡문에 빠져 정통 형식을 거스르고 새로운 형식을 만드는데 전력하였으니 말입니다.

자, 여기 '정통 형식'은 무엇이고, '새로운 형식'은 또한 무엇인가 좀 섬세하게 보것습니다.

하나의 정통 형식으로 저 고대 서양의 아리스토텔레스처럼 고대의 동양 시학詩學을 정초한 자는 공자孔子였습니다. 그는 뭐 〈시경詩經〉을 비롯 〈주역周易〉, 〈춘추春秋〉 등 중국 문명의 기초를 놓은 주요 경전들을 찬술한 동북아시아 문화의 진정한 건설자입니다. 서양에서 아시아적 가치를 일컬어 'Confucianism'이라 하는데, 이는 공자를 높여 부르는 '공부자孔夫子'의 영어식 표현입니다. 그러나 잘 알려진 것처럼, 공자는 〈논어〉에서 '자불어괴력난신子不語怪力亂神'을 이야기하고 있습니다. 〈산해경山海經〉처럼 민중들이 즐겨 말하는 괴상하고 기이한 귀신 이야기를 하지 말라고 합니다. 그는 또한 '술이부작述而不作'을 말하고 있습니다. 진리는 이미 다 서술해 놨으니 새로 짓지 말라는 것입니다. 그래 단정하고 말쑥하면서도 의미가 깊은 〈시경〉 '관저關雎'처럼 충忠, 효孝, 질서名를 담은 시의 풍속을 조용히 따르고 새로 만들지 말라고 은연중에 강제로 도덕을 주입시킨 보수주의 이데올로그입니다. 그런데도 불구하고 이규보는 이와 어긋나게 우리나라 최초로 쓴 장편서사시 '동명왕편東明王篇'을 통해 한민족의 시조에 대한 괴이한(?) 이야기를 담은 신화를 창조했습니다.

해동의 해모수
참으로 하늘의 아들

海東解慕漱
眞是天之子

자, 이것은 서사시 '동명왕편'의 시에 해당하는 첫 일성으로 해모수는 저 그리스 신화의 제우스처럼 천제의 아들이자 고구려의 시조인 주몽의 아버지라고 만천하에 터뜨린 장면입니다. '동명왕편'은 이 해모수가 유화 부인을 유혹, 주몽을 낳아 고구려를 건국하는 과정에 담긴 기이하고 신성한 이야기를 얽어놓은 작품입니다. 이것은 오늘 그리스 신화의 바람둥이 제우스 신에 얽힌 이야기에 견주어 보아도 전혀 손색이 없는 흥미진진한 소재를 담고 있는 민족의 대서사시입니다. 중요한 것은 여기, 벼락같은 제일성으로 "해동의 해모수/참으로 하늘의 아들海東解慕漱, 眞是天之子"이라 했으니, 이것은 〈시경〉이니 〈춘추〉니 등을 글쓰기의 본으로 삼아오던 기성 문단의 선배들에게, 더구나 '천자天子'는 중국 바깥에서는 쓸 수 없는 금기어였으니, 이것은 당세에 목숨을 건 도전이나 다름없는 대사건이었습니다. 그는 이렇게 대담하게도 황당하고 괴이한 이야기를 늘어놓았으니 기성 문단의 따가운 시선을 피할 수 없었을 것입니다. 그러나 그는 '동명왕편 서문'에서 말했습니다.

(이것은-인용자) 황당한 것이 아니요 성스러운 것이며 괴상한 것이 아니라 신성한 것이다.

非幻也 乃聖也 非鬼也 乃神也

이것은 오늘의 용어로 '해석학적 혁명'에 해당하는 언표적 사건입니다. 그러니까 이규보는 대내외적으로 동명왕(주몽)의 이야기가 성스럽고 신성한 것이라며 동명왕의 존재에 대해 거대한 민족적 자존감을 불어넣은 것입니다. 이것은 하나의 동양적 모방론이자 '술이부작述而不作'이라는 공자의 지배담론을 깨부수는 저항담론으로, 그러니까 이것은 공자의 보수주의 미학을 깨부수고 그들과 헤어질 결심을 하고 결별을 선언한 미적 저항에 해당하는 것이니, 왜 오늘 이규보가 중요한 의미를 지니는지 확인할 수 있는 중요한 텍스트가 아닐 수 없습니다. 그러면서 중국의 경우도 성인들과 창업자들 또한 황당하고 괴상하며 기이한 신화를 보인 것은 마찬가지라는 피장파장 논리를 들이댑니다. 즉 이규보는 중국과 우리가 대등하다는 견지에서 문화적 자부심을 당당하게 드러냈던 것입니다.

객관적으로 보건대, 이규보가 살았던 고려 후기는 몽고의 침입에 이어 무신 쿠테타로 인해 정치사회적으로 매우 혼란하고 불안하던 시대였습니다. 뭐 당시는 존재를 떠받치는 기둥으로서의 도덕 가치의, 모럴의 위기였던 시기였습니다. 이런 위기의 시대에 시의, 문학의 역할은 무엇인지, 예술은 세상을 구원할 수 있을까? Can art save the world를 생각해 볼 때 중요한 것은 역시 정신의 주체성과 관련된 문제입니다. 그러니 그가 민족의 시조를 당당하게 앞세워 서사시를 썼던 것이고 민족의 구성원인 민중의 형식인 패관문학에 관심을 가지고, 이런 문학이 가능하기 위한 인식의 하나로 자신의 철학적 사유를 드러냈다고 볼 수 있는데 이런 사정은 그가 내면보다는 외면, 심心보다는 물物에, 그러니까 형식보다는 내용에 큰 관심을 지닌 거대한 리얼리스트였음을 암시합니다. 그러면서 이와 관련한 사적을 인용하면서 앞의 시에다 아래와 같은 이야기를 덧붙여 놓았습니다.

〈구삼국사〉 '고구려본기'에서 말했다. 부여 왕 해부루가 늙도록 자식이 없어 산천에 제사를 드려 후사를 구했다. 왕을 태운 말이 곤연에 이르렀는데 큰 돌이 눈물을 흘리는 것을 보았다. 왕이 그것을 이상하게 여겨 사람을 시켜 그 돌을 굴리게 하였더니 금빛 개구리 형상의 어린아이가 있었다. 왕이 말하기를 "이는 하늘이 내게 아름다운 아들을 주신 것이로다!"라고. 이에 데려와 길러 금와라 이름 짓고 태자로 삼았다...

本記云. 夫余王解夫婁老無子. 祭山川求嗣. 所御馬至鯤淵. 見大石流淚. 王怪之. 使人轉其石. 有小兒金色蛙形. 王曰: "此天錫我令胤乎?" 乃收養之. 名曰金蛙. 立爲太子.

형식적으로 볼 때에 있어서 '동명왕편'은 '오언시(五言詩)+본기운(本記云)' 형식으로 결과적으로 창(운문)과 사설(산문)을 번갈아 엮어 구술을 이어가는 구전 서사시의 일반적 형식을 구현했다[13]고 볼 수 있습니다. 그러나 운문과 산문을 번갈아 엮어 넣는 것은 중국의 백거이의 '장한가長恨歌'를 제외하고 우리로서는 원효 이후 전례가 없는 새로운 형식이었습니다.

혼란하고 불안한 시대, 정신의 주체성을 세우는 것이 하나의 역사적 과제의 하나로 시인에게 요청되었다고 전제할 때에 있어서, 이것이 정통 형식으로서의 시경체인 단조로운 운문체(4언고시)를 벗어난 서사시로서 '산문'이라는 민중들의 이야기 형식을 엮어 넣는 것과는 무슨 상관이 있는지 이것을 밝혀야 〈동명왕편〉의 비밀이 풀립니다. 아무튼 중요한 것은 정형의 틀에서 벗어나 무언가 이야기를 하고 있다는 점입니다. 우리가 고대의 작품들을 볼 때에 있어서 늘 느끼는 것이지만, 그것은 하나의 전설 또는 설화로서 오늘의 상식으로는 이해하기 어려운 면이 있다는 점입니다. 그러나 오

---

13) 조현설 역해, 〈동명왕편〉, 아카넷, 2019

히려 역사적 사실은 이런 전설이나 설화의 형태로 숨어 있습니다. 그래 전설이나 설화는 자의적 창작이 아니라 사실의 변형이고, 사실의 과장으로서의 문학의 일종인 것입니다. 이런 관점으로 볼 때 여기, 하나의 설화적 이야기 형식을 갖춘 '본기운本記云'은 분명 사실의 변형이고 과장입니다. 그래 **'부여 왕 해부루가 늙도록 자식이 없어 산천에 제사를 드려 후사를 구했다.'**는 것은 사실에 대한 기술입니다. 그러나 **'왕을 태운 말이 곤연에 이르렀는데 큰 돌이 눈물을 흘리는 것을 보았다.'**는 것은 하나의 의인화로서의 사실의 변형입니다. 또한 **'왕이 그것을 이상하게 여겨 사람을 시켜 그 돌을 굴리게 하였더니 금빛 개구리 형상의 어린아이가 있었다.'**는 것도 분명 귀한 신분을 드러내기 위한 사실의 과장입니다. 무론 **'왕이 말하기를 "이는 하늘이 내게 아름다운 아들을 주신 것이로다!"라고.'** 하는 대목은 사실에 대한 해석입니다. 그리고 **'이에 데려와 길러 금와라 이름 짓고 태자로 삼았다...'**는 것은 역사적 사실에 대한 유래를 설명한 것입니다. 그래 우리가 오늘 독자가 되어 이 대목을 읽는 순간 느끼게 되는 흥미로움은 마치 밀가루를 반죽하여 구수한 빵을 만들 때처럼, 꼭 그처럼 사실을 반죽하여 얻은 시적 기억으로서의 예술의 아름다운 가치 때문입니다.

그런데 기왕의 시인들은 이미 존재하는 중국의 〈시경〉 등 전적이나 성인의 말씀 또는 일화를 다시 끌어다 쓰는 방식으로 시를 창작하곤 했는데, 그래 우리가 한자로 된 고대의 전적을 보면 '전왈傳曰'로 시작하는 서두를 흔히 볼 수 있습니다. 그러나 이것은 기왕의 시인들이 대부분 언술의 근거를 〈시전詩傳〉 또는 〈춘추전春秋傳〉에 두고 있다는 것을 암시하는 형식적 표지입니다. 왜냐하면 〈시경〉이 경전이 되기 전에는 〈모시전毛詩傳〉처럼 〈시전詩傳〉이라 했으니 말입니다. 아무튼 이렇게 남의 의견을 인용해서 갖다 쓰는 것을 흔히 **'용사用事'**라 합니다. 지금도 마찬가지로 권위적인 근거를 들이대는 이런 습관은 당시에도 일상화된 불문율에 가까운 것으로 가장 대표적으로 주자는 조선시대 선비들의 교과서나 다름없는 〈논어집주論語集註〉에서 '자왈 학이시습지 불역열호子曰 學而時習之 不亦說乎'에 주를 달면서 "공부란 말하자면 모방하는 것이다學而爲言 效也"라고 제 딴에는 정통적인 해석을 내놓고 있는데, 이는 사실 서구 모방 시학의 창시자인 아리스토텔레스가 '예술은 자연을 모방하는 것이다 Art is an imitation of nature'라고 했던 유명한 명제와 전혀 다르지 않은 것입니다.

이에 대해 이규보는 옛사람의 표현을 그대로 흉내내고 되풀이하기보다는 새로운 착상과 표현을 중시하였는데, 이것은 하나의 서사적 개입이자 주관적 해석의 일종으로 대개 **'신의新意'**라고 합니다. 이것은 새롭게 보기로 하나의 차이로서의 의미화signifying 과정입니다. 그러니까 "금년에도 또 삼십의 동파가 나왔다今年又三十東坡出矣"[14]는 말이 유행했던 것처럼, 매년 과거급제가 30명인데 모두 다 소동파를 모방한 자들이 세상으로부터 인정을 받고 권력을 독점하고 있는 당세에 "그대만이 홀로 옛사람을 본받지 않고 새로운 말을 만든 것마다 새로운 뜻을 내세워 족히 세인의 이목을 놀라게 하니 금세의 사람들에게 비할 바가 아니다獨吾子不襲蹈古人 其造語皆出新意 足以驚人耳目 非今世人比"[15]라고 말

---

14) 이규보, 〈동국이상국집〉, '答全履之論文書'
15) 앞 동일서

입니다.

그러기 위해서는 또한 세계관으로서 인식의 변화가 요구되었고, 이런 과정에서 귀족들의 노래 형식에 하나의 서사적 개입으로, 그러니까 운문에 민중적 이야기 형식인 산문을 엮어 넣지 않을 수 없었을 것입니다. 감성을 통한 정서적 환기만으로는 설득력이 약하기 때문입니다. 다시 말해 이규보는 감정에 호소하는 것 이상으로 사실에 기한 진실을 동시에 추구함으로써 민족의 영웅에 신성을 부여하는 데 있어 정당한 신뢰를 높일 수 있음을 간파하였던 것으로, 왜냐하면 이야기는 하나의 인과적 해명으로 세계에 관하여 가르쳐주며, 그 세계가 어떻게 작동하고 굴러가는지 보여주는 명료한 선적linear 세계이기 때문입니다. 즉 이규보의 〈동명왕편〉은 '그들'이 아니라 '민중'의 요구needs에 부응했기 때문에 살아남은 것입니다. 과연 그럴까요? 민중들은 왜 인과적 해명이라는 이야기 형식을 요구할지 생각해 보겠습니다.

1. 왕이 죽었다. 왕비가 죽었다.

2. 왕이 죽었다. 왕비는 왕의 죽음에 대해 몹시 슬퍼하였다. 그녀는 그 슬픔을 이기지 못하고 앓다가 끝내 죽고 말았다.

1은 상호 별개의 문장으로 독자에게 아무런 의미있는 반응을 일으키지 못합니다. 두 문장 간에 인과적 해명으로서의 매개 고리가 없기 때문입니다. 이것은 하나의 점點에, 순간에, 단절된 묘사에 불과합니다. 좀 어려운 말로 비선조적non-linear이라 하는데,

이는 뭐 앞뒤로 이음매가 없다는 말입니다. 그러나 2는 왕의 죽음과 왕비의 죽음에 '의미-내적within the meaning' 인과적 매개 고리가 형성되면서 두뇌에 연쇄 반응을 불러일으킵니다. 어떤 대상을 의미-내적 인과적 고리를 통해 인식할 수 있다는 것은, 다시 말해 하나의 대상을 계기적 연속으로 리니어linear한 선조적線條的[16] 언어로 이야기를 진행시키고 있다는 것은 이 세계가 어떻게 작동하고 있는지 알게 된다는 것과 같은 말입니다. 다시 말해 인과적 선후로 이 세계를 선조적 질서의 형식으로 읽어낼 수 있다는 것은 내가 합리적이고 타당한 지식의 힘으로 스스로 세계를 읽고, 그 세계를 사유의 대상으로 삼아 주체적으로 생각할 수 있는 이성적 사고의 소유자라는 증거입니다. 그런 의미에서 볼 때, 소설로서의 이야기의 세계는 분명 '앎의 모럴'(밀란 쿤데라, 〈소설의 기술〉, 민음사)을 대변하는 전통적인 형식입니다.

2를 잘 보면 알 수 있듯이, 기지 정보는 약간의 이형, 변형을 거치지만 반드시 반복되어 연이어 나타납니다. 이것은 모든 것이 상호 연계되어 있다는 이성적 인식과 과학적 관찰로서의 계기의 기호입니다. 즉 '왕이 죽었다'는 정보는 '왕의 죽음'으로 명사화 되어 객화되고, 신정보의 주체인 '왕비'는 다시 '그녀'로 대상화되어 물러나 있고, '슬퍼하였다'는 서술동사 또한 '그 슬픔'으로 저만치 개념화되어 있습니다. 여기 동사, 형용사라는 일차적이고 평면적인 정보가 이차적이고 입체적으로, 명사의 형태로 굴절되어 있다는 것은 정

---

[16] '선조적線條的'이라는 말은 이야기 따위가 시간의 흐름에 따라 체계적, 순차적으로 진행되는 것을 말합니다. 이것은 매우 합리적인 인식방법으로 인정되어왔던 근대의 유명론적 인식론, 소설적 인식의 핵심개념입니다.

보의 선후와 인과, 그리고 전제와 결론 간의 의미-내적 고리를 '우월적으로' 인식하고 이해하는데 매우 중요한 매개 기호들입니다. 그러면서 정보는 끊임없이 그 어딘가로, 즉 왕의 죽음에 이은 왕비의 죽음으로 흘러갑니다. 여기서 주인공들을 그 어딘가로 이끌고 가는 것은 작가의 해석이고 '의지'이지만 인과적 설명으로 받침되어 예측이 가능하다고 보기 때문에 우리는 부르주아적 안도감安堵感을 갖고 자연 세계를 설명할 수 있고, 그러한 대상 세계를 지배할 수 있다는 신념을 내면화시키게 됩니다. 즉 이제 인간은 이야기를 통해 종속의 위치에서 벗어나 신의, 타자의, 객체의, 외부의 힘대로 이끌려 가지 않게 된 것입니다.

이런 지식을 토대로 우리는 이규보의 서사시가 왜 중요한지 분석해 낼 수 있습니다. 그러니까 **"왕이 죽었다. 왕비가 죽었다"** 처럼, 꼭 그처럼 **"해동의 해모수/참으로 하늘의 아들"** 하고 그치면 순간적으로 감성적인 느낌은 체험할 수 있지만 이성적인 환기로서의 전망은 일어나지 않습니다. 다시말해 운문이 하나의 순간적인 점點의 세계라면, 산문은 지속되는 선線의 세계입니다. 즉 시가 비-선조적이라면 소설(이야기)은 선조적입니다. 시가 비합리적인 감성의 세계형식이라면, 소설은 합리적인 이성의 세계형식입니다. 시가 선동적이라면 소설은 계몽적입니다. 그러나 2에서처럼, 꼭 그처럼 '본기운'에서 '부여왕해부루'는 3인칭 '왕'으로, '큰돌大石'은 대명사 '지之'로, 다시 '기석其石'으로 대상화되어 물러났습니다. 그리고 형용사 '금색와형金色蛙形'은 명사 '금와金蛙'로 개념화, 의미화되었습니다. 이런 사실들은 이규보의 서사시가 비선조적인 시의 문체와 선조적인 소설의 문체의 조화로 이루어져 있어 왜 그의 작품이 독자들에게 파문을 일으키고 있고, 역동적인 작품이 되었는지를 암시하는 표지로 볼 수 있는 근거입니다. 왜냐하면 하나의 작품이 점에서 선으로, 형용사에서 명사로, 묘사에서 서사, 객체에서 주체로 이동하고 있다는 것으로, 이것은 저 헤겔[17]의 말처럼 노예단계에서 주인단계로 이동하는 하나의 사유의 진전운동에 해당하기 때문입니다.

사실 민중들은 대상에 대한 거창하고 훌륭한 찬사보다는 그 무엇을 알고 싶은 서사적 욕망을 지닌 존재들입니다. 그것은 '미적 리얼리즘aesthetic realism'의 본질입니다. 뭐 미적 형식을 요구하는 문학에서도 앎에 대한 욕구는 기본입니다. 이런 관점에서 우리말 '아름다움'은 미의 본질을 잘 나타내고 있는 사유의 도구입니다. 즉 아름다움은 '알다'에서 비롯된 명사형 '앎'과 '다하다'에 기원을 둔 '다움'이라는 모럴이 결합된 조어로, 아름다움의 본질에는 이렇게 대상의 본질을 제대로 알고 싶은 앎에 대한 진지한 사유가 있고, 무엇보다 우리의 언어로 우리의 현실을 올바로 읽어내려는 미적인 함의를 지녔다는 사실이 중요합니다. 이런 인식에서만이 서사시 '동명왕편'은 의의를 지닐 수 있습니다.

이런 이규보가 비록 단편적이기는 하지만 '문조물問造物' 등 그만의 독자적인 사유가 담긴 뛰어난 철학적 에세이를 남긴 이유도 여기에 그 이유가 있을 것입니다.

---

17) G.W.E.헤겔, 〈대논리학I〉, 자유아카데미, 2022.

조물주가 대답했다.

"사람과 사물이 생겨남은 원인을 알 수 없이 자연스럽게 일어나는 일이라 하늘도 알지 못하고 조물주도 알지 못한다. 사람은 스스로 태어나지 하늘이 내지 않는다. 곡식과 뽕나무·삼나무도 자기 스스로 생겨났다. 어찌 하늘이 이로움과 해로움을 가려서 조치를 취할 수 있겠는가." …… 〈중략〉 ……

그래서 다시 물었다.

"하늘도 알지 못하고 조물주도 알지 못한다 하는데, 하늘은 스스로 행동하지 않으니 모른다 하여도 조물주가 어찌 모른다고 하십니까?"

조물주가 다시 답했다.

"내가 만드는 걸 네가 보았느냐? 대체 물이란 저절로 나고 저절로 변하는 것일 뿐이다. 내가 어찌 만들겠느냐. 내가 어찌 알겠느냐. 나를 조물주라고 부르는데 나는 그 이유도 모르겠다."

이것은 참으로 사물의 본질에 대한 진실하고 아름다운 태도가 아닐 수 없습니다. 한국에 중국의 성리학이 전해지기도 전에 이규보는 벌써 이렇게 사람人과 사물物에 대해 사유하고 있습니다. 그는 또 하나의 한국(철)학의 선구자입니다. "사람과 사물이 생겨남은 원인을 알 수 없이 자연스럽게 일어나는 일이라 하늘도 알지 못하고 조물주도 알지 못한다.", "대체 물이란 저절로 나고 저절로 변하는 것일 뿐이다夫物自生自化耳"

이것은 흔히 말하는 성인이, 조물주가, 그 어떤 신과도 같은 특별한 주재자가, 그러니까 이것은 중국의 천자를, 그들의 역사(《자치

통감》)와 정신(《춘추》)과 형식(《시경》)을 답습하고 모방하는 것이 하나의 지배적 이데올로기로 정형화된 사회에서 일대 혁신을 일으킬만한 혁명적 사고라 아니할 수 없는 것으로 '중국적 주리론主理論'의 허구를 깨는 '한국적 **주기론主氣論**'으로, 역시 실재의 허구를 깨는 유명론적 철학의 정수를 잘 보여줬다 할 것입니다.

나는 그렇게 봅니다.

3
일연(1206~1289)

시인 이규보를 이은 고려승 일연 또한 외침으로 나라가 위기를 겪은 시기에 〈삼국유사三國遺事, three kingdom's scattered stories〉를 통해 한국의 내러티브를 구현해 낸 유명론의 탁월한 계승자입니다. 일연이 '단군신화'와 향가 14수를 비롯 기이한 이적과 문학작품 등 여기저기 뿔뿔이 흩어진 민족의 단편적 이야기들을 끌어모아 지배적인 권력의 역사에 비중을 둔 김부식의 〈삼국사기三國史記〉와 달리 일상생활에 깃든 고유하면서도 상징성이 풍부한 탈중심의 민중들의 언어와 형식에 특별하게 주목한 것도 여기에 그 이유가 있습니다. 닫힌 세계를 깨는 '비은폐적 disclosing' 사건으로 유명론은 세계의 감춰진 비밀을 털어놓습니다. 과연 그러한지 우선 여기 〈이솝 우화〉보다 더 재미있는 한국형 단편 서사의 원형을 주목해 보겠습니다.

(신라 제 48 대 경문왕이-인용자) 임금의 자리에 오르자 왕의 귀가 갑자기 길어져서 나귀의 귀처럼 되었다. 왕후와 나인들은 모두 알지 못했으나 오직 관을 만드는 복두장이 한 사람만이 그것을 알고 있었다. 그러나 평생에 남에게 말하지 않았다. 그는 죽으려 할 때 도림사의 대숲 속의 사람이 없는 곳으로 들어가서

대나무를 보고 외쳤다.
"우리 임금님 귀는 당나귀 귀다吾君耳如驢耳"
그 후 바람만 불면 댓소리가 났다.
"우리 임금님 귀는 당나귀 귀다."
왕은 이 소리를 싫어하여 이에 대나무를 베어버리고 산수유나무를 심었더니 바람이 불면 다만 그 소리는 "우리 임금님 귀가 기다랗다吾君耳長"고만 했다.

이것은 〈삼국유사〉 제2권 '기이편紀異篇'[18]에 실려 있는 아주 짧은 이야기 한 토막에 불과합니다. 그러나 이 이야기는 그 자체로 하나의 '작은 이야기小說'에 불과하지만, 이 작은 이야기 속에는 하나의 우의寓意 서사로 너무 많은 해석의 씨앗들이 빽빽한 석류알처럼 박혀 있습니다. 인류 보편의 문화유전자로서 서사는 하나의 욕망이고 꿈이고 의지의 세계입니다. 그동안 동식물이나 사물에 빗대어 자신의 의사를 표현하는 우화寓話-가장 대표적으로 〈이솝이야기〉-는 약자의 언어로 인식되어 왔습니다. 특히, 어느 유력한 정치혁명가[19]가 당시 짜르의 권력 체제하에서 자신의 책을 출판해야 하는 과정에서 직접적으로 공격하지 모하고 우회적으로 굴종의 언어를 쓸 수밖에 없던 자신의 신세를 투덜거리면서 이 말을 쓰게 되면서 '이솝적 언어'는 어느새 노예의 언어라는 부가적 의미를 지니게 되었습니다. 과연 그럴까요?

우선적으로 볼 수 있는 것은 그 뭔가를 알고 싶은 근질근질한 이

---

18) 일연, 〈삼국유사1, 2〉, 솔, 2007.
19) 레닌, 〈제국주의, 자본주의의 최고단계〉 '서문', 아고라, 2017.

야기라는 서사의 세계가 도대체가 참을 수 없는 욕망의 세계라는 점입니다. 그것은 죽음으로써만이 능히 제어할 수 있는 본능의 세계입니다. 그러니까 여기, 서사적 본능의 세계에서 기본적으로 중요한 것은 왕으로 대표되는 권력자는 자신의 약점을 감추려는 본능을 지녔다면, 복두장이로 상징되는 피권력자는 권력자의 약점을 알고 싶은 욕망을 지녔습니다. 이 짧은 서사가 팽팽한 긴장으로 넘치고 있는 것도 사실 이것 때문입니다. 즉 왕은 자신의 약점을 은폐하려는 욕구에 사로잡혀 있고, 복두장이는 이 권력자의 약점을 탈은폐시키려는 기도try에 목을 매고 있습니다.

왕은 이 소리를 싫어하여 이에 대나무를 베어버리고 산수유나무를 심었더니 바람이 불면 다만 그 소리는 "우리 임금님 귀가 기다랗다"고만 했다.

이 대목을 다시 주목해 보건대, 일단 왕으로 대표되고 있는 권력자가 승리한 것을 볼 수 있습니다. 왜냐하면 왕은 대나무처럼 바르게 직언하는 충신忠臣을 내쳤고, 산수유처럼 화려하고 듣기좋은 말만하는 간신奸臣을 썼기 때문입니다. 그런데 왕은 왜 복두장이의 소리를, 정확히는 "우리 임금님 귀는 당나귀 귀"라는 말을 싫어했을까요. 그러면서 "우리 임금님의 귀가 기다랗다"는 말은 왜 용납했을까요. 이런 사실은 왜 권력자들이 진실을 전해야 하는 언론을, 방송을, 미디어를 통제하려고 하는지, 민중들의 이야기 전달 수단인 서사적 형식이 '정치적 저항' 못지않게 권력을 벌벌 떨게 할 수 있을 정도로 무서운 '미적 저항'의 수단이 될 수 있는지를 확인합니다. 과연 그러한지, 좀 대별해서 자세히 보겠습니다.

가. 우리 임금님의 귀가 기다랗다/묘사적 사실 범주
나. 우리 임금님의 귀는 당나귀 귀다/서사적 가치 범주

여기, 왜 하나는 수용되고, 다른 하나는 거부되었을까. 바로 여기에 서사의 비밀이 감추어져 있습니다. 먼저, 사회역사적 상상력을 발휘해 보면 제48대 경문왕은 통일신라 하대의 임금으로, 그는 성대盛大를 지나 내분이 일고 균열이 일던 시기의 통치자였습니다. 곧 그는 나라의 통어가 어렵던 시기의 지도자였습니다. 아니, 나라를 제대로 거느리지 모한 임금이었습니다. 여기, 그가 임금의 자리에 오르자 왕의 귀가 갑자기 길어져서 당나귀 귀처럼 되었다는 것은 임금이 마치 당나귀처럼 고집이 세어져서 신하들의 충언을 무시하고 제멋대로 국정을 농단했다는 '이솝적 언어'로서의 우회적인 풍자입니다. '이솝적 언어'는 비록 노예적인 언어의 일종이라 하지만, 오히려 그렇기에 더욱 은밀한 뜻을 감추어 놓을 수 있었던 민중의 지혜를 담은 비의秘義의 언어이기도 합니다. 뭐 우화는 다양한 의미를 포개놓은 복수성의 언어가 아닌가 말입니다.

그런데 이상한 것은 경문왕이 왕위에 오르자 '왜' 왕의 귀가 갑자기 길어졌단 말인지, 이에 대한 제 과정의 해명이 없다면 이것은 다만 과장된 신화일 뿐이지 신뢰할만한 이야기라고 볼 수 없습니다. 그래 이것이 하나의 훌륭한 해명의 형식이 될 수 있었던 것은 민중들의 이야기 방식인 우화fable 또한 소설의 일종으로 비록 검열을 피하기 위해 비판의 강도를 누그려 뜨려야 했으므로 '노예적인 언어'라는 한계를 지니는 것이지만, 시적인 은폐의 방식으로서가 아닌 검열의 예봉을 피하면서도 비의적인 설명의 방식을 통해

오히려 정치 권력의 실상을 밝힐 날카로운 수단을 얻은 역사적 형식이었기 때문입니다. 그래 원문을 다시 보니, '내등위乃登位'라고, '이에 임금의 자리에 오르니'로 되어 있습니다. 여기, '이에내乃'는 어조사로 '이로부터' 또는 '바로 이것의 결과로here upon'를 뜻합니다. 이는 곧 경문왕이 왕의 자리에 오르자 왕의 귀가 갑자기 길어져 나귀처럼 되었다는 것은 인과적 설명의 성격을 지니는 것으로 이에 대한 원인으로 앞부분에, **"일찍이 왕의 침전에는 매일 저녁이면 많은 뱀들이 모여들었다. 나인들이 놀라고 두려워하여 쫓아 내려하니 왕은 말했다. "나는 뱀이 없으면 편안히 잠을 잘 수 없으니 쫓아내지 말라." 그리고 언제나 잘 때에는 뱀처럼 혀를 내밀어 온 가슴에 펴고 있었다."**며 뱀과 함께 자는 왕을 묘사하는 대목이 역시 우의적 표현으로 소개되어 있는데, 이를 통해 우리는 경문왕이 저렇게 당나귀처럼 고집이 세고 신하들의 충언을 무시했던 이유가 과연 하나의 이솝적 언어로 간신배(뱀)를 가까이했던 때문임을 볼 수 있습니다. 특히, **"그리고 언제나 잘 때에는 뱀처럼 혀를 내밀어 온 가슴에 펴고 있었다"**는 강조적인 표현은 간신배들에게 완전히 농락당한 무능한 군주의 모습을 우회적으로 표현한 것으로 참으로 신랄한 풍자가 아닐 수 없습니다. 민중의 예지를 담은 우화는 결코 노예적 표현이 아니라 주인의 형식입니다. 아니나 다를까, 그 이후로 처용(헌강왕)이 나타나 풍속이 문란해지고 견훤, 궁예 등 지방호족이 득세하고 선종禪宗이 유행하였으며[20] 무능한 진성여왕이 나오고 얼마 안 가 통일신라는 망하고 말았습니다.

---

20) 유홍준, 〈나의 문화유산답사기〉, 창작과비평사. 1993년 "9세기는 부도의 세계였으며, 호족의 세기였고, 선종의 세기였던 것이다."

우화 '임금님 귀는 당나귀 귀'는 이렇게 권력에 대한 간접적인 풍자이지만, 그러나 민중들의 기지에 넘친 날선 비판입니다. 바로 여기서 우리는 서사, 그러니까 민중들의 이야기, 서사의 세계가 사실과 다른 차원의 가치의 세계형식임을 엿볼 수 있습니다. 즉 사실의 세계가 '가'처럼 재현된 '모방mimesis'의 세계이고 평면의, 이미지의, 점의 세계에 불과하다면, 이야기의 세계는 '나'처럼 사실의 재구이자 굴절된 '서사diegesis'의, 선의, 개념의 세계임을, 그리하여 사실을 가공하여 만들어진 이야기의, 개념의 세계는 하나의 미적 심판의 세계로 대상 세계에 대한 규정(평가)을 담고 있음을 볼 때, 이는 곧 민중들의 이야기 형식인 서사가 미적 심판관인 민중들의 고유 형식임을 알 수 있습니다. 그리하여 다시 '가'가 대상 사물에 포획되어 있다면, '나'는 대상 사물을 물끄러미 넘겨다보며 그 사물을 개념적으로 인지하고 있습니다. 즉 화자가 임금님 귀는 당나귀처럼 대상을 명사로 규정한다는 것은 "아고, 저 고집만 세고 눈깔이 먼 놈 같으니!" 하고 그 대상을 경멸할 수 있는 우월한 심판(자)의 위치에 있다는 것을 암시합니다. 따라서 '무엇은' 또는 '누구는' 하고 특정한 대상에 대한 평가, 분석을 기본으로 하는 – '은(는)'은 한정사입니다– 서사의 세계는 은폐된 세계를 탈은폐시키는 서사폭탄, 언어 혁명으로 기능하는 주인의 형식인 것입니다. 그리하여 '우리 임금님의 귀가 기다랐다'는 묘사(소)가 화려한 산수유나무로 상징되는 노예들이 대상에 맹목적으로 순종하고 마는 종놈의, 예찬의 수사학을 보여준다면, 그러니까 종놈의, 예찬의 수사학이 묘사라는 것은 대상에, 동일성에 사로잡혀 있고 현실원칙에 굴복하고 마는 굴종의 언어라는 것을 말합니다. 그러나 복두장이는 대나무를 보고 '우리 임금님의 귀는 당나귀 귀'라고 외칩니다. 여기, 대나무는 하나의 쾌락원칙을 대변하는 심리적 투사물입니다. 이를 통해 우리는 헤겔의 이른바 '주인-노예의 변증법'을 다시 보게 되거니와, 산수유나무로 암시되고 있는 노예의 언어와 대나무로 상징되는 주인의 언어가 그대로 묘사와 서사와의 대비로 나타나고 있음을 볼 수 있습니다. 자, 그렇다면 왜 하나는 묘사의 언어, 노예의 언어로 기능하고, 다른 하나는 서사의 언어, 주인의 언어로서 기능하고 있는가 라는 점입니다. 대체 '누구는 무엇이다'는 명제로서의 서사적 기술이 주체적인 이유는 무엇인가. 이것은 앞서 말한 대로 '무엇은' 또는 '누구는' 하는 세계가 벌써 대상에 대한 대타적 거리를 두고 있는 주인의, 주체의, 차이의 분류학에 기초하고 있는 하나의 가치 평가로서의 심판의 언어이기 때문입니다. 이때, 복두장이에게 있어 심판의 대상은 주인(왕)으로, 이는 문법적으로 볼 때 주어(주인)에 대한 술어(노예)의 역습이자 전복을 의미합니다.

중요한 것은 과연 이야기의 세계, '서사'입니다. 그러니까 묘사가 산수유처럼 무조건 찬사를 갖다 바치는 대상에 중심이 가 있는 구심적인 시의, 동일성의 세계라면, 서사는 대나무처럼 곧은 마음을 지닌, 뭐 중심을 잃지 않고 대상에서 인간으로 시점 이동하는 원심적인 소설의, 차이의 세계형식입니다. 가령, 서구 비평계의 거인 발터 벤야민('프란츠 카프카')은 "《오디세이아》는 그야말로 신화와 동화를 갈라놓는 문턱에 서 있다."라고 했습니다. 여기서, 동화는 무론 요정들nymphs의 이야기를 말합니다. 인간이 '거대한' 자연(신)을 인간의 힘으로 어티케 해볼 수 있는 '작은' 요정으로 새롭게 인식하기 위해서는 자연(신)이 거대한 존재라는 인식에서 먼저 벗어나야 합니다. 그것은 곧 거대한 신화의 세계입니다. 그러나 서양 최초의 소설이라는 호메로스의 〈오디세이아〉[21]에서 항해사 오디세우스가 바다에서 마주한 것은 거대한 자연신 세이렌siren이 고운 목소리로 노래하는 것이 아니라 대상과의 개념적 거리두기를 통해 그것은 사실 '물보라와 큰 너울이고, 바다가 노호하는 큰 소리'에 불과하다는 객관적인 인식에 도달한 것으로, 마찬가지로 신과도 같은 권력자는 거대하고 숭고하다는 인식에서 벗어나기 시작했을 때 비로소 인간은 자신의 운명의 주인공이 될 수 있는 것인데, 그러기 위해서는 신이라는 것이 가짜fakes이고 권력자도 별거 아니라는 인식이 선행되어야 하고, 그러기 위해서는 또한 실재(론)의 숭배대상인 말씀의 숭고한 본성이 지닌 허구를 쏘아보는 날카로운 철필과도 같은 유명론의 시선이 요구되었던 것입니다.

세이렌이 고운 목소리로 노래하고 있다/묘사적 사실 범주

그것은 다만 물보라와 큰 너울, 바다가 노호하는 큰 소리일 뿐이다/서사적 가치 범주

그리하여 우리는 알 수 있습니다. 즉 영리한 오디세우스가 거대한 자연신 세이렌이 고운 목소리로 노래하는 것이 아니라 물보라와 큰 너울, 바다가 노호하는 큰 소리임을 알아차렸던 것처럼, 꼭 그처럼 '복두장이'로 대변되고 있는 우리의 민중들은 나라의 임금이 다만 귀가 큰 당나귀같이 고집 센 어린아이에 불과한 것을 알아보

---

21) 호메로스가 지었다는 〈오디세이아〉는 "들려주소서, 무사 여신이여! 트로이아의 신성한 도시를 파괴한 뒤/많이도 떠돌아다녔던 임기응변에 능한 그 사람의 이야기를."(천병희 역)로 시작되고 있는데, '들려주다', '이야기'에서 이 작품이 오늘의 서구 최초의 소설의 모형임을 알 수 있습니다.

았던 것입니다. 여기서 우화는 오히려 하나의 은폐로서의 시적 메타포로 함축적 상징을 지닌 풍부한 표현으로서 매우 뛰어난 이야기 기술이 되었습니다. 중요한 것은 여기서 우리는 그 고대적 의미에서 숭고미로서의 거대한 이미지를 느끼게 되기보다는 일상에서 마주한 비속미로서의 미적 대상에 대한 어떤 관조적 거리를 느끼게 된다는 점입니다. 즉 이야기의 주인공이 미적 대상에 어떤 관조적 거리를 느끼는 과정에서 이야기 대상을 분석적으로 대하게 된다는 점이 중요합니다. 여기서 우리는 하나의 민중적 형식으로서의 우화를 빌린 풍자를 통해 주체적 성격을 지닌 유명론으로서의 서사의 힘을 다시 생각해 볼 수 있습니다.

그리하여 말해 보건대, 맹목적 복창의 세계에서 자발적인 선창의 세계로, '대상'에서 '인간'으로, 그러니 서사(학)은 주인의 학문인 것입니다. 공자를 비롯 아리스토텔레스, 다산 등 대체로 당대의 권력에 붙어먹던 최고의 정치엘리트들이 왜 한결같이 시('가')를 옹호하고 소설('나')의, 이야기의, 서사의 세계에 대해 '적의hostility'를 드러내고 있는지, 그것은 조너선 컬러(《문학이론》)의 말대로, "이야기는 우리에게 세상에 대해 가르치고, 세상이 어떻게 움직이는지 보여주고 있Stories teaching us about the world, showing us how it works."기 때문입니다. 그리하여 **'이야기를 만들어 전승해야 한다'**[22] 이것이 하나의 역사적 소명이자 정언명령임을 깨달은 일연이 《삼국유사》를 통해 흩어진 민족의 이야기를 얽어놓기에 이르렀던 것입니다. 그리하여 그는 거리낌 없이 '자불어괴력난신子不

---

22) 김은령, 〈일연, 달빛으로 머물다〉, 詩와에세이, 2022

語怪力亂神[23]이라는 전래의 소설관에 대해 이규보처럼 일연은 '머리말'에서 당당하게 되받아칩니다. 중국의 경우와 마찬가지로 우리 또한 제왕이 일어나려고 할 때에는 하늘이 내리는 명을 받는 사람은 반드시 보통사람과 다른 점이 있다고 해석하면서, 우리 민족의 시조 단군왕검의 강림에 신성을 부여하고 정당성을 제시하였습니다. 대체 왜 민족이었는지... 그것은 당시 외침(원元)으로 어수선한 나라의 기운을 바로잡고 정신의 맥을 잇는 소중한 작업이 시대적 요청으로 부각되었기 때문입니다. 즉 오랑캐 나라의 간섭으로 왕실의 권위가 불안하고, 오랜 전란으로 민중의 삶이 피폐해져 있으니 일연에게는 지금 고통 속에 있는 민중을 위무하고 쓰다듬는 그 무엇이 필요했습니다. 그리하여 부스러진 기왓장과 목이 잘린 돌부처일망정 여기저기 흩어져 있는 우리 고유의 민족의 이야기, 민중의 삶 속에 실가닥처럼 이어져 온 설화들을 다듬고, 오래 전부터 전하여 오는 일실된 이야기遺事에 신성의 숨결을 불어넣는 일은 쓰러진 민족사의 정신의 기둥을 일으켜 세우는 문화적 대업이었습니다.

그리하여 중국의 노래漢詩가 아닌 '우리의 노래鄕歌'로 '제망매가祭亡妹歌' 등 신라(《삼국유사》 14수)의 노래가 주로 '사뇌가'라는 10구체 형식을 지니며 하나의 이야기시로서 '산문화 경향'을 띠고 있는 것도 이미지의 세계에서 개념의 세계로 전이되듯, 실재론의 세계에서 유명론의 세계로, 인간해방의 세계로 건너오는 중요한

---

[23] '자불어괴력난신子不語怪力亂神'은 괴이怪異와 용력勇力과 패란悖亂과 귀신鬼神에 관한 일이라는 뜻으로, 이성적으로 설명하기 어려운 불가사의한 존재나 현상을 이르는 말로 공자가 〈논어〉에서 경계의 대상으로 삼은 민중서사, 민중들의 이야기 형식에 대한 말입니다.

형식적 표지였던 것입니다. 그래 10구체 향가가 한결같이 9행에서 의미의 전환이 일어나고 있는 것은 하나의 사유의 진전운동으로 매우 중요한 형식적 특징이라고 볼 수 있습니다. 이것은 향가가 단순한 노래가 아니라 그 서사적(소설적) '이중성'을 띠고 있음을 암시합니다. 그러니까 향가는 노래이되 노래가 아닙니다. 줄리아 크리스테바(《세미오티케》, 동문선)의 말대로, 소설은 양가성을 그 구조상의 특징으로 삼고 있는 유일한 장르이며, 양가성이야말로 소설을 타 장르와 구분하는 특징입니다. 아닌 게 아니라 소설이 묘사(보여주기)와 서사(말하기)로 이원화되어 있듯이, 10구체 향가 또한 한결같은 구조로 전반부인 묘사와 후반부인 서사로 이루어져 있습니다. 이런 사실은 향가가 단순한 노래가 아니라 하나의 의미화된 서사형 기제임을 암시합니다.

다음은 월명이 일찍이 죽은 누이동생을 위해서 재齋를 올릴 때 지었다는 유명한 10구체 향가입니다.

生死 길은
예 있으매 머뭇거리고,
나는 간다는 말고
몯다 이르고 어찌 갑니까.
어느 가을 이른 바람에
이에 저에 떨어질 잎처럼,
한 가지에 나고
가는 곳 모르온저.
아아, 彌陀刹에서 만날 나

도 닦아 기다리겠노라.

-월명사의 '제망매가', 김완진 역

전반부(1행~8행)는 묘사이고 후반부(9~10)는 서사입니다. 이런 사실은 전반부가 절망적인 현실 인식과 닿아 있고, 후반부는 희망적인 의미가 부여되어 있음을 암시합니다. 그러니까 전반부에서 여기저기 떨어지는 잎처럼 누이와 사별하는 순간이 무의미한 점點의, 묘사의, 소멸의, 붙잡을 수 없는 절망의 순간이라면, 그러나 후반부에 이르면 나무와 잎이 다르지 않듯이 생사 또한 다르지 않다는 유비적 암시로 우리도 봄이 되면 다시 만날 수 있을 것이라는 우주적 인식에 이르면서 선線의, 서사의, 의미화의, 가능한 재회의 약속으로 전환됩니다.

왜 향가가 민족의 문화적 유산의 최대의 것 중의 하나[24]인지, 그것은 민족시인 만해 한용운의 대표시 '님의 침묵'을 통해서도 확인할 수 있는 것처럼, 그 또한 10구체로 되어 있는 데다 역시 전반부와 후반부로 구성된 후반부에서 "아아 님은 갔지만은 나는 님을 보내지 아니하얏습니다."라고 노래한 불사조 만해처럼 우리의 노래 鄕歌가 유구한 서사적 전통을 지닌 민족문화의 최대 유산인 것도 여기 그 충분한 이유가 있는 것입니다.

묘사부; (여기 저기 떨어지는 잎처럼) 누이가 죽고 말았다.

---

24) 김완진, 〈향가해독법연구〉, 서울대학교출판원, 2022.

서사부; (그러나 생사도 자연처럼 윤회하므로)죽음은 끝이 아니다.

오늘, 신화는 대중(서사)문화의 매트릭스matrix입니다. 그리하여 하나의 모범으로 그리스인에게 끊임없는 생기와 지속적인 영감을 불어넣는 젖줄로서의 그리스 신화가 있듯이, 한국인에게는 K-신화의 젖줄, 일연의 〈삼국유사〉가 있습니다.

나는 그렇게 봅니다.

제2부

중세편

4. 김시습

5. 서경덕

6. 정철

4
김시습(1435~1493)

송도 낙타교 옆에 이생이라는 사람이 살았다. 그는 열여덟이었는데 풍모가 맑고, 자질이 뛰어났다. 일찍부터 국학에서 공부했는데 길을 다니면서도 시를 읽고는 하였다. 한편 선죽리의 부잣집에는 최 씨 처녀가 살고 있었다. 그녀의 나이는 열대여섯 살쯤 되었는데 자태가 아름답고 수를 잘 놓았으며 시도 잘 지었다. 그래서 세상 사람들이 그 두 사람을 이렇게 칭찬하였다.

풍류가인 이 도령
요조숙녀 최 낭자
그 재주 그 용모를 듣기만 해도
굶주린 창자를 채울 수가 있다네

- 〈금오신화〉 중의 '이생규장전' 서두부

이 부분만 보아도 우리는 규범이 분명하고 반듯한 재주를 지닌 한국 최고의 천재였다는 그를 짐작할 수 있거니와, 우선 눈에 띄는 것은 '이야기'와 '노래'가 한 덩어리를 이루고 있단 점입니다. 그러니 솔직하게 말해서 이것은 전통의 신화도 우화도 서사시도 중국식

연의도 전기도 아닌 것으로 그래 시도 아니요, 오늘의 소설도 아닌 그 무엇입니다. 사실 오늘의 소설은 저 시인 백석의 "새끼오리도 헌신짝도 소똥도 갓신창도… 닭의 짖도 개털억도 타는 모닥불" 하던 시처럼 허망한 괴담과 소박한 수필류에서 점차 생활을 묘사하는 사실주의 소설로 옮겨 오면서 편지도 넣고 선언문도 넣고 여행 스케치도 넣는 등 모든 장르를 끌어모은 가장 잡식적인 장르라 할 것입니다.

중요한 것은 이러한 형식도 형식이지만 이를 통해 전달하려는 것이 무엇보다 진실한 소설의 세계를 이름한다 할 것으로, 이는 또한 유명론의 세계에 다름 아니라는 점입니다. 그러니까 유명론은 동화同化가 아닌 이화異化로, 권력에 대한 비판의 산물로 태어났습니다. 비판은 권력에 삐딱한 거리를 두는 것으로서의, 그러나 엄연한 의의를 지닌 가치의 세계입니다. 그리하여 실재론의 허구를 날카롭게 쏘아보고 있는 유명론은 새롭게 보기의 인식론적 혁명의 결과입니다. 과연 그러한지 이번에는 매월당 김시습을 통해 한국적 유명론으로서의 새로운 이야기의 세계를 들여다 보겠습니다.

생육신의 한 사람으로 한국적 유명론의, 김시습의 권력에 대한 비판은 현실적으로는 세조의 왕위 찬탈에 대한, 쿠테타 정권에 대한 정치적 저항의 성격을 지닌 불만이었지만 그의 작업은 소설이라는, 그것도 한국 최초의 한문 소설이라는 평가에 걸맞는 '미적 저항'의 한 형태로 표현되었다는 데에 적지 않은 의미가 있습니다. 잘 알다시피, 그는 자신의 불우한 인생을 소설 형식에 담아 〈금오신화金鰲新話〉를 창조했는데, 이 〈금오신화〉는 1927년 최남선이 〈계명〉 19호에 소개하면서 세상에 알려졌으며, 임화의 걸작 〈개설신문학사〉에서도 중요한 민족의 문화유산으로 언급하고 있거니와, 여기에 여러 가지 의미가 박혀있다는 사실이 중요합니다.

먼저, '금오金鰲'는 그동안 소설하면 중국을 배경으로 했던 전례와 다르게 경주의 남산을 가리키는 것으로 애국적인 국토 민족주의를 암시하는 표지입니다. '신화新話'는 새로운 이야기로, 요즘 말로 나의, 일상의, 내면의, 소소한 일상사를 담은 근대적 의미의 '소설 novel'을 가리킵니다. 자, 여기 비록 한자로 쓰였지만 이렇게 새로운 내용과 형식을 지닌 오늘 근대적 의미의 소설의 형식을 지닌 금오신화의 '새로움'의 의미는 실제로 무엇인지…

그것은 무엇보다 전통적인 형식에 대한 도전이라는 점에 있습니다. 전통의 지배 형식은 대부분 자연 예찬이나 귀족에 대한 찬가의 성격을 지닌 '시조時調' 또는 '한시漢詩'였습니다. 이것은 대개 선경후정先景後情의 구조적 형식을 지닌 운문으로 이때 先景은 자연을, 後情은 인간을 말하는 것이니 '천지부모天地父母'처럼 자연과 인간의 조화를 기반으로 하고 권력에 순응하는 유교적 질서와 모럴을 반영하고 있는 귀족들의 천인합일사상의 지배적 형식이라고 볼 수 있습니다. 그래 각 시대에는 각 시대의 문학이 있다는 명제를 전제로 한다면, 시조와 한시는 봉건시대의 고전이라 할 것입니다. 그러니까 지배적인 형식은 현실모방에, 미메시스에, 실재론이라는 자연묘사에 기초하고 있는 것으로 이런 사실은 민중들의 이야기 방식인 소설-소설을 '小說'이라고 부른 것도 본래는 서민들의 이야기는 귀족영웅들의 무용담에 비해 민간에서 떠도는 서민들의 찌질한 이야기라는 뜻의 '패설稗說'로도 불려왔거니와, 한대의 제자십가諸子十家를 기술한 반고의 〈한서예문지〉에는 유가, 도가, 음양가, 법가, 명가, 묵가, 종횡가, 잡가, 농가, 소설가로 분류되어 소설가는 겨우 말석을 차지했던 것입니다. 그러던 소설이 근대에 오면서 왕자의 자리를 차지했던 것은 저 영국 최초의 근대소설이라는 〈로빈슨 크루소〉만 보더라도 장편소설이 바로 근대의 지배권력인 부르주아의 승리의 서사로서의 과시적 효과를 거두고 또한 이탈리아 최초의 소설이라는 〈데카메론〉처럼 이 부르주아 계층이 중세 사제 집단의 허위와 위선을 까발리는데 매우 효과적이었던 때문입니다—을 적대시하고 전통질서를 대변해왔던 공자의 다음 말로 충분히 증명되고 있습니다. '**자불어괴력난신子不語怪力亂神**' 이것은 이미 말한 것으로 공자는 괴력난신, 그러니까 귀신이야기 또는 오늘의 말로 판타지를 말하지 말라는 것입니다. 이것은 리얼리즘과 판타지, 이쪽 세계와 저쪽 세계, 현실과 이상, 귀족과 평민, 시와 소설, 실재론과 유명론 등으로 계보화 할 수 있는 것으로 전통의 지배적인 문예 형식이 이원적인 '분리'라는 배타적인 모럴에 기반하고 있음을 암시합니다.

그러나 이런 지배적인 모럴은 귀신이야기는 격이 낮고 허황된 이야기라는 —중국에서는 혼란했던 위진남북조시대를 전후로 민중들의 '지괴志怪'소설의 형태로 이어져 오고 있는 것으로— 것을 암시하고 있는 것으로, 그러나 김시습의 신화는 단순한 귀신이야기가 아니라 '사랑과 영혼'처럼 사람과 사람 아닌 것이 정을 통하기도 하고, '오페라의 유령'처럼 귀신이 나와 충격을 주기도 하고, 그 밖의 여러 가지, 좀 그로테스크한 방법으로 일상생활의 관습을 깨고 고

정관념이 된 기존의 가치관을 뒤집는 이야기입니다. 이런 사실은 오늘 판타지의 성격처럼 해원의 성격을 지닌 〈금오신화〉의 이야기가 매우 **'전복적'** 성격을 지녔음을 말해주고 있습니다.

쉽게 말하자면 이런 것입니다. 그러니까 세월호든 용산 참사든 갑자기 사고를 당해 가족과 사별한 경우처럼 이런 불행을 치유하고 위로하는 하나의 진혼鎭魂의 형식으로 우리는 생물학적으로야 죽었다지만 심리학적으로는 죽음을 인정할 수 없는 원망스런 상태, 그리하여 이승도 저승도 아닌 곳에 떠돌고 있을 것이라는 혼백을 호명하지 않을 수 없는 현실적인 이유를 상정해 볼 수 있습니다. 뭐 객관적 실재가 아닌 심리적 실재, 환상적 실재로서의, 그러나 부정하기 어려운 또 다른 실재의 현실 말입니다. 가령, '마술적 리얼리즘의 개가'라는 마르께스의 걸작 〈백년의 고독〉이 이와 유사한 것으로 아메리카 그링고들에게 희생당한 수많은 남미 원주민들의 고혼을 치유하고 위로하는 문학의 비실재적인 공리적 효과를 무시할 수 없는 것과도 같은 것입니다.

이와 마찬가지로 소설은 읽어 무엇하느냐 하는 조롱과 빈정거림에도 불구 〈금오신화〉도 현실적으로는 매우 공리적인 문학입니다. 그러니까 왜구에 의해서든 몽고군에 의해서든 나라에 불행이 닥쳤을 때 그 불행의 실질적인 당사자는 대개 평범한 백성들입니다. 그러니 그들이 갑자기 생사를 감당하지 모하고 불행하게도 운명하게 되었음을 특별하게 인식하고 그들의 억울한 삶을 다루기 위해서는 불가피하게 그로테스크한 이야기 형식을 빌지 않을 수 없었던 것으로, 왜냐하면 아름다움과 마찬가지로 추 또한 미의 개념에서 분리할 수 없[25]는 것으로, 이는 과연 민중의 서사가 세속적인 현실을 그려내는 지배적 형식에 대해 전복적인 성격을 지닐 수밖에 없음을 암시합니다. 그래 '전복의 문학'이란 부제를 달고 있는 로즈메리 잭슨의 고전 〈환상성fantasy〉을 주목하게 되는 이유도 여기에 있습니다.

환상이란 문화적 속박으로부터 야기된 결핍을 보상하려는 특징을 지니기 때문으로, 요컨대 환상은 욕망에 관한 문학으로서 부재와 상실로 경험되는 것들을 추구하는 것이다.

라는 것인데, 과연 이승에서 자신의 정을 다하지 못하고 갑자기 죽음을 맞이한('만복사저포기', '이생규장전') 원혼들을 위무하는, 그러니까 하나의 '결핍 모티프'로 부재와 상실을 표현하기 위해서 판타지로서의 괴이한 이야기는 어느 시대나 불가피한 형식이 될 수밖에 없는 것임을 알 수 있습니다. 가령, 〈오디세이아〉에서 방황하던 오디세우스가 죽은 아킬레우스를 만나고, 〈신곡〉에서 단테가 지옥을 순례하는 것처럼, 아니 〈삼국유사〉의 '조신의 꿈'을 비롯 유배지에서도 화려한 꿈을 꾸었던 〈구운몽〉의 세계처럼 민중적 전통을 지닌 통속적 소설 장르로 판타지의 요청은 불가피한 것이라 볼 수 있는데, 이것은 사실 진실을 추구하기 위한 하나의 방편에 지나지 않는 것이고, 또한 리얼리즘의 경계를 확장하는 것입니다. 이것은 그로테스크 미학을 대표하는 카프카에게도 적용 가능한 것으로 루카치의 리얼리즘론의 한계를 암시합니다. 아무튼 예

---

25) 카를 로젠크란츠, 〈추의 미학〉, 나남, 2008.

술은 이렇게 진실을 추구합니다. 방법은 그 다음의 문제입니다. 그러나 진실은 사실과 다릅니다. 진실은 가치의 세계입니다. 그러나 제아무리 진실한 가치의 세계라 할지라도 사실을 무시할 수는 없습니다. 그러니까 작가가 진실을 추구하기 위해 판타지라는 형식을 통해 그 어떤 유의미한 가치를 추구한다 할지라도 모든 예술은 현실과 관련을 지닌 것입니다.

마신적魔神的인 것은 모든 유형, 무형의 것의 속에 나타날 뿐만 아니라, 동물에게서도 매우 현저하게 나타나는 것이지만, 특히 **인간과는 가장 놀라울만한 관련을 가지고 있으며**, 도덕적 세계에 관해 대항하여 그것과 대립하는 것은 아니라 해도 그것을 세로로 관통하는 하나의 힘을 형성한다."(밑줄-글쓴이)

- 괴테의 〈시와 진실〉, 동서문화사

자, 이것은 저 세계의 문호 괴테의 '마성the Demonic'적 세계 인식을 드러낸 일부이거니와, 그러니까 그의 시 '마왕'을 통해서나 〈젊은 베르테르의 슬픔〉, 〈파우스트〉를 통해서나 우리는 북구의 어두운 숲에서 건져 올린 '독일적인 것'의 일면을 대변하는 대문호의 두터운 사상의 일면을 보는 것입니다. 마적인 것 또한 인간사의 일면이라고 말입니다. 다시 말해 괴테에게 있어 대체로 호메로스를 비롯 그리스 신화가 신과 인간에 대한 상징을 끝없이 풍요롭게 제공해 주는 보고였던 것처럼, 김시습에게 있어 또한 이규보의 〈동명왕편〉과 일연의 〈삼국유사〉 등 한국의 전통적인 신화의 세계는 '한국적 마성Korean Demon'으로서의 인간사에 대한 상징을 끝없이 풍요롭게 제공해 주는 보고였던 것입니다.

이윽고 여인의 영혼을 전송하자 울음소리가 그치지 않았다. 영혼이 문밖에 이르자 다만 은은하게 다음과 같은 소리만이 들려왔다.

저승길이 기한 있어
슬프게도 이별합니다.
우리 임께 바라오니
저를 멀리 마옵소서.
애달파라, 우리 부모님
나를 짝지워 주지 못하셨네
아득한 저승에서 마음에 한 맺히리.

소리가 차츰 잦아들면서 우는 소리와 분별할 수 없게 되었다. 여인의 부모는 이제야 그동안의 일이 사실임을 깨닫고 다시는 의심하지 않았다. 양생 또한 그 여인이 귀신이었음을 알고는 슬픔이 더해져서 여인의 부모와 함께 머리를 맞대고 흐느꼈다.

- 김시습, '만복사에서 저포놀이를 하다', 민음사

자, 여기서 우리는 저 서구의 이성적 사유의 기원이라 할 플라톤처럼 육체와 영혼이 분리(心身二元論, '파이돈')된 게 아니라 영혼도 생명이고 기운이고 하나의 실체라는, 그래 김시습의 소설에서 우리는 육체와 영혼이 분리 불가하다는 기일원론으로서의 불이적不二

的 사유를 볼 수 있습니다. 중요한 것은 과연 이런 영혼을 지닌 귀신의 존재에 대한 작가의 생각입니다. 그러니 같은 작품, '만복사저포기萬福寺樗蒲記'에서 죽은 존재이되 횡액을 당한 존재이니 제문을 써서 영혼을 위로하지 않을 수 없는 현실적 사정이 있던 것입니다.

아아, 영이시여.
그대는 나면서부터 온순하고 수려하였고,,
자라서는 맑고 깨끗하였소.
아름다운 용모는 서시西施와 같았고,
빼어난 문장은 숙진淑眞보다도 나았소.
규문 안을 벗어나 본 적 없고,
늘 가정의 가르침을 따랐소.
난리를 겪으면서도 온전히 몸을 지켰거늘
왜구를 만나 목숨을 잃었구려.
쑥덤불 속에 몸을 의지하여 홀로 지내면서
꽃과 달을 마주할 때마다 마음이 상하였으리.
봄바람에 애간장 끊으며
두견새의 피 울음소리 슬퍼했고,
가을 서리에 간담이 찢기우며
비단부채의 인연 없음을 탄식했겠지요.
지난번 하룻밤 우연히 당신을 만나
마음의 실타래를 이었으니
비록 저승과 이승이 격리되어 있다는 것을 알면서도
물과 고기가 만난 것처럼 즐거움을 다하였소.

장차 백 년 동안 해로하자고 하였는데
어찌 하룻저녁에 슬픈 이별을 당할 줄 알았으리오.
그대는 달나라에서 난새를 타는 선녀요.
무산에 비를 뿌리는 신녀이리니,
땅은 어두워 돌아올 수 없고,
하늘은 막막하여 바라보기 어려우리.
나는 집에 들어가도 정신이 홀린 듯 아무 말 못 하고,
밖에 나가도 마음이 창망하여 갈 곳을 모른다오.
그대 영혼 모신 휘장을 대할 때마다 눈물이 앞을 가리우고,
맑은 술을 따를 때마다 슬픔이 더해진다오.
아리따운 그 모습이 눈에 보이는 듯하고
낭랑한 그 목소리 귀에 들리는 듯하다오.
아아, 슬프도다.
그대의 성품은 총명하고
그대의 기운은 맑았으니
<u>심혼이 흩어진들</u>
<u>혼령이야 어찌 없어지리.</u>
마땅히 하늘에서 내려와 뜨락에서 거닐고,
맑은 향기 풍기면서 내 곁에 머물러라.
비록 삶과 죽음의 길이 다르다지만
당신도 이 글에 감응하시겠지요.
(밑줄-글쓴이)

그러나 더 중요한 것은 이 묘사적 사실을 가공, 해석하여 새로운 의미를 부여하는 서사적 가치로서의 판타지의 세계형식입니다. 그

러니까 판타지는 리얼리즘의 확장이지 죽음이 아닙니다. 그리하여 작가 또한 하나의 세계를 낳기 위해서는 하나의 의식의 형태로서의 자신의 이론을 지니고 있어야 하는데, 바로 이 점에서 김시습이 그만의 독창적인 이론과 명료한 철학을 지녔다는 점, 바로 이 점이 김시습의 김시습다운 점입니다. 즉 김시습(〈금오신화〉)은 '남염부주지'의 박생이라는 인물을 통해 자신의 일리론을 펼치고 있는데 그것은 다음과 같습니다.

나는 일찍이 <u>천하의 이치는 하나일 뿐</u>이라고 들었다. 한 가지란 무엇인가? <u>두 이치가 아니란 뜻이다.</u> 이치란 무엇인가? 천성을 말한다. 천성이란 무엇인가? 하늘이 명한 바다. 하늘이 음양과 오행으로써 만물을 만들 때에 기氣로써 형체를 이루었는데 이理도 또한 거기에 각각 조리를 가지는 것이다.(밑줄-글쓴이)

그러니까 김시습의 〈금오신화〉의 철학적 배경을 이루고 있는 '일리론一理論'이 중요한 것은 주기론자主氣論者로서의 기일원론氣一元論을 이론적 모토로 삼고 있다는 점 때문입니다. 자, 그렇다면 기일원론이라는 유명론적 성격을 지닌 철학이 〈금오신화〉의 원귀에 대한 이야기와 무슨 관련이 있단 말인지, 지배자들은 종묘宗廟를 비롯한 잘난 조상들의 제사는 인정하면서 백성들의 귀신이야기는 인정하지 않는 이중적이고 위선적 태도를 취하였습니다. 이것은 오늘날의 이야기로 보자면 독재자는 현충원으로 모시면서 세월호 분양소는 없애려는 태도와 같은 것입니다.

그러나 김시습은 '귀신설'에서 '천지지간天地之間 유일기唯一氣'라고 천지 사이에 오직 하나의 기가 있다고 자신의 유명론적 이기관理氣觀을 분명히 하고 있는데, 이것은 지배적 형식인 한시와 시조 등을 떠받치고 있는 실재론적 유심론에 대한 울타리 밖의 저항담론에 해당하는 것입니다. 이런 사실은 원효 이래 지속되어온 한국 철학으로 내용과 형식이 다르지 않음不二을 보여주고 있습니다. 왜냐하면 형식은 내용(사유)의 연장이기 때문입니다. 그러니 내용과 형식은 분리될 수 없는 것입니다. 귀신 이야기는 대체로 억울하게 죽은 귀신은 흩어지지 않고 떠돌며 인간사에 불행을 초래한다는 내용을 주로 하는 형식입니다. 이것은 '귀신도 때가 되면 흩어진다'는 유물론적 사고를, 주기적인 사유를 전제로 한 것입니다. 여기서 '때'는 무론 억울함이 해소되었을 때를 말합니다. 중요한 것은 귀신도 때가 되면 흩어진다는 기일원론氣一元論의 세계인식이 '변화'에 기반한 경험적이고 유물론적이라는 점입니다. 이것은 또한 존재 세계의 실상이자 진상이기도 합니다.

바로 여기, 중세적 지배 담론에 대한 저항 서사로서의 유명론적 사실주의의 출발이 있습니다. 오늘 시대의 고통을 외면하지 않는 대작가들의, 가령 한강의 〈소년이 온다〉의 동호, 조정래의 〈태백산맥〉의 소화, 황석영의 〈철도원 삼대〉의 주안댁 등에 하나의 대중적인 판타지형식으로 '무성巫性The Shamanic'을 지녔다할까 한국적 이야기로서의 귀신 서사가 그 '한국적 리얼리즘'이라는 유력한 형식을 지니게 된 것도 반드시 우연이라고만 볼 수 없습니다. 왜냐하면 판타지는 하나의 소설적 꿈이고, 서사적 비전이고, 역사의 환영이기 때문입니다. 한국적 사실주의의 또 하나의 출발로서의 〈금오신화〉의 진지한 의의도 바로 여기에 있다고 할 것입니다.

*글을 쓰는 중에 어느 지인께서 이 시를 보내줬기에 싣고 평을 놓습니다.

겨울 파리 벽 위에 딱 붙어
날개 접고 마른 송장 되었네
소란만 일으켜 미움받아
앵앵대고 성가셔도 못 잡았던
찬바람에 다 죽었나 했더니
따뜻한 방에서 다시 날아올라
더 이상 살아나지 말라며
가시나무 손에 쥐고 혼쭐 냈지
더위엔 호기롭고 장하더니만
찬 서리에 풀 죽어 설설 긴다네
단청 기둥에 점 하나 되고
흰 벽 위 까만 사마귀 점 되어
쓸모없는 얇은 날개로
모퉁이에 천한 흔적 하나 남겼거늘
때 얻었다 방자하지 마라
권세 다한 뒤 그 누구를 원망하랴

- '겨울 파리寒蠅', 최명자 옮김, 〈꿈꾸다 떠난 사람, 김시습〉(빈빈册방)

아무짝에 쓸모없을 것 같은 시에도 공리성이라는 게 있습니다. 시가 공리적公利的 요소를 지녔다는 것은 쓸모가 있다는 것이고, 일정한 목적을 지녔다는 것입니다. 뭐 시가 어디 난삽한 말장난으로, 뜻모를 언어 유희로만 끝나는 것인가. 언어를 언어 그 자체로, 의미를 지닌 사물로 인식한다는 형식주의 미학도 물론 시작에 있어서 즐거움을 주는 중요한 요소임에 부정하기 어려운 게 사실이지만, 그러니까 시를 통해 즐기는 언어의 맛도 분명 시의 존재 이유의 하나가 되겠지만 시는 전통적으로 볼 때 하나의 목적문학으로서 제도화된 지배형식이었습니다. 그래 사르트르는 서사시와 비극은 전체주의 사회가 요구하는 형식이라고 했던 것입니다.

그러나 여기 서정시는 어떤가. 작고 소소하고 자잘한 일상 쇄사瑣事를 디테일하게 보여주고 있는 이 시에서 우리는 전체주의 사회와는 다른 개인의, 나의, 내면의 어떠함을 느끼게 되지 않겠는가. 바로 여기에 저 호메로스의 영웅서사시를 밀어낸 그리스 시인 사포의 서정시처럼 내면의 진실을 투사하는 형태로서의 리얼한 서정시의 공기능이 있지 않은가. 그리하여 여기 김시습의 '한승寒蠅'에서, '겨울파리'라는 일상 쇄사에서 겪는 화자의 정서를 투사한 작품에서 우리는 권력을 찬탈한 세조의 불의injustice한 권력에 동참하지 않고 평생을 방외로 떠돈 성城 밖 시인의 곤고困苦한 일상을 유추해 볼 수 있거니와, 중요한 것은 이 시가 서정시임에도 불구하고 우리를 또 다른 무의식의 세계로 안내하는 것은 거기 하나의 진전운동을 일으키고 있는 울분에 찬 방외지사의 정서처리방식 때문입니다.

**묘사부; 겨울파리 한 마리가 앵앵대며 날아다니고 있다
서사부; 이놈은 소란만 일으키니 살아서는 안 되는 놈이다**

그러니까 하나의 비유이자 풍자의 방식으로 화자는 '겨울파리'라는 일상의 소재를 다루고 있는 것인데, 소란만 일으키는 이놈이 때가 지났는데도 죽지 않고 있다는 생각이 뇌리를 스치는 순간, 우리는 정치적 무의식을 지닌 화자의 시작 의도와 함께 하면서 현실에 대한 비판적 거리로서의 겹눈을 뜨게 됩니다. **소란만 일으켜 미움받아/앵앵대고 성가셔도 못 잡았던/찬바람에 다 죽었나 했더니/따뜻한 방에서 다시 날아올라.** 그래 갑자기 울화가 치밀어서는 내 방을 어지럽게 하고 소란스럽게 하는 그놈을 화자는 기어코 가시나무로 단매에 때려눕히고 맙니다. 그리하여 인자 호기롭고 장하던 겨울파리는, **찬 서리에 풀 죽어 설설 긴다네/단청 기둥에 점 하나 되고/흰 벽 위 까만 사마귀 점 되어/쓸모없는 얇은 날개로/모퉁이에 천한 흔적 하나 남겼거늘...** 그리하여 인자는 다만 천한 흔적으로, 오점으로 남겨졌다니, 뭐 권력무상이라는 거, 이것은 변화에 기초한 불이적 기일원적 발상이, 영원할듯한 권력에 대한 날카로운 유명론적 비판이 아닌가 말입니다. 그래 여기, **'때 얻었다 방자하지 마라'**라는 가시나무같이 따갑고 매서운 질책을 통해 시는 왜 읽어야 하는지... 좋은 시는 우리를 저 깨어있는 각성의 세계로 인도한다니, 이야말로 시 본래의 공리적 기능이 아니고 무엇이것는가...

나는 그렇게 봅니다.

5
서경덕(1489~1546)

흔히 황진이, 박연폭포와 함께 화담 서경덕을 '송도삼절松都三絕'이라 일컫곤 합니다. 당시 개성의 뛰어난 3대 자랑거리라는 얘깁니다. 뭐 황진이야 뜨르르하게 알아주는 시 잘 쓰는 기생으로 서경덕과의 스캔들로 유명하고, 박연폭포는 그 주위 경관이 절경일 뿐 아니라 웅장하다니 그렇다고 하지만, 대체 서경덕은 그 무엇으로 개성이라는 고도古都의 자랑거리가 되고 한국의 명사라는 셀럽이 되었으며, 청나라의 〈사고전서〉에 그의 글이 실리는 영예의 주인공이 되었는지... 아무튼 서경덕이 간단한 인물이 아님은 분명해 보입니다.

자, 나는 한국 유물론 철학의 내재적 기원으로서의 한국형 서사체 형식이라는 관점에서 이 글을 이끌고는 있지만, 개골창에 흐르는 똘물처럼 재주가 얕은 나로서는 참으로 감당하기에 벅찬 이야기입니다. 그렇지만 굼벵이도 구르는 재주는 있다 하니 부족한 대로 어찌해서 그가 한국의 유물론 철학과 한국적 형식의 또 다른 기원이 될만한지 보겠습니다. 서경덕의 시문으로 비교적 잘 알려진 '독서유감讀書有感'이 있습니다. 뭐 '책을 읽으며...' 정도의 감상을 적은 시라 할 것입니다.

글을 읽을 때는 큰 뜻을 품었었는데,
늘그막이 되니 안빈낙도도 달게 받아진다.
부귀를 얻으려면 다툼이 심하므로 손대기 어렵고,
자연 속에 몸을 맡기니 마음이 편하다.
나물 캐고 고기 낚아서 배를 채우고,
달을 읊고 바람을 쐬면서 정신을 씻어본다.
학문의 이치를 깨달아 즐겁기만 하니,
어찌 이 인생이 헛되겟는가?

讀書當日志經綸
歲暮還甘顔氏貧
富貴有爭難下手
林泉無禁可安身
採山釣水堪充腹
詠月吟風足暢神
學到不疑知快闊
免教虛作百年人

그 어느 때인가, 이 시를 읽고 나도 모르게 무릎을 쳤던 기억이 새롭습니다. 보다시피 이 시는 자연 속에 거닐며 청빈한 삶 속에서도 자족하며 살아가는 탈속한 선비의 도가적 취향을 잘 보여주는 가편입니다. 뭐 아귀다툼 속에 살아가는 범속한 속배들의 일상과는 분명 무언가 다른 달관의 경지가 느껴지는 시입니다. 그것을 잘 드러낸 대목이 '자연 속에 몸을 맡기니 마음이 편하다.'라는 대목입니다. 중요한 것은 무론 학문의 이치를 깨달았다는 대목입니다. 그러니까 이게 뭔지 알아보아야 하것지만 서경덕의 이름은 분명코 여기, 남다른 학문의 성취에 있음을 엿볼 수 있습니다. 무론 우리는 "부귀를 얻으려면 다툼이 심하므로 손대기 어렵고"라는 대목을 통해 서경덕의 자연취를 엿보게 하는 처사적 또는 도가적 태도로서의 도피적 삶의 방식이 사실 역사적으로 한국 중기, 중종·명종 당시의 심각한 사화士禍의 영향과 무관하지 않음을 엿볼 수 있습니다.

그러니까 그 현상과 본질의 관계에 있어서 우리가 서경덕의 대표시를 통해 보고자 할 때에 있어서 가장 주목되고 있는 것은 하나의 도가적 모델이라 할 그의 이미지인데, 중요한 것은 이러한 삶의 방식이 당시에 대단한 인기를 누렸다는 점입니다. 그러니까 그와 직간접으로 영향 관계에 있는 자들로 전우치, 이지함, 남사고, 북창 정렴, 곽재우 등 이른바 '서경덕 학파school'에는 분명 도가적인 성향이 있다고 볼 수 있는데, 이런 경향이 16세기를 전후하여 중기 한국사회에 하나의 유행처럼 번진 현상은 분명 어떤 본질적인 것에 대한 영향이라고 볼 때에 있어서, 우리는 이것을 당시의 사화와 관련되었다 하지 않을 수 없습니다. 다시 말해서 사회적 존재가 의식을 결정한다는 저 금칼처럼 번쩍이는 명제를 들이대고 보아서도 당시를 전후로 무오사화(1498), 갑자사화(1504), 기묘사화(1519), 을사사화(1545) 등 훈구파와 사림파 간 사생 간의 다툼으로 인해 가장 대표적으로 퇴계退溪가 그런 것처럼 남명 조식, 성수침, 성운, 이항, 성제원, 이지함 등 수많은 당세의 학자들이 지방에 은거한 사실은 서경덕이 또한 이를 입증하고 있는 것입니다. 갯가의 조개가 외부를 감지하고 제 고은 살을 감추듯, 은거는 객관적 상황에 대한 하나의 반응에서 나타난 주관적 태도로 의식이 행동으로 나타난 것입니다. 그래 당대에 실력을 지닌 지식인의 나물 캐고 고기 낚아서 배를 채우는 식의 '비정상적인' 삶은 분명 그만한 이유가 있던 것으로, 그래 '자연'이니 '은거'니 '은둔'이니 하는 탈정치적인 개념들은 역설적으로 정치적인 배경을 이루고 나온 것이 아닌가 하는 말입니다. 즉 당시는 지배세력 간의 뿔잡기 헤게모니를 둘러싼 사화로 인해 목숨줄이 둘이 아닌 이상 출세가 좌절된 현실에서 벗어나 목숨을 보전하기 위한 돌파구로 도가 사상이 하나의 한국적 에티카[26]로 대유행했다고 볼 수 있는데, 서경덕의 〈화담집〉을 비롯, 이지함의 〈토정비결〉, 남사고의 〈격암유록〉, 정렴의 〈북창비결〉 등 비결류와 도술소설이라 할 〈전우치전〉 등은 당시 불안한 현실 속에서 고통받고 있는 지식인들과 민중들에게 잠시나마 미래에 대한 예언과 함께 불안을 달래주고 자기 보전에 대한 없지 않은 희망을 안겨주[27]었을 것입니다.

이것은 마치 저 서양에서 그리스에 이어 알렉산더 제국이 무너지고 로마 제국이 형성되는 200여년에 걸친 대 변환기에 스토아 Stoa(자연)학파가 성세를 이루었던 것과 관련이 있는 것입니다. 뭐 불안한 시기에는 "자연에 따라 살아라"라는 것이 스토아 철학의 기본 이념[28]이었던 것처럼, 꼭 그처럼 인간은 누구나 불안하면 그 불안한 현실에서 도피하고 싶은 것입니다. 중국의 경우도 위진남

---

26) 스피노자, 〈에티카〉에는 덕의 첫째가는 기초는 자기 존재를 보존하는 것이라 했는데, 이는 도가의 모럴과 착실하게 일치하는 것입니다.
27) 신병주, 노대환의 〈고전소설 속 역사여행〉, 돌베개, 2021.
28) 이정우, 〈세계철학사1〉, 도서출판길, 2011.

북조 혼란한 시기에 왜 도가 계통의 '현학玄學'이 크게 유행하면서 심산벽촌深山僻村에 은거하며 청담淸談을 일삼는 이른바 '죽림칠현竹林七賢'이 나타났는지 생각해보게 하는 대목으로, 우리의 경우 국정이 문란하고 탐관오리들이 득세하던 한국 후기와 강도 일제 초기에 〈정감록〉과 무속적 성격의 신흥종교가 왜 기승을 부렸고, 그리고 스트롱맨이 지배하던 저 광적인 80년대 한국 땅에서 어찌하여 잠시나마 '단학丹學'을 비롯 도교 계열의 선도仙道사상이 국수주의적 바람을 일으켰는지 뭐 전후 사정은 비슷하다 할 것입니다.

그러나 서경덕이 서경덕이 된 이유는 단순히 사화士禍라는 치열한 생사를 건 이권 다툼의, 명리名利의 세계를 떠나 있다는 데에만 있지 않았습니다. 즉 그가 이름을 얻은 것은 현실정치의 아귀다툼을 넘어 자연 속에 몸을 맡겨 나물 캐고 고기 낚아서 배를 채우고, 달을 읊고 바람을 쐬면서 정신을 씻은 끝에 '학문의 이치를 깨달아' 한국 성리학의 단계가 어떠한지를 훌륭하게 드러내었기 때문입니다. 그리하여 우리는 서경덕이 남긴 유작을 통해 그가 깨달은 학문의 이치를 고구해 볼 수 있는데, 미리 말하지만 이것은 참으로 놀랄만한 것입니다.

비교적으로 보아서 하는 말이지만 서양 문화를 보건대 '혼돈'이니 '태초'라는 말이 있거니와, 동양에도 이에 해당하는 말로 '태허'니 '태극'이니 '무'니 하는 개념지들이 있어 왔습니다. 무론 이것이 변화를 일으켜 '음양'으로, '이기'로 분화하고 '오행'으로, 다시 '만물'로 화생化生한다는 것이 〈주역〉에 기반을 둔 동양적 자연관의 기본

틀입니다. 중요한 것은 태허, 태극에서 분화하여 음양이 생기게 하는 근본이 이理(정신)냐 기氣(물질)냐 하면서 마치 서구 철학에서 '이데아'냐 '실체'냐, '질료'냐 '형상'이냐, '관념론'이냐 '유물론'이냐 하면서 크게 갈라져 서구철학사상사의 근본 줄기가 되었듯이, 마찬가지로 동양의 철학사 또한 오랫동안 '理중심이냐 '氣중심이냐 하면서 유리론唯理論과 유기론唯氣論으로 학파가 갈리고 분당이 생기고 목숨이 왔다갔다 했다는 점입니다.

더욱 중요한 것은 서양철학사에서 하나의 철학의 뿌리로서 형이상학이 늘 제일의 자리를 차지해 왔던 바 그대로, 동양의 철학사에서도 최익한(《실학파와 정다산》, 서해문집)의 말대로 오직 이理만이 중요하다는 유리론唯理論이 일종의 '순수이성'의 철학이자 지배철학으로 학문을 독차지하면서 크게 기염을 토하였다는 점입니다. 그리하여 이 유리론적 성리性理 철학 앞에서는 문학, 예술, 기술 등은 말할 것도 없고 정치, 경제 등 민생문제를 취급하는 학문까지도 모두 긴요하지 않은 것으로 인정되었던 것이니, 이것은 분명히 허수아비가 실체가 아니듯 관념적 허상임에도 불구하고 모든 학문에 대한 왕자적 지위를 차지하여서는 저 서양 중세의 신학이 그러했던 것처럼, 꼭 그처럼 동양의 리학理學 또한 신성불가침의 고귀한 학문으로 행세하였다는 것입니다.

가장 중요한 사실은 공자 이후 주자가 그 동양적 형이상학의 근원으로 **'이理'**를 불변의 도덕법칙으로 해석함으로써 이것이 하나의 실정법으로 저 동양의 인문학을 정초한 공자의 주장처럼 백성들에게 충과 효와 명분이 중요하다는 맨데이터리한 당위ought to의 모럴로서의 강제논리이자 보편적인 지배철학으로 기능하였다는 점입니다. 그러니까 하나의 지배담론으로 사회적 질서이자 도덕적 모럴이자 정치적 이데올로기로 '이理'를 목숨처럼 여기는 유리론으로서의 주자학은 그러나 그 사실에 있어서는 당시 남송의 지배계층이자, 전제적 황제지배의 지주인 형세호층의 정치윤리사상[29]이라는 것은 두말할 필요도 없습니다. 뭐 이理 중심의 유리론은 '변화'를 부정하는 정치적 우파신화의 지배이데올로기였다는 이야기입니다. 그러니 유리론은 변화하고 있는 경험 현실을 부정합니다. 오륜五倫처럼 모든 것은 선험적으로 미리 정해져 있습니다. 따라서 변화를 부정하는 유리론이 중심인 사회는 변화에 유연하게 대응하지 모하고 저 '북벌론'처럼 헛된 명분에 고착되기도 하는 등 사회는 점차 고질에 걸린 중환자처럼 피폐해져 갔던 것이고, 이런 와중에 권력의 맛을 본 탐리貪吏들은 백성들의 등가죽을 벗기는 데만 혈안이 되었던 것이니, 한국이 망하게 된 까닭 중의 하나에 바로 한국의 형이상학이, 관념론이, 유리론이 있었던 것입니다.

이렇게 오직 이理만이 중요하다는 유리론唯理論 천하에서도 서경덕은 한국 최초의 유물론자로서 한국의 관념론인 유리론에 대항하여 변화를 중시하는 유기론唯氣論을 주창하였으니 아테네의 등에가 되기를 마다하지 않고 당대의 무시무시한 권력과 거대한 지배철학의 수레바퀴 앞에 마주 섰던 저 죽음을 불사한 외로운 거인 소크라테스처럼, 꼭 그처럼 한국의 당랑거철螳螂拒轍, 서경덕의 중요성은 실로 여기 소크라테스 같은 사상적 거인의 이미지

---

29) 〈중국사입문〉, 도서출판한울, 1986.

로서 그 진상이 오롯이 드러나는 것입니다. 영향사적으로 보건대, 그는 무론 중국의 장재(횡거)라는 뛰어난 유물론 철학자의 영향을 받은 것을 부정할 수 없으나 한국적 현실을 배경으로 자득의 경지를 보여주고 있다는 점이 중요합니다. 그래 그는 이기의 근원을 논하는 '원이기原理氣'에서 말했습니다.

밖이 없는 것을 태허라 하고 시작이 없는 것을 기라고 하니 텅 빈 것이 곧 기다. 텅 빈 것은 끝이 없으니 기 또한 끝이 없다. 기의 근원은 그 처음이 하나다. 이미 기라고 하면 하나는 곧 둘을 품고 있으며 태허도 하나이므로 그 가운데 둘을 품고 있다. 이미 둘이 되면 열림과 닫힘, 움직임과 멈춤, 만들어냄과 극복함이 없을 수가 없다. 능히 열리기도 하고 닫히기도 하며, 능히 움직이기도 하고 멈추기도 하며, 능히 낳기도 하고 이기기도 하는 까닭의 근원을 밝혀 태극이라고 이름 붙였다. <u>기 밖에 리가 없으니 리는 기를 주재한다.</u>(밑줄-글쓴이)

대체 '기氣'란 무엇인지... 우리는 일상에서 기운이 있느니 없느니 하고, 그래 기운이 없으면 기력보충을 해야 한다며 정력제를 찾고, 또한 여기는 분위기가 좋다 나쁘다 하기도 하고 도대체 기가 막힌다느니 이건 참으로 기똥차다 라는 등 '기氣'라는 말은 매우 일상적이고 현실적인 언어, 빠롤parole로 기능하고 있음을 볼 수 있습니다. 기는 무엇보다 우선 물질적 실체[30]입니다. 그리하여 여기, '물질성'을 빼고서는 기라고 할 수 없지만, 그렇지만 기는 서구적인 물

---

30) 이정우, 〈세계철학사2-아시아세계의 철학〉, 도서출판길, 2017.

리학적 개념과는 달리 물질, 생명, 정신을 포함하는 보다 광의의 인문과학 개념입니다. 아무튼 한국의 유물론적 기철학자 서경덕은 사물의 존재법칙과 도덕법칙에 목마른 이들에게 이기理氣라는 성리학 개념을 도구로 우주 질서의 근본 이치를 해명하고 있습니다. 중요한 것은 과연 모든 사물과 인간의 존재와 도덕법칙의 중심으로 '기氣'를 설정하였던 것이니, 그는 뭐 저 영국의 사제인 둔스 스코투스가 "생각한다는 것이 물질에게는 과연 불가능한가?"라고 회의하기 시작하면서 로마 가톨릭의 관념적인 스콜라철학에 맞서 영국 최초로 유물론의 최초의 형태로서의 유명론의 선구자였던 것처럼, 꼭 그것처럼 한국의 선구적인 유물론 철학자인 서경덕 또한 중국 성리학의 한국적 토착화의 선구자이자 한국 최초의 유명론 철학자로 "어찌 기氣 밖에 이理가 따로 있느냐?"라며 철학적 회의의 망치를 내리쳤던 것입니다. 유물론이 대영제국이 낳은 자식[31]인 것처럼, 꼭 그처럼 유물론의 일종인 기철학은 대한국이 낳은 자식인 것입니다.

그러나 더욱 중요한 것은 따로 있습니다. 그가 남긴 사상을 정리한 〈화담집花潭集〉을 보면 시詩, 부賦, 한시漢詩와 같은 문학적인 글과 문우들과 주고받은 편지, 남에게 써 준 묘비명, 그 사람의 일생을 정리한 연보 등을 담고 있습니다. 그러나 〈화담집〉에서 가장 중요한 비중을 차지하고 있는 글의 형식은 시임에 틀림없지만, 그 철학적 심지를 드러낸 글들은 대부분 '잡저雜著'에 담겨 있습니다. 즉 서경덕의 철학을 드러낸 '원이기'를 비롯 '이기설', '태허설',

---

31) 마르크스/엥겔스, 〈신성가족〉, 도서출판이웃, 1990.

'귀신사생론', '복기견천지지심설' 등 중요한 철학적 유산이 모두 '잡저雜著'에 실려 있습니다. 여기, '잡저'라는 것은 표현상으로만 보면 저 〈님의 침묵〉의 '군말'처럼 하지 않아도 좋을 쓸데없는 군더더기 말이나 글이라는 뜻처럼 읽혀서 별로 중요하지 않은 잡문집처럼 보이지만, 그러나 사실 이것은 오늘의 눈으로 볼 때 하나의 철학적 글쓰기a philosophical writing에 해당하는 매우 진보적인 사고를 드러낸 것이라 아니할 수 없습니다.

잘 알다시피, 철학은 사회적 의식의 한 형태이며, 존재 및 인식의 일반법칙에 대한, 그리고 존재에 대한 사고의 관계 등에 관한 생각[32]을 포함하고 있는 학문입니다. 그래 서경덕의 주요 사상이 '잡저'라는 에세이 형식을 통해 그 철학적 사유를 보여준다고 할 때에 있어서 우리가 주목할 수 있는 부분은 서경덕의 유물론적 기철학이 하나의 유명론으로 존재에 대한 진실한 사고를 보여주고 있다는 점입니다. 그것은 존재란 무엇인가라는 것에 대한 인식론적 법칙이라고 할 때에 있어서 서경덕의 사상은 무엇보다도 이 세상은 '변화'에 기반하고 있다는 것입니다. 이것이 바로 왜 서경덕이 형식적으로 '노래'를 하지 않고 '이야기'를 하고 있는지를 해명하는 중요한 열쇠입니다. 왜냐하면 형식은 하나의 태도 표명이자 세계관이기 때문입니다. 다시 말해서 서경덕이 노래를 하지 않고 '잡문'이라는 산문적 형식을 통해 자신의 견해를 드러내고 있는 것에는 존재의 실상을 은폐시키려는 그들에 대한 '비은폐disclosing'로서의 철학적 도전의 의미가 있다는 것입니다. 그는 사실 주자학이라는

---

32) 소비에트 과학 아카데미 철학연구소, 〈세계철학사1〉, 중원문화, 1988.

당시의 지배담론에 도전한 '바깥의' 철학자였습니다. 그리하여 모든 것은 이미 정해진 이치에 의해 돌아간다는 안정과 질서를 추구하는 보수적인 그들에게 모든 것은 하나의 기운이 작동하는 경험의 산물이라는 식으로, 그는 변화에 대한 숨김없는 태도를 드러낸 것입니다. 이러한 현실주의 사상은 율곡 이이에게 이어져 현실개혁론으로 나타났습니다.

이것은 무엇을 가리키고 있는지... 이것은 오늘 '에세이'라 칭하는 자유롭게 쓴 비판적인 이야기의 성격을 지닌 산문 풍의 글이 당시에는 지배적 형식이 아니었다는 증거입니다. 그러니까 당시는 하나의 지배적 형식으로 4언고시의 시경체를 비롯 한시와 시조 등 정형화된 고전적 형식, 오늘 일반적으로 말하는 하나의 일정한 운율에 따라 부르는 노래로서의 격률화된 '서정시'가 주류를 이루고 지배적인 위치를 누리던 시대였습니다. 그러나 서경덕이 지배이데올로기에 맞서 진실을 알리고 거짓을 탈은폐시키기 위해서는 묘사단계로서의 서정시의 모방문학으로서는 한계를 느꼈을 것입니다. 왜냐하면 묘사에, 모방에 기초하고 있는 시가 대부분 현실의 복사에, 지배체제의 온존에 그 주요 목적이 있는 것이니만큼, 시는 결과적으로 구심적이고 전체적인 동일성의 문학으로 지배권력을 싸고 돌았던 제도적인 형식이었기 때문입니다. 이런 그들이 산문을 위험하다고 보고 적의를 드러내고 사갈시한 이유는 산문으로 대표되는 이야기들은 근본적으로 비판적이고 균열적인 차이로서의 저항 담론에 기초한다고 보았기 때문입니다. 그래서 일찍이 백성들의 찌질한 이야기라는 뜻을 담은 '소설小說'이라는 개념이 탄생했던 것이며, '패관소품稗官小品' 또는 '패관소설稗官小說'이라는 말도 돌피같이 쓸데없는 하찮은 이야기라는 지배자들의 인식이 반영된 개념으로 이와 유사하게 우리가 보아왔듯이 원효의 '논論'과 '소疏'가 바로 이렇게 어려운 이야기를 쉽게 풀어 멕이는 이야기의 일종이고, 이미 본 대로 삼국의 흩어진 이야기들 three kingdom's scattered stories을 끌어모은 것이라는 일연의 〈삼국유사三國遺事〉가 한국적 서사체로서의 '설화說話'라는 최초의 이야기 형태를 보였으며, 김시습의 '신화新話' 또한 그런 의미에서의 근대의 소설과 유사한 개념으로서의 '새로운novel' 이야기였던 것입니다. 요는 이런 서사 형식들이 모두 지배체제 바깥의 형식들이란 점입니다. 이뿐만이 아닙니다. 이제현의 역옹 '패설稗說'과 이규보의 백운 '소설小說' 여기, 서경덕의 '잡저雜著'는 무론 한국 중후기의 반계 '수록隨錄', 허균의 홍길동 '전傳', 성호 이익의 '사설僿說', 홍대용의 의산 '문답問答', 박지원의 연암 '일기日記' 등 소품문小品文 성격을 지닌 오늘 산문으로서의 대중적인 비평적 에세이 풍의 문학적 형식이 주류 아닌 주류로서 우리에게는 그야말로 차고 넘치는 한국적 서사체로서의 한국형 서사 문학 전통으로 도저하게 흐르고 흘러 왔다는 사실입니다.

중요한 것은 시가 구심적이고 전체적인 동일성의 지배 문학에 가까운 형식이라면 하나의 비판적 성격을 지닌 이야기로서 소설적 산문은 원심적이고 개인적이며 차이를 지닌 '탈중심'의 도가적인 은일과 보전, 나아가 저항의 성격을 지녔다는 점입니다. 대체 개성이 강한 놈은 말이 많고 고분고분하지 않기 마련입니다. 그렇다면 이들이 어찌해서 저항문학의 성격을 지니게 되었는지 그 형식 속에 담긴 철학적 본질이 무엇인지... 또한 도술을 부리는 신선의 이미지로 서경덕이 등장하는 〈전우치전〉을 통해서도 볼 수 있듯이 도교의 기일원론이 문학적으로 수용되어 나타난 것이 변신인데, 어려운 시절에는 왜 어김없이 이런 현상이 나타나는지 이런 것들은 앞으로 더욱 밝혀야 할 과제로 '민중적民衆的' 전통을 지닌 서사적 성격으로서의 예술적 업적과 성취가 어떻게 해서 가능했는지, 그 한국(철)학으로서의 내재적 기원을 밝히는 의미도 의미려니와, 오늘 우리가 한국학으로서의 비판적 한국학을 염두에 둔다고 할 때 이는 대단히 중요한 학문적 의의가 있는 작업이 아닐 수 없습니다.

나는 그렇게 봅니다.

6
정철(1536~1593)

江강湖호애 病병이 깁퍼 竹듁林님의 누엇더니,/關관東동 八팔百백리니에 方방面면을 맛디시니,/어와 聖셩恩은이야 가디록 罔망極극하다./延연秋츄門문 드리다라 慶경會회 南남門문 바라보며,/下하直직고 믈너나니 玉옥節졀이 알패셧다./平평丘구驛역 말을 가라 黑흑水슈로 도라드니, 蟾셤江강은 어듸메오, 稚티岳악이 여긔로다.......

- '관동별곡' 서두부

우리가 정철! 정철! 하지만 우리는 아직 정철 이전입니다. 우리는 아직 그를 잘 모르기 때문입니다. 그러나 우리가 그래도 정철! 하면 ─그러니까 저 한국 선조宣祖 대의 송강 정철을 떠올리면 뭐 강경파 서인의 영수로 "무진무진"에서도 그 성정의 일단을 엿볼 수 있거니와, 사화와 당쟁의 일선에서 지옥의 칼을 휘두르며 진두에 섰던 무서운 저승사자에게서 떠오르는 복잡한 이미지가 투사되어 있는 게 부정하기 어려운 객관적인 사실이지만, 어찌되었든 우리가 '송강 정철'이라는 하나의 문학적 현상을 전제로 할 때에 있어서 무시할 수 없는 것은 ─그가 저 유명한 사설시조辭說時調 '장진주사'의 저자이고, 뭐 두말할 필요 없는 한국 가사문학歌辭文學의 대가라는 사실입니다.

자, 나는 한국형 서사체라는 하나의 장르로서의 '한국적인 것'을 좀 밝혀보려는 분외의 동기에서 이 글을 쓰고 있거니와, 그런 나의 눈깔에 띄는 것은 다름 아닌 저 시도 아니요, 소설도 아닌 분명 한국적인 것으로서의 불이不二의 형식에 대한 그 무엇입니다. 그러니까 나의 눈깔은 여기 시도 소설도 아닌 '장가長歌'라는 특별한 형식으로서의 사설시조 또는 가사라는 송강 정철의 미적 형식의 성취에 머물게 되었던 것이니, 그것은 '사설'시조와 '가사'문학의 앞에 곁점을 찍은 내러티브한 서사적 요소가 아닌가 하는 말입니다. 더구나 그의 가슴에는 한국 최초의 사설시조 시인과 가사문학의 대가라는 명찰이 붙어있는 것이니, 이것은 마치 중국의 서정시인 굴원이 없었다면 저 개성미 넘치는 남방문학의 〈이소離騷〉를 생각할 수 없는 것처럼, 꼭 그처럼 우리는 송강의 〈관동별곡〉과 〈전후미인곡〉을 우리나라의 〈이소〉라 칭한 김만중(《서포만필》)의 말대로 한국의 굴원, 송강을 빼놓고는 한국의 가사문학을 생각할 수 없는 것으로, 이것은 개인에게 부여된 특별한 의미로서의 문학적 성취가 아닌가 말입니다. 이야기가 좀 복잡할 수 있으니 하나의 갈래를 들어보겟습니다. 믿을만한 전거로서 〈조선소설사〉를 비롯 민족사가로 이름을 얻은 김태준의 '별곡別曲의 연구'[33]를 보니, 그는 정철을 '감상적 기개가 있는 천재 사인詞人'이었다고 평가하고 있습니다.

---

33) 김태준, 〈김태준 문학사론선집〉, 현대실학사, 1997.

그래 당시 정철이 처한 한국의 분위기에서 '감상적 기개'를 지닌 시인의 위치가 갖는 의미는 무엇인지, 이것을 좀 밝혀내야 우리는 한국사상사에서의 시인 정철의 실체를 제대로 설명해 낼 수 있을 것입니다. 잘 알다시피, 정철이 살아가던 이조 시대는 주자학(성리학)이 극성이던 시대였습니다. 주자朱子는 뭐 중국은 물론 동양의 봉건 통치 이데올로기를 창안해낸 동양의 토마스 아퀴나스입니다. 그래 주자학이 중세 봉건 통치 이데올로기로 기능하기 위해서는 상하 지배의 계급적 논리를 일반화시켜놓아야 했는데, 그것이 바로 당대의 이기론理氣論입니다.

천지간에 이가 있고 기가 있다. 이는 형이상의 도로서 만물을 생성하는 근본이며, 기는 형이하의 기로서 만물을 생성하는 도구이다.

天地之間 有理有氣 理也者 形而上之道也 生物之本也 氣也者 形而下之氣也 生物之具也

— 주희, 〈주자어록〉 중에서

그러니까 봉건적 지배담론으로서의 상하이데올로기는 바로 이기理氣를 통해, 이기를 통한 사회 지배 논리의 주입으로 만들어진 것입니다. 여기서 중요한 것은 이가 먼저이고 기는 나중이라는 理先氣後의 계급적 질서입니다. 뭐 배치는 권력이라고 하는 바 그대로 모든 질서와 가치, 모럴의 중심에 이理가 놓여있고, 하나의 아프리오리한 선험적 개념으로 이것이 모든 것에 앞서서 자리잡고 있으니 말입니다. 가령, 군신이 있기 전에 군신의 '이치理'가 먼저 있고, 부자가 있기 전에 부자의 '이치理'가 먼저 있다는 것으로, 빌어먹을 이것은 주자의 말대로 사물이 아직 있지 않을 때도 '이치理'는 이미 갖추어져 있다未有事物之時 此理已具 라는 것입니다. 물론 이런 억지 논리는 후일 한국후기의 대철학자인 최한기(《기측체의》)의 기철학에 의해 완전히 부정되기에 이릅니다.

그러나 주자의 세계관에서 볼 때 하나의 천리天理로서 모든 이치가 자연이 되면 물리物理요, 이런 천리를 인간이 품으면 성리性理가 되는 것입니다. 그래 인간에게는 하늘이라는 자연으로부터 선천적으로 받은 '성性'이 있다는 것이니, 그런데 이 인간의 성이 좀더 구체적으로 4단 7정에 이르러 4단인 인의예지仁義禮智는 선한 품성으로 상위단계로서의 지배계급의 모럴이요, 7정인 희노애락애오욕喜怒哀樂愛惡欲은 악한 품성으로 하위단계로서의 피지배계급의 기질로 분류 해놓았던 것이니, 이것은 아주 그럴듯한 변명이기는 하지만 역시 억지라 하지 않을 수 없는 거짓fakes으로서의 지배이데올로기 신화입니다. 이것을 오늘의 일반적인 철학 개념으로 보자면 실재론입니다. 그러니까 이것은 경험 감각으로서의 변화되고 있는 현실을 부정한 곳에 터하고 있습니다. 중국에서 이런 성리학의 지배 담론에 대해 경험 감각으로서의 변화되고 있는 현실과 주관적 의지를 강조한 철학이 바로 양명학陽明學입니다.

성리학-실재론-이성, 보편자理-객체-주리론-한시, 시조-사대부문학

**양명학-유명론-감성, 개별자氣-주체-주기론-사, 희곡, 소설-시민
문학**

그러니까 서양철학사가 중세의 안셀무스와 아벨라르 등 다양한 형태의 **'보편-개별'** 논쟁을 통해 근세의 르네상스를 거쳐 근대로 넘어오듯이, 동양 세계 또한 주자와 왕양명으로 대표되는 보편-개별 논쟁사를 지니고 있고, 우리 또한 이와 유사한 철학의 논쟁사를 지니고 있는 것이니, 이것이 바로 한국의 이기철학자 이황과 이이(기대승)로 대표되는 주리론과 주기론의 이발기발논쟁理發氣發論爭이 되었던 것입니다. 이는 어느 일면에서 보았을 때, 그러니까 백성들이 보았을 때는 **'이발기발이 사람 죽인다'**는 당시 유행한 이언俚言처럼 할 일 없는 선비들의 무익한 말싸움으로 번쇄한 스콜라 논쟁의 성격을 지닌 것이면서도 분명 중세적 의식과 탈중세적 의식과의 일대 사상논쟁이었던 것입니다. 아무튼 대체 이가 먼저 발했느니 기가 먼저 발했느니 하는 이발기발논쟁으로서의 한국의 이기철학이 매우 복잡하기도 하려니와, 그러니 두 성리학자의 시를 비교해서 보겠습니다. 나무의 잎을 보면 그 나무의 뿌리를 어느 정도는 짐작할 수도 있으니 하는 말입니다.

1, 청산青山 엇뎨하야 만고萬古에 프르르며
    유수流水 엇뎨하야 주야晝夜에 그치지 아니난고?
    우리도 그치디 마라 만고상청萬古常靑호리라.

2, 이곡二曲은 어드메고 화암花巖이 춘만春晩커다
    벽파碧波에 곳츨 띄워 야외野外로 보네노라

사람이 이 승지勝地를 몰온이 알게 한들 엇더리.

1은 퇴계 이황(1502~1571)의 시조입니다. 한국 중기 사화와 당쟁으로 시끄러운 정계를 떠나退 안동 계곡溪에 머물기를 자처했던 이황, 그러나 그는 영남 남인南人의 비조이자 한국의 토마스주의자입니다. 여기, 남인은 선조 당시의 당쟁의 한 축을 이룬 동인東人의 핵심세력입니다. 이 동인을 대변하는 남인 계열의 거두이자 철학계의 거벽인 이황의 철학을 한마디로 말하면 주리론主理論입니다. 그러니까 하나의 선험철학으로서의 동양적 관념인 리理를 중시하는主 그는 한국의 보편—실재론자입니다. 뭐 보수적인 이념을 대변하는 자였다 이겁니다. 예나 지금이나 보수주의는 뭐 기득권을 쥔 집단의 안정과 질서라는 모럴을 대변하는 사상입니다. 대개는 변화를 염오厭惡하고 부정합니다. 여기, **"우리도 그치지 마라"** 는 결코 그냥 나온 말이 아닙니다. 푸른 감자 씨는 푸른 감자를 낳는 것이니, 천리('청산', '유수')를 그대로 본받자('—도')고 한 그의 태도에서 우리는 비로소 그가 순응 논리로서의 지배 담론인 성리학의 알뜰한 대변자임을 엿볼 수 있습니다. 그에게도 역시 천성은 곧 인성이 되었던 것입니다. 그러니까 아리스토텔레스의 신봉자인 토마스 아퀴나스처럼, 꼭 그처럼 철두철미 동양의 가톨릭교주 주자의 신봉자인 이황에게 있어 배우는 것은 그대로 모방[34]이 되는 것입

---

34) 주자朱子가 주註를 단 〈논어집주論語集註〉에는 "子曰學而時習之 不亦說乎"에 대해 "學之 爲言, 效也. 人性皆善, 而覺有先後, 後覺者, 必效先覺之所爲, 乃可以明善而復其初也"라며 주자의 주가 달려 있는데, 이는 "배운다는 것은 말하자면 모방하는 것이다. 사람의 성품이 다 선하고 깨우침에는 선후가 있으니, 나중에 깨우친 자는 반드시 선각자의 깨우친 바를 본받아서 선을 밝히고 그 처음으로 돌아가는 것이다."라는 매우 중요한 주석이 달려 있습니다. 이것이 동양시학에 있어서의 모방시학으로, 노예제를 옹호한 아리스토텔레스(〈시학〉)의 그 모방시학Art is an imitation of nature과 크게 다르지 않은 것입니다.

니다. 뭐 모방은 노예학의 기초가 아닌가 말입니다. 이런 그가 〈도산십이곡발陶山十二曲跋〉에서 "우리나라의 가곡이 대체 음란하지 않음이 없다… 이는 군자가 마땅히 숭상할 바가 아니다"[35] 며 백성들이 즐겨 부르는 민요를 사대부들이 즐기는 한시, 시조의 정풍正風에서 벗어난 변풍變風으로, 이단의 형식으로 취급한 것이 어찌 우연이라 할 수 있는지… 이것은 형식을 바라보는 또 하나의 4단7정론입니다.

그러나 2는 어떤지… 2는 율곡 이이(1536~1584)의 시조입니다. 그 또한 지배 담론의 충실한 대변자임에는 틀림없는 봉건 한국의 대 정치철학자입니다. 그러나 그는 단순한 철학자가 아니라 현실을 ─ 관념이 아닙니다─ 중시한 철학자로 그의 이념을 잘 나타내는 것이 바로 주기론主氣論입니다. 그는 동양의, 아니 한국의 스피노자가 아닌가 말입니다. 유물론적 범신론자 스피노자 또한 이이와 마찬가지로 "무엇보다도 먼저 우리들의 이념을, 물리적 사물로부터 끌어내는 것이 필연적이다."라고 했으니 말입니다. 여기, '물리적 사물'은 오늘 경험철학으로서의 동양적 현실개념인 '기氣'의 개념과 유사한 것입니다. 어찌되었든 계보적으로 보자면 이이는 한국 최초의 유물론 철학자 서경덕의 충실한 제자입니다. 이이는 또한 퇴계의 충실한 제자이자 이반자[36]였습니다. 사상의 노선이 달랐기 때문입니다. 그리하여 우리는 오늘 관념보다 현실을 중시한 이이

---

35) 임화 편, 〈한국민요선〉, '한국민요서설'(이재욱), 학예사, 1940.
36) 이이는 스승 퇴계를 '모방하는 경향이 많다退溪多依樣之味'라 비판했습니다. 이는 그가 인식론적으로 유물론적 성격을 지닌 철학자임을 알 수 있게 합니다. 실제로 그는 '귀가 있은 연후에 비로소 소리를 들을 수 있고, 눈이 있은 연후에 비로소 볼 수 있으며, 심이 있은 연후에 비로소 생각할 수 있다有耳然後可以聞聲 有目然後可以見色 有心然後可以思慮矣'고 하는 등 물로서의 경험과 감각적 사실을 중시한 자입니다.

를 서인의 영수로 평가하고 있거니와, 한국의 탈중세적 자아의식은 그로부터 비롯되었단 것을 알 수 있습니다. 그런 그가 이황과 달리 **"사람이 승지를 모르니 알게 함이 어떠리."**라고 한 것은 하나의 계몽적 개혁 의지('알게 함이')를 엿볼 수 있는 것입니다. 이런 개혁 의지는 제도개혁의 뜻을 품은 것으로 십만양병설도 그중의 하나입니다.

그리하여 한국의 철학사상사에서 기준하여 볼 때, 극단적인 좌우 이념을 초월하여, 그러니까 화담 서경덕의 유물론主氣論과 퇴계 이황의 관념론主理論을 넘어 그 한국적 이기론의 완성자로서의 이이의 중요함도 바로 그 묘유妙有로서의 대승적 종합에 있다 할 것으로, 그것은 과연 그만의 '이기불이理氣不二'의 사상으로 나타났던 것입니다.

이는 기의 주체이고 기는 이의 타는 것이니, 이가 아니면 기가 착근할 데가 없고 기가 아니면 이가 의지할 데가 없다. 이와 기는 둘도 아니고 하나도 아니다. 하나가 아니기에 하나이면서 둘이요一而二, 둘이 아니기에 둘이면서 하나二而一이다. 하나가 아니라는 것은 무엇을 뜻하는가 하면, 이와 기가 서로 떨어질 수 없어 묘합한 가운데서도 이는 스스로 이요 기는 스스로 기니, 서로 섞이지 않기에 하나가 아니다. 둘이 아니라는 것은 무엇을 뜻하는가 하면, 비록 이는 본디 이요 기는 본디 기이지만, 혼돈하여 간격이 없어서 선후도 없고 이합도 없으니, 둘이라고 볼 수 없기에 둘이 아니다.

-〈율곡전서〉 중 '답성호원', 〈원효에서 다산까지〉, 김형효, 청계)에서 재인용

이것은 원효 이래 한국철학의 중창자로서 이이의 위상을 잘 나타내고 있는 종지라 할 것으로, 어제와 오늘이 다르지 않고, 오늘이 내일과도 다르지 않은 이치를 밝히 드러낸 것으로 그의 깊은 꾀와 먼 장래를 내다보는 생각深謀遠慮을 잘 드러냈다 할 것입니다.

이런 이이와 같은 계열에서 이황을 비판한 철학자가 바로 퇴계의 제자이자 정철의 선배인 고봉 기대승(1527~1572) —이이와 정철, 기대승은 어지러운 당세에 사상과 이해를 같이하는 동시대의 호형호제들이었습니다—으로, 그는 저 송순(1493~1583)을 비롯 가사문학의 대가인 정철을 낳은 호남시단의 사상적 배경을 이루고 있는 당대의 뛰어난 기철학자입니다. 그러니까 보편적 이理보다 개별적 기氣를 중시하는 기대승의 진실한 눈깔로 보건대, 무슨 얼어 죽을 사람이 태어나기도 전에 이치가 있고, 경험하기도 전에 진실이 있는가 라고 따져 물었던 것이니, 이황은 자신의 제자가 12년에 걸쳐 철학적 회의주의의 정신으로 성리학적 진실을 따져 묻는 집요하고 논리정연한 비평적 태클에 깜짝 놀라서 자기 철학의 예봉을 누그러뜨리지 않으면 안 되었던 것입니다. 자, 이것은 참으로 중요한 한국의 보편—개별 논쟁이라 할 수 있는 것으로 스승과 제자 사이에 주고받은 우의에 넘치면서도 심오한 논쟁의 예는 그 세계철학사에 유례없는 것이 아닌지... 특히, 기氣를, 감정을, 개별자를 중시한 정철의 스승 기대승을 통해 우리는 서서히 중세의 보편 신화를 극복할 수 있는 독자적인 유명론적 시각을 지니게 된 것입니다. 그래 오늘의 철학 용어로 볼 때에 있어서, 기대승의 기철학은 '탈중심화된decentered' 중심으로서의 독자적인 주체사상이라 할 것입니다.

중요한 것은 이게 아닙니다. 그러니까 우리는 지금 중세 또는 탈봉건이데올로기로서의 철학을 다루고자 하는 것이기보다는 하나의 장르로서의 한국 최대의 시인 중의 하나인 정철의 예술 장르상에 나타난 사상적 의미를 톺아보자는 것입니다. 그런데 우리가 앞에서 이황과 이이를 먼저 다루지 않을 수 없었던 것은 이들이 당대 정치 전선의 띠를 형성하고 생사를 오가는 치열한 당쟁의 주역이었을 뿐 아니라, 이는 사실 하나의 정치경제학의 배경과 다르지 않은 것으로, 그러니까 왕권王權 중심의 남인 영수 이황이 대지주로서의 지배집단을 대변하는 철학자라면, 신권臣權 중심의 서인 영수 이이를 비롯한 기대승, 정철은 중소지주집단의 경제적 이익을 대변하는 집단이라는 사실과 관련된 것으로, 이는 다시 하나의 정신의 외화로 그 예술적, 미적 표현과 무관하지 않기 때문입니다.

이황이 지배집단의 이념적 이데올로기를 표현함에 있어 하나의 '언지言志'로서 그들의 사상을 전달하는 데 그 목적이 있었다면, 이이를 비롯, 기대승과 특히 그들과 사상적 연대의 위치에 있는 정철의 시적 성취에서 주목할 것은 하나의 '연정緣情'으로 이것은 감성적 기개라는 저 김태준의 평가에 적실한 자취를 드러냈다는 것입니다. 다시 말해서, 여기 '언지言志'와 '연정緣情'은 동양의 시론을 상징하는 개념으로 언지는 4단과 관련되고, 연정은 7정의 개념과 연관되는 것입니다. 이것은 다시, 왜 이황을 비롯한 기득권을 옹호하는 사대부 문학이 한시와 시조를 비롯한 운문적 형식을 주로 하고, 어찌하여 이이, 기대승의 철학을 대변하는 정철의 작품이 사詞, 희곡, 소설적 요소 등을 주로 하는 시민문학적 성격을 지니게 되었는지와 관련된 문제입니다. 무론 여기, 사詞('성산별곡', '관동별곡', '사미인곡', '속미인곡'), 희곡('속미인곡'), 소설적('장진주사') 요소는 남송 이후 명청시대에 이르러 시민계층이 성장하면서 발달[37] 하기 시작한 예술양식으로, 이것은 그대로 한국 중후기의 과도기에 해당하는 것으로 하나의 산문적 경향이라 할 수 있는 바의 것입니다.

잘 알다시피, 산문은 현실에 기초를 둔 유명론적 리얼리즘의 세계 형식입니다. 그래 리얼한 경험 현실의 감각성을 중시하는 만큼 감성은 사실적 리얼리즘의 중요한 미적 근거입니다. 뭐 감정에 충실하지 않고서는 그 미적 진실을 담을 수 없다는 사고를 전제하고 있는 것입니다. 그래 감정에 충실하기 위해서는 관념으로서의 전제를, 허구적인 선험논리를 깨야 합니다. 그러니 예술적 경향의 새로운 사고의 출현은 저 동인(남인), 서인(노론) 간의 죽음을 넘나들었던 처절한 사상투쟁사 못지않은 한국의 미학투쟁사가 되는 것입니다. 바로 이런 한국 예술상의 미학투쟁사의 정점에 정철이 자리하고 있는 것으로 그의 시민문학적 요소를 지닌 산문적 경향을 대변하는 '감성적 기개'로 가득찬 별곡체 형식에서 우리는 비로소 '한국적인 것'이라 할 그 무엇으로서의 유명론적 형식을 확인하는 것입니다. 특히 당시唐詩에 비해 우리의 노래라는 신라의 향가鄕歌 이후, 비록 송사宋詞에서 영향을 받았다고는 하나 중국과는 다른 노래라는 별곡체別曲體 형식 또한 고구려를 계승한 고려 이후 민중들의 자아의식을 대변한 이래, 이는 분명 한국적 자의식을

---

37) 김종미, '3,000년 중국 문학사를 떠받쳐 온 시 모음집 〈시경〉의 서문', '모시서', 〈비평 2호〉.

반영한 것으로, 자의식은 이렇게 그 독자적인 이야기성을 지닌 것으로, 이는 중심에서 탈구되어 나오는 것이니, 한국적 정체성을 지닌 별곡체의 형성은 곧 동아시아의 중세적 질곡에서 벗어나고자 하는 한국적 정체성의 예술적 반영이라 하지 않을 수 없습니다. 우리가 정철의 장장한 별곡체 시가와 자유분방한 감정을 솔직하게 분출한 사설시조에서 유가의 속박에서 느끼게 되는 어쩔 수 없는 단형시조의 답답함보다는 도가풍의 호방한 자유를 느끼게 되고 김태준의 말대로 감성적 기개를 확인하는 것도 바로 이 때문입니다. 이것은 또한 시인가 하면 시가 아니고, 소설인가 하면 소설이 아닙니다. 그러니까 이것은 하나의 장가長歌, 또는 이야기시의 일종으로 서양의 이분법적 사고로 설명할 수 없는 한국 구래의 불이적不二的인 한국형 서사체가 아닌가 말입니다.

한 잔 먹새그려 또 한 잔 먹새 그려.
곳 것거 산(算) 노코 무진무진 먹새 그려.
이 몸 주근 후면,
지게 우해 거적 더퍼 주리혀 매여 가나,
뉴소보댜(流蘇寶帳)의 만인이 우러네나.
어욱새 속새 덥가나모 백양 수페 가기곳 가면,
누른 해 흰 달 가는 비 굴근 눈 쇼쇼리 바람불 제,
뉘 한 잔 먹쟤할고.
하물며 무덤 위에 잰나비 파람 불 제야,
뉘우친들 엇디리.

한 잔 먹세그려 또 한 잔 먹세그려, 꽃가지 꺾어 셈하면서 끝없이 마셔보자구나! 이 몸 죽은 후에 지게 위에 거적 덮어 졸라매 지고 가는 미천한 이든, 화려한 상여에 만인이 울며 떠나 보내는 고귀한 이든, 모두가 죽으면 그뿐... 한 가지인 것을... 하니 억새, 속새, 떡갈나무, 백양나무 우거진 숲 무덤에 한번 가기만 하면 누런 해와 흰 달이 뜨고, 가는 비와 굵은 눈이 내리며, 회오리 바람이 불 때 누가 있어 날 찾아와 한 잔 먹자고 하겠는가. 하물며 무덤 위에 원숭이 휘파람 부는 더없이 애닯고 서글픈 그때 가서야, 못 다 누린 이승에서의 삶을 뉘우쳐본들 그 무엇하겠는가.

자, 여기 한국 최초의 사설시조를 감상하는 호활豪活한 맛이라니... 이것은 과연 저 양반들의 자연에 노니는 고답적高踏的이고 고정된 틀에 얽매인 단형시조와는 그 성정과 형식이 다른 파격의 분방한('무진무진') 자유를 확인케 하는 걸작 중의 걸작이 아닌가. 이것은 이상한 변풍이 아니라 대담한 기풍으로서의 구래의 한국지풍朝鮮之風이 아닌가. 그래 저 호쾌한 이백('장진주')이 덤비겠는가, 저 비감한 조조('단가행')가 상대할 것인가, 이것은 과연 저 호남시단의 대시인이 낳은 한국의 초사楚辭가 아닌가.

나는 그렇게 봅니다.

제3부

근세편

7. 허균

8. 홍대용

9. 연암 박지원

7
허균(1569~1618)

......
이때 승상이 밝은 달을 사랑하여 창을 열고 기대어 앉았다가 길동의 거동을 보고 놀라 물었다.
"밤이 이미 깊었거늘 너는 무엇이 즐거워 이러고 있느냐?"
길동이 칼을 던지고 엎드려 대답했다.
"소인이 대감의 정기를 타 당당한 남자로 태어났으니 이만큼 즐거운 일도 없을 것입니다. 다만 평생 서러운 것은 아비를 아비라 부르지 못하고, 형을 형이라 못하는 것이니, 위아래 종들이 다 전부 저를 천하게 보고, 친척과 오랜 친구마저도 저를 손가락질하며 아무개의 천생이라 이릅니다. 이런 원통한 일이 또 어디 있겠습니까?"

이것은 허균이 지은 한국 최초의 국문소설이자 사회소설인 〈홍길동전〉(민음사) 완판본의 서두부이자 가장 핵심적인 패러그래프입니다. 그래 하는 말이지만 이 작품을 솔직히 어떠케 다루고 평가해야 할지 나는 참으로 어려운 글쓰기의 고비를 맞고 있습니다. 우리가 한국사람으로서 홍길동을 모르는 사람은 없을 것입니다. 뭐 '장발장'하면 프랑스 사람을 대변하고 '로빈훗'하면 영국인을 연상하듯 '홍길동'은 한국인의 대명사이니 말입니다. 그러나 처음에는 그렇지도 못했습니다. 한국의 로빈훗, 의적 홍길동은 반사회적 도적의 수괴로 붙잡혀 죽었다 하지 않나 말입니다. 그런 홍길동이 오늘의 홍길동이 되었으니 역사를 변화시키는 것은 정치적 저항의 힘뿐 아니라 미적 저항의 힘 또한 무시할 수 없음을 암시합니다. 아무튼 이번 편에서는 허균의 역사적 작품에 드러난 철학의 시대적 배경과 그런 형식이 지닌 역사적 의의를 좀 장장하게 톺아보려고 합니다.

먼저, 문제작인 〈홍길동전〉이 던지고 있는 시대적 함의가 지닌 철학적 의미가 무엇인지 보겠습니다. 우선 간단하게 말씀드리자면 홍길동이 살던 시대는 같은 아버지 자식이라도 천생 출신 -작품에서 홍길동은 홍승상과 몸종 춘섬이 어루어서 난 자식입니다- 이면 아버지를 아버지라 부르지 못하던 엄격한 신분세습사회였습니다. 그런데 이것이 사회적인 문제가 되고 소설화되고 있다는 것은 소설도 결국 당대의 소설이니, 이것이 그만큼 당시 사회적 모순의 핵심적인 고리가 되고 있음을 또한 내비추는 것입니다. 자 그렇다면 대체 당시(선조-광해군) 사회모순의 핵심은 무엇이었을까요?

잘 알다시피, 임진의 난을 겪은 선조 이후 광해군 시기는 밖으로는 대륙세력의 교체기이자 안으로는 한국의 권력재편기이던 전환의 시기이자 격변의 시기였습니다. 한국 출정으로 국력이 쇠진하여 명明이 쇠퇴하는 동안 만주의 후금(후에 청淸) 일어나고 있었으며, 임란으로 피폐해진 나라를 수습하기 위해 현실적인 사고를 지닌 광해군을 중심으로 개혁의 고삐를 죄고 있던 시기였습니다. 그러나 바로 이때는 또한 경제력을 지닌 보수반동세력이 가장 발호하던 그악한 수성의 시기이기도 했습니다. 그런 그들의 민중에 대한 수탈과 토지 겸병이 갈수록 도를 더해감에 따라 계급갈등이 깊어지고 신분의 모순이 격화되는 가운데 있던 그들은 예학禮學과 보학譜學으로 지배질서를 더욱 공고히 하려고 획책하였습니다. 그러나 이에 대한 반발 또한 적지 않았는데 '칠서의 옥'(1613)도 그중의 하나로 한국 사회는 갈수록 사회적 모순이 격화되고 지배세력에 대한 여론이 비등해 가고 있던 위기의 시대였습니다. 그런 가운데 명과의 의리를 저버릴 수 없고, 광해군은 서자로서 적통으로 인정할 수 없다는 명분을 내건 서인세력들(후에 노론)에 의해 '인조반정'(1623)이 터진 것입니다.

임란 후 양반의 토색과 토지의 겸병은 심하여지고 국가의 수입은 반감되어 정부의 권력은 해이하고 민중의 생활은 도탄에 빠졌는데 어느 것이 식자의 한심한 바 아니었으랴?

-김태준의 〈증보 한국소설사〉중 '허균'에서 인용

여기! 보수이든 개혁이든 이것은 하나의 이데올로기적 결과로 이를 제대로 이해하기 위해서는 정치경제학에 대한 고전적 지식을 빌리지 않을 수 없습니다. 그래 하는 말이지만 우리는 이런 사회적 전환기와 격변기를 배경으로 가령 저 중국의 어지러웠던 춘추전국시대에 백가百家가 쟁론을 벌이듯 한국 철학이 화려하게 개화하는 것을 볼 수 있는데, 이런 현상은 '사회적 존재가 의식을 결정한다'는 저 금칼 같은 마르크스의 대명제로서만이 이해 가능한 사회현상입니다.

그리하여 여기, 한국 후기 사회적 격변기에 등장하여 지금까지 한국 사회에 적지 않은 영향을 미치고 있는 철학은 다름 아닌 한국의 이기논쟁理氣論爭으로 호락논쟁湖洛論爭 속에 전개된 '인물성人物性' 이론입니다. 이것은 한국의 보편-개별 논쟁으로 중세라는 고비를 어떠케 넘을 것인가 한국근세사의 길목에서 탄생한 고유한 한국의 철학사상으로, 이 이론을 우리가 다시 톺아보아야 하는 이유는 하나의 이론이 태어나는 데는 그만한 필연 곡절이 있기 때문입니다. 철학은 결코 관념 놀이가 아닙니다. 헤겔의 말대로, 철학 또한 사회의식의 반영으로서의 시대의 아들입니다.

여기, 홍길동으로 인격화된 서술자인 허균은 그 자신 또한 후처 second wife로 태어난 자입니다. 그러니까 한국의 사회소설 〈홍길동전〉은 하나의 전형으로 개인적 자전서사이기도 하고 사회적 저항서사이기도 한 작품입니다. 그래 그런 그가 한국 최초의 유물론 철학자 서경덕의 수제자인 허엽의 아들로, 서얼시인으로 유명한 이달의 제자로 그들 권력의 성城 밖에서 방황하는 소수자들의 삶과 문학에 특별한 관심을 가진 것은 외로 된 자의 자연스런 것이기도 하지만 당시 사회가 개혁보다는 성리학 중심의 보수반동사회로 경화되어 가던 분위기에서 신분체제를 재생산, 강화하려는 지배집단의 불순한 책략에 대한 선각자의 대자적 인식과도 관련된 문제이기 때문에 더욱 사회적이고 역사적 의의를 지녔다 할 것입니다. 그래 등장인물을 통해 드러난 주제의 핵심은 바로 '아비를 아비라 부르지 못하는', 뭐 비정상적인 게 정상이 된 이상한 사회현실에 대한 대자적 인식의 눈깔입니다. 이것은 기호학적으로 보아도 참으로 재미있는 시대적 기호가 아닐 수 없습니다. 그러니까 분명히 나의 아비인데도 아비를 아비라 부르지 모하는 것은 유명론적 눈깔을 뜨게 할 만한 것으로, 이것은 무엇보다 '서자는 사람이 아니다'라는 함의를 지닌 것입니다. 사람이 아닌 서자는 사물이나 마찬가지니 사고 팔 수 있는 대상입니다. 그래 여기, 한국 철학의 개화에 있어서 사람이냐 사물이냐 하는 '인물人物'의 문제가 당시의 관념을 대변하는 사유의 수단임을 엿볼 수 있습니다. 이것은 당시 대외관계를 대변하는 노론층의 '청은 오랑캐다'라는 명제와 동일한 의식으로 지배계층의 지지를 받은 호론의 인물성이론人物性異論에서 나온 것입니다. 그러니까 여기 사람과 사물은 성이 다르다는 것은 적자嫡子가 아닌 '서자庶子'와 마찬가지로 명을 따르는 소중화小中華로서의 한국과 오랑캐족인 '청清'은 같은 류적 존재로 서로 어울릴 수 없다는 것입니다.(북벌론의 근거)

중요한 것은 이런 의식이 과연 어떤 '사회적 존재'를 실질적 배경으로 해서 나온 것이냐 이겁니다. 이것은 분명 하늘에서 갑자기 뚝 떨어진 맹랑한 이론이 아니라 '특정한 관계 속에서in certain relations'에서 탄생한 것이 아닌가 말입니다. 그러니까 그것은 흑인은 흑인일 뿐이지만 마치 저 〈로빈슨 크루소〉에서 흑인 프라이데이가 주인 로빈슨 크루소와의 특정한 관계에서 종이 되고 말았던 것처럼, 꼭 그처럼 한국의 농민들은 무소불위의 권력을 지닌 양반지주층과의 특정한 관계에서 자영농에서 소작농, 다시 종으로 신분이 하락해가고 있는 분명한 현실에서 나온 것이 아닌가 말입니다. 그러니까 한국 초기만 하더라도 서얼은 그렇게 큰 차별을 받지 않는데 16세기 이후 한국 사회에 사회 질서를 위한다는 명분과 이에 따른 신분적 차이를 옹호하는 예학과 보학이 더욱 기염을 토한 것은 수탈과 겸병을 통해 물적 권력을 강화한 노론 중심의 지배세력의 성城을 더욱 공고히 하기 위해 마치 부자가 된 졸부가 자신의 재산을 지키기 위해 담장을 보강하듯 이데올로기적 보호막이 더욱 요구되었기 때문입니다. 그래 그들은 자신들의 사회적 존재가 지닌 위상을 이데올로기적으로 변호하기 위해 '인물성이人物性異'라 외쳤던 것이니 말과 사물이 다르듯 한국과 청이 다르고 적자와 서자가 다르며 양반과 상민이 다른 것은 이와 기가 섞일 수 없고 사단과 칠정이 분명히 다르기 때문이라 본 것입니다.

가장 대표적으로 이 이론을 주로 내세운 노론 보수층의 주장이 충청도의 '호론湖論'입니다. 여기서 중요한 것은 대체 왜 충청도가 노론 보수세력의 이념적 배경이 되고 있느냐는 문제입니다. 이것은 대단히 중요한 문제입니다. 왜냐하면 이걸 제대로 밝혀야 이후 복잡하게 전개된 한국 후기와 일제 강점기, 해방공간의 역사에서 마녀의 솥단지처럼 들끓고 있는 수많은 사회정치적 이슈들에 대한 이해의 고리가 풀리기 때문입니다. 주지하다시피, 충청도가 노론 보수세력의 안마당이 되고 경제적 배경이 되고 죽끓듯 펄펄 끓고 있는 이념의 솥단지가 된 데는 바로 한양(노론세력)과 가장 가까운 곳에 기름진 예당평야가 자리 잡고 있기 때문입니다. 그들 한양의 지배사족들은 부족한 경기도와 황해도의 땅만으로는 성이 차지 않았던 것입니다. 그래 나중의 일이지만 일제가 이곳을 지나는 곳에 장항선[38]을 깐 것도 경기 이남과 충남의 내포 지역에서 나

---

38) 잘 알다시피, 장항선이 천안에서 시작 예당평야를 지나 장항에 이른 것은 장항(군산)이 호남과 호서의 쌀의 집산지로 일본으로 수출하기에 적절한 위치였기 때문입니다. 이런 배경을 물고 채만식의 〈탁류〉가 탄생했습니다.

는 쌀 출하량이 엄청났기 때문입니다. 그러나 갖은 수탈과 겸병으로 한양과 가까운 한국의 곡창으로 경기 남부와 충청도의 노른자위인 예당평야를 독차지한 것은 한양의 왕족과 노론 지배세력들입니다. 가령, 드너른 평택들과 풍요한 예산-당진들에는 '궁말', '궁리', '궁말 저수지'라는 이름이 수두룩한데, 이는 이곳이 왕족들의 궁방宮房에 소요되는 경비와 죽은 자의 제사 비용을 위하여 지급되던 궁방토로, 요즘말로 국가에 의해서 강제 수용된 곳이라는 데서 말미암은 것입니다. 그래 주로 한양과 가까운 경기도 주변에 한정되었던 왕토의 분봉과 분급이 점차 확대, 세습, 겸병화하면서 경기 이남, 충청 호서지역은 물론 황해도까지 왕토王土가 아닌 땅이 없게 된 한국사회에서, 또한 대농장주로 변신한 노론 지배층들이 권력의 칼을 아무렇게나 제멋대로 휘두르며 쥐락펴락하는 시대에 농민의 전답이 그들의 세습적인 사유지로 전락 -신소설 〈구마검〉을 보면 한양 노론이 운영하는 오늘의 평택 "진위 땅에 있는 농막"이 소개되어 있고, 〈귀의 성〉에는 또한 "내포와 황해도에서 올라오는 추수섬"이 중요한 수입원임을 암시하고 있으며, 그리고 아산을 배경으로 한 〈고향〉에는 노골적으로 "서울 사는 민판서"라고 민비 외척들과 노론세력들이 전토를 무섭게 잠식해 가고 있음을 보여주고 있는데, 이는 오래전부터 벌써 이들의 토지 세습과 겸병이 시작되었음을 보여줍니다. 저 예산의 추사秋史 고택만 하더라도 사실 나라에서 하사한 노론 땅이니, 그래 충청도가 양반골이 되고 충절의 고장이 된 게 그냥 나온 게 아니고 이와 같은 정치사회적 배경을 지녔기 때문입니다. 오죽하면 예당평야의 한가운데 당시 면천 현감으로 와있던 연암 박지원은 그 또한 봉건사회 지배 관료의 한 사람이지만 그나마 양심적인 지식인으로서 '한민명전의限民名田

議'라는 논문을 통해 겸병의 폐해를 지적하고 그만 좀 처먹게 해야 한다고 노론지배세력의 과도한 횡포를 고발했던 것입니다. 여기, 모순이 많은 풍요한 이 땅에서 동학군의 저항이 들불처럼 타올랐고, 세계종교사에 유례없는 천주교 대박해가 진행되었으며, 한국 최대의 농민소설들(이기영, 심훈, 이문구, 김성동)이 줄줄이 쏟아진 게 결코 우연이 아닙니다. 동학과 천주교는 무엇보다 평등을 종교적 외피로 삼지 않는가 말입니다. 이는 그만큼 이곳이 지주 −소작관계라는 불평등한 봉건적 착취로서의 모순된 주종관계가 깊은 갈등을 지닌 곳임을 암시하는 것이고, 그래 하루에 구만 섬의 쌀이 실려 나가 '구만포九萬浦'라는 이름을 지닌 포구가 내포 깊숙이 예당평야의 한가운데 자리 잡은 게 우연이 아니고, 지금은 성당으로 유명한 아산호의 공세곶창이 충청지역의 조운(*조운은 전근대시대 국가에서 징수해야 하는 세금을 운송하는 수로교통시설로 국가재정을 뒷받침하는 중추적인 역할을 해왔던 곳입니다)을 담당한 대표적인 조창이었던 게 우연이 아닙니다. 이뿐이 아닙니다. 이곳 아산 출신의 민촌 이기영이 지은 농민소설인 〈고향〉에서 '한양 민판서집'의 마름으로 등장하고 있는 안승학의 잔악한 인물상의 창조가 돋보이는 작품이 '소작 쟁의an agrarian strike'를 주제로 하고 있는 것 또한 전혀 우연이 아닙니다.

이런 사정은 미군정이 지배하던 해방 공간에서도 전혀 나아지지 않았습니다. 왜냐하면 일제가 그들과 야합해 한국후기 이후 지속되어 온 지배적 착취 관계를 온존시켜왔기 때문입니다. 자료[39]에

---

39) 브루스 커밍스, 〈한국전쟁의 기원下〉, 청사, 1986.

따르면, 전국에서 가장 인민위원회가 발달했던 곳의 하나로 예당평야를 끼고 있는 충남의 서산, 당진, 예산, 홍성, 그리고 충북의 영동을 들고 있는데, 충청남북도는 경상도나 전남보다 소작인의 비율이 높고, 이는 곧 토지 관계의 불평등과 그것에 대한 불만이 이들의 반정부 활동의 근거였음을 짐작하게 하는 것입니다. 실제로 1948년에 작성된 〈한국경제연보〉의 '도별 농촌빈곤 순위'를 보면, 지대율이 가장 높은 곳으로 충남이 8을 차지해 충북 7, 전남 6에 비해서도 높았던 것을 볼 수 있습니다. 이에 비해 전북의 지대가 2이고 경기의 지대가 1로 가장 낮았던 것은 전북의 토지의 소유자가 대부분 일인이었고, 경기의 토지소유자가 거의 왕실과 노론 지배층이었기 때문입니다. 이는 그만큼 이곳 예당평야 지역이 소작 관계에 의한(즉, 이해조의 〈구마검〉과 이인직의 〈귀의성〉, 이기영의 〈고향〉에서 예시하고 있는 바와 같이 한양 노론세력들에 의한)내부수탈이 가장 극심했던 지역이었음을 말하고 있습니다.

중요한 것은 이런 정치, 경제, 사회적 배경을 거느리고 있는 이곳 충절忠節의 고장에서 어찌어찌해서 주자성리학에 충실한 노론 계열의 한원진의 '남당학파Namdang's school'(호론)가 득세하고, 사회체제의 온존을 주장하는 예학과 보학이 중요한 자리를 차지하고 있느냐 것입니다. 이것은 가령, 충청도에 유독 충신과 열사, 열녀들을 기린 비각碑閣이 많은 것을 통해 볼 수 있는데, 이것 또한 우연이 아닌 것으로, 그러니까 여기서 우리는 다시 불가해한 이해를 요구받고 있는 것으로, 인간의 의식 형태로 나타난 여러 현상이 물질적인 생활 과정의 필연적인 승화물[40]이라는 번쩍이는 의견에 귀를 기울이게 되는 이유도 여기에 있는 것입니다. 그러니까 A라는 현상과 B라는 현상이 겉으로 보기에는 서로 다른 것처럼 보이지만 깊은 관점에서 보면 결코 둘이 아닌 것입니다. 이것은 비교적으로 보아도 중국 남송의 대주주인 형세호층의 이익을 대변하고 형세호와 전호(소작인)의 위상을 변호하기 위해 봉건적 주종관계를 이념적 기반으로 하는 주자朱子의 이기론理氣論이 탄생했던 거와 마찬가지로, 한국의 현실 또한 수탈과 겸병을 통해 점점 가속화하고 있는 노론 대지주층과 소작 간의 상호모순적인 이해관계를 변호, 아니 옹호해야 할 현실에서 이기 철학을 넘어 인물성이를 통해 그들의 관계를 더욱 이원화시키고, 더 나아가서는 예학禮學과 보학譜學을 통해 계급적 질서를 자기들 멋대로 얽어놓음으로써 얻을 수 있는 이익이 너무나도 컸기 때문입니다. 그러니까 예학이 성행한 것은 성리학에 기반한 예법 질서, 곧 '삼강오륜三綱五倫' 같은 도덕의 쇠사슬로 중세 기독교 사회에서 사제가 영혼을 감시한 것과 같이 현실을 통제하기에 유효한 규범이었기 때문입니다. 그 가운데 하나가 '장유유서長幼有序'이자 그 연장선상에서 벌어진 정치논쟁이 바로 '예송논쟁禮訟論爭'이었습니다. 보학 또한 가부장 중심의 종법宗法질서를 합리화하기에 효과적인 이념이었습니다. 그 대표적인 것이 '족보族譜'이고 적서차별입니다. 다시 말해 호론과 예학과 보학은 하나의 국가이데올로기장치로서 기득권을 쥔 노론 중심의 배타적인 양반사회의 하이어라키한 위계질서를 유지, 강화하는데 그들에게는 없어서는 안 될 매우 적절한 도덕

---

[40] 마르크스/엥겔스의 〈독일 이데올로기〉, 두레, 2015.

적, 현실적 이데올로기적 통제 수단이었던 셈입니다.

바로 여기서 우리는 한국의 문제적 이단아, 허균을 만납니다. 그래 우리가 허균의 소설을 통해 보아야만 할 중요한 것은 이런 현실에 대한 유명론적 비판을 담고 있는 소설이라는 게 바로 중세 봉건사회의 성리적 질서에 대한 '반보편주의', '반실재론'에 기반하고 있단 점입니다. 이는 그대로 반토마스주의이고 반주자주의입니다. 즉 소설은 관념론이 아니고 경험론에 뿌리를 두고 있습니다. 근대 소설의 이념적 토대가 되었던 근대 경험론 철학자이자 영국 최초의 유물론자 베이컨은 아리스토텔레스의 〈기관organon〉에 대한 비판을 담고 있는 〈신기관〉에서 우상 타파를 외쳤습니다. 그중에 '극장의 우상'이라는 게 있습니다. 그러니까 막간 뒤에서 끊임없이 조작을 일삼고 거짓을 우상화하기 위해 획책하는 것처럼 이 세상에는 수많은 가짜 신화들이 존재한다는 것입니다. 이승만, 박정희의 우상화처럼, 우상화는 곧 진실의 은폐에 다름 아닙니다. 그러니 진실을 비은폐disclose시키기 위해서는 진실을 까발리는 모험을 두려워하지 말아야 하는데, 이것이 바로 근대의 시민적 사유를 대변하는 유명론이고, 이를 미적으로 형상화한 탈마법적 수단으로서의 이야기 형식이 바로 근대의 소설입니다. 왜냐하면 소설은 쿤데라의 말대로 '앎의 모럴'을 보여주는 것으로, 이런 것을 사실적으로 잘 보여주고 있는 소설적 해명을 통해 우리는 비로소 이런 우상들이 거짓이고 조작임을 제대로 알 수 있기 때문입니다. 그러니까 하나의 진실의 세계로서 소설은 '그것it'을 드러내는 훌륭한 이야기 형식입니다. 그러나 '그것'이라고 일컫는 소설적 진실의 세계는 대체로 은폐되어 있게 마련입니다. 따라서 소설은 탈은폐적 기도try로서의 도전적이고 구도적인 글쓰기 행위라 아니할 수 없습니다. 우리가 바쁜 중에 소설을 찾아 읽는 이유도 거기 단순한 재미만이 있어서는 아닐 것입니다. 우리가 굳이 소설을 찾아 읽는 이유 중의 하나는 또한 거기 소설을 통해 묻혀있거나 잊혀진 생의 진실과 존재의 실상에 대한 앎의 욕구를 채울 수 있을지도 모를 기대감 때문이 아닐까.

그렇다면 소설이 과연 하나의 진실의 세계로서 '그것'을 드러내는 구체적인 이야기 형식일까? 소설이 '그것'으로서의 허위를 밝히고 진실을 드러내는 이야기 형식이라는 명제가 하나의 차이로서 의미를 지니기 위해서는 소설이 아닌 다른 형식은 진실을 감추는 것이라는 전제를 바탕으로 하고 있음을 암시합니다. 그것은 우리가 모르지 않는 예의 대부분의 고대시의 형식에 대한 이야기입니다. 즉 시는 플라톤의 〈향연〉에서 볼 수 있듯이, 하나의 집단적인 노래의 형식으로 상대에 대한 맹목적인 찬양을 그 본질로 하고 있습니다. 그러니까 이 맹목적이고 노예적인 찬양의 성격을 지닌 노래로, 시는 진실을 감춘다는 것에 주목적이 있는 매우 공리적인 고대적 제의형식이 아닌가 생각해 볼 수 있는 여지가 여기에 있습니다. 가장 대표적으로 침략전쟁을 미화한 호메로스의 〈일리아스〉가 그렇지 않은가. 거기, 그리스 최고의 전사 아킬레우스는 그리스 민족의 '고귀한holy' 영웅으로 묘사되어 있습니다. 그러나 그 실제에 있어 그는 사실 그리스를 위한다는 허구적 명분의 희생양이자 또한 그는 사실이야 바른 말이지 잔인하기 이를 데 없는 대살인마였습니다. 여기, 나는 벌써 하나의 글쓰기이자 이야기의 일종으로 그는 '고귀한' 영웅으로 우상화되어 있지만, 사실은 명예의 희생양이자 잔인한 살인마라고 평을 놓지 않았는가. 소설은 이렇게 단순한 자연주의적 묘사를 넘어 말하는 자의 주관이 개입된 해석이자 평가의, 하나의 심판으로서의 말하기 중심의 형식입니다. 이것이 바로 저 보카치오의 〈데카메론〉처럼 허위적인 기만의 옷을 벗기고 진실을 드러내는 세계형식으로서의 노벨티한 소설의 세계입니다. 그러니 소설이 내뿜는 진실은 매우 구체적인 '그것'의 세계입니다. 즉 진실은 막연하고 추상적이지 않다는 데서 우리는 리얼한 진실을 드러내는 소설이 반보편주의에 기초하고 있는 유명론적이고 개별적이며 고백적인 시민적 사유의 형식임을 생각해 볼 수 있습니다. 이것은 고대의 영웅서사시가 아킬레우스처럼 '종적種的' 세계를 보여주는 집단의 형식이라면, 근대의 시민서사시인 소설은 '개별적' 세계를 드러내는 부르주아 개인의 경험주의 철학을 이론적 배경으로 하고 있음을 암시하는 것입니다. 즉 소설 형식은 하나의 탈신성화로 탈중심적이고 탈마술적이며, 그만큼 상식적이고 일상적이고 세속적인 리얼한 세계를 다루고 있습니다. 이건 숭고미가 아닙니다. 비속미입니다. 그리하여 유명론적 경험주의 철학을 기초로 '그것it', 즉 진실을 찾아가는 여정을 드러내는 소설이 저 〈암흑의 핵심〉처럼 '구심적central' 구성을 보여주는 오디세이의 여정인 이유가 여기에 있고, 경험적 귀납을 통해 찾아낸 위대한 진실이 저 아우어바흐 〈미메시스〉의 '오디세우스의 흉터'처럼 감동적인 장면을 장엄하게 펼쳐놓는 이유도 여기에 있습니다. 그러니까 소설은 하나의 진실 드러내기로서의 유명론에 기초한 리얼리즘에 그 뿌리를 두고 있는 오랜 서사 문화의 유전자라 할 것입니다.

여기, 허균의 〈홍길동전〉 또한 마찬가집니다. 〈홍길동전〉은 도술

소설도 의적소설도 영웅소설도 아닙니다. 〈홍길동전〉은 중세의 마법을, 우상의 세계를 폭파시키는 하나의 탈마법의, 이 탈마법의 솥단지를 여지없이 폭파시키는 세계를 보여주는 한국의 위대한 사실주의 소설입니다. 그러나 거기 지배집단의 이념과 모럴을 온존시키려는 동양적 중세의, 유리론의, 보편주의의 세계질서에서 밑도 끝도 없이 서자는 인간이 아닙니다. 그러나 이것은 그들이 자의적으로 정해놓은 인간성 일반에 대한 추상적인 관념일 뿐이지 경험적인 현실에 터한 구상적인 진실을 보여주지 못하고 있습니다. 진실은 구체적이고 개인적인 '그것'의 세계입니다. 그리하여 일반적인 개념들은 단지 이름일 뿐이며, 실제로 존재하는 것은 개별적 실체입니다. 그러니 작품 속에서 나, 홍길동은 분명 아버지 홍승상이 제아무리 부정하고 싶어도 부정할 수 없는 홍승상의 DNA를 지닌 아들입니다. 이런 구체적 진실을 외면하고 그들은 오륜이니 인의예지니 가문이니 하는 명목으로, 예법을 앞세워 적자를 우세시하고, 이를 통해 질서의 벽을 쌓고 권위의 성을 지어 지배 관계를 공고히 하려는 이데올로기적 책략을 드러냈습니다. 그러나 허균은 허수아비가 실체가 아니듯 그들이 만들어낸 개념 또한 하나의 허상에 지나지 않음을 간파하고 있습니다. 아닌 말로 내가 있어야 가문도 있고 내가 있어야 인의예지도 오륜도 있는 것이 아닌지... 마찬가지로 아들은 다만 아들입니다. 이 아들이 아들이 되지 못하고 서자로, 사물로, 개밥의 도토리 신세로 떠돈 것은 잘못된 사회적 관계의 산물입니다. 그러니 이렇게 나보다 먼저 인의예지라는, 오륜이라는, 거대하고 신성한 무엇을, 개별적 실제氣보다 '공통된 무엇'으로서의 이념理을 먼저 들이대는 잘못된 사회의 모순을 고발한 문제작 〈홍길동전〉이 사회소설인 이유가 바로 여기에 있는 것이고, 소설이 동양 중세의 번쇄한 스콜라주의인 보편 이학理學의 이데올로기적 허구를 꿰뚫어 본 유명론적 사실주의를 기반으로 하는 이유도 여기에 있습니다. 바로 여기서 우리는 한국의 문제적 이단아, 허균의 실체를 만납니다.

그늘진 웅덩이
들여다보니 까마득히 깊어라
그윽한 물안개 굽이굽이 휘돌아
저 아래 천년 묵은 이무기가 산다는데
깊디깊은 그 속에 또아리 치고 있다고들
때로 희디 흰 숨결 토해낸다던데
자욱한 안개 넘치고 흘러넘쳐
언제쯤 천둥과 비를 일으키려는지
언제쯤 신선의 요대로 날아오르려는지

- '명연鳴淵'이진 풀이[41]

여기, 그늘진 곳에 깊이 모를 웅덩이가 하나 있습니다. 검고 푸른 감청紺靑빛이 감도는 그곳에는 물결이 어리고 그윽한 물안개가 피어오르는 양이 분명 천년 묵은 이무기가 또아리 치고 있지 않고서야 저리 깊을 수가 있을까. 그래 그늘진 것도 서러운 일인데 저리 깊어서야. 그러니 이무기는 어떤 놈인가. 필시 설운 놈이 아닌가. 그래 있거나 말거나 서러운 놈이기는 나도 마찬가지... 그래 화자

---

41) 이진, 〈허균, 불의 향기〉, 북치는마을, 2020

는 자기도 모르게 감정이 이입되어서는 '연못淵이 운다鳴'고 했을 것입니다. 대체 무에 그리 원통하고 슬프고 서러워 연못이 다 운단 말인가. 그는 뭐 스스로도 고향의 이름을 빌려 '교산蛟山'이라고 했거니와, 교蛟는 이무기를 가리킵니다. 그래 그는 하나의 성숙한 연대의식으로 저 그늘지고 까마득히 깊고 어두운 곳에 사는 이무기 같은 민생들과 얼자孼子들과 이 땅의 약자들인 타자들과의 동류의식을 드러낸 것이 아닌가. 아, 여기서 바로 동양적인, 아니 한국적인 타자가 생성된 것입니다. 나와 다른 그들, 그러나 그들은 왜 나와 다르지 않은가. 이 땅의 낮고 그늘진 곳에 처해 이무기처럼 또아리 치고 살고 있는 "타자, 그들은 나다!"라고 또 하나의 한국 철학의 개벽으로 홍길동 그는, 아니 한국의 근세철학자이자 리얼리스트인 허균은 '사람과 사물이 다르지 않다人物性同'라고 선언한 셈이 아닌가. 뭐 저 만적 이래 그는 사실 한국의 노비해방론자가 아니었던가.

웅덩이 깊은 연못에 이무기가 살고 있다/모방적 사실 범주

나는 그 언제 신선의 요대로 날아오르려는 잠룡이다/서사 가치 범주

그 또한 얼자로서 재주는 있어도 오갈 데 없는 삼당 시인 이달의 제자가 아니던가. 그러나 재주 많고 능력 있는 스승이 왜 그늘진 사회의 구석을 맴돌아야 했는지... 아닌 말로 서자가 무슨 죄가 있단 말인지... 말이야 바른 말이지 방탕한 양반꼬라지들의 문란한 성생활의 책임을 왜 자식에게 지우는지... 대체 사람마다 타고난 성품이 어찌 다르고 이걸 어찌 하늘이 주었단 말인지… 대체 운명이 어찌해서 날 때부터 정해져 있다는 것이 보편적인 이치인지… 그래 끝 간 데 없이 이어지는 의문의 꼬리가 고개를 들고 그윽한 물안개 같은 설움이 이무기의 어두운 눈을 뜨게 한다니… 그러니 어찌 장차 우르르 쾅쾅 천둥과 번개, 비를 몰고 날아오를 이무기가 아니겠는가. 그러니 어찌 쿵쾅거리는 새로운 세계에 대한 우렁우렁한 결심이 서려 있지 않겠는가. 그러니 어찌 비룡이 되고 싶은 장삼이사의 대명사 홍길동이 아니겠는가. 그래 그 끝에 억울하고 모순된 삶의 이야기를 쉽게 써서 대중에게 알리고 싶지 않았겠는가.

한국 최초의 허균의 사회소설이자 한글소설인 〈홍길동전〉과 '우는 연못'에는 이렇게 중세 지배철학인 성리학의 공리공담으로서의, '공통된 그 무엇'(김수영의 '달나라의 장난')으로서의 보편적 이理가 사실은 저 서양 중세 기독교의 신학神學 체계가 허구에 지나지 않았던 것처럼, 꼭 그처럼 한국 성리학의 이학理學 체계 또한 하나의 그릇된 '언어의 우상'이라는 실재론적 허상에 지나지 않았음을 깨는 시대를 앞서간 선각자의 깊은 사연이 깃들어 있었던 것입니다.

나는 그렇게 봅니다.

8
홍대용(1731~1783)

흔히 '성리학性理學'이라 지칭되는 동양 중세의 철학 사상인 주자학은 '이理'에서 출발하였습니다. '이理'는 본래 '구슬옥玉'이라는 뜻과 '마을리里'라는 음으로 형성된 글자로, 그러니까 옥 무늬에서 뜻을 취하고 리에서 음을 따온 것으로 리에는 본래 아무런 뜻이 있는 게 아닙니다. 또한 일정한 패턴을 가진 옥 무늬에서 일정한 속성을 지닌 인간 본성의 패턴으로서의 이치를 발견한 것도 사실이어서 이理는 그대로 인간의 본성이 되었습니다. 속성이 본성이 된 것입니다. 그러니까 '성즉리性卽理'이니, 주자가 정립한 학이 곧 성리학性理學이 된 것인데, 주자학은 이렇게 자연학에서 출발한 인간학이라는 성격을 지닌 동양 중세의 보편적인 자연철학사상입니다. 이것을 이원적으로 분류하면 아래와 같습니다.

사실; 옥, 나무 등에는 일정한 줄무늬를 이룬 결들이 있다.

가치; 인간사에'도' 줄무늬처럼 일정한 원리와 질서를 지닌 이치가 있다.

여기, '도'는 뭐 유사하다는 것입니다. 그리하여 인간사를 모든 것의 우선순위에 두고 있는 이치를 어린이들이 최초로 접하는 교과서인 〈동몽선습〉에서는 "천지지간 만물지중 유인최귀天地之間 萬物之衆에 唯人最貴"라고 '천지 사이 만물 가운데 인간이 최고로 귀중하다'라 했던 것입니다. 이것은 동양적 인문의 세계를 아우르는 말로 매우 그럴듯한 말입니다. 부처님도 비슷한 말씀을 했다 하니 말입니다. 그러나 말이란 매우 이데올로기적인 것이어서 누가 어떤 맥락에서 이야기하느냐에 따라 달라지는 것인데, 그것은 당연 이야기하는 사람이 처한 사회경제적인 위상과 관련된 것입니다. 아무튼 유학자들이 던지는 최초의 말이 '인간'이라는 것은 그만큼 여기에 중요한 의미가 박혀있다는 것을 암시합니다.

그렇다면 유학에서 말하는 '인간'의 실제적 의미는 무엇일까요?

주지하다시피, 인간은 현실을 떠나 살 수 없습니다. 현실은 수많은 물질로 이뤄진 세계입니다. 이것을 자연계라 할 때, 인간계도 사실은 대자연계의 일부입니다. 이렇게 볼 때, 자연계인 '기氣'의 세계를 떠나 인간계인 '이理'의 세계만을 유독 강조하는 유리론唯理論은 그만큼 자연계인 기의 세계를 부정하고자 하는 의도가 박힌 것임을 알 수 있습니다. 그리하여 자연계에 맑고 탁한 기의 차이가 있는 것과 같이 인간계에도 성인과 보통사람처럼 차이가 있다고 생각하게 되니 자연스레 계급적 사고를 내면화하게 되었던 것입니다.

이런 인간학인 주자학도 사실 연원을 따지자면 〈주역周易〉에서 비롯된 사고에서 나온 것입니다. 거기, 하늘과 땅을 일컫는 '건곤乾坤'으로부터 음양이 나오고 오행이 나오고 이것이 자연계는 무론 인간계의 질서와 원리를 이룬다고 하는 것이니, 그래 또한 '원형이 정元亨利貞'에서 인의예지 4단이 나왔다고 하는 것처럼 이것은 보편성을 지닌 것이기도 하지만 동시에 왜곡될 소지가 큰 사상이기도 합니다. 하여 한漢의 동중서董仲舒라는 철학자는 하늘과 땅의 천지음양오행의 우주적 질서원리를 인간사회에 적용해서는 자연의 이치처럼 인간에게도 천지음양오행의 보편적 이치가 있고, 따라서 모든 사람은 하늘을 따르듯이 아버지를, 남편을, 임금을, 장자長者를 따라야 한다고 멘데이터리한 도덕의 옷을 강제로 입혀 놓았던 것이니, 뭐 "하늘이 변치 않듯 도 또한 변치 않는다天不變道亦不變"고 하나의 국가 교학으로서 유학을 절대화시켜 놓으니 다들 꼼짝없이 이념의 굴레에 들씌우고 말았던 것으로, 이것을 후대의 주자朱子가 더욱 불교와 도교, 유교 사상을 종합해서는 '성리학'이라는 하나의 당위로서의 그럴듯한 동양의 보편적인 봉건 윤리로 체계화시켜 놓았던 것입니다.

그런데 말입니다. '존재'와 '당위'는 엄히 서로 다른 영역이 아닌가 말입니다. 또 존재가 그대로 당위가 되는 것도 아닙니다. 존재가 당위가 되기 위해서는 '가치'라는 사회적 인정으로서의 매개적 합의가 전제되어야 합니다. 그러나 언어는 매우 자의적인 것이라서 본래 오른쪽을 뜻하던 'right'가 프랑스 대혁명 이후 정치 권력을 쥔 우파를 대변하는 기호가 되면서 '올바른', '정확한', '좋은'이라는 부가적 의미를 지닌 뜻으로 긍정적인 분화를 일으키게 된 것과 마찬가지로 줄무늬에서 시작된 理가 중세의 물적 기반을 갖추고 지식과 권력을 장악한 이들에 의해 이치니, 도리니 하는 최고의 이념이 된 것입니다. 그래 지식은 과연 일종의 권력이자 하나의 이데올로기입니다.

여기서 우리는 한국의 갈릴레이, 홍대용을 이야기할 수 있는 근거를 얻습니다. 왜냐하면 그는 중세의 봉건사회를 떠받치던 성리학 이념을 극복할 수 있는 한국 최초의 근대적 사고를 지닌 과학자이자 실학자였기 때문입니다. 그에게 영향을 받은 박지원의 사상이 혁신적인 것 또한 여기서 비롯된 것인데, 자 오늘은 이 이야기를 좀 해보겠습니다. 서양에서 지동설을 제기하고 증명한 대표적인 경우로 갈릴레이가 있지만, 그는 16~17세기 사람입니다. 한국의 홍대용은 18세기 사람입니다. 그러니까 동서양의 과학적 인식에 낙차가 있는 것이 분명하고 한국의 과학자 홍대용이 이를 또한 사신으로 당시만 해도 우수한 문물을 지녔던 청을 왔다갔다 하면서 배운 것이 분명하지만, 중요한 것은 홍대용이 스스로 공부하여 –이것을 우리는 저 한국 최초의 유물론 철학자 서경덕처럼 스스로 터득했다 하여 '자득自得'이라 합니다– 얻은 지전설이 중요했던 것은 마치 갈릴레이의 지동설이 서양의 중세사회가 근대사회로 전환되는 결정적인 계기가 되었던 것만큼이나 우리에게 홍대용의 지전설의 발견 또한 이에 못지않은 중요성을 지니기 때문입니다.

홍대용의 사상을 집대성한 〈의산문답醫山問答〉[42]에서 허자는 말합니다.

천지간 생물 중에 오직 사람이 귀합니다. 저 금수나 초목은 지

---
42) 〈국역 담헌서〉, ㈜민문고, 1989

혜도 깨달음도 없으며, 예법도 의리도 없습니다. 사람이 금수보다 귀하고 초목이 금수보다 천한 것입니다.

이에 실옹은 고개를 젖히고 웃으면서 말합니다.

너는 정말 사람이로구나. 오륜五倫과 오사五事는 사람의 예의이고 떼를 지어 다니면서 서로 불러 먹이는 것은 금수의 예의이며, 떨기로 나서 무성한 것은 초목의 예의이다. 사람으로서 물을 보면 사람이 귀하고 물이 천하지만, 물로서 사람을 보면 물이 귀하고 사람이 천하다. 그러나 <u>하늘이 보면 사람이나 물이 마찬가지다</u>.(밑줄-글쓴이)

자, 이것은 기본적으로 인간 중심의 동양적 인문의 세계를, 성리학의 질서를 삐딱하게 본 것입니다. 나아가 '사람이나 물이나 마찬가지다人與物均也'라는 전언에서 전대의 호론湖論에서 주장했던 인물성이론人物性異論과는 다른 인물성동론人物性同論을 확인할 수 있는데, 이것은 그간의 '인간' 중심 —사실은 지주이자 지배관료인 양반층 위주—의 유교적 계층질서를 떠받치고 있는 유교적 실재론을 부정한 것입니다.

유교적 실재론으로서의 인간중심주의, 이것이 바로 서양에 있어서의 정신, 신을 중시하는 말의, 인人의 세계이고 이런 말의, 인의 세계를 비판적으로 보고 있는 사물의 세계, 곧 물物의 세계 즉 자연, 존재, 물질뿐만 아니라 사회적 약자로서의 소수자들을 중시하는 세계, 이것이 바로 한국적 유물론으로서의 유명론적 계보학에 해당한다 할 것입니다. 여기, 인이니 말이니 물이니 사물이니 하는 개념들은 솔직하게 말해서 좀 어려운 관념들이기는 하지만 이것은 다양한 현상을 추상적인 이념으로 접근해야 하는 철학의 주요 생각의 덩어리들입니다. 그래 '인'과 '말'은 하나의 짝을 이루고 '물'과 '사물'은 또 하나의 짝을 이루는 것으로, 가령 저 '68의 이념을 대변하는 프랑스 현대철학의 아이콘이라 할 푸코의 대표작이 된 〈말과 사물〉이라는 것은 말의, 인의 세계를 비판하고 물의, 사물의 세계에 대한 탈근대철학자의 지향을 핵심적으로 드러낸 서구 정신사의 고고학적 상징에 값한다 할 것입니다. 이 저서의 끝에서 하나의 묵시와도 같은 메시지로 '인간은 종말을 고하고 있다 Man perhaps nearing its end'는 말도 그래서 더욱 의미가 있는 것입니다. 그러니까 '말과 사물'은 곧 우리의 '인물人物'에 대비된다 할 것입니다.

여기서 우리는 홍대용의 주장이 갑자기 나온 게 아니라 그가 저 한국 최초의 기일원론자인 서경덕에서 비롯 주리론자인 이황과 주기론자인 이이를 거쳐 거유巨儒 송시열로, 다시 송시열 우파인 권상하, 한원진과 좌파인 김창협을 이어 김원행-홍대용-박지원으로 이어지는 한국적 리얼리즘이자 한국적 유물론으로서의 유명론의 계보학 위에 서 있는 그를 확인할 수 있는 것입니다. 자, 여기 한국적 유명론의 계보학으로서의 송시열의 우파와 좌파의 분열은 비교철학적 관점에서 보아 마치 저 노년 헤겔파 또는 헤겔 우파와 청년 헤겔파 또는 헤겔 좌파와 비슷도 하다 할 것입니다. 그러니까 독일철학의 거장 헤겔 이후 헤겔의 정통적인 계승자임을 자처하는 일군의 철학자들이 나타났거니와, 괴셸, 가블러, 다우프, 레오, 헤니히, 호토, 푀르스터, 로젠크란츠, 미헤레트 등이 중심이 되는 이들은 헤겔의 국가 중심의 보편자를 우선하는 보수적인 측면을 계승하려 했고, 슈투라우스를 비롯 쾨펜, 바우어, 헤스, 프르츠, 포이어바흐는 개인 중심의 자유주의 사상을, 진보적인 면을 계승하려 했고, 그들의 뒤를 이어 청년 마르크스와 엥겔스도 이 학파와 연관[43]을 맺었던 것 말입니다. 이와 유사한 한국철학사상에서의 계보로 보수주의를 자처하는 송시열 우파가 호론湖論으로, 인물성이론으로 나타났고, 진보주의를 표방하는 송시열 좌파가 낙론洛論으로, 인물성동론을 주장했던 것입니다.

내용상으로 볼 때에 있어서도 이들의 철학적 사유의 내용은 매우 유사하다 할 것입니다. 그러니까 헤겔의 보수 우파들은 '존재는 사유에 의존해야 한다'는 주장으로 이것은 관념론으로 선험론에 해당한다 하면, 거꾸로 '사유는 존재에 의존한다'는 헤겔의 진보 좌파들의 관점은 유물론으로 경험론에 해당한다 할 것입니다. 마찬가지로 한국의 우파를 대표하는 호론湖論의 인물성이론人物性異論(사람과 물의 성품은 다르다. 이와 기는 섞일 수 없다. 중국과 오랑캐, 양반과 상인, 자아와 타자는 다르다)은 막연하게 보편적인 정신만이 존재한다는 것이고, 좌파를 대표하는 낙론洛論의 인물성동론人物性同論(사람과 물의 성품은 같다. 그러니까 이와 기는 다르지 않다. 중국과 오랑캐, 양반과 상인, 자아와 타자는 다르지 않다)은 구체적인 개별적 현실이 사유를 구성한다는 것으로, 이것이 바로 한국 현실주의 학파, 실학의 이념적 근거가 될 것입니다.

---

43) 루트비히 포이어바흐, 〈기독교의 본질〉, 한길사, 2019

그러니까 이것은 한국의 사유가 서구의 그것과 크게 다르지 않은 노선을 추구하는 가운데 나타난 하나의 보편적인 인간 정신의 대립 현상이라 할 것입니다. 중요한 것은 한국은 그들과 달리, 그러니까 독일의 경우도 영국(산업혁명), 프랑스(시민혁명)보다는 좀 늦어졌지만 당시의 사회현실을 어떠게 볼 것인가에 대한 이런 사상 논쟁이 사회현실의 변화를 반영하는 하나의 진보적인 운동으로 나타나면서 봉건체제와 절대국가를 이념적으로 지탱해주고 있는 종교의 본질-가령, 아직 신학적 잔재를 완전히 청산하지 모한 철학자 라이프니츠가 〈형이상학 논고〉에서 "모든 정신들의 총체는 신국을, 즉 모든 군주들 가운데 가장 완전한 군주의 통치하에서만 가능하다"라고 했던 것처럼-을 밝히고, 이에 따른 국가 비판이 1848~49년의 독일 시민혁명을 통해 구체적으로 표현되면서 점차 후발 선진국으로 도약하게 되는 계기가 되었다는 점입니다. 그러나 우리는 이와 다르게 진보적인 낙론(북학파)이 보수적인 호론(북벌파) 집권 세력에 의해 정치적으로 탄압, 배척되고 자연스럽게 시민혁명의 과정을 거치지 모한 채 봉건사회로부터 헤겔 우파의 관념론 사상을 이념적 기초로 탄생한 외세(일제)의 강압에 의해 자본주의 사회로 넘어왔던 것입니다. 한국의 근대화가 미완인 이유입니다. 그러나 한국 후기의 '호락논쟁湖洛論爭'을 통해 드러난 인물성론은 하나의 한국 고유의 철학적 유산이자 말과 사물에 대한 세계사적 의의를 지닌 심대한 사유로 한국의 근세철학사상사를 가르는 일대 분수령에 해당한다 할 것입니다.

여기, 홍대용을 통해 한국철학사상사의 분수령에 해당하는 호락논쟁이 무엇인지 좀 더 보겟습니다. 그것은 호론湖論 -'호湖'는 예로부터 금강을 일컬어 호강湖江이라고 한 것처럼 충청도의 기름진 예당평야 일대를 중심으로 한 노론 세력의 보수적 이념을 대변하는 남당학파의 주장으로 인물성이론人物性異論을 그 종지로 하며 말로만 북쪽 오랑캐를 치자는 북벌론北伐論을 주장했던, 그러나 한말 항일의병과 척사운동 및 일제시기의 항일운동의 이념을 제공했던 학파입니다—과 달리 낙론洛論 —'낙洛'은 예로부터 주나라 도읍인 낙양洛陽이 수도의 보통명사처럼 쓰인 데서 비롯된 것으로 이간을 비롯 낙론을 대표하는 철학자들이 주로 서울을 중심으로 세력을 형성하였기에 부르는 이름입니다— 의 종지宗旨를 이루고 있는 사상으로, 이것은 사실 근대적 평등관에 따른 호혜적인 개방론이자 사회적 약자들에 관심을 놓지 않는 사회민주주의론이며, 그리하여 그들의 정치적 입론이 또한 왜 당시 우수한 문물을 보여줬던 청나라를 배워야 한다는 개방론인 북학론北學論이었는지, 그들의 후예들이 왜 갑신정변 등을 주도한 개혁파 세력이었는지를 엿볼 수 있는 한국의 시민혁명정신에 고유하게 이어오는 것으로 이것은 오늘에 비추어 보건대, 자유와 평등, 인권에 기초한 근대적 개혁 사상이 아니었는가 말입니다.

그렇지만 여기 한국 후기 철학사상사의 복잡한 줄기와 다양한 계보를 모두 아우른다는 것은 사실 나의 능력 밖의 일이기도 하거니와, 그중 하나의 사례를 통해 홍대용이 당시 송시열의 좌파인 김창협의 제자로 어떤 현실적인 사상의 맥락에 줄이 닿아 있던 실학적 사고의 소유자인지 보겠습니다.

말을 내려 인가를 찾아서 보니

아낙이 문에 나와 맞아들이네
손님을 처마 밑에 앉히더니만
나를 위해 밥상을 차려 내온다
바깥사람 어디를 갔느냐니까
아침에 쟁기 메고 산에 올라가
메마른 화전을 일구느라고
저문 때도 돌아오지 못하였다네
사방을 둘러봐도 이웃은 없고
개와 닭도 산기슭을 오르내린다
숲속에는 사나운 호랑이 많아
나물도 마음 놓고 못 뜯는다네
슬프다 외진 살림 뭣이 좋아서
험악한 이 산골에 묻혀 사는고
널넓은 저 벌판이 오죽 좋으련만
원님이 무서워서 못간다 하네

- 김창협, '산민山民' 전문

이 시는 한국 후기의 대문장이자 실학자인 김창협이 혹독한 정치가 얼마나 무서운 것인가를 사실적으로 잘 풍자하고 있거니와, 위정자가 국민에게 주는 위협이 과연 어떤 것인지를 실감있게 고발한 사회시입니다. 그 중에서도 "널넓은 저 벌판이 오죽 좋으련만/ 원님이 무서워서 못간다 하네"에 이 시의 핵심이 잘 집약되어 있습니다. 그야말로 원님으로 상징되고 있는 지배세력이 나라 발전의 큰 장애였음을 알 수 있습니다.

그러나 이것은 일의 시작에 불과했습니다. 거인 왕의 대리로 와 있는 지방 관찰사와 이에 딸린 세리, 토호 등이 한 덩어리가 되어 또 다른 착취의 고리를 형성하고 있었으니, 이중삼중으로 착취의 덫에 걸린 백성들의 원망은 기어코 폭발, 얼마 안 있어 그 최초의 반봉건 농민항쟁이 진주에서 타올라 동학혁명으로 번져서는 한국 천지를 놀라게 하고 동양의 세계에 경천동지의 바람을 몰고 왔으니, 급기야 정부의 요청에 의해 청군과 일본군이 이들을 막기 위해 한국 땅에 들어와 동학도들을 잔인하게 도륙하고 세력 싸움을 벌여 한국의 운명이 사자의 아가리에 놓이지 않았것는가.

시에서 볼 수 있듯이, 한국 몰락의 근본 원인은 과연 지방관의 가렴주구와 학정이었습니다. 모든 민란의, 한국 멸망의 불씨는 바로 왕토사상王土思想이라는 저 전근대적이고 전제적인 착취 관념의 결과였습니다. 이에 한국의 현실에 대한 비판적 지식인그룹인 현실학파들의 제일 관심사는 토지 개혁에 대한 사회적 디스꾸르 discourse, 곧 '전론田論'이 될 수밖에 없던 것입니다.

백성은 토지로 논밭을 삼는데 아전들은 백성을 논밭으로 삼고 있다. 백성의 껍질을 벗기고 골수를 긁어내는 것을 농사짓는 일로 여기며, 머릿수를 모으고 마구 거두어들이는 것을 수확으로 삼는다.

— 정약용, 〈정선 목민심서〉, 창비, 2019

하나의 사례로 이들이 벌인 한국 말기 부정부패의 상징이라고 볼 수 있는 은결을 보겠습니다. '은결隱結'이란 숨겨진 농지라는 뜻으로 조정의 장부에 기록되지 않은 토지를 말합니다. 자신의 토지가 기록에 없으니 당연 세금도 안 냅니다. 대기업에서 장부를 조작 세금을 탈루시키는 이른바 '분식회계' 수법과 비슷합니다. 이런 은결에서 나온 생산물은 은결을 가진 지방 유력자의 주머니로 들어갑니다. 이런 은결을 계속 장부에서 빼놓기 위해 지방 관리들에게 접대비라는 명목의 비용이 들고, 관리들은 그 보답으로 계속 눈감아주는 등 부패의 고리가 한국의 산하를 휘감고 있었습니다.[44]

전정의 폐해만이 아니었습니다. 국가의 공권력에 의한 강제 대부, 강제 회수를 통한 무리한 착취를 본질로 하는 환자還子의 폐해는 가장 극심하였습니다. 뭐 국가가 앞장서서 백성에게 거둬들인 미곡으로 고리의 이자놀이를 한 셈입니다. 한국 말기에 이르러 각 지방의 농민 봉기가 있을 때마다 환자제를 철폐하라는 표어가 선두에 내걸렸으니 이를 보더라도 환곡의 폐해를 능히 짐작할 수 있습니다.

그러나 거의 왕과 착취체제의 상위를 차지하는 지배집단은 개혁을 거부하였습니다. 그들이 개혁을 거부한 것은 세습과 겸병을 통해 현상태를 유지하고자 하는 인간의 그악한 욕망이라는 본능이 더욱 우세하였기 때문이기도 했지만, 이런 것을 제도적으로 개혁해야 할 그들이 개혁을 가로막았기 때문입니다. 그들은 새로운 시대의 장애물이자 두통거리였습니다. 그래 박지원의 '양반전'은 과연

---

44) 김석원, 〈일본의 한국경제침략사〉, 한길사, 2022

지배 사족들의 횡포를 조장하고 도적놈을 양산하는 지배체제에 대한 날카로운 풍자가 아니었던가 말입니다.

자, 또 길어지고 있습니다만 아무튼 우리는 홍대용의 글 〈의산문답〉에서 한국의 비극을 낳은 주리론을 통매痛罵 −이는 통렬히 꾸짖는다는 말입니다− 하고 있는 홍대용의 기일원론을 읽을 수 있거니와, 중요한 것은 그의 시선이 전통적인 유교의 '인간중심주의'에서 벗어나 그 사실적 차원에서 보더라도 매우 상대적이고 객관적인 특징을 지녔다는 점입니다.

실옹은 또 말합니다.[45]
사람이 생긴 것은 천지에 근본했으니, 내가 천지의 실정부터 이야기하리라. 태허太虛는 본디 고요하고 비었으며, 가득히 차 있는 것은 기氣뿐이다. 안도 없고 바깥도 없으며 시작도 없고 끝도 없는데, 쌓인 기가 일렁거리고 엉켜 모여서 형체를 이루며 허공에 두루 퍼져서 돌기도 하고 멈추기도 하는 것이니, 곧 땅과 해와 별이 이것이다. 대개 땅이란 그 바탕이 물과 흙이며, <u>그 모양은 둥근데 공계空界를 떠서 쉬지 않고 돈다</u>. 온갖 물物은 그 곁에서 의지해서 사는 것이다.(밑줄−글쓴이)

이것은 실로 놀라운 주장이 아닐 수 없는 것으로, 그는 분명 기 중심의 사고를 지닌 물질적 사유의 소유자로, 더욱 놀라운 것은 그가 지구가 둥글고 공계에 떠서 쉬지 않고 돈다其體正圓旋轉不

---

[45] 동일서

休淨浮空界는, 이른바 '지동설地動說'을 정확하게 인식하고 있다는 점입니다. 이것이 바로 재래의 천원지방설天圓地方說을 부정하는 지구설地球說[46]이 아닌가 말입니다. 이것이 놀라운 이유는 다른 게 아닙니다. 그러니까 그동안 모든 것이 마치 북두성처럼 중국을, 남자를, 임금을, 장자를 중심으로 한 고정된 사고로 자신들을 세뇌시켜 왔던 성리적 사고의 중세적이고 봉건적인 패러다임이 이 주장으로 흔적도 없이 무너질 수 있는 무서운 파괴력을 지녔기 때문입니다. 그러니까 지구가 둥글고 더욱이 쉬지 않고 돌고 있다는 것을 전제로 해서 볼 때, 대체 공자가 노나라 사람으로 주나라의 사기인 〈춘추春秋〉를 통해 중국과 오랑캐華夷의 구별을 엄격히 하여 '중화주의Sino-centrism'를 정통 사관으로 수천 년을 이어왔으나, 이제 한국에게 있어 중국은 더 이상 중심이 아니고, 그러니 그들의 사상 또한 영원할 수도 없는 것이니, 우리에게는 인자 우리 사정에 맞는 우리의 생각이 중요하다는 근대적 의미의 '한국적' 사유와 '한국적인 것'으로서의 고유한 문화가 싹틀 수 있는 사상적 토대가 제대로 마련된 것입니다.

그래 한국 후기에 성리학에 대한 비판적 사유로 태어난 현실학파로서의 한국의 실학사상 및 북학론이 근대 한국에 있어서의 개화사상의 원류가 될 수 있는 사상적 맹아를 내포[47]하게 된 소이가 여기에 있는 것입니다. 특히 성호, 다산의 경세치용사상 뿐만 아니라 홍대용, 박지원의 이용후생을 기조로 하는, 현실에 기반을 둔 주체적이고 개방적이며 유물론적 성격의 유명론적 개혁 사상은

---

46) 임화, 〈개설신문학사〉, 30쪽, 소명출판, 2009.
47) 강재언, 〈한국근대사연구〉, 한울, 1988

한국의 근대 개혁의 선구자들에게 큰 영향을 미쳤습니다. 그리하여 박제가와 박지원의 손자 박규수를 거쳐 그의 재동齋洞 집을 드나들던 김옥균, 박영효, 홍영식, 서광범 등에 의해 한국에 있어서의 개화를 통한 근대 혁명의 싹이 트고 있었으니, 그것은 전혀 홍대용, 연암을 통한 신랄한 사상적 학습의 결과였습니다. 그러니까 이조 말기, 근대 초기 한국에 있어서의 개화사상은 자생적인 유물론으로서의 기일원론 전통을 이은 실학사상을 그 철학적 원류로, 새로운 역사적 조건을 반영하고, 부르주아 개혁사상으로서 근대 혁명을 일으킬 수 있는 내재적 역량을 키워가고 있었던 것으로, 따라서 이런 개혁 사상을 담은 홍대용의 〈의산문답〉과 박지원의 〈연암집〉 등의 연구로부터 근대 한국의 개화파가 형성된 것은 결코 우연이 아니었던 것입니다.

일찌기 김옥균이 우의정 박규수를 방문했을 때, 박규수는 그의 벽장에서 지구의 하나를 꺼내어 김옥균에게 보였다. 이 지구의는 바로 박규수의 조부 연암 선생이 중국에 유람하였을 때 구입하였던 것이다. 박규수가 지구의를 돌리면서 김옥균을 돌아보고 말하였다. '오늘의 중국이 어디에 있는가. 저리 돌리면 아메리카가 중국이 되고 이리 돌리면 한국이 중국이 되니, 어떤 나라도 가운데로 오면 중국이 된다. 자 오늘날 어디에 중국이 있는가.' 김옥균은 당시 개화를 주장하고 신서적도 얻어 보았지만 수백년간 전해 내려온 사상, 즉 대지의 중앙에 있는 나라가 중국이며, 동서남북에 있는 나라들은 사이四夷이며, 四夷는 중국을 숭상한다고 하는 사상에 얽매여서, 국가독립을 부르짖는 것은 상상도 할 수 없었는데, 박규수의 말에 크게 깨달은 바 있어 무릎을 치며 앉아 있었다. 후일 그는 결국 갑신정변을 일으켰던 것이다.

— 강재언, 〈근대한국사상사연구〉, 50쪽에서 재인용

이것은 저 데카르트적 의미에서의 아르키메데스의 점에 해당하는 것이 아닌가 말입니다. 그러니까 데카르트는 늘 입버릇처럼 아르키메데스가 자신에게 점 하나만 주어지면 지구를 들어 올릴 수 있다는 말을 그 또한 입에 올리곤 했는데, 그 점은 무엇보다 확실한 점이어야 만이 가능했던 것으로, 왜냐하면 만약 그런 것이 있다면 모든 것이 그것을 중심으로 돌고 도는 일종의 북두성 같은 사상의 거점이 될 만한 것이었기 때문입니다. 그것이 무론 데카르트에게는 생각하는 자아로서의 '코기토cogito'였지만, 그러나 이것도 사실은 코페르니쿠스, 갈릴레이, 케플러 등 근대 자연과학자들의 지동설에서 충격을 받아 탄생한 이론으로 저 중세의 '보편자'라는 마법에서 깨어나 상대적이고 주체적인 나라는 근대적인 '개별자'를 깨닫게 된 것은 실로 자연과학의 힘이기도 하거니와, 홍대용의 지동설이 중요했던 것은 과연 우리에게도 이런 확실한 아르키메데스의 점에 해당하는 사상의 북두성을 지닌 전통이 있었다는 것입니다, 뭐 그러니까 우리에게도 '중국과 다르다'는 스스로 독자적인 사유를 진행시켜 온 주체적인 삶의 내력이 있다는 것 말입니다. 그리하여 여기, '허자虛子'는 곧 허구적인 중세담론을 신봉하는 성리학자를 상징하는 인물이요, '실옹實翁'은 실학자를 대변하는 근대적인 캐릭터가 아닌가 말입니다.

중요한 것은 따로 있습니다. 유명론의 무기로 실재론의 실상과 허상을 벗기고 그 거짓fakes으로서의 가면의 은폐된 세계를 드러내기 위해서는 실옹 자신의 말대로 '이야기'가 필요하였다는 점입니다. 이야기, 그것은 과연 가면을 벗기고 껍데기를 몰아내는 유명론의 세계입니다. 사실 '이理'라고 발음할 때에 있어서의 시니피앙에는 아무런 의미도 없습니다. 거기에 특정한 의미를 지닌 시니피에를 박아넣은 것은 특정한 인간입니다. 그리하여 왜 플라톤 그가 저 '동굴론'을 통해 실체의 허상을 깨달은 것처럼, 또한 왜 그가 〈소크라테스의 변명〉처럼 하나의 철학 소설의 한 형태로서의 '문답問答'이라는 대화체(이야기 형식)를 구사하여 자신의 사상을 친절하게 설명하고 자세하게 논증하고 있는지, 이것은 그대로 이야기가 마법의 세계를 벗어나기 위한 탈마법화의 효과적인 무기였기 때문입니다. 이데올로기적으로 보았을 때, 시는 사실 생략의, 비유와 상징의, 은폐와 절제의 봉건사회 권력의 지배전략과 닿아 있습니다. 그러나 이야기는 생략과 비유와 상징, 은폐 뒤의 장막에 가려진 진실의 세계를 낱낱이 고발합니다.

그러나 이런 이야기를 그대로 방치해둔다는 것은 김어준 사태에서 볼 수 있듯 지배자들에게는 매우 위험한 전략입니다. 그리하여 국가 신을 숭배하는 그리스의 지배자들이 시인 밀레토스와 더불어 소크라테스를 고발하여 그를 사형에 처했듯이, 정조가 그 역시 시인인 다산과 더불어 〈시경詩經〉 등 고문의 아정한 세계를 담지해왔던 정풍正風을 벗어나 민요처럼 소소한 진실을 실어나르는 변풍變風에 물들어가는 한국 후기의 문풍을 바로잡고자 '문체반정文體反正'—이에 대해서는 ■부록을 참고하시기 바랍니다—을 일으킨 이유가 여기에 있었던 것이니, 그것은 과연 이야기가 지닌 '탈중심적' 성격 때문입니다.

이로써 한국 후기 이른바 패관체 소설을 비롯하여 소품문小品文 등 민중적 서사체로의 일상생활에 기초한 '한국적 기풍朝鮮之風'이 다양한 꽃을 피우고 열매를 맺고, 특히 박지원의 〈열하일기〉와 패사체 소설로 화려하게 열매를 맺거니와, 실로 박지원의 스승인 홍대용의 등장은 봉건적 '인人'의, '이理'의 세계에서 근대적 '물物'의, '기氣'의 세계로 나아가는 단초를 마련한 것으로 홍대용이 왜 한국 최초의 근대적 과학자이자 유물론 철학자인지 그의 등장은 곧 한국 철학사상 일대 사건이라 하지 않을 수 없는 것입니다.

나는 그렇게 봅니다.

9
연암 박지원(1737~1805)

나는 지난 회 말미에서 조선의 과학자이자 실학자였던 홍대용의 등장을 하나의 사건으로 인식해야 한다며, 사제관계로서의 홍대용-박지원의 관계를 말했거니와, 특히 그들을 전후로 민중적 서사체로의 일상생활에 기초한 '조선적' 기풍이 다양한 꽃을 피우고 열매를 맺었다고 하면서 연암의 〈열하일기〉와 패사체 소설을 예시로 든 바 있습니다. 과연 그러한지 이번에는 조선철학자 연암 박지원을 통해 오늘 K-문화의 발원이 된 조선적 기풍이 어티케 탄생했는지 좀 '주의있게closely' 보겠습니다.

먼저, 〈열하일기〉를 통해 조선적 기풍의 어떠함을 보겠습니다.

역사를 하나의 문체라는 흐름으로 본다면 문명의 역사는 크게 '이미지(시)'에서 '개념(소설)', '명제(에세이)'의 역사로 정리할 수 있습니다. 지금은 "누가 무슨 말을 하든 무슨 상관인가"(푸코, '저자란 무엇인가') 처럼 어떤 노미 무슨 말을 하든 개의치 않는 뭐 대중서사, 대중평자시대입니다. 그러기에 더욱 설득과 공감이 중요해진 시대입니다. 이는 달리 말해서 지금 우리가 살고 있는 이 시대는 명제를 내세우면서 상대를 설득해나가는 합리적이고 정당한 과정이 중요한 '상호성'의 대중적 민주주의가 대세가 되었음을 암시합니다. 즉 민주주의의 전제는 상대주의이고, 이 상대주의의 전제는 절대주의입니다.

어떤 것이 절대적으로 인정된 세계는 저 카프카의 〈성城〉처럼 높고 비밀스럽고 알 수 없는 권위를 지닌 사회입니다. 그것은 또한 권위를 지닌 개념의 세계입니다. 그러니까 우리는 말이라는 절대적 권위를 지닌 개념―대표적으로 '신'처럼, '양반' 또한 마찬가지로― 앞에서 굽신거리고 머리를 조아리며 살아왔던 것이니, 그것은 한때 보편적이고 타당한 이치를 지닌 것으로 인정된 바의 것입니다. 그런데 역사를 보건데, 프랑스 대혁명의 후속 조치로 수도원이 경매물로 나오고, 보카치오의 〈데카메론〉에서는 수도원을 지키는 신부의 비행이 낱낱이 고발, 풍자되고 있음을 봅니다. 우리의 경우도 초기 대원군의 개혁 당시에 서원을 혁파했던 기억이 있고, 보수적이었던 김동인조차 〈운현궁의 봄〉에서 이 서원이 조선의 똥막대로 모든 죄악의 온상이었음을 지적하고 있을 정도입니다.

이런 사실들은 모두 중세사회를 유지해왔던 실질적인 세력들이 허구의 성을 쌓고 민중을 다스려왔음을 짐작하게 하는데, 이 허구의 성은 그대로 말의 성이고 개념의 성입니다. 그리하여 새로운 사회를 위해서는 불가피하게 중세의 성을 유지하는 말의, 개념의 성을 혁파시켜야 했는데, 그것은 그대로 그들이 믿고 있고 강요하는 개념들이 가짜fakes임을 인식하는 작업이 선행되어야 했고, 그러니 근대는 필연 인식론으로부터 시작된 역사입니다. 바로 여기, 근대로의 이행에 앞서 지킬 것이냐 깰 것이냐를 두고 보수와 진보, 실재론과 유명론, 시와 소설의 대투쟁이 벌어졌으니 이것은 중세 말과 근대초기 한국의 철학사를 가로지르는 역사적인 철학 논쟁으로 머리를 어지럽게 하는 번쇄한 우리의 이기논쟁으로, 뒤를 이은 호락논쟁 또한 이러한 논쟁의 성격을 지닌 역사적인 논쟁으로, 그러나 이것은 비교철학사적으로 볼 때에 있어서 저 서양의 중세 말, 근세 초기의 실재론과 유명론 간의 '보편-개별논쟁'과도 유사했던 것으로, 앞에서도 말했듯이 논쟁은 설득을 전제로 하고 설득을 위해서는 그야말로 객관적이고 믿음직한 전거가 요구되었던 것이니, 이런 의미에서 데카르트에게 근대적 사고를 불러 일으키는데 있어 큰 힘이 되었던 갈릴레이의 지동설과 마찬가지로 조선의 박지원에게 근대적 사고를 불러일으킨 스승 홍대용의 지전설 또한 중요한 이유가 여기에 있는 것입니다.

그래 박지원이 〈열하일기〉의 '허생전'에서 저 망한 나라라도 의리를 지켜야 한다며 명나라를 따르고 청나라 오랑캐를 쳐야 한다며 북벌론北伐論을 들이대는 우암(송시열)학파를 공격한 이유도 이것이고, '호질'을 통해 이 우암학파의 북벌론을 상징하는 북곽 선생의 허위-그는 도덕선생으로 존경받는 자이나 성이 다른 아들을 다섯이나 두고 있는 수절과부 동리자와 오늘 밤도 그 짓을 하러 밤에 나섰다가 범에게 들켜 도망가다가 똥구덩이에 빠집니다-를 고발, 풍자하며 기염을 토한 이유도 바로 저들이 명분으로 내세우고 있는 지배적인 이데올로기로서의 효니 충이니, 성이니, 의리니 하는 개념들이 아무짝에도 쓸모없는 가짜 개념이라는 유명론적 인식에서 비롯된 것으로, 유명론은 최초의 유물론이라는 마르크스의 말대로 이것은 조선이 근대로 나아가는데 있어 반드시

해결해야 할 제1 과제로, 가령 영국은 이 유명론을 통해 중세 로마의 기독교라는 굴레에서 벗어났을 뿐 아니라 근대의 경험론인 유물론을 통해 자연과학을 발전시키고 산업혁명을 일으켜 가장 먼저 세계사의 주역이 되었던 것입니다. 대체 연암이 왜 유명론적 현실학파의 우두머리로서 무역을 중시하고 수레를 중시하였는지, 그는 일찍부터 중국은 무론 일본과도-'허생전'의 장기도長碕島는 지금의 나가사끼로 근대 일본의 개항장으로 이곳을 통해 일본은 서구의 근대를 학습하는 통로로 활용하였습니다-무역해야 하는지 역설하는 등 그는 참으로 조선의 비범한 유명론자였습니다.

자, 그러면 구체적으로 '호질'을 통해 탈마법화로서의 중세에서 빠져나오기가 어티케 철학적으로 구현되고 있는지 보것습니다. 그 형식에서나 내용에서나 모범적인 평가에 부합하는 완미한 작품은 〈허생전〉이나, 그 형식과 내용은 무론 사상의 깊이를 논하고자 한다면 〈호질〉을 말하지 않고서는 연암을 논할 수 없습니다. 그만큼 〈호질〉은 문제적입니다.

홍기문은 1937년 연암 탄생 200주년 기념으로 조선일보에 6회에 걸쳐 '연암의 예술과 사상'을 연재하고 있는데, 그의 예술도 예술이려니와 방점은 역시 그의 사상이었습니다. 그리하여 "연암의 풍자문학은 오직 조선만이 아니요, 한토漢土(중국을 말함-인용자)를 통하여서도 단연 타인의 병견竝肩(서로 비슷한 위치에서 견줌-인용자)을 허하지 않는다"고 전제하고서는 "그러나 연암의 위대한 점은 그 문학에만 있는 것이 아니라 그보다 몇 배 더 많이 그 당시에 있어 가장 참신하고 탁월한 그 사상에 있는 것이니"하고 연암의 사상가로서의 평가에 큰 의의를 두었습니다. 대체 홍기문은 정인보의 말대로 '조선학'을 크게 성취한 대학자로 그는 또한 조선프롤레타리아예술가동맹, 카프의 맹원이 아닌가. 그런 그가 연암을 극찬한 이유가 단순한 의례를 넘어 참신하고 탁월한 사상가라는 데에는 분명 그만한 충분한 이유가 있을 것입니다.

우리는 여기서 그의 참신하고 탁월한 사상을 논하기 전에 잠시 '허생전', '호질'이 모두 실린ㅡ이뿐이 아닙니다. 〈열하일기〉에 실린 그의 작품은 시도 아니고 소설도 아니고 그렇다고 에세이만도 아닙니다ㅡ대문호이자 대사상가로서의 위의를 드러낸 연암의 걸작이 바로 〈열하일기〉ㅡ최근에 만나 본 한국의 현대철학자 이정우에 따르면, 우리가 세계에 내놓을만한 단 하나의 작품을 꼽는다면 단연 〈열하일기〉라고 엄지를 치켜세웠습니다. 또한 현재 중국의 문예비평가로 유명한 민택(《중국문학이론비평사》)은 한국판 저자 서문에서 한국문화에 관심이 있다면서 〈삼국유사〉와 〈열하일기〉를 보았다고 했는데, 이는 매우 상징적인 메시지가 아닌가 말입니다. 그러니까 이 말은 중국의 예리한 눈깔의 문예적 감식안을 지닌 그가 보건대, 조선의 것을 보기 위해서는 일연과 연암뿐이라는 것이 아닌가 하는 말입니다ㅡ이거니와, 그러나 이것을 서구의 이분법의 시각으로 보면 그저 잡문의 콜렉션에 불과할지도 모릅니다. 그러나 이것은 사실 독창도 아니요, 듀엣도 아닌 대교향악에나 비유할 작품이 아닌가. 그러니까 이것은 '김치'나 '비빔밥', '쌈밥' 같은 한국의 서사적 변증법에 해당하는 고유의 형식을 잘 보여주고 있는, 예의 저 원효로부터 발원하고 있는 구래의 불일사상不一思想의 예술적 반영이 아닐 수 없는 것으로 시도 아니요, 소설도 아닌, 시와 소설 그 이상입니다. 또한 이것은 문학과 역사와 철학이 한데 어우러져 꽃을 피우고 열매를 맺고 있으니, 조선 문원文苑의 일대 장관이 아닌가 말입니다. 그러나 중요한 것은 역시 문사철文史哲이 한데 어우러져 아름다운 광휘를 드러내고 있는 웅장무비한 그의 사상의 모습입니다.

그러나 다시 생각해 보건대, 이것은 그만의 작이 아닙니다. 가령, 저 세계의 문호 괴테가 어찌 혼자서 된 것인가. 그의 문학의 세계에는 호메로스도 셰익스피어도 스피노자도 페르시아도 인도도 들어와 있지 않은가 말입니다. 그러나 그도 결국은 독일의 강과 숲이 낳은 자식입니다. '마왕'은 결코 우연의 산물이 아닙니다. 마찬가지로 원효로부터 발원하여 흐르기 시작한 조선사상의 물줄기는 어느새 강물이 되어서는 너른 들을 적시며 흐르고 흐르다가 때로는 넘치고, 때로는 지하로 스미기도 하고, 또 때로는 쇠잔하여 아주 다 없어진 듯하다가도, 그러나 드디어 숙종, 영정조를 전후 성호와 다산과 홍대용, 연암 등 이른바 '현실학파'에 이르러서는 대하수면을 이루고 장강대하의 장관을 이루었습니다. 그러나 하나의 문화적 강물로서as a cultural river, 이 조선사상의 물줄기가 보의 물처럼 흘러넘쳐서는 대하수면을 이루고 장강대하를 이루기 위해서는 또한 사마티엔이 있어야 했고 반고가, 시경이, 노장이 있어야 했고, 고불이 있어야 했으며, 또한 〈삼국지〉 등 기서들이 있어야 했고, 저 중국 공안파의 선구가 있어야 했으며, 중국을 통해 받아들인 서구의 근대과학지식이 있어야 했습니다. 그러나 중요한 것은 역시 자기만의 사상이 아닌가. 그리하여 괴테가 세계의 숲을 보고 독일의 어두운 숲에서 마왕魔王을 창조하고 '마성the

Demonic'을 낳았듯이, 우리의 연암 역시 중화와 선진 세계의 강물을 들이키고 조선의 숲에서 '조선의 국풍朝鮮之風'('영처고서')을 창도하고, '한국학'을 낳았습니다

그리하여 우리는 비로소 그 한국학의 영롱한 열매인 '호질虎叱'을 보겠거니와, 이에 대해서는 이미 조동일(《한국의 문학사와 철학사》 중 '18세기 인성론의 혁신과 문학의 사명', 지식산업사)이 "홍대용과 박지원은 거기서 한 걸음 더 나아가 내외나 화이華夷(중국과 주변 오랑캐-인용자)의 구분도 상대적이라면서 화이론의 가치관마저 부정했다"고 정당하게 평가했습니다. 이는 결국 연암의 대표작을 통해 드러난 사상의 종지가 '주체성subjectivity'의 문제임을 말하고 있는 것입니다. 그리하여 우리는 연암의 사상을 비로소 근대 사상의 관점에서, 그러니까 연암의 사상을 중세에서 근대로 이행하는 근세사상사의 흐름으로 볼 수 있게 되었거니와, 연암의 사상이 왜 하나의 탈중세적 유명론으로서의 '조선적 리얼리즘'인지를 규명할 수 있는 단서를 봅니다.

사실이야 바른 말이지만 우화의 성질을 지닌 '호질虎叱'은 〈열하일기〉 '관내정사편'에 수록된 단편에 불과합니다. 그러나 수많은 광맥에서 은칼, 금칼이 번쩍이듯 우리는 거기, '호질'에서 번쩍이는 금편이 지닌 진실을 마주합니다. 거기, 북곽 선생과 범의 관계는 이기理氣·성정性情·인물人物·화이華夷, 그리고 시와 소설을 상징합니다. 북곽선생은 또한 북벌의 상징 송시열을 암시하기도 합니다. 조선학의 거두 김태준은 〈조선소설사〉에서 "그는 심박한 포부를 가지고 베풀 곳이 없어서 당세에 융성한 우암尤庵학파를 기자

제3부 근세편 195

譏刺하며"라고 평했거니와, 우암학파는 송시열 학파를 지칭하고, '기자譏刺'는 나무라며 비꼬아서 말한다는 것이니, 이는 연암 사상의 골격을 짚은 것입니다. 그러니까 노론의 영수 송시열이 권력을 휘두르고 있던 당세의 지배 담론은 "남한산성에서 오랑캐(청)에게 당했던 치욕을 씻어내려"('허생전')는 것이었습니다. 그러나 이것은 자신들의 허약한 권력을 유지하기 위한 허구였음이 '허생전'을 통해 잘 드러났거니와, 그런 하나의 정치적 명분으로 겉으로는 사대부들이 북벌의 야심을 드러내고, 그것을 하나의 국시로 삼아서는 그 누구도 거부할 수 없게 된 시대의 이념이 하나의 공기이자 시대의 정서이자 하늘이던 시대, 연암은 그 무엇을 믿고 거대하게 구르는 시대의 수레바퀴에 홀로 뛰어든 사마귀가 되었는지… 그는 참으로 무모한 조선의 당랑거철이 아니었는가 말입니다.

그러나 그는 과연 한국의 대문호였습니다. 그렇지만 미치지 않고서야 어느 놈이 대놓고 사문斯文—여기, '사문'은 이 학문, 이 도라는 뜻으로, 국가 교학으로서의 유학의 도의나 문화를 말합니다. 그러니 이 사문을 거스르는 자는 박세당이나 윤휴처럼 사문난적斯文亂賊이 되고 말았던 것입니다—을 비판한단 말인가. 그러나 그는 예의 '이솝적 예지'로서의 간접화법을 마음껏 구사하며 비유와 풍유로 지배담론의 허구를 실컷 기자하였으니, 그것은 〈삼국유사〉에 비할만한 것이고, 그것은 필시 그의 천재적인 능력이기도 합니다. 연암은 자신이 지은 '호질'을 두고는 중국 여행 중 어느 다포茶鋪의 벽에 있는 것을 베낀 것처럼 아닌 보살을 떨고 있습니다. 아무려나 거기 '북곽선생'은 의리와 명성이 자자한 선비로 이름을 얻은 자였으나 여우의 본색을 지닌 자이고, 같은 동리에 사는 과부로 그 또한 절개로 이름을 얻은 '동리자'라는 미모를 지닌-그러나 그녀 또한 수절을 잘 한다지만 성씨가 다른 자식을 다섯이나 두고 있는-간사한 여자입니다. 어느 날 범이 배가 고픈데 창귀가 선비고기를 권하였습니다. 인자하고 의리가 있으며, 다섯 가지 맛이 난다고 하였으니, 이는 음양오행을 교묘하게 암시한 것입니다. 그러니 대뜸 범은 발끈하며 얼굴색이 변하여 불쾌해 하면서 말했습니다. "음양이란 것은 기氣 하나가 왔다 갔다 변화하는 것이거늘, 이것을 둘로 나누어 놓았으니, 선비란 것의 고깃덩이는 잡스러울 것이다. 오행이란 본래 제각기 정해진 자리가 있어 서로 낳고 낳게 하는 상생관계가 아니거늘, 지금 억지로 어미와 자식 관계로 만들고 있다" 자, 여기 연암 사상의 골격이 드러나 있지 않은가. 그러니까 연암은 당세의 지배담론인 이기이원론理氣二元論의 음양오행론을 보란 듯이 해체하고 있습니다. 이것은 오늘 이원론의 부정이 아니고 무엇인가. 중국, 조선과 마찬가지로 그들과 내가 음양처럼 다르다고 하지만 이것은 기의 작용에 불과한 것 아니냐고 말입니다. 그러니까 성리학의 음양은 기氣의 변화에 불과한 것이지 고정된 것이 아니라는 데서 우리는 원효 이래 조선사상사의 주맥으로 흘러온 기일원론氣一元論으로서의 생성의 사상을 볼 수 있고, 또한 오행이란 제각기 정해진 자리가 있다는 데서 중세의 모화慕華사상을 넘어 주체성을 지닌 조선 사상가의 고유의 눈깔을 확인할 수 있습니다.

그러니 그놈을 먹을 수 없다 하면서 나섰는데, 하필 그날 밤-여기 낮이 양의, 위선의, 가면의 시간이라면 밤은 음의, 가면을 벗기는 진실의 시간입니다-에 과부와 정사를 벌이는 중에 자식들에게 들켜 도망치다 똥구덩이에 빠진 북곽 선생을 만나게 되었습니다. 이에 범이 "아이쿠 구리구나!" 하는 대목에서 위선적인 선비를 조롱, 기자하는 연암의 천재가 빛나거니와, 그 앞에서 머리를 조아리면서 범의 덕을 늘어놓는 북곽 선생에 대해 범은 호통을 치며 "가까이 오지도 마라. 내 일찍이 들으매 선비 유儒 자는 아첨 유諛 자로 통한다더니 과연 그렇구나" 하고 낯간지럽게 아첨을 해대는 선비의 겉 다르고 속 다른 이중적 행태를 통렬하게 비웃습니다. 이것을 저 보카치오가 신부들의 허세와 아첨, 위선적인 성 모럴을 대범하게 풍자한 〈데카메론〉에 견줄까, 실로 중세의 신화가 와르르 무너지는 일 대목이 아닐 수 없습니다. 아무튼 인간의 성품은 이렇게 동물보다 모하다니 범의 호통을 더 들어보겠습니다.

너희 인간들이 이치를 말하고 성을 논할 때 걸핏하면 하늘을 들먹거리지만, 하늘이 명한 입장에서 본다면 범이나 사람이나 다 같이 만물 중 하나다... 사람의 처지에서 본다면 실제로 중국과 오랑캐의 구분이 뚜렷하겠지만, 하늘이 명령하는 기준에서 본다면 은나라의 모자나 주나라의 면류관은 모두 당시 국가의 제도를 따랐을 뿐이다. 그런데도 하필 지금 청나라의 붉은 모자만은 홀로 의심하여 인정하지 않으려 하는가(밑줄-글쓴이)

자, 이것은 실로 놀라운 대목이 아닐 수 없습니다. 작게는 저들의 소중화 모화사상의 절대성을 해체함이요, 크게는 근대의 자주적 평등사상을 드러낸 혁명적 인식이요, 비교하자면 이것은 그들만의 오로지 하나뿐인 신이 있는 게 아니라 자연적 실체로서 만물이 신이라는 자신감을 드러낸 저 작지만 강한 나라의 철학자 스피노자의 범신론이요, 나아가 이것은 또한 "중심은 어디에나 있다"(《짜라투스트라는 이렇게 말했다》)며 근대의 '인간' 중심논리를 깨부순 니체의 망치철학과 통하지 않는가. 홍기문의 말대로 연암은 과연 탁월한 한국의 사상가가 아닌가 말입니다.

이번에는 〈연암외사〉를 통해 연암의 조선적 기풍의 의의를 보겠습니다.

정치와 전쟁이 다르지 않듯이, 내용과 형식은 둘이 아닙니다. 과연 그럴까, 한 발 더 들어가 보겠습니다. 후금(청)이 대륙의 새로운 강자로 떠오르자 조선이 임란 당시 은혜를 입은 명나라("우리 소경대왕(선조)이 의주로 피난을 가서 천자께 사연을 아뢰자, 천자가 놀라 천하의 군사를 동원하여 동으로 구원을 보냈다.", '우상전')에 사대의 예를 갖춰야 한다는 명분으로 그들과 싸워야 한다는 송시열의 북벌론에 맞서 강대한 저들과 싸울 게 아니라 오히려 대등하고 주체적인 입장에서 그들의 우수한 문물을 배워야 한다–이것은 다음 대에 연암을 흠모한 임화의 주체적인 교섭적 문화론인 '이식문화론'으로 계승되었다 할 것입니다– 는 북학파 영수로서 연암의 사상이 작품으로 드러난 것이 〈열하일기〉의 '호질', '허생전'이라면, 또한 '청은 오랑캐다', '양반과 상민은 다르다'는 인물성이론人物性異論, 호론湖論의 주장에 맞선 낙론洛論의 대표적인 사상가로서 '청은 오랑캐가 아니다', '양반과 상민은 다르지 않다'는 연암의 인물성동론人物性同論이 잘 드러난 게 바로 지금부터 얘기하려고 하는 〈연암외사燕巖外史〉입니다. 정확하게는 〈방경각외전放瓊閣外傳〉입니다.

이야기를 본격적으로 전개하기 전에, 나는 다음 사실을 고지하지 않을 수 없습니다. 왜냐하면 이것은 예사로운 일이 아니기 때문입니다. 그러니까 조선의 루카치라 할 발군의 근대 문학사가인 임화는 자신의 저서 〈개설신문학사〉 '서론'에서 조선 문학이란 조선문으로 쓴 문학이라는 좁직한 이광수의 순문학관에 대해 지적하면서 다음과 같이 말하고 있습니다.

〈삼국유사三國遺事〉, 〈금오신화金鰲新話〉, 〈연암외사燕巖外史〉, 우선 이 정도만 하여도 한문으로 된 조선인의 작품을 조선문학사에서 제외하기 어려울 것이다.

이것은 분명 리버럴한 사고를 지닌 조선의 문학사가로 또한 중후한 이론가이자 언어사상가인 그의 문학관을 잘 대변하고 있거니와, 중요한 것은 제아무리 조선문만으로 된 문학을 우리의 문학의 기준으로 한다 하더라도 위에서 열거한 〈삼국유사〉, 〈금오신화〉, 〈연암외사〉는 비록 우리글이 아닌 한자로 되어 있다 하더라도 도저히 버릴 수 없을 정도로 뛰어난 작품이라는 선구적 평가라는 점입니다. 특히, 여기서 나의 흐린 눈깔을 자극한 것은 〈삼국유사〉도 〈금오신화〉도 아닌 〈연암외사〉입니다. 대체 연암하면 〈열하일기〉인데, 그는 왜 〈열하일기〉를 제쳐두고 〈연암외사〉를 감싸고 도는 것일까요? 이것은 문제적 문학사가의 안광이 스민 글이니 분명 단순하지 않은 의미가 박혀 있을 것입니다.

여기, '외사外史'든 '외전外傳'이든 이것은 분명 '정사正史' 또는 '정전正傳'에 대한 것으로, 이것은 마치 저 김부식의 정사 〈삼국사기〉

에서 못다 한 민중들의 흩어진 이야기the scattered stories를 쓸어담은 일연의 〈삼국유사〉와 마찬가지로, 박지원의 〈연암외사〉는 지배의 성城 밖으로 내쫓긴 자들의 이야기the outered stories를 모아놓은 것입니다. 뭐 블랑쇼의 유명한 '바깥의 사유'에 해당하는 이야기입니다. '방경각放瓊閣'이란 말이 이를 암시하는 것으로, 그러니까 '방경각'이란 조어는, 즉 양반들이 노니는 즐거운 자리에서는 할 수 없었던 외로 된 이야기로, 뭐 술자리의 방담放談 같은 자유롭고, 그러나 진지한 서민들의 이야기를 함축하고 있는 것입니다.

그러나 역사를 보아서도 알 수 있듯이, 양반들이 판치던 시대에, 더구나 그 또한 양반 사대부의 한 사람으로 대놓고 서민들의 이야기를 일삼고, 더욱 이를 문학적으로 형상화한다는 것은 분명 사상 이상의 꿈과 욕망, 의지의 문제라 하지 않을 수 없는 것으로, 이것은 또한 하나의 선구적 예지를 지닌 자의 각성된 계몽의식이라 아니할 수 없을 것입니다.

실학파의 대부분이 '정치에 득의치 못한 색벌色閥(4색당파 싸움의 과정에서 끈이 떨어진 무리들-인용자)의 출신'(김태준)이란 점을 생각하면 그들이 구사회의 부패를 목도하고 새 사회 탄생에 눈뜬 선구적 지식층이었음을 이해할 수가 있다.

-임화의 〈개설신문학사〉 '서론' 중

그래 구사회의 부패를 목도하고 새 사회 탄생에 눈뜬 선구적 지식층의 하나인 그가 내놓은 〈연암외사〉는 무엇을 구성요건으로 하고 있는지 순서대로 보자면 이렇습니다.

자서/마장전/예덕선생전/민옹전/광문자전/양반전/김신선전/우상전/역학대도전/봉산학자전

여기, '자서'는 오늘의 서문이자 본문에 대한 개관입니다. 자서의 내용도 그렇고 본문의 이야기도 그렇거니와, 중요한 것은 이것이 우연의 결과가 아니라 작가의식을 지닌 자가 분명한 목적을 가지고 쓴 결과물이라는 점입니다. "이것은 내가 젊었을 적에 작가에 뜻을 두어此吾少時有意作家"(《연암외사》)라는 말을 통해서도 알 수 있거니와, 이것은 임화의 "구사회의 부패를 목도하고 새 사회 탄생에 눈뜬 선구적 지식층이었음"과 정확하게 일치하는 대목으로, 그가 과연 몽매한 시대에 근대 의식을 지닌 선구자임을 알 수 있습니다. 그러니까 지금도 그렇지만 당대에도 마찬가지로 새로운 것을 짓지 말라는 공자의 말述而不作이 하나의 금언으로, 사회적 통념으로 내면화되어 주술처럼 강박이 씌어 있던 사회에서 양반 구사회의 부패('양반전')를 목도하고 새 사회 탄생에 눈뜬 선구적 지식인으로서의 작가의식을 지녔다는 것은 그가 대단히 위험한 지식인이 되었다는 것을 암시합니다. 그래 연암이 구사회의 지배이데올로기로서의 상징폭력이 엄존하는 가운데 사회-정치적 위험을 무릅쓰고 써낸 작가의식의 소산인 〈연암외사〉의 진정한 의의와 가치가 여기에 있다 할 것입니다.

그렇다면 먼저, 대체 구사회의 지배이데올로기로서의 상징폭력은 무엇인지, 이것은 사실 다음과 같은 것입니다. 그러니까, 공자 이후, 중국(漢)의 지배이데올로기를 반석에 올려놓은 이데올로그로 한대漢代의 동중서董仲舒를 들거니와, 가령 다음도 마찬가집니다.

동중서의 전체 철학체계는 형이상학으로 일관하고 있다. 그가 말한 "도의 궁극적 근원은 하늘天에서 나온 것인데, 하늘이 변하지 않으니 도 역시 변하지 않는다道之大原出于天, 天不變, 道亦不變"라는 것은 그의 철학사상의 기초로 장기간에 걸친 중국 봉건사회에서 예교의 이론적 기초가 되었다.

—임계유 편저, 〈중국철학사〉, 까치

우리가 중국하면 '한족漢族'을 떠올리게 되는 것으로, 중국문화와 사상, 예의적 규범들이 모두 한대에 형성되었던 것으로, 동중서는 중국문화의 실질적인 국가철학자라 할 것입니다. 그만큼 공자 이상으로 그의 사상이 동북아 사회에 미친 영향은 적지 않다 할 것입니다. 여기서 중요한 것은 무엇보다 하나의 형이상학적 개념으로서 그 무엇이 변치 않는다는 불변의 형이상학적 의미입니다. 즉 그는 중국 형이상학의 정립에 기여한 자로, 그러나 그것은 고정된 봉건적 질서와 불변의 계급의식에 터한 것으로, 이것이 중국을 중심으로 한 배타적인 화이론華夷論의 또 다른 근거로 되었던 것은 조선의 현실학파 지식인에게 우울증을 낳은 이유이기도 합니다.

그래 이런 그가 전래의 고정된 사회(구사회)의 부패에서 오는 현실을 목도하고 깨달아 이를 폭로하기에는 우선 구사회의 죄악을 논하지 않을 수 없던 것입니다.

하느님이 백성 내니, 그 백성은 사농공상 넷이로세. 네 백성 가운데는 선비 가장 귀한지라, 양반으로 불리면 이익이 막대하다. 농사, 장사 아니하고, 문사 대강 섭렵하면, 크게 되면 문과급제, 작게 되면 진사로세. 문과 급제 홍패라면 두 자 길이 못 넘는데, 온갖 물건 구비되니, 이게 바로 돈 전대요. 서른에야 진사되어 첫 벼슬에 발 디뎌도, 이름난 음관되어 웅남행(위풍이 높은 음관-인용자)으로 잘 섬겨진다. 일산 바람에 귀가 희고 설렁줄에 배 처지며, 방 안에 떨어진 귀걸이는 어여쁜 기생의 것이요, 뜨락에 흩어져 있는 곡식은 학을 위한 것이라. 궁한 선비 시골 살면 나름대로 횡포 부려, 이웃 소로 먼저 갈고, 일꾼 뺏어 김을 매도 누가 나를 거역하리. 네 놈 코에 잿물 붓고, 상투잡아 도리질치고 귀얄수염 다 뽑아도, 감히 원망 없느니라.

이것은 당시 지배 사족士族이었던 봉건 양반 사회의 횡포를 노골적으로 폭로, 풍자하는 '양반전'의 한 대목입니다. 우리는 이런 양반들이 지배적인 사회의 횡포가 얼마나 극심한지 김창협의 '산민山民'과 다산의 〈목민심서〉한 대목에서 이미 보았던 것입니다. 그러나 이런 양반도 시대의 변화에 적응하지 못하고 이제는 "한 푼짜리도 못 되는 그놈의 양반"이 되었다고 질타합니다. 그러면서 그가 새 사회 탄생에 눈을 뜬 대상은 바로 대열에서 벗어났지만 정직하게 살아가는 소외된 자들과 노동하는 서민 대중들의 일상이었습니다. 그리하여 '마장전'은 말 거간꾼의 진실한 이야기를 들어 갖은 술수를 부리는 구사회 선비들의 부패를 암시한 것이요, '예덕선생전'은 비록 똥을 치는 지극히 지저분한 똥치기 엄행수이지만 의리를 지키는 점에서는 양반보다 낫다는 이야기요, '민옹전'은 비범한 자이지만 불우하게 일생을 마친 자에 대한 이야기로 그것은 벌레 같은 황충들(선비들)을 증오하는 이야기요, '광문자전'은 신분적으로 비천한 거지인 광문의 순진성과 거짓 없는 인격을 보여줌으로써 양반이나 서민이나 다를 바 없음人物不二을 강조한 이야기요, '김신선전'은 울적하게 살다 간 김홍기라는 신선에 대한 이야기요, '우상전' 또한 한어 통역관으로서 비상한 재주를 지닌 조선의 문장가였지만 때를 만나지 모한 불우한 선비에 대한 이야기이고, '역학대도전'과 '봉산학자전'은 유실되어 그 내용을 알 수 없으나 세상을 기롱欺弄(속이고 농락함-인용자)하는 이야기로 전해지는 이야기들입니다.

이 모든 것을 다 들어 자세히 이야기할 수는 없으니, 가장 대표적으로 '똥치기 엄행수를 위한 변명'이라고 해도 좋을 '예덕선생전穢德先生傳'으로 이 졸문을 마칠까 합니다만, 그 소수자 문학이자 패사체稗史體 소설로서의 '조선적' 근대 실문학實文學의 전개는 실로 이 작은 한 편에 있다 해도 크게 잘못된 것은 아닐 것입니다.

여기, 엄행수라 부르는 똥지게꾼이 있습니다. '엄'은 성姓이요, '행수'란 막일꾼 가운데 나이가 많은 자에 대한 칭호입니다. 이 엄행수를 왜 '예덕선생'이라 부르는지, 즉 어티케 해서 하류下流 인생이라 칭할 그가 연암의 친구 이덕무의 스승이 되었는지, 그가 하류 인생에서 이덕무의 스승이 된 것은 그가 덕德을 지녔기 때문입니다. 그래 그가 대체 무슨 덕을 지녔다는 것인지…

제3부 근세편 205

저 엄 행수란 사람은 일찍이 나에게 알아 달라고 요구하지 않았는데도 나는 항상 그를 예찬하고 싶어 못 견뎌했지. 그는 밥을 먹을 때는 끼니마다 착실히 먹고, 길을 걸을 때는 조심히 걷고, 졸음이 오면 쿨쿨 자고, 웃을 때는 껄걸 웃고, 그냥 가만히 있을 때는 마치 바보처럼 보인다네. 흙벽을 쌓아 풀로 덮은 움막에 조그마한 구멍을 내고, 들어갈 때는 새우등을 하고 들어가고 잘 때는 개처럼 몸을 웅크리고 잠을 자지만, 아침이면 개운하게 일어나 삼태기를 지고 마을로 들어와 뒷간을 청소하지. 9월에 서리가 내리고 10월에 엷은 얼음이 열 때쯤이면 뒷간에 말라붙은 사람똥, 마구간의 말똥, 외양간의 소똥, 홰 아래에 떨어진 닭똥이며 개똥과 거위똥, 그리고 돼지똥, 비둘기똥, 토끼똥, 참새똥 따위를 주옥인 양 긁어 가도 염치에 손상이 가지 않고, 그 이익을 독차지 하여도 의로움에는 해가 되지 않으며, 욕심을 부려 많은 것을 차지하려고 해도 남들이 양보심 없다고 비난하지 않는다네...

왕십리의 무와 살곶이의 순무, 석교의 가지·오이·수박·호박이며 연희궁의 고추·마늘·부추·파·염교며 청파의 미나리와 이태인의 토란들은 상상전上上田(최상급의 토지-인용자)에 심는데, 모두 엄씨의 똥을 가져다 써야 땅이 비옥해지고 많은 수확을 올릴 수 있으며, 그 수입이 1년에 6천냥이나 된다네. 하지만 그는 아침에 밥 한 사발이면 의기가 흡족해지고 저녁이 되어서야 다시 한 사발을 먹을 뿐이지... 엄행수와 같은 이는 아마도 '자신의 덕을 더러움으로 감추고 세속에 숨어 사는 대은大隱'이라 할 수 있겠지... 엄행수는 지저분한 똥을 날라다 주고 먹고살고 있으니 지극히 불결하다 할 수 있겠지만 그가 먹고사는 방법은 지극히 향기로우며, 그가 처한 곳은 지극히 지저분하지만 의리를 지키는 점에 있어서는 지극히 높다 할 것이니, 그 뜻을 미루어 보면 만종의 녹을 준다해도 그가 어떻게 처신할는지는 알 만하다네... 이상을 통해 나는 깨끗한 가운데서도 깨끗하지 않은 것이 있고, 더러운 가운데서도 더럽지 않은 것이 있음을 알게 되었네... 이를 확대시켜 나간다면 성인의 경지에도 이를 것일세... 그래서 나는 엄행수에 대하여 스승으로 모신다고 한 것이네... 이러한 이유에서 나는 엄 행수의 이름을 감히 부르지 못하고 예덕선생이라 부르는 것일세.

이것은 시도 아니지만 그렇다고 전래의 소설도 아닙니다. 무엇보다 픽션이 아니기 때문입니다. 그렇지만 엄 행수를 예찬한 시이기도 하고, 엄행수의 행적을 이야기한 소설이기도 한 것입니다. 그러나 이 작품은 외전外傳으로 전래에는 듣도 보도 못한 패사체 소설이라 부르는 바의 새로운 형식의 '전傳'입니다. 전은 전이되 '패사체稗史體'라는 것입니다. 뭐 하찮은 사람을 다룬 이야기라는 것입니다. 우리는 전하면 저 아킬레우스처럼 번쩍번쩍하는 기개를 지닌 〈풀루타크 영웅전〉을 비롯 저 항우를 비롯한 〈사기열전〉의 영웅들을 다룬 숱한 이야기들이 있음을 알고 있고, 전하면 또한 우리에게도 〈춘향전〉, 〈홍길동전〉... 등 이름께나 하는 꽤 익숙한 시정의 이야기들이 차고 넘치고 있지만, 여기 연암의 '예덕선생전'을 비롯한 패사체 소설이 던진 새로운 이야기 형식으로서의 전은 예전의 전과는 분명 다른 그만의 전입니다.

그래 그만이 지닌 특특한 형식을 지닌 새로운 전의 형식에서 우리가 마주하는 것은 무엇보다 인식론적 혁명에, 말의 혁명에 다름 아닙니다. 이것은 전래의 정전의, 실재론의, 관념론의, 시적 은폐를 깨는 외전의, 유명론의, 유물론의, 산문적 개진이라 할 새로운 형식입니다. 그러나 이것은 선험적 판단이 아닌 경험판단입니다. 이것은 음양오행陰陽五行이라는 전통적 질서와 사농공상士農工商이라는 전래의 신분관계와 더불어 모든 것이 정해진 모럴에 따라 돌고 도는 숙명적인 세계가 아니라 인간 개인의 도덕적 판단을 중시하는 새로운 인식론의 세계입니다. 그래 이것은 '개념적 술어'의 세계가 아닌 '반성적 술어'의 세계이고, 이것은 또한 '인지적 정의'가 아닌 '심미적 정의'의 세계 인식입니다. 그런 세계인식을 전제로 하고 놓고 볼 때, 엄 행수는 더럽고 지저분한 똥을 치는 똥치기 엄행수에 불과할지도 모릅니다(개념적 술어/인지적 정의), 그러나 그가 먹고사는 방법은 지극히 향기롭고, 그가 처한 곳은 지극히 지저분하지만 의리를 지키는 점에 있어서는 그는 지극히 높은 자입니다. 따라서 엄 행수는 하류 인생이 아니라 세속에 숨어사는 대은이며, 그래 이를 알아 본 이덕무의 스승 예덕선생(반성적 술어/심미적 정의)이 되었다 할 것입니다.

여기, 더럽고 지저분한 똥을 치는 엄행수라는 똥치기가 있다/인지적 정의의 세계

그러나 엄행수는 하류인생이 아니라 높은 덕을 지닌 예덕선생이다/심미적 정의의 세계

이것은 과연 예찬도 과시도 아닌, 그러니까 이것은 시도 소설도 아닌 새로운 형식으로 이것은 '비평적 에세이'에 해당할 그 무엇으로서의 '진실한 문학적 수기a real literary essay'라 할 것입니다. 바로 이것이 연암이 개척한 새로운 형식입니다. 그래 우리가 주목하지 않으면 안되는 것은 다름 아닌 형식의 문제입니다. 〈열하일기〉와 〈연암외사〉에 실린 민족의 유산들이, 그러나 그것들은 모다 소품문小品文에 가까운 짧은 단편에 불과한 잡문들이라지만, 그렇지만 '호질'만 보더라도 비유를 통해 공격의 화살을 피하는 '이솝적 예지'를 발휘한 점도 기발하지만—비유를 통한 우회적 수법으로 상대를 공격하는 이야기는 약자의 자기방어수단임은 〈이솝 우화〉가 잘 보여줍니다—'허생전'에서는 오히려 거침없이 자유롭게 써 내려간 글에서 우리는 하나의 형식이 다만 형식이 아님을 봅니다. 즉 형식은 사상의 연장입니다. 다시 말해 연암이 '호질', '허생전'을 비롯 '마장전', '예덕선생전' 등 민중적 서사 형식을 통해 '구사회의 부패를 목도하고 새 사회 탄생에 눈뜬 선구적'(임화) 인식을 보여주고 있는 것은 결코 우연이 아닙니다. 그러니까 그가 근대적 작가의식을 지니고 당시까지도 주류라고 인식되어 왔던 고문古文의 시형식을 과감하게 혁파하고 자유로운 산문형식을 도입하여 당세의 이슈를 담론화하는 데는 당세의 현실을 반영한 당세의 형식을 통하지 않고는 현실의 객관적 인식에 한계가 있음을 그는 분명하게 깨달았던 것입니다. 그리하여 그는 고문古文이 아닌 시문時文, 그러니까 그는 저 중국의 민중적 형식인 백화白話처럼, 당세 조선 민중들의 이야기 형식인 패관소품체稗官小品体를 과감히 수용, 전유했을 뿐 아니라 이를 자기화했던 것이니, 사실 연암 박지원의 진정한 성취는 바로 여기에 있다 할 것입니다.

그의 참신하고 탁월한 사상도 사상이지만, 연암의 패사체稗史體 시문時文이 중요한 이유는, 마치 저 중국의 대문호 루쉰이 '어느 작은 사건'을 통해 보여줬던 것처럼, 꼭 그처럼 연암 또한 하류 인생들에 불과한 그들에게 신성神聖을 부여, 그들 조선의 소수자들이야말로 역사를 만드는 진정한 창조자a real maker이자 현실을 떠받치는 사회적 가족이라는 패밀리 인식을 지닌 연암이 전래의 고문을 취하지 않고 당세의 형식인 민중들의 비속卑俗한 이야기를 따른 것은 바로 그래야만 삶과 예술이 결코 다르지 않은 불이적不二的 기일원론氣一元論으로서의 '조선적 리얼리즘'을 성취할 수 있음을 간파하였기 때문입니다. 그리하여 '조선의 국풍'을 세운 연암의 문학과 사상이 왜 후일 임화('혁토', '네거리의 순이'를 비롯한 민중적 프로시)와 김수영('거대한 뿌리', '풀' 등 민중적 산문시)의 조선학과 한국학의 모형으로 자리잡았는지, 이것은 조선 사실주의 문학의 내재적內在的 일一 기원에 해당하거니와, 그것은 과연 말과 문자 속에 감추어진 숭고미의 실체를 날카롭게 쏘아본 근대 인식론의, 유명론의, 비판적 사실주의의 비속미의 힘이었습니다.

난 그렇게 봅니다.

제4부

근대편

10. 만해 한용운

11. 임화

12. 백석

10
만해 한용운(1879~1944)

1. 들어가기

고은 시인이 만해 한용운의 〈님의 침묵〉의 표제시가 실패작[48]이라며 깎아내린 적이 있습니다. 시가 아니고 설명문이라는 이유에서입니다. 다시 말해 시는 묘사여야지 서사일 수는 없다는 것입니다. 이건 참으로 재미있는 지적이자 한번 다루어 볼 만한 흥미 있는 연구 주제가 아닐 수 없습니다. 상식적으로 보아서는 그럴듯한 지적이지만 엉터리 논리에 불과하기 때문입니다. 이 말에는 시는 설명이 될 수 없다는 전제가 숨어 있고, 그 역도 마찬가지입니다. 즉 고은의 지적에는 '시'의 세계와 '설명'의 세계는 서로 별개라는 근대의 '자율성'과 '분리'에 기반한 이항대립의 좁직한 영토 논리가 또아리를 틀고 있습니다.

일반적인 소개를 염두에 두고 볼 때, 시집 〈님의 침묵〉은 은칼, 금

---

48) 고은, 〈한용운 평전〉, 민음사, 1978 이에 대한 원문은 다음과 같습니다. "시집 〈님의 침묵〉은 어떤 의미에서는 시가 아니다. 그것은 하나의 설명문에 지나지 않는다. 그리고 그 설명문조차도 모든 暗示의 힘을 믿지 않는 辭說體의 饒舌로 넘쳐 흐르고 있다. 이점은 그의 漢詩에서도 絕句보다 律의 敍事性이 더 강조되는 바로서 미루어 볼 수도 있다". "이 시집의 표제시 '님의 침묵'은 분명한 실패작이다."

칼이 묻혀 있는 한국문학사의 문화광산이라 하지 않을 수 없습니다. 그는 어두운 시대에 등불을 높이 치켜 든 보기 드문 의인[49]이었을 뿐만 아니라 〈한국불교유신론〉이라는 혁명적인 불교개혁론을 들고 나온 근대의 사상가이자 불같은 실천가였습니다. 그는 한국의 마르틴 루터였습니다. 그리고 그는 무엇보다 저 보들레르가 〈악의 꽃〉 한 권으로 세계시문학사를 제패했듯이, 꼭 그처럼 한용운 또한 〈님의 침묵〉이라는 단 한 권의 시집으로 한국현대시문학사를 제패한 현대시의 진정한 개척자였습니다.

이 글은 주로 한용운의 〈님의 침묵〉에 나타난 '산문시적' 형식에 나타난 서사적敍事的 특성에 주목하여, 이러한 형식적 특성에 담긴 시대와 사상의 의미가 무엇인지, 다시 말해 그의 인생론과 인식론, 그리고 문체론에 일관되게 흐르고 있는 정신의 본질이 무엇인지, 왜 '어떻게 살 것인가'라는 생의 문제는 또한 왜 '어떻게 볼[見] 것인가'라는 인식의 문제에 닿아 있고, 이는 필연적으로 왜 '그렇게 표현할 수밖에 없는가'라는 형식의 문제와 한 몸을 이루게 되는지, 그 미적 형식에 담긴 사상의 의미를 캐내고자 쓴 글입니다. 이상의 내용을 일반화 해 보면 다음과 같은 질문이 될 것입니다.

가. 시에서의 서사적 요소는 불필요한가.

나. 사상과 형식은 어떤 상관관계에 있는가.

---

49) 조재훈, '만해 한용운의 항일운동과 문학', 〈한국시가의 통시적 연구〉, 국학자료원, 1966

2. 만해 시의 형식적 특성

만해 한용운!

그는 어떻게 식민지 초기 최대의 시인(김현)이 될 수 있었던 것일까. 나는 이것을 우선 외적인 형식에서 살펴보도록 하겠습니다. 여기, 한국의 비평적 거인이 결코 수사적으로만 늘어놓았다고는 할 수 없는 시사적 평가와 고은의 주장, 그러니까 시집 〈님의 침묵〉은 어떤 의미에서는 시가 아니라고 하면서 그것은 설명문이기 때문이고, 암시보다는 명시적인 성격을 지닌 사설체라 하였기에, 이 점은 〈님의 침묵〉 전편을 통에서도 나타나는 바와 같이 두드러진 '서사성敍事性'에 있다고 보는 것 사이에 물과 기름처럼 극심한 대칭적 모순의 띠가 형성되어 있기 때문입니다.

김윤식과 함께 쓴 〈한국문학사〉(민음사, 1973)에서, 김현은 '문학사는 실체가 아니라 형태'라며 근대 문학에 대한 집필을 예고하면서, 1919~1945년에 이르는 3.1운동에서부터 해방까지의 시대를 '개인과 민족의 발견'의 시기로 규정짓고 있습니다. 그러면서 그는 이런 개인과 민족의 발견을 표현하는 문학 장르의 하나로 '한용운의 산문시'를 들고 있습니다. 그러니까 서정시가 하나의 지배적인 형식으로 일반적으로 통용되어 오던 시대에 한용운의 시가 형식적으로 볼 때 비시적非詩的이고 반시적反詩的인 '산문시'라는 것은 분명 주목을 요하는 것입니다. 시인 조재훈[50] 또한 "소월의 훌

---

50) 동일서

륭한 일면이 자기의 분명한 시각과 목청을 고집한 데에 있었듯이 만해도 심오한 불교사상을 바탕으로 자기 나름의 긴 호흡을 지닌 시를 대담하게 썼다 라고 했습니다. 이를 통해 우리는 〈님의 침묵〉이 형식적으로 일단 서사성을 지닌, '긴 호흡을 지닌 산문시'임을 재차 확인합니다. 여기! 김현에 따르면 한용운의 시는 시대적 상징을 지닌 형식임을 짐작하게 하고, 조재훈에 따르면 고유한 시각을 지니게 된 곡절을 유추하게 합니다. 그러니까 한용운의 시는 시대적이고 고유한 맛을 지닌 시로 국민적 사랑을 받고 대중적으로 옹호되어 왔다고 볼 수 있는데, 고은은 어떤 불순한(?) 의도로 〈님의 침묵〉에 시비를 걸고 있는 것일까요?

일반적인 상식으로 볼 때, 시는 산문이 아니고 산문 또한 시가 아닙니다. 의미는 차이이고, 차이는 개념적 범주의 세계에 놓인 근대 분류학taxology의 고유 영토라는 관점에서 볼 때에 있어서도 시와 산문은 분명 별개의 영역에 놓인 표현 양식들입니다. 즉 시와 산문, 산문과 시는 역사적으로 서로 다른 발생 배경-가령, 부족사회와 시민사회처럼-지닌 별개의 장르인데, 여기서는 특이하게도 하나로 매개되어 있습니다. 이는 마치 '오리너구리'가 오리도 아니고 너구리도 아니지만 하나의 생명을 지닌 실체인 것처럼, 꼭 그처럼 여기 한용운의 산문시 또한 산문도 아니고 서정시도 아니지만 하나의 장르로 인식되고 있는 '그 한국적인 것'으로서의 문학적 실체입니다.

그렇다면 여기서 우리는 불가피하게 다음과 같은 질문에 부딪치게 됩니다. 그는 왜 전통적인 정형시, 그러니까 한시漢詩나 시조를 중도에 포기하고, 그렇다고 근대의 서정시도 아니고 산문(소설)도 아닌 '산문시'라는 독특한 형태의 시를 쓸 수밖에 없었는가 라고. 여기서 우리는 철학이 시대의 딸(헤겔)인 것처럼, 하나의 형식 또한 시대의 딸이라는 사실을 떠올려 보게 됩니다. 다시 말해, 농본시대 소나 말, 또는 사람이 끌던 '써레'가 산업화 시대를 맞아 경운기나 트랙터로 작동하는 '로터리'라는 동력화 된 새로운 형식으로 전화轉化하면서 그 세계사적 의의를 지니듯이, 전래의 (서사)시 또한 근대의 산문과 만나면서 '산문시'라는 새로운 양식으로 변형되면서 그 세계사적 의의를 지닌다 라고 말입니다.

사실 인식론적 맥락에서 볼 때, 한용운의 산문시는 이미 예고되어 있었습니다.

'님'만 님이 아니라, 기룬 것은 다 님이다. 중생衆生이 석가釋迦의 님이라면, 철학은 칸트의 님이다. 장미화薔薇花의 님이 봄비라면 마찌니의 님은 이태리다. 님은 내가 사랑할 뿐 아니라 나를 사랑하나니라.
연애戀愛가 자유自由라면 님도 자유일 것이다. 그러나 너희는 이름 좋은 자유의 알뜰한 구속拘束을 받지 않느냐. 너에게도 님이 있느냐. 있다면 님이 아니라 너의 그림자니라.
나는 해 저문 벌판에서 돌아가는 길을 잃고 헤매는 어린 양羊이 기루어서 이 시詩를 쓴다.

— '군 말' 전문

여기, '기룬 것'은 '그립다'가 변화한 말[51]로 만해의 특유한 말씨입니다. 머 충청도 사투리입니다. 무엇이 그리웠단 말인가. 잘 알다시피, 무엇이 '그립다'할 때에 있어서의 기본적인 뜻은 보고 싶거나 만나고 싶은 마음이 간절하다거나, 그 어떤 것이 매우 필요하거나 아쉽다는 말입니다. 그러니까 '그립다'는 말은 결핍을 전제로 이 결핍을 충족시키고자 하는 인간의 뜨거운 성정을 드러내고 있는 말입니다. 이를 '개인과 민족의 발견'이라는 문제와 연관지어 봅니다. 즉 1919년 3.1운동 이후, 그러니까 민족주의가 점차 이론적인 체계를 갖추어 가고, 한국어에 대한 자각이 두드러지며, 내가 한국인이고 억압받는 민족의 일원이라는, 다시말해 내가 한국인으로서 대자적 인식으로서의 자율적 인식이 철저해지면서 자연 '기룬 것'으로서의 개인과 민족을 동시에 표현할 적절한 표현 수단을 찾게 되는 시대적 동향을 생각해 볼 수 있습니다. 그가 만약 시대를 대변하는 시인이라면 말입니다. 이에 자율성에 기반한 근대적인 '개인의식'은 자유로운 형식의 줄글, 산문을 요구 **-이는 물론 근대 부르주아 시민계급의 문자혁명 주도와 독서계층의 증가라는 물질적 기반과도 관련되는 대목이기도 합니다-**하게 되고, 동시에 이런 개인의식의 민족적 각성을 표현하게 될 '사회적' 멘탈리티는 어떤 상징적 형식을 요구하기에 이릅니다. 그러니까 하나의 사회적 제약이자 형식적 필요로 인해 근대적 개인의식과 사회적 멘탈리티를 민족적 형식으로 구워 내 시화詩化 할 것이 요청되고 있는 시대적 흐름이 필연 산문과 시의 양식적 결합을 동반하게 되는 이데올로기적 기초가 되고 있습니다. 이때, '칸트'는 개인을 암시하고,

---

51) 송욱, 〈님의 침묵 전편해설〉, 일조각, 1973

'마찌니'는 민족을 함축합니다.

여기서 우리가 주의해야 할 것은 '개인'과 '민족'이 하나도 아니지만 둘도 아니라는 점입니다. 중세의 집단적이고 지역적인 연고에서 벗어나 도시공동체를 중심으로 독립을 얻은 부르주아 시민 계층이 주도가 되어 하나의 '민족'을 단위로 하는 '상상의 공동체imagined communities'라는 에스니ethnies를 형성-그 **방법이 바로 부르주아 시민계층이 주도가 되어 '인쇄자본주의print capitalism'에 기반한 표준어 정리와 보급이었고, 우리의 경우 조선어학회가 그 역사적인 과업을 감당해 내었습니다** (박용규의 〈한국어학회 항일투쟁사〉, 한글학회, 2012)-해 나간 과정이, 즉 부르주아 시민계층은 자신들의 공동이익을 내외의 침범으로부터 보호하기 위한 배타적인 권력기관을 만들어야 할 현실적인 필요에서 하나의 '민족'이라는 개념의 탄생 주체로서 근대 국가 형성nation-building의 주역이 되었는데, 이런 사실을 염두 해 보면 과연 개인과 민족 이데올로기는 결코 둘로 나뉠 수 없는 것입니다.

잘 알다시피, 하나의 '종족tribe'으로서의 민족이 본래 고대 국가의 반영물이라면, '개인'은 이 민족과 더불어 근대의 정치적 발견물입니다. 그리하여 데카르트 이후, 개인은 근대의 이성적 주체로 사유하는 존재로서의 코기토cogito적 자아였습니다. 이런 코기토적 자아가 칸트에 이르면 절대적 자아로서의 '선험적 자아'로 발전하다가 헤겔의 '절대정신'에 이르러 그 완성을 보게 됩니다. 한용운은 스스로 술회하기(《한국불교유신론》)를 "나는 서양철학자의 저술을 한 권도 읽은 적이 없고, 어쩌다가 눈에 띈 것은 여러 사람들의 손에 의해 번역된 이 책 저 책에 실려 있는 그 편린에 지나지 않는 것을 보았을 따름이다"라고 겸양을 합니다. 뭐 사실일 것입니다. 그러나 그의 서양 철학에 대한 인식은 편린의 수준을 넘어서 있습니다. 물론 그의 서양철학에 대한 소양은 〈한국불교유신론〉에서 밝히고 있듯이 중국인 양계초를 통한 것입니다. 그러나 그는 '군말'에서 언급하고 있듯이, "철학은 칸트의 님이다"라고 하면서, 칸트가 말하고 있는 선험적 자아로서의 참된 자아는 결코 다른 사물에 얽매이거나 가려지는 것이 아닌 자유로운 존재이니, 이는 부처님의 '천상천하 유아독존'에 비견할 만하다고 평가합니다. 그러면서 그는 다시, 그러나 칸트의 철학은 부처님의 철학처럼 모든 사람이 보편적으로 지니고 있는 '불성佛性 the nature of Buddha'으로서의 참된 자아, 곧 평등에 대해서는 언급하지 않고 있다고 비판합니다. 아닌 게 아니라 칸트의 선험적 자아는 엘리트주의와 그의 천재관의 산물입니다. 그는 소승선입니다.

여기, 근대 과학과 유물론의 세례를 받아 얼음장 같이 차가운 이성에 기초하고 있는 근대의 개인주의는 자유 부르주아의 산문정신, 비판정신을 그 핵으로 합니다. 칸트의 이른바 3대 비판서(〈순수이성비판〉, 〈판단력비판〉, 실천이성비판〉)를 생각해 볼 때, 근대정신은 저 중세정신의 대척점에 있는 것이고, 중세정신 그것은 곧 '보편catholic'을 상징하는 것으로, 그러나 근대의 정신은 고대의 아리스토텔레스 정신에 기반을 두고 있는 실재론적 보편에 대한 유명론적 개인의 문제로서 신흥 부르주아의 관념을 사로잡은 시대의 이념이 되었던 것입니다. 즉 '개인'은 전통적으로 집단 사회와 합치될 수 없는 철학적 균열philosophical rift로서의 근대적 자아를 대변합니다. 따라서 이런 개인의식을 지닌 근대인은 필연 개념을 통해 현실을 객화, 심미적 거리를 유지함으로써 자신이 몸 담고 있는 현실에서 벗어날 수 있었습니다. 이런 개인의식을 시정詩情으로 드러내고 있는 형식이 바로 예의 역사적인 서정시 양식입니다.

근대의 개인의식을 담보한 (장편)소설이 또한 말하기-보여주기라는 '이중성'을 띠고 있으면서도 '말하기'라는 개괄적 서술을 중심으로 전개되고 있는 이유도 여기에 있습니다. 말하기는 외화外化를 통해 대상과의 개념적 거리 저편에 나를 갖다놓기 때문입니다. 이것은 시민서사시로서의 근대 소설의 출발을 예고한 헤겔의 이른바 '자기의식'의 결과입니다. 바로 이 부분이 작가의 개입이 이루어지는 '시점perspective'에 해당합니다. '보여주기'가 극적 동화同化 형식으로서의 서사적 영웅의 이야기로 집단적 동일성에 기초한다면, '말하기'는 개념적 거리두기로서의 이화異化의 형식을 지닌 개인적 인물의 이야기인 소설로 차이에서, 부르주아 개인의식에서 비롯된 이유도 여기에 있다 할 것입니다. 다시 말해 시대는 이성의 언어, 객관적인 산문을 요구하고 있었다는 말입니다. 더구나 일제 강점기는 복종을 강요하던 억압의 시대였습니다. 그야말로 '서정시를 쓰기 힘든 시대(브레히트)', '신경쇠약증의 창백한 언어로 가득 찬 한국 근대 문학사[52]'에서 볼 때, 대부분의 서정시와 달리 그의 시가 산문성을 지니고 있다는 것은, 그가 시대의 정신과 고통에 처한 산문적 현실("나는 해 저

---

52) 조재훈, 동일서

문 벌판에서 돌아가는 길을 잃고 헤매는 어린 양이 기루어서 이 시를 쓴다")을 외면하지 않은 준열한 저항정신의 소유자라는 사실과 떼어놓을 수 없는 상호관계를 이루고 있다고 볼 수 있습니다. 이는 그가 '외부'를 배제하고 내면에 몰두한 근대 서정시의 부르주아적 한계를 꿰뚫어 본 강렬한 민족의식의 소유자로 시적 산문의식에 충만해 있었음을 암시합니다.

그러나 한용운의 '산문시'는 시적 절제만도 산문적 개진에만도 머무르지 않았습니다. 고은의 말대로라면, '그 설명문조차도 모든 암시의 힘을 믿지 않는 사설체辭說體의 요설饒舌로 넘쳐 흐르고 있'지 않았습니다. 즉 그의 시어는 결코 수다스레 쓸데없이 지껄여 댄 '군 말'이 아닙니다. 그의 시어는 산문적 개진을 보여주면서도 뛰어난 시적 함축을 지니고 있고, 그러니까 〈님의 침묵〉은 산문적 서술 형식을 띠고 있으면서도 매우 풍요로운 예술적 상징성을 지니고 있습니다. '님'이 대표적입니다. '님'은 개인이고 민족이면서 개인이 아니고 민족이 아닙니다. "'님'만 님이 아니라, 기른 것은 다 님이다"라고 했으니 말입니다. 여기서 '님'은 분명 일상어입니다. 그러나 이런 일상어가 시어가 되는 순간, '님'은 그 태초의 원시적 언어로서의, 이미지로서의 생명력을 얻고 있습니다. 즉, 님은 실존적 개인으로서 그가 사랑한 여인(서여연화)이기도 할 테지만, 님은 단순히 한 여인만을 특칭하는 기호가 아닙니다. 여기서 우리는 '시어는 일상어에 가하는 조직폭력'이라는 러시아 형식주의자들의 정의를 마주합니다. 즉 님은 과연 "'님'만 님이 아니라 기른 것은 다 님"이 되면서 시어는 메타언어가 되기에 이릅니다. 이에 님은 '조국'이 되기도 하고, '부처', '애인', '자연'이 되기도 하며, '중생'이자 '어린 양'이 되기도 하며, 또한 그를 사랑하고 기룬 님으로서 '잃어버린 한국'이라는 상상의 공동체를 연상시키는 등 시어로서의 '님'은 일상 언어를 초월하여 하나의 '시적 상징poetic symbol'이라는 초언어의 세계로 나아갑니다. 한용운의 님은 가위 이름할 수 없는 '도道'와 같은 것으로 이름 할 수 없지만 어쩔 수 없이 '님'이라고 표현한 것입니다. 한마디로 말하면 '님'은 일이만一而萬이요, 만이일萬而一인 당체當體를 가리키는 것[53]입니다.

주지하듯이 시는 고래로 '집단' 의식의 산물이었습니다. 즉 전대의 집단의식을 담은 (서사)시는 호메로스의 〈일리아스〉, 〈오디세이아〉처럼 누구에게나 공통된 경험이라 여겨지는 부족의 집단적 사회성에 기초했던 것입니다. 고대의 영웅서사시를 가리켜 '부족의 백과사전'(해블록, 〈플라톤 서설〉)이라 일컫는 이유가 여기에 있고, 서사시의 영웅은 엄밀하게 말해서 개인이 아니다The epic hero is, strictly speaking, never an individual라는 루카치의 말[54]도 여기에 그 이유가 있는 것입니다. 이런 사실은 한용운이 칸트의 선험적 자아를 비판하고 '보편적 자아'로서의 불성을 지닌 불교의 사회성을 깊이 체득하고 있는 사실과 관련이 있습니다. 즉 그는 뛰어난 존재로서의 근대적 개인의식이라는 칸트식 천재관을 비판하면서 개별적 자아, 즉 '개인'과 더불어 사회적 자아라고 볼 수 있을 새로운 대상을, '군 말'에서 이태리의 마찌니로 상징되는 '민족'을 또한 중요한 인식의 대상으로 보고 있는 대승적 인식을 지닌

---

53) 조재훈, '한국 현대문학에 미친 불교사상의 영향', 〈한국시가의 통시적 연구〉, 국학자료원.
54) 루카치, 〈소설의 이론〉, 심설당, 1986년.

시인이었습니다.

누구나 다 아는 사실이지만, 칸트는 유명한 〈순수이성비판〉에서 "내용 없는 사상들은 공허하고, 개념들 없는 직관들은 맹목이다"라고 하면서 개념의 감성화와 직관의 지성화를 주문했습니다. 이것은 당시 근대철학을 주도했던 저 영국의 경험론과 프랑스의 관념론을 독일적으로 종합한 위대한 성취임에 틀림없는 것으로, 이를 더욱 발전시킨 피히테와 헤겔을 통해, 이를 다시 뛰어넘은 마르크스와 니체 등을 통해 독일은 세계 철학의 지도국가가 될 수 있었음을 볼 때, 칸트의 독일적 종합은 사실 대단했던 것입니다. 그러나 그 사실에 있어서 칸트는 피히테처럼 개인의식을 민족의식으로 전화, 승화시키지 모한 철학자였습니다. 데카르트 이후 근대적 자아의식은 칸트를 통해 더욱 넓어지고 강화, 확대되었을 뿐 그의 의식은 더욱 견고한 개인의식으로서의 선험적 자아를 의미하는데 그쳤습니다. 그것이 바로 '물 자체'라는 하나의 구축적 개념으로서의 코페르니쿠스적 전환으로서의 근대의 부르주아적 개인의식입니다. 그러나 실강이 흐르고 흘러 대하장강으로 나아가듯이 '물 자체'로 상징되는 칸트의 선험적 자아는 피히테의 민족적 자아를 거치고, 다시 헤겔의 절대정신에 이르러 – **당시 말을 타고 프로이센을 점령한 나폴레옹을 근대정신의 전파자라고 본 헤겔은 그를 일컬어 '마상 위의 세계정신'이라고 했던 것처럼–** 세계성을 얻었다고 볼 수 있습니다. 그러니까 우리는 한용운의 산문시에서 피히테적인 민족적 자아를, 아니 그조차도 넘어 절대정신에 값하는 숭고한 이념지로서의 '님'을 발견할 수 있습니다. 다시 말해 한용운의 산문시라는 형식적 특성에서 우리는 '개인(산문)'과 더불어 '민족(시)'이 결코 분리될 수 없는 자아로서, 둘은 하나도 아니지만 그렇다고 둘도 아니라는 不一而不二 참 인식에 도달합니다. 그리하여 우리는 여기, '님의 침묵'을 통해 하나의 '개인서정시'이자 '민족서사시'로서의 한용운식 산문시에 주목하게 될 수밖에 없는 나를 봅니다. 그리하여 우리는 한용운의 대표시를 통해 서사가 어티케 주인의 학문인지를 확인할 수 있습니다.

님은 갔습니다. 아아 사랑하는 나의 님은 갔습니다
푸른 산빛을 깨치고 단풍나무 숲을 향하여 난 작은 길을 걸어서, 차마 떨치고 갔습니다
황금의 꽃같이 굳고 빛나던 옛 맹세는 차디찬 티끌이 되어서, 한숨의 미풍微風에 날아갔습니다
날카로운 첫 키스의 추억은 나의 운명의 지침을 돌려놓고, 뒷걸음쳐서 사라졌습니다
나는 향기로운 님의 말소리에 귀먹고, 꽃다운 님의 얼굴에 눈멀었습니다
사랑도 사람의 일이라, 만날 때에 미리 떠날 것을 염려하고 경계하지 아니한 것은 아니지만, 이별은 뜻밖의 일이 되고 놀란 가슴은 새로운 슬픔에 터집니다
그러나 이별을 쓸데없는 눈물의 원천源泉으로 만들고 마는 것은 스스로 사랑을 깨치는 것인 줄 아는 까닭에, 걷잡을 수 없는 슬픔의 힘을 옮겨서 새 희망의 정수배기에 들어부었습니다
우리는 만날 때에 떠날 것을 염려하는 것과 같이, 떠날 때에 다시 만날 것을 믿습니다

아아 님은 갔지만은 나는 님을 보내지 아니하였습니다
제 곡조를 못 이기는 사랑의 노래는 님의 침묵沈默을 휩싸고 돕
니다

— '님의 침묵'(1926) 전문

여기, 한용운의 대표시를 통해 우리가 먼저 확인하게 되는 것은 과연 이 시가 시다운 격정을 느끼게 하면서도 조재훈의 주장대로 '긴 호흡을 지닌 대담한 시'(산문시—글쓴이))라는 사실입니다. 그러나 우리가 주의해서 볼 것은 이 시가 비록 산문시라고는 하지만 산문시가 흔히 저지르기 쉬운 산문적 나열에 떨어지지 않고, 더구나 고은의 지적대로 사설체의 요설에 떨어지지도 않고 시적 긴장과 함축을 놓지 않고 있다는 데에 이 시의 산문시다운 '님의 침묵'의 진정한 의미가 있다는 점입니다. 그럼에도 불구하고 이 시는 분명 우리에게 이성을 환기시키고 있습니다. 즉 이 시는 하나의 산문으로서 고은의 말대로 분명 '설명'의 세계를 보여주고 있습니다. 설명은 인과이자 귀납의, 근대 시민서사의 주요한 형식 요건입니다. 이 세계가 어떻게 작동하고 있는지 훤히 꿰뚫고 있는 이성의 간지奸智를 확인하는 부르주아적 세계 인식, 그것은 산문의 객관적 추구력인 관찰과 기술에서 나온 것입니다. 그리하여 우리는 여기, 첫 구절의 '아야'라는 영탄에서 사랑하는 님과 이별하고 있는 화자의 모습을 만나고 그 이별의 아픔을 함께하면서도, 결구의 '아아'라는 각성에 이르러 왜 "님은 갔지만 나는 님을 보내지 아니하였"는지에 대한 격렬한 깨우침을 얻습니다. 즉 이 시는 분명 산문이라는, 즉 과학적 실증정신이라는 이성적 논리구조에 따라 서술되어

있습니다.

기/님은 갔습니다.

승/나는 슬프지 않을 수 없습니다.

전/그러나 슬픔은 사랑을 깨치는 것인 줄 아는 까닭에 희망으로 바꾸어 놓았습니다.

결/나는 님을 보내지 아니하였습니다.

보다시피 어티케 보면 한시적漢詩的 구성법을 지닌 것으로 볼 수 있는 게 '님의 침묵'입니다. 그러나 중요한 것은 이것이 인식론적으로 볼 때, 한 편의 산문을, 에세이를 대할 때 느끼는 그것처럼 이성을 느끼게 한다는 것입니다. 사실 고은의 지적이 결코 허투루 나온 말이 아닙니다. 그러니까 이 시의 주조를 형성하고 있는 것은 분명 생각하는 힘으로서의 근대적 자아의 그 **코기토cogito** 정신인 것입니다. 그것은 과연 '나의 님'이고 '나의 운명'이라는 자아의식이 투영된 시어에서 분명코 확인되고 있는 사실입니다.

그러나 우리는 이 시를 또한 한 편의 시詩로 감상합니다. 다시 말해 이 시를 감상하면서 우리가 체험하게 되는 것은 이성의 환기 이상입니다. 무엇보다 전통적인 이야기 형식이 지닌 감응력이 우리를 휘감고 있으면서도 '님'을 통해 우리는 '하나'라는 민족적, 시적 동일성으로서의 상징을 확인할 수 있기 때문입니다. 그리하여 여기, 하나의 무의식으로서 산문적인 형식에 '님'이라는 하나의 본이자 모델이자, 하나의 가치로서 시적 상징을 설정한 것은 매우 적절한 시적 대응이 아닐 수 없습니다. 왜냐하면 상징은 그 개인을 완전히 보편적인 수준으로 만들어서 그가 속한 사회의 '규범'에 일치시키는 것[55]이기 때문입니다. 그러고 보니 '나'는 어느새 '우리'로 치환되어 있습니다. 개인적이고 보편적인 만큼 상징은 구체적이고 전형적인 더 큰 의미의 공간을 남겨 놓습니다. 그리하여 '님'과 마주하고 있는 상징적 공간에서 '님의 침묵'은 그만의 것이 아닙니다. 그가 이렇게 산문적인 개인의 어조를 유지하면서도 친근한 구어체를 구사하며 님을 하나의 민족적 상징의 세계로 안내하고 있는 것에는 이성적 환기의 대상이 사랑하는 님을 잃은 고독한 자아로서의 자신만이 아니라 이 땅의 대다수 민중(중생)들이라는 소수집단에로의 길을 트는 매우 중요한 전환의 순간이 예비 되어 있다고 여겨집니다. 한국민족사의 전형기, 민족시인으로서의 한용운의 혁신은 바로 이렇게 문체의 대중적 혁신을 통해 이루어지고 있습니다.

여기! 한용운의 '님의 침묵'이 보여주고 있는 문체의 대중적 혁신이 어디에 있는지 구조적 접근을 해 봅니다. 전반부 '님은 갔습니다'에서 '~새로운 슬픔에 터집니다'는 하나의 묘사적 단계를 보여주고 있습니다. 그러니까 이것은 님이 떠나갔다는 사실적 범주의 세계를 반복적으로 지시하는 것으로 그 자체로 여러 가지 상징을 내포하고 있는 시적 장치이자 감성 기호라 볼 수 있습니다. 중

---

55) 카를 융, 〈인간과 상징〉, 동서문화사

요한 것은 후반부의 '그러나 이별을 쓸데없는 눈물의 원천으로 만들고 마는 것은~님의 침묵을 휩싸고 돕니다'에서 볼 수 있는 것처럼, '님의 침묵'이 전반부의 묘사적 차원과 감성적 기호 수준에 머물지 않고 후반부에서 이를 하나의 이성적 차원으로, 그러니까 미메시스에서 디에게시스로, 노예적 단계에서 주인의 단계로, 서사적 범주로 끌어올리고 있다는 점입니다. 님이 떠나가고 말았다는 감성의 토로와, 그러나 님은 반드시 돌아오고 말 것이라는, 왜냐하면 만날 때에 떠날 것을 염려하는 것과 같이, 떠날 때는 다시 만날 것을 믿는다는 거자필반去者必反의 우주적 보편 원리를 그가 하나의 이성적 인식의 형태로, 산문적 형식으로 보여주고 있기 때문입니다. 이것은 참으로 중요한 인식의 전환이자 형식의 변환 transition이라 하지 않을 수 없는 것으로, 더구나 연애편지라는 대중적 형식을 통해 보편적 감응을 이끌어내고 있는 것은 하나의 시적 전략으로 탁견卓見이 아닐 수 없습니다.

님은 갔습니다/모방적 사실 범주

님은 갔지만은 나는 님을 보내지 아니하였습니다/서사적 가치 범주

자, 여기! 인식의 전환과 형식의 변환은 어티케 연동連動되어 맞물려 나오는지 함 생각해 봅니다. 내가 사랑하는 님과 헤어졌을 때 느끼는 감정은 분명 이별이라는 감정에 사로잡힌 상태를 말합니다. 이것은 주체가 객체라는 사실적 범주에 휩쓸려 있는 단계로 모방적 단계에 속한다고 볼 수 있습니다. 그러나 이는 근본적으로 노예적 단계라고 볼 수 있습니다. 왜냐하면 노예적 단계인 모방적 단계는 객관적 사실이 나를 압도하는 억압의 세계이기 때문입니다. 모방은 소외의 한 형식입니다. 그러니까 여기서 우리는 플라톤[56]의 말대로, 노예적 모방mimesis 단계는 비천한 사람들이 쓰는 방법이고, 절도 있는 사람들은 이와 같은 방식을 경멸하고 이야기 diegesis를 좋아한다는 것을 생각해 볼 수 있습니다.

내 생각으로는, '절도 있는'(metrios) 사람은 그의 이야기 진행 중에 훌륭한 사람의 어떤 말투나 행동의 대목에 이르면, 마치 자신이 그 사람이기라도 한 듯이, 그렇게 말하고 싶어할 것이며, 이런 모방에 대해서 부끄러워하지도 않을 것 같으이. 그는 그 훌륭한 사람이 꿋꿋하게 그리고 슬기롭게 행동할 때에 특히 그를 모방하고 싶어할 테지만, 그 사람이 질병이나 사랑으로 인해 또는 만취나 다른 어떤 불행한 일로 좌절되어 있을 때에는, 덜 그리고 소극적으로 모방하려 할 걸세. 반면에 자기에게 어울리지 않는 사람의 대목을 만나게 되면, 그는 자신보다도 못한 사람을 열의를 갖고 흉내내고 싶어하지는 않을 걸세. 이런 사람이 유익한 짓을 할 때에나 잠깐 흉내낼 경우를 제외하고는 말일세. 오히려 그는 창피스러워 할 것인즉, 이는 그가 그런 부류의 사람들을 모방함에 있어서 미숙하기도 하고 또한 한결 나쁜 사람들의 틀을 본뜨고 거기에 맞추는 것을 못마땅해 하기도 해서이니, 그는 장난으로 하는 것이 아닌 한, 그런 모방을 내심으로 경멸하네.

---

56) 플라톤, 〈국가〉, 제3권, 박종현 역, 서광사

즉 철학자로 대변되는 그는 모방을 경멸할만한 것으로 보고 있는데, 왜냐하면 좋은 모방의 경우도 있지만 그렇지 않은 경우의 모방은 깔보고 업신여길만한 바의 것이기 때문입니다. 그러니까 여기 '님의 침묵'의 화자가 사랑하던 사람과의 이별로 인해 불행을 겪고 좌절되어 있다는 것은 안타까운 일이지만, 그렇다고 이것은 결코 모방할 만한 훌륭한 행동의 모델은 아닙니다. 따라서 소크라테스처럼 주인의식을 지닌, 즉 객관적 사실에 대한 '절도 있는' 생각을 지닌 화자는 모방적 사실 단계를 넘어 서사적 가치 단계에 자신을 설정할 수 있게 됩니다. 그러니까 한용운의 페르소나인 시적화자는 생각하는 주체의 힘으로 "이별을 쓸데없는 눈물의 원천으로 만들고 마는 것은 스스로 사랑을 깨치는 것인 줄 아는 까닭에, 걷잡을 수 없는 슬픔의 힘을 옮겨서 새 희망의 정수배기에 들어부었"던 것입니다. 바로 여기에 사실적 묘사로서의 모방의 단계를 넘어 새로운 미적 가치로서의 이야기의 단계로 넘어서는 서사의 형식이 요구되면서 이야기는 자연 사실에서 가치로, 노예에서 주인으로, 묘사에서 서사로 넘어오게 되었던 것입니다.

What matters is narrative*

*the art of telling a story in order

중요한 것은 과연 서사입니다. 그러니까 묘사가 대상에 중심이 가 있다면, 서사는 그 중심이 이야기 주체인 인간으로 시점 이동합니다. '대상'에서 '인간'으로, 그러니 서사(학)은 주인의 학문인 것입니다.

자, 여기서 우리는 하나의 풍자기능으로서의 주체적 성격을 지닌 서사의 중요성을 생각해 볼 수 있습니다. 그러니까 그 무엇에 대해 이야기를 한다는 것은 대개 비판적 성격을 띠고 있다는 것입니다. 공자를 비롯 아리스토텔레스, 다산 등 대체로 당대의 권력에 붙어먹던 최고의 정치엘리트들이 왜 한결같이 시('가')를 옹호하고 소설('은')의, 이야기의, 서사의 세계에 대해 '적의hostility'를 드러내고 있는지를 인자 좀 알 수 있을 것입니다. 조너선 컬러의 말대로, "이야기는 우리에게 세상에 대해 가르치고, 세상이 어티케 움직이는지 보여주고 있"기 때문입니다.

대체 왜 '서사성narrativity'인가. 정보가 차고 넘치는 시상, 그 누군가가 던진 서사의 그물망에 걸려들지 않고 저 어댑터블한 adaptable 오디세우스처럼 임기응변에 능한 유연한 분별력을 지녀야 그나마 정체성을 잃지 않고 살아갈 수 있기 때문입니다. 그리하여 우화, 희극, 소설 등 전래의 서사성 짙은 민중들의 이야기전달 방식에 주목해야 할 이유가 여기에 있습니다. 다시 말해 있는 그대로의 즉자의, 점의 세계가 아닌 심미적 거리를 지닌 대자의, 선의, 레니어한 세계인식, 이것이 바로 건강하게 생을 유지해 가고 있는 대중적 서사가 지닌 저항 바이러스의 세계입니다.

그러고 보니, 시집 〈님의 침묵〉을 흐르는 지배적 정조가 비록 그 연애편지라는 대중적 형식에 기탁하는 영리한 방법적 선택을 했으면서도, 다시 말해 〈님의 침묵〉이 분명 문체의 대중적 혁신을 이루었으면서도 서정적 정조보다는 서사적 얼개를 지닌 것도 사실입니다. 그것은 대상을 이미지로 반영하는 단계를 넘어 그 대상을 하나의 개념으로 굴절시켜야만 가능한 것입니다. 다시 말해 시가 반영이라면, 소설은 굴절입니다. 여기, '님의 침묵'이 시를 넘어 산문으로 접근하는 전복적 인식을 보여주는 것으로 우리말 조사를 잘 보아야 합니다. 한마디의 조사에 의해서 의견의 세계와 사실의 세계가 뒤바뀔 수 있는 것이 우리 언어의 세계[57]라니 말입니다. 과연 그러한지 다음 일화를 보겠습니다.

"여러분! 얼큰한 된장찌개 맛보는 기분으로 내 말을 들어보오. 우리들의 가장 큰 원수는 대체 누구일까요? 소련? 미국? 아닙니다. 그럼 일본? 남들은 그럽니다. 모두들 그래요. 일본이 우리의 가장 큰 원수라고······."
말이 채 맺어지기도 전에
"중지! 연설 중지!"
하는 소리가 장내에 울린다. 임석 경찰관이 그대로 있을 리 없다. 낯빛이 변하여 연설 제지를 외쳤다.
만해는 이에 재빠르게 말머리를 돌린다.
"우리의 원수는 일본이 아닙니다. 절대로 아닙니다. 그러니 다들 안심하고 안심하십시오. 일본이 어째서 우리의 원수이겠습니까? 아닙니다. 그렇다면, 우리의 원수는? 소련도, 미국도, 일본도 물론 아닙니다."
그는 잠시 장내의 청중들을 훑어보고 나서 언성을 높인다.
"우리들의 원수는 바로 우리들 자신의 게으름, 이것이 바로 우리의 가장 큰 원수가 아니고 무엇이겠습니까?"

---

57) 김훈, '말과 사물', 〈바다의 기별〉, 생각의 나무, 2008년

청중들의 요란스런 박수와 환성이 장내를 진동한다.

- 임중빈, 〈만해 한용운〉, 명지사

여기서 우리는 만해 한용운이 우리말을 자유자재로 구사하면서 그 특유의 능청과 반어와 기지로 '우리의 원수는 일본이 아니다'라고 일본 순사를 농락하는 대목과 마주하게 됩니다. 그러나 한국사람이라면 잘 아는 사실이지만 '는'은 기지정보로 신정보에 대한 2차 정보에 해당합니다. 그렇다면 이 말은 이미 '일본이 우리의 가장 큰 원수'라는 사실 인식을 전제로 하고 있음을 알 수 있습니다. 시인이기 전에 한용운의 삶은 이렇게 우리말의 본질을 깨달은 자의 주인의 삶이었던 것입니다.

그리하여 한용운 시는 사실보다는 의견의 세계로, 재현보다는 재구, 반영보다는 굴절, 노예보다는 주체의 각성으로 가득찬 시의 세계라 아니할 수 없습니다. 그러니까 이 말은 한용운이 주어진 대상으로서의 민족이 놓인 고통스런 현실에 안주하지 않고 그 대상을 하나의 화두로 삼아 끊임없이 인식의 세계로 나아가고 있음을 암시하는 기호적 표지가 아닐 수 없습니다. 그리하여 여기, 사실의 세계를 나타내는 표지가 '이/가'라면, 의견의 세계를 나타내는 기호는 바로 '은/는'입니다.

기룬 것 '은' 다 님이다('군 말')
님 '은' 갔습니다('님의 침묵')
이별 '은' 미의 창조입니다('이별은 미의 창조')

고요히 떨어지는 오동잎 '은'('알 수 없어요')
나 '는' 님을 잊고자 하여요('나는 잊고자')
나 '는' 나룻배/당신 '은' 행인('나룻배와 행인')
......

그러니까 나는 지금 산문시가 되기 위한 조건을 말하고 있는 것입니다. 다시 말해 한용운의 〈님이 침묵〉이 산문시가 되기 위해서는 김소월('산유화')처럼 청산과의 거리를 의식하는 것으로, 이상화('빼앗긴 들에도 봄은 오는가')처럼 과열된 정서로는 한계가 있음을 철저하게 인식하고 있었음을 암시합니다. 개인과 시민사회가 둘이 아닌 것처럼, 시와 산문 또한 분리될 수 없기 때문입니다. 그러면서도 현실에서는 분명히 개인과 사회가 분리되듯이, 시와 산문 또한 분리되어 있는 것 또한 사실입니다. 바로 이런 의미에서 한용운의 산문시가 지니는 의미는 결코 작지 않습니다. 개인과 사회가 만나는 지점에서 '사회적 개인'을 생각해 볼 수 있듯, 시와 산문이 만나는 지점에서 '산문시'가 지닌 의미가 더욱 빛을 발한다고 볼 수 있기 때문입니다. 그러니까 이것은 지금 모더니즘과 리얼리즘을 놓고, 아니 형식이니 내용이니 하는 케케묵은 싸움을 놓고 볼 때에 있어서도 적지 않은 의미를 지니는 것입니다. 그리하여 나는 진실한 내용을 어티케 아름다운 형식에 담을 것인가에 대해 **'미적 리얼리즘aesthetic realism'**을 주장하고 있거니와, 사실에 있어서 리얼리즘은 그 편내용주의적 고정성에서, 모더니즘은 그 편형식주의적 자홀감에서 헤어나오지 모하고 있음을 볼 때에 있어서, 한용운의 시적 성취가 지닌 미적 리얼리즘으로서의 전복적 인식은 하나의 대승적인 **'미적 금도美的 襟度'**에 해당한다 할 것으로, 이것은 민족문화의 소중한 유산이라 할 것입니다.

그러나 이러한 전복적 인식과 문체의 대중적 혁신은 결코 하루아침에 이루어진 것이라 보기 어렵습니다. 즉 전복적 인식과 문체의 혁신은 현실적으로 마치 과학적 또는 유물론적 세례를 받은 근대인들의 머리가 이지적으로 발달함으로써 자연 운문적인 것이 산문적으로, 감정의 문학이 이성의 문학으로 바뀌어 가면서 점차 시에서 소설로 전화하였듯이, 이런 과정에는 또한 사회현실의 변화와 관련하여 대담한 용기와 결단, 그리고 인식의 전복을 요구합니다. 즉 모든 새로운 문체란 사회적 역사적으로 결정되며, 사회발전의 산물임을 볼 수 있거니와, 헝가리의 문예비평가 루카치는 〈우리 시대의 리얼리즘〉(인간사)에서 기득권층이 위기 시에 느끼는 불안감과 위기감을 '이중의 내부적 위험'이라고 표현한 바 있습니다. 즉 새로운 양식의 출현은 많은 외부적인 영향력에 좌우되며, 문학의 역사에서 종종 변화의 시기를 특징지었던 것으로, 한편으로는 어떤 새로운 주제에 대한 논리를 수용하는 데 대한 저항감이 있을 수 있으며, 다른 한편으로는 전통적 양식에 대한 소심한 집착, 옛 습관의 포기에 대한 저항이 있을 수 있다는 것입니다.

이와 관련하여 우리는 만해 한용운이 전통을 추구하고 이를 유지, 재생산, 강화하고자 했던 최남선(〈백팔번뇌〉)을 비롯한 일부 문화계 인사들과 매우 불편한 관계에 있었고, 이것이 사실은 그들의 '시조 부활', '정형시 추구' 등 전통적 양식에 대한 소심한 집착과 관련이 있었으며, 나아가 그것이 그들의 친일을 통한 부역 행위 등 권력에 순응하는 가벼운 처신과도 깊은 관련이 있었다는 사실,

즉 하나의 양식은 단순한 양식만의 문제가 아니라 하나의 이데올로기로서의 가치와 태도의 문제임을 일찍이 간파한 그에게서, 따라서 이를 극복하기 위한 일련의 사실 인지와 결단 과정을 통해 시대와 형식, 그리고 의미는 결코 분리될 수 없는 불이不二의 상관성을 지닌 것임을 생각해 볼 수 있습니다.

그래 고중세 집단 서사시가 하나의 '문제적 영웅'으로서 부족의 운명을 대변하는 시적 상징을 요구했다면, 근대 개인 서사시는 하나의 '문제적 개인'으로서 시민적 개인이자 민족적 자아로서 산문적 서술과 시적 상징을 동시에 요구받게 됩니다. 그러니까 소크라테스 이후 국가와 개인의 투쟁은 시의 소설화, 운문의 산문화를 동반하게 되는데, 우리는 헤겔[58]을 통해 이미 고대예술의 필연적 종말과 동시에 등장하기 시작한 시민서사시의 발흥이 이와 무관하지 않음을 알고 있습니다.

그러나 이런 것은 또한 시적 용기와 결단만을 가지고 될 일도 아닙니다. 새로운 논리를 수용하고, 전통적 양식을 포기하는 등 새로운 양식을 받아들이고 옛 습관을 버린다는 것은 참으로 어려운 일이지 않은가 말입니다. 이는 그야말로 진부한 관행과 통념이라는 언어의 가죽을 벗기는 일로, 말 그대로 일대 인식의 혁명에 해당하는 일입니다. 다시 말해 발검拔劍의 칼과 같은 '코페르니쿠스적' 인식의 대전회가 없고서는 불가능한 일입니다.

---

58) 헤겔의 〈미학〉, 나남출판

그렇다면, 한용운, 그는 과연 어티케 이런 '이중의 내부적 위험'을 극복하고 산문시라는 공전의 새로운 양식을 창조할 수 있었을까요.

3. 만해 시의 사상적 특성

여기서 우리는 다시 시집 〈님의 침묵〉이 지닌 산문시로서의 서사적 특성이라는 형식이 대체 어디에서 발원하고 있는지 그 사상적 근거를 논해야 할 차례입니다. 그것은 루카치의 말[59]에 따르면, 형식은 하나의 세계관이고, 하나의 입장이며, 형식은 그것이 생겨나는 바의 삶에 대해 갖는 일종의 태도표명이기 때문입니다. 그리고 그 형식은 삶 자체를 만들어 내는 하나의 가능성이기도 하기 때문입니다. 그러니까 이 말은 형식과 하나의 세계관이자 입장이자 태도표명으로서의, 나아가 하나의 가능성으로서의 사상은 결코 분리될 수 없음을 암시합니다.

그리하여 우리는 다시 한용운 시의 산문적 서사성이라는 형식이 지닌 의미가 어떤 세계관을 물고 있는지 생각해 보게 되는데, 이는 참으로 간단치 않은 일입니다. 그러나 이는 사실 생각해 보건대 한용운은 왜 서정시라는 당대의 주류형식을 내버려두고 '산문'시에 운명을 걸었을까 라는 물음에 답해야만 하는 성질의 것입니다. 그리하여 우리는 좀 생각해 보면 알 수 있는 일이지만 서정시로서는 '외부' 현실을 감당할 수 없다는 것입니다. 그러니까 서정시는 말 그대로 내면(情)의 토로(敍)를 위해 필요한 적절한 양식으로서

---

[59] 루카치, '에세이의 본질과 형식', 〈영혼과 형식〉, 심설당, 1988년

의 그것이었지 외면의 토로를 위해서는 서정시로는 한계가 있었던 것입니다. 그것은 또한 서정시가 근대 부르주아 시민의 개인주의의 심리를 표출하기에 적절한 양식임을 암시하거니와, 그것은 과연 한가한 계층이 지닌 부르주아적 안도감安堵感의 표출과 관련된 것임을 생각해 볼 수 있습니다. 다시 말해 서정시는 어디까지나 여유 있는 계층의 관념적 내면 의식의 토로에 알맞은 형식이라는 것입니다.

그리하여 만일 한용운이 한갖 개인 의식에 젖어 내면 의식을 표출하는데 일관하고 말았다면 그는 분명 서정시에 만족하고 말았을 것입니다. 그러나 '어린 양'에 비유되고 있는 민족의 구성원의 운명에 대한 그리움을 지닌 그로서, 자신에게만 머물 수 없었음은 그가 단순한 서정적 자아에 머물기에는 전혀 어울리지 않았음을 암시하고 있습니다. 바로 여기에 한용운의 방법적 고민이 있었으리라 짐작할 수 있습니다. 그리하여 전통 서정시의 어법에 어떻게 외부의, 하나의 바깥의 사유로서의 삶의 이야기를 담은 새로운 형식을 구워낼 수 있을까 고민하였다고 볼 때에 우리가 주목할 수 있는 것은 그가 시인이기 전에 낡아빠진 한국 불교 혁신의 선구자이자 대승불교의 구현자였다는 사실입니다.

재래의 한국 불교는 역사적 변천과 사회적 정세에 의하여 다만 사찰의 불교, 승려의 불교로만 되어 있었다. 이것은 불교의 역사적 쇠퇴의 일시적 현상에 지나지 아니하는 것이니 어찌 이것을 불교의 교의敎義라 하리요. 불교도는 마땅히 이러한 현상에 대하여 단연 타파하지 아니하면 안 될 것이니 '산간에서 가두로',

'승려로서 대중에'가 현금 한국 불교의 슬로건이 되지 아니하면 안 될 것이다. 대심보살大心菩薩은 일체 중생을 제도하기 위하여 먼저 성불하지 않는다는 것이 그들의 서원誓願이다. 그리하여 그들은 지옥중생地獄衆生을 제도하기 위하여 지옥에 들어가며 아귀餓鬼를 제도하기 위하여 아귀도餓鬼道에 들어가며, 일체 중생을 제도하기 위하여 고해화택苦海火宅에 침륜생사沈淪生死 하느니 어찌 거룩하지 아니하리요. 그러므로 <u>대중을 떠나서 불교를 행할 수 없고, 불교를 떠나 대중을 제도할 수 없는 것이다.</u>

대중불교大衆佛敎라는 것은 불교를 대중적으로 행한다는 의미니, 불교는 반드시 애愛를 버리고 친親을 떠나서 인간사회를 격리한 뒤에 행하는 것이 아니라, <u>인간사회의 만반현실萬般現實을 조금도 여의지 아니하고 번뇌煩惱 중에서 보리菩提를 얻고, 생사 중에서 열반涅槃을 얻은 것인즉 그것을 인식하고 실천하는 것이 곧 대중불교의 건설이다.</u>(밑줄-글쓴이)

- '대중불교의 건설', 〈한국불교의 개혁안〉

자, 여기! 산문시의 탄생과 관련하여 '대중불교의 건설'에서 눈여겨볼 부분은 바로 '대중'과 '인간사회의 만반현실'입니다. 이것은 부르주아적 개인 의식으로는 감당할 수 없는 것입니다. 그러니까 이런 사회적 의식을 지닌 한용운이 만인사제주의滿人司祭主義를 부르짖은 저 마르틴 루터처럼 한 사람의 한국 대중불교의 혁신자이자 시대의 의인으로, 또한 시인으로서 하나의 방법적 선택으로 시를 쓴다고 할 때에 있어서 나약한 서정시로서는 감당할 수 없었을 것입니다. 그리하여 여기, 문체의 혁신이 일어나기 전에 의식의 전환이 있었던 것이요, 그 또한 일제 치하의 한 식민지인으로서 겪었던 말 모할 고통 또한 산문시를 낳는 실질적 배경이 되었음을 볼 수 있습니다.

그렇다면 이렇게 의식의 전화가 어티케 형식으로 변환되고 있는지 한 걸음 더 들어가 보것습니다. 앞에서도 이미 분석을 했거니와 〈님의 침묵〉의 서문격인 '군 말'에서 한용운은 매우 중요한 기호적 표지를 던지고 있습니다. 우리는 '군 말'에서 이미 님의 정의를 마주했거니와 중요한 것은 또한 '중생이 석가의 님'이라는 표현입니다. 이것은 앞에서도 보았다시피 언어에 대한 예리한 사고를 지닌 그가 결코 무심코 썼다고 볼 수 없는 표현입니다. 군 말은 일반적으로 쓸데없는 말이라는 뜻입니다. 그러나 과연 이 '군 말'이 그런 의미를 지녔을까요. 우리는 기본적으로 한용운의 시를 볼 때에 있어서 그의 말을 곧이곧대로 들으면 절대로 이해할 수 없습니다. 왜냐하면 그의 말은 불교적 변증법이라 할 위대한 부정의 언어로 가득 차 있기 때문입니다.

바람도 없는 공중에 수직의 파문을 내이며, 고요히 떨어지는 오동잎은 누구의 발자취입니까
지리한 장마 끝에 서풍에 몰려가는 무서운 검은 구름의 터진 틈으로, 언뜻언뜻 보이는 푸른 하늘은 누구의 얼굴입니까
꽃도 없는 깊은 나무에 푸른 이끼를 거쳐서, 옛 탑 위의 고요한 하늘을 스치는 알 수 없는 향기는 누구의 입김입니까
근원은 알지도 못할 곳에서 나서, 돎뿌리를 울리고 가늘게 흐르

는 작은 시내는 구비구비 누구의 노래입니까
연꽃 같은 발꿈치로 가이 없는 바다를 밟고, 옥 같은 손으로 끝없는 하늘을 만지면서, 떨어지는 날을 곱게 단장하는 저녁놀은 누구의 시입니까
타고 남은 재가 다시 기름이 됩니다 그칠 줄을 모르고 타는 나의 가슴은 누구의 밤을 지키는 약한 등불입니까

여기 분명히 보건대 '알 수 없어요'는 반어입니다. 그러니까 그의 시어는 이렇게 반어와 역설과 능청과 너스레를 보여주고 있는데 여기에 속으면 안 됩니다. 그러나 이것은 또한 그 사실에 있어서 매우 영리한 표현 방법입니다. 자화자찬이라니… 자신이 쓴 작품을 스스로 걸작이라고 하면 안 된다 하니 하는 말씀입니다. 하여 자신이 쓴 작품을 대개 '졸저拙著'라고 겸양하거니와, 여기 한용운의 경우도 마찬가지입니다. 그러니까 이 말은 뒤집어보면 자신은 깨달았다는 것입니다.

'발자취', '얼굴', '입김', '노래', 그리고 '시'의 당체인 그 '누구'는 과연 누구일까? 이것은 한마디로 말해 '님'으로서 '각자覺者'요, 여여如如의 경지라 할 수 있다…이렇게 볼 때, 자연의 제 현상은 그대로 '누구'이며 그 '누구'가 바로 '임'이 되는 것이다. 따라서 그 '누구'의 모습은 '알 수 없어요'가 아니라 '알 수 있어요'가 된다. 말하자면 강한 패러독스가 성립되는 것이다.

— 조재훈, '만해 한용운의 항일운동과 문학', 〈한국시가의 통시적 연구〉, 국학자료원

그러니까 한용운의 시에서 '님'은 님이 아니고, '군 말' 또한 군 말이 아닌 것입니다. '군 말'이야말로 오히려 〈님의 침묵〉을 이해할 수 있는 열쇠 같은 작품입니다. 왜 그러냐 하면 '군 말'에는 한용운의 대승불교사상의 요체가 녹아있기 때문입니다. 그러니까 군말에는 한용운의 불교사회주의 사상의 철심이 박혀있다고 볼 수 있습니다. 과연 그러한지 '군 말'을 다시 불러보겠습니다.

'님'만 님이 아니라, 기룬 것은 다 님이다. 중생衆生이 석가釋迦의 님이라면, 철학은 칸트의 님이다. 장미화薔薇花의 님이 봄비라면 마찌니의 님은 이태리다. 님은 내가 사랑할 뿐 아니라 나를 사랑하나니라.
연애戀愛가 자유自由라면 님도 자유일 것이다. 그러나 너희는 이름 좋은 자유의 알뜰한 구속拘束을 받지 않느냐. 너에게도 님이 있느냐. 있다면 님이 아니라 너의 그림자니라.
나는 해 저문 벌판에서 돌아가는 길을 잃고 헤매는 어린 양羊이 기루어서 이 시詩를 쓴다.

여기, '군 말'에서 매우 특이하게 느껴지는 낯설게 하기로서의 문법적 도발은 '중생이 석가의 님'이라는 표현입니다. 일반적인 상식과 어법으로 하자면 '석가는 중생의 님'이라고 해야 할 것입니다.

1, 석가는 중생의 님이다.

2, 중생이 석가의 님이다.

여기 1과 2는 어떤 차이가 있을까요. 우선 띄는 것은 주어와 술어가 도치되어 있다는 점입니다. 그렇습니다. 그러나 만일 1의 관점으로 계속해서 본다면 우리는 다음과 같은 결론에 다다를 것입니다. 부처(주어)는 우리가 모시고 숭배해야 할 대상이라면 나는 기껏해야 신앙의 객체(술어)에 불과할 것이고, 그런 자아는 결과적으로 종속적 심리를 내면화하지 않을 수 없을 것이다 라고 말이죠. 그러니까 이런 상태에서는 나는 결국 종교적으로 노예의 감정에서 벗어날 수 없는 상태에 이르게 되는 것입니다.

그러나 2의 경우는 어떨까요. 여기서는 보다시피 주어와 술어가, 석가와 중생이 도치되어 있습니다. 이것은 하나의 시적 위반이자 인식의 혁명에 해당하는 것입니다. 이런 인식의 전환은 '대중불교의 건설'에서 보았듯이, 재래의 한국 불교의 반주체적 성격에서 비롯된 것입니다. 잘 알다시피, 신라 왕실에서는 하나의 왕실불교이자 호국불교로서 왜 불교를 수호했을까요. 머 그것은 법왕인 부처를 섬기는 신앙행위가 하나의 상징폭력으로 신라의 왕을 섬기는 정치적 행위와 크게 다르지 않은 정치적 무의식을 수반하기 때문인 것입니다. 그러니 재래의 불교는 하나의 권력화 된 상징으로 내 앞에 군림하였던 것입니다. 그것이 바로 '석가는 중생의 님'이라는 표현에 암유되어 있는 코노테이션입니다.

그러나 이와는 반대로 '중생이 석가의 님'이라면 어티케 될까요. 이것은 그야말로 주술도치의 혁명적 인식으로서, 노예단계에 있던 중생이 주인단계가 되는 일입니다. 이것은 마치 마르크스가 헤겔을 비판하는 과정에서 보여주었던 인식론상의 혁명적 전복과 크게 다르지 않았던 것입니다. 그러니까 마르크스는 헤겔의 '절대정신'으로 대표되는 독일철학을 비판[60] 하면서 절대정신으로서의 국가가 주인이고 국민이 그 절대정신의 신하라고 보았던 〈정신현상학〉에 담긴 관념론을 뒤집어 "생각에서 존재가 나오는 게 아니라, 존재에서 생각이 나온다."는 루트비히 포이어바흐(〈기독교의 본질〉)의 주장을 이어, 〈독일 이데올로기〉(두레)에서 다음과 같이 선언하였던 것입니다.

하늘에서 땅으로 내려오는 독일 철학과는 정반대로 우리는 땅에서 하늘로 올라간다. 즉 우리는 인간이 말하고 상상하고 관념화시킨 것으로부터 출발하거나 또는 발해지고, 상상되고 표상된 인간으로부터 출발하여 그로부터 육체를 가진 인간에게 도달하려는 것이 아니다. 오히려 우리는 현실적으로 활동하는 인간으로부터 출발하며, 또한 그의 현실적인 생활과정 속에서 이 생활과정의 이데올로기적 반영과 반향을 서술하려고 한다. 인간의 두뇌 안에 형성된 환영들도 마찬가지로 인간이 물질적으로나 경험적으로 확인할 수 있으며, 물질적인 전제들에 연결된 생활 과정의 필연적인 승화물이라고 할 수 있다. 그러므로 도덕, 종교, 형이상학 그리고 그 밖의 이데올로기 및 그에 상응하는 의식 형태들은 더 이상 자립성의 가상을 갖지 못한다.

그것들은 아무런 역사도 갖고 있지 않으며, 아무런 발전도 없다. 오히려 자신의 물질적 생산과 물질적 교류를 발전시키는 인간이

---

60) 마르크스, '헤겔의 변증법과 철학 일반에 대한 비판', 〈경제학-철학 수고〉, 이론과 실천.

자기의 현실과 함께 자기의 사고와 그 사고의 산물을 변화시키는 것이다. <u>의식이 삶을 규정하는 것이 아니라, 삶이 의식을 규정한다.</u> (밑줄-글쓴이)

이것은 그야말로 헤겔의 정신변증법을 거꾸로 물구나무 세운 것입니다. 주어와 술어를 바꾸어 놓음으로써 말입니다. 이렇게 해서 역사는 관념론이 유물론으로 전화함과 동시에 세계의 역사에 유례없는 진보와 발전과 해방의 이념을 제공하였거니와, 한용운의 경우도 이와 근본적으로 다르지 않았던 것입니다. 그러니까 한용운에게 있어 님은 결코 국가도 개인도 아니었습니다. 그것은 이 땅의 소수자들로 들풀처럼 웅크리고 살아가는 나약한 존재들이었습니다. 그러나 한용운이 이런 나약한 존재들에 자신들이 이 세계의 주인이라는 그 '신성가족'으로서의 장엄한 숨결을 불어넣음으로써 그들은 비로소 숭고한 '님'이 되기에 이르렀던 것입니다. 님은 결코 애인이 아닙니다. 님은 타자입니다.

그렇다면 이번에는 대체 한용운은 어떻게 해서 자신이라는 좁직한 개인의 울타리를 넘어 타자로서의 민족이라는 광장에서 '님'을 만나게 되었는지 보겠습니다.

당신이 가신 뒤로 나는 당신을 잊을 수가 없습니다
까닭은 당신을 위하느니보다 나를 위함이 많습니다

나는 갈고 심을 땅이 없으므로 추수가 없습니다
저녁거리가 없어서 조나 감자를 꾸러 이웃집에 갔더니, 주인은

"거지는 인격이 없다. 인격이 없는 사람은 생명이 없다. 너를 도
와주는 것은 죄악이다"고 말하였습니다
그 말을 듣고 돌아 나올 때에, 쏟아지는 눈물 속에서 당신을 보
았습니다
나는 집도 없고 다른 까닭을 겸하여 민적이 없습니다
"민적 없는 자는 인권이 없다. 인권이 없는 너에게 무슨 정조냐"
하고 능욕하려는 장군이 있었습니다
그를 항거한 뒤에, 남에게 대한 격분이 스스로의 슬픔으로 화하
는 찰라에 당신을 보았습니다
아아 온갖 윤리, 도덕, 법률은 칼과 황금을 제사지내는 연기인
줄을 알았습니다.
영원의 사랑을 받을까, 인간 역사의 첫 페이지에 잉크칠을 할까,
술을 마실까 망설일 때에 당신을 보았습니다.

- '당신을 보았습니다' 전문

하나의 진정한 가치로 이 시는 화자가 굴욕적인 절망을 초극하는
과정을 하나의 경험담에 가까운 이야기체 형식으로 보여주고 있
습니다. 여기서 진정한 가치의 중심에 바로 '당신'으로서의 님이 있
습니다. 나를 초극한 당신, 거대한 님의 발견은 그러나 어느 날 갑
자기 이루어진 것이 아니라 시대가 낳은 것입니다. 님은 하나의 깨
달음을 상징하고, 그것은 하나의 공성空性으로서의, 위대한 무성
無性의 경지를 암시하는 코노테이션으로 나타나고 있습니다. 땅도
없고, 민적도 없고, 그리하여 인격도 없고, 인권도 없는 절대의 경
지에 이르러서 그는 비로소 무의 세계를, 시적 상징을 보았던 것

입니다. 그러나 나를 넘어beyond myself 님을 맞이하기 위해서는 헤겔식으로 말해서 즉자卽自에서 대자對自로 넘어가는 '외화外化' 과정을 겪어야 합니다. 그러니까 내가 너를, 님을, 민족을 만나기 전까지 나는 홀로 된 즉자에 불과하였습니다. 그러나 식민지라는 특정한 관계라는 연기적 조건에서 나는 나 혼자가 아닌 나-너가, 나들이, 시대 현실이라는 사회와 결부되어 있는 민족과 다르지 않은 더 큰 나로서의 타자를, 하나의 대승적 존재로서의 '님'을 만나게 된 것입니다. 그는 더 이상 홍주洪州의 돌멩이가 아닙니다.

정신은 자기를 의식하는 실재이다. 다시 말하면 그 자신이 모든 것의 진리이고 모든 현실이 자기 자신임을 아는 자각적 실재이다. 이러한 정신은 스스로 의식을 통하여 실제성을 띠기 이전에는 아직 정신의 개념에 지나지 않는다. 이 개념은 실재세계가 전개되는 대낮에 비한다면 본질 상태에 있는 머물러 있는 밤이며, 또한 그의 요소가 자립적인 형태를 띠고 존재한다는 점에서 보면 창조적인 탄생의 비밀이다. 이 비밀은 창조적으로 자기의 계시를 지니고 있다. 개념은 스스로 자기를 아는 정신이고 그 본질상 스스로를 대상으로 표상하는 의식이라는 요소를 지니므로, 이 개념은 존재의 필연성을 내포하는 것이다. 그것은 순수한 자아이며 <u>이 자아는 스스로를 보편적인 대상으로 외화하는 가운데 자기 확신을 지닌다</u>.(밑줄-글쓴이)

– 헤겔, 〈정신현상학〉, 동서문화사

이것은 자신을 대상으로 외화시켜 그 대상을 객관적으로 사심 없이 바라보기 시작할 때, 바로 거기서 빛나는 정신의 개화가 가능하다는 것입니다. 여기, 참된 실재인 '당신'을 만나기 전까지 나는 아직 자립적인 존재가 아닙니다. 그러나 화자는 일제 치하의 말할 수 없는 굴욕을 암시하는 자신의 경험을 직시하고 자기를 의식하는 자각적인 실재가 되는 극적 순간에 —왜냐하면 자각적 실재는 스스로를 대상화 하는 순간에 극도의 몰입을 통해 자신의 껍질이 산산이 부서지는 전화를 경험하기 때문입니다— 비로소 '당신'을 만나게 됩니다. 그리하여 우리는 특히 다음 구절에서 대오각성이라는 인식론적 전회를 마주하게 됩니다.

아아 온갖 윤리, 도덕, 법률은 칼과 황금을 제사지내는 연기인 줄을 알았습니다.

여기, 우리는 시인 한용운의 날카로운 현실인식과 예리한 사상의 일단을 봅니다. 다시 말해 여기서 '아아'는 결코 영탄이 아닙니다. 슬픔과 분노, 절망 끝에 화자가 마주한 극적인 현실인식을 나타내는, 소아적 껍질을 깨고 대아적 각성에서 터지는 '격렬한' 깨우침의 순간을 일컫는 시적 코노테이션입니다.

이 격렬한 깨우침의 내용은 바로 대중적 기만(아도르노)으로 거짓선전이자 거짓신화로서의 빠롤parole의 세계에 대한 인식론적 자각입니다. 다시 말해, 그들이 그토록 외쳐 대고 있는 '온갖 윤리, 도덕, 법률'이 결국 '칼과 황금을 제사지내는 연기'인 줄을 알았다는 것입니다. 여기서 '온갖 윤리, 도덕, 법률'은 사상이자 이데인 정신세계이고, '칼과 황금'은 권력과 돈이 지배하는 현실세계입니다.

한 마디로, 도덕과 현실 그리고 사상과 형식은 불가분의 관계에 있다는 것입니다. 그리하여 나는 여기서 다시 '삶이 의식을 규정한다'는 독일 철학자의 '금칼' 같은 명제를 확인합니다.

여기, 격렬한 깨우침은 또한 형식의 깨우침과도 무관하지 않습니다. 즉 그가 만일 '아아' 하고 감정의 세계에 매몰되고 말았다면 그의 감정의 토로는 다만 무력한 것이 되고, 서정시가 되었을 것입니다. 그러나 그는 다만 격렬한 감정의 토로에 그치지 않고 차가운 이성의 자각을 지니고 대상의 본질을 분석하고 있습니다. 바흐찐(《마르크스주의와 언어철학》)의 말대로, (이성적)분석은 간접화법의 마음이자 영혼입니다. 그러니까 그는 직접적인 감성의 형식에 간접적인 이성의 내용을 부여 담았기 때문에 조용히 타오르는 불처럼 뜨거우면서도 격렬한 인식(산문시)을 보여줄 수 있었습니다. 다시 말해 그는 외적 발현('아아')과 내적 인식('온갖 윤리, 도덕, 법률은 칼과 황금을 제사지내는 연기인 줄을 알았습니다')을 지혜롭게 지양함으로써 '미적 리얼리즘aesthetic realism'으로서의 한국시의 한 전형을 창출해 낼 수 있었던 것이라 보여집니다.

그리하여 비로소 이런 날카로운 현실인식을 통해 은폐된 진실을 깨뜨리고 개념화하는 순간, 그는 인식론적 전회를 통해, 삶에 의해 의식이 결정되는 자각적 실재 이전의 삶 –**"온갖 윤리, 도덕, 도덕"**이 그 지배적 형식으로 삶을 압도하는 상징 폭력적 현실– 은 다시 의식 –그런 현실은 결국 **"칼과 황금을 제사지내는 연기"**라는 **산문적 외화**–에 의해 재결정된다는 대승적 깨달음–**"아아"**–에 도달하고 있습니다. 그리하여 그는 이제 삶이 곧 의식이고, 의식이 곧 삶인 대자유의 세계에서 '당신'을 보았음을 고백합니다. 이런 대자유의, 불이의 대승적 세계인식에서 볼 때, 나와 너, 선종과 교종, 시와 산문은 그 경계를 허용하지 아니합니다. 나는 곧 당신으로 너와 다르지 않은 타자他者이기 때문입니다.

4. 결어

오늘 우리는 한용운의 시를 통해 한국적 타자의식으로서의 하나의 사상의 크고 아름다운 형상을 봅니다. 즉 그는 산문시 —물론 그가 산문시 최초의 개척자라고 단언할 수는 없습니다. 임화('백조'의 문학사적 의의, 〈문학사〉, 소명출판)의 말대로, 우리는 동인잡지 '백조白潮(1922.1)'가 명백한 과도기의 문학으로, 그러니까 일제 치하에서 앞으로 나아가지 못하고 있는 퇴폐적 현실(시)과 이에 격한 민족적 분노(산문)가 이상화 라는 시인을 만남으로써 거기 '빼앗긴 들에도 봄은 오는가'라는 빼어난 산문시가 새로운 물결로서 박두하고 있는 문학사적 현실을 볼 수 있습니다— 라는 형식을 통해서 뿐만이 아니라 전래의 실재론과 유명론, 관념론과 유물론, 보편과 개별, 민족과 개인, 시와 소설, 형식과 내용, 교종과 선종, 너와 나라는 근대의 이항대립적 구도를 뛰어넘어 전자와 후자가 결코 둘이 아니라는, 불이의 대승적 경개를 보여줬습니다.

여기서 우리는 불교의 '근대화(선종)'와 '대중화(교종)'—그의 〈한국불교유신론〉도 그렇거니와 '한국불교의 개혁안'의 6. 대중불교의 건설을 통해, 거기 "요컨대 대중불교를 건설하려면 산간 암혈에서 청정 자지自持하던 승려의 인습을 타파하고 제불보살의 방편력을 궁행 실천하여 불교의 교화로 모든 중생의 행복을 증진하지 않으면 안 될 것이다"란 구절을 통해 만해의 대중불교의 실천 의지를 역력히 볼 수 있습니다-를 함께 추구한 한용운에게 시의 산문화는 피할 수 없는 일이었을 것이었음을 또한 봅니다. 이에 대해 시작 초기 선禪 -불립문자를 종지로 삼는 선은 개인주의, 소승선으로 일종의 정신의 귀족주의에 가깝습니다-에 기운 고은에게 한용운의 시가 요설로, 긴 호흡을 지닌 설명문으로 보였던 것은 어쩔 수 없는 일이라 보여집니다. 그러니까 김현[61]의 말대로라면, 고은은 서정주와 함께 불교에서 시적 영감을 얻고 있는 시인이기는 한데, 그의 불교취는 서정주의 인연설과는 달리 오히려 대상을 직관적으로 파악하는 선적인 요소를 많이 가지고 있었다고 볼 수 있습니다. 이런 사실은 선적 직관에 의한 대상 파악이 그의 시의 상당 부분을 경구 스타일로 가져간 그의 불교취에서 온 것으로, 바로 이것이 한용운의 대승적 경개를 올바로 보고 평가하는데 눈을 멀게 한 원인이었음을 여기에서도 확인해 볼 수 있습니다.

그러나 제아무리 불이의 대승적 경개에 경계가 없다 하더라도 실제로 경계가 없는 것이 아닙니다. 현실은 분명 인식론적 경계의 범주화된 세계이고, 이는 그대로 그 범주를 경계로 권력을 누리고 살아가는 치열한 생멸의 세계현실이기 때문입니다. 이런 현실에서 개인의 '자율성'과 집단의 '사회성'은 가장 중요한 이념적 스펙트럼에 해당합니다. 서구 근대의, 북방문화의 프로테스탄티즘이 그 근대적 자율성에 기울어 있다면, 한국 고유의 불이적 특성을 지닌

---

61) 김현, 김윤식 〈한국문학사〉, 민음사, 1973

대승불교사상은 사회성에 쏠리어 있습니다. 그런 그가 기독교 사회주의와 유사한 '불교사회주의'[62]에 큰 관심을 가졌던 것도 우연은 아닐 것입니다.

나는 나룻배/당신은 행인

당신은 흙발로 나를 짓밟습니다
나는 당신을 안고 물을 건너갑니다
나는 당신을 안으면, 깊으나 얕으나 급한 여울이나 건너갑니다

만일 당신이 아니 오시면 나는 바람을 쐬고 눈비를 맞으며 밤에서 낮까지 당신을 기다리고 있습니다
당신은 물만 건너면 나를 돌아보지도 않고 가십니다그려
그러나 당신이 언제든지 오실 줄만은 알아요
나는 당신을 기다리면서 날마다 날마다 낡아 갑니다

나는 나룻배/당신은 행인

- '나룻배와 행인' 전문

소박하지만 큰 의미를 내포하고 있는 이 시는 우리에게 크나 큰 공명을 느끼게 합니다. 그것은 무엇보다 그악한 이기의 자본주의라는, '마적魔的' 세계현실에 취해 개미떼처럼 흩어져 서로를 뜯어먹

---

62) 한용운, 〈한용운 산문선집〉, 현대실학사, 1991

느라 바쁜 현대인에게, 그야말로 아무에게도 주목받지 못하고 바람에 찢겨진 채 무의미한 기표로 펄럭이고 있는 깃발들에게, 그리하여 그가 마주하고 있는 것은 온통 죽음뿐인 시체가 가득한 세계에서 그 새끼가 죽던 말던... 그리하여, '모두 병들었는데 아무도 아프지 않'(이성복의 '그날')은, 그날이 그날 같은 이름 없는 무명의 나날이 지속되는, 이성이 마비된 잔혹한 현실 —이는 **도정일의 말대로, '죽음의 서사'에 가깝습니다**—에서 그의 산문시는 참으로 많은 메시지를 던져주고 있기 때문입니다.

여기, 이 시를 통해 우리는 결코 남이 아니라는 안도감에서, 즉 너는 단순히 나와 무관한 대상이 아니라 나와 결코 다르지 않은 빛나는 타자라는 새로운 인식에 이르면서 우리는 드디어 '크고 아름다운' 숭고미를 지닌 수많은 불성들을 끌어안을 수 있는 힘을 얻습니다. 그것은 바로 당신이라는 이름, '님'이 있기 때문입니다. 그의 시가 줄곧 '경어체'를 유지하고 있는 이유도 바로 이런 님이라는 크고 아름다운 대중적 불성들에 대한 애틋한 애정에 기초하기 때문입니다. 그리하여 우리는 여기, 대표시 '님의 침묵'을 비롯 산문과 시가 하나로 조화를 이룬 '나룻배와 행인' (1, 4연은 시적 은폐를, 2, 3연은 산문적 개진을 보여주고 있는 이 시 또한 하나의 산문시입니다)에서 또한 죽음의 서사가 아닌 생명의 서사로서, 자발적인 희생을 통해 좁직한 개인이라는 동굴을 넘어 더 크고 아름다운, 저 드너른 민족이라는 광장에서 맞이하는, 그리하여 숭고한 '당신'이, 거룩한 '님'이 되고자 하는 불이不二의 대승 정신을 봅니다.

나는 그렇게 봅니다.

11
임화(1908~1953)

K-컬쳐의 또 다른 기원으로서의 임화의 '한국학' 운동

그의 나이 서른 무렵이었습니다. 카프의 강제 해산(1935) 이후, 몇 년을 현장에서 물러나 지방(마산)에 머물러 있는 동안 그는 시집 〈현해탄〉을 내고, 두툼한 평론집 〈문학의 논리〉를 준비하고, 그리고 '조선신문학사론 서설' 등을 비롯 저 유명한 걸작 〈개설신문학사〉를 집필하기 시작했습니다. 여기, 현실에서 한발 뒤로 물러나 병석에서 마주한 텅 빈 시간에 뮤즈 여신이라도 찾아온 것인가. 나폴레옹의 몰락과 때를 같이하여 역사소설이 발생했다[63]는 것처럼, 카프의 몰락과 때를 같이한 이때가 임화 발군의 창조 정신이 가장 빛을 발하는 순간이었습니다. 그러나 그도 사랑하는 여인과 자식이 있는 가장으로 생활을 이어가야 했습니다. 한국문학(사)의 발군拔群의 이론가로 지난 시기를 돌아보며 민족문학건설의 재건을 위해 수많은 평문을 바치게 된 것도 이런 현실적인 이유와 무관하지 않았습니다. 그러나 그런 그도 사실은 오갈 데 없는 거리의 룸펜 시인, 한국의 글품팔이 지식노동자에 불과했습니다. 이

---

63) 게오르그 루카치, 〈역사소설론〉, 거름, 1993.

때 절박했던 그를 생의 벼랑에서 구한 것은 출판사 설립(1939년)[64]이었습니다. 이것은 한국문학사에서 매우 중요한 사건입니다. 여기서 우리가 주목해야 할 것은 무엇일까요? 아니 뭐 전 카프 서기장이자 당대의 시인으로 이름 있던 명사名士-요즘말로 '셀럽'이라 합니다만-인 그가 출판사를 설립했다는 게 무에 그리 문학사적으로 큰 의미가 있는 건지 고개를 돌릴지 모릅니다.

그러나 우리는 '그 자체가 하나의 문학사'(《임화문학예술전집》 간행사, 소명출판)라는 평가에서 볼 수 있듯이, '네거리의 순이' 등을 비롯 단편프로서사시로 문명을 드날리고 카프의 서기장으로 있던 시기를 임화문학 제1기라고 한다면, 임화 문학 제2기라 볼 수 있을 -그 자신 시인을 넘어서 당대 최고의 평론가이자 문학사가로, 출판인으로 활동하던-이 시기에 마치 백화제방百花齊放처럼 한국의 온갖 학문이나 예술, 사상, 문화가 화려하게 꽃피고 있다는 사실을 주목할 필요가 있습니다. 여기, 임화 문학 제2기가 당대의 '한국학' 운동과 맞물리고 있는 것은 무론 시대적인 것이라고 볼 수 있습니다. 즉 세계적인 대공황기인 20년대 말 1930년대 초, 3.1 이후 그나마 느슨한 통제를 유지해 오던 일제가 만주사변을 일으키고 군국주의 파시즘 체제로 미쳐 날뛰던 무렵, 일제의 탄압으로 좌우합작에 기초하여 성립한 신간회新幹會가 1931년 강제 해소된 이후를 기점으로, 한편으로는 '시문학(1931)', '구인회(1933)', '시인부락(1936)' 등 모더니즘 계열의 순수문학 단체가 우후죽순 역사의 무대에 등장했던 것입니다. 같은 맥락에서 최남선(《조선역사》, 1931)

---

64) 임화의 공판 진술 자료에는 "금강기업주이던 최남주의 자금지원을 받아 일제의 합법적 출판기관인 '학예사'를 경영했다"고 나와 있습니다.

의 '한국심朝鮮心'에 기반한 국수주의적 민족사학과 이병도(진단학회, 1934) 중심의 식민 실증사학이 뿌리를 틀고, 다른 한편으로 백남운(〈조선경제학회〉, 1933)을 중심으로 마르크스주의에 따른 과학적 접근을 중시하는 한국학의 토대가 마련되고 있었는가 하면, 또 다른 한편으로 비타협적 민족주의 진영(홍명희, 정인보, 안재홍, 문일평)은 그 정치적 입지가 전반적으로 위축되고 있는 가운데 운동의 방향을 문화운동[65]으로 바꾸지 않을 수 없었습니다.

일제에 의해 강제로 해산된 카프의 임원들도 마찬가지였습니다. 그리하여,

1930년대는 근대적인 학문연구기관인 경성제국대학을 중심으로 조선학 연구가 성립된 시기이며, 조선사편수회, 청구학회 등 관학 연구조직이 대두하고, 그에 대한 대타의식 속에 안재홍, 정인보 등 민족주의 계열의 지식인들의 '조선' 연구가 발흥하던 때이다. 거기에 이 양자를 비판하면서 마르크스주의 계열의 지식인들까지 '조선' 연구에 가세한다. 이처럼 1930년대에 들어오면서 학계와 저널리즘에서는 '조선적인 것'이 활발히 문제되고 있었으며, 카프 해소 이후 문단에서는 고전부흥론이 일어나고 있었다.

- 장문석, '전형기 임화와 '조선'의 발견', 서울대 석사학위논문

는 것처럼 당시의 유행어는 바로 '한국朝鮮', '한국학朝鮮學'이었습

---

[65] 역사비평 1995 겨울호 '일제하 홍명희의 은둔과 '한국문화' 탐구 (강영주)

니다. 여기, '한국학朝鮮學'은 '한국심朝鮮心'과는 다른 의미를 지니고 있습니다. 즉 조선총독부와 알게 모르게 선이 닿아 있는 민족주의 성향의 '한국심'이 카프를 견제하기 위해 만든 최남선 중심의 국민문학파와 이광수, 김동인, 염상섭 중심의 한국문단의 이념적 지향을 보여주는 보수 문학 집단의 관념적 신조였다면, 그리하여 전통시조 부활 등 복고적 태도에서 벗어나지 못하고, 따라서 전체주의 일제의 야만적 폭거가 점점 그 강도를 더해가는 일제 말기에 아무런 소득도 없이 역사의 공동묘지에 묻히고 말았다면, '한국학'으로 대변되고 있는 민족주의 계열의 우리 것에 대한 대응은 대자적 자각이라는 시대 현실에 대한 정신의 자기 확립과 관련되어 문학사적으로 매우 중요하고, 그것은 그대로 이병도 중심의 실증주의 식민사학에 대항하고 민족사의 주체적 인식으로 나아갔던 것으로, 그러나 이 역시 대개는 고대사(신채호의 〈조선사연구초〉, 안재홍의 〈조선상고사감〉, 문일평의 〈호암사화집〉)연구에 집중하였던 것이 그것입니다.

무론 마르크스주의 계열의 한국학 운동은 식민사관에 맞서 민족해방운동의 역량과 정당성을 역사적으로 뒷받침하고자 한 점에서 중요한 의의를 지닌 민족주의 계열의 한국학 운동과도 일정한 차이가 있는 것입니다. 즉 백남운, 홍기문, 김태준, 임화 등 좌파 계열의 한국학 운동은 '비판적' 한국학의 성격을 지닌 것으로, 마르크스주의 계열의 '비판적 한국학'이 민족주의 계열의 한국학 운동에 일정한 거리를 두었던 것은 (민족주의 계열의 한국학 운동이) 계급문제보다 관념적인 민족문제를 우선시하고 역사의 동인動因을 단군을 중시하는데서 볼 수 있듯이 '고대사' 중심의 민족정신에서 찾는 정신사관으로 인해, (민족주의 계열의 한국학 운동은) 그들에 의해 국수주의적이고 과학성을 결여한 관념론적 방법론에 의거하고 있다고 보았[66]기 때문입니다. 그러면서 그들은 시조나 고대사 연구보다는 근대문학, 그중에서도 소설에 큰 관심을 가졌습니다.

여기 국민문학파가 줄곧 '시조'에 관심을 가졌고, 민족주의 진영이 대체로 '고대사' 연구에 관심을 가졌다면, 카프를 위시한 마르크스 진영은 주로 '소설'에 관심을 가졌는데 이건 결코 간단히 볼 수 있는 문제가 아닙니다. 다시 말해서, 시(조)가 전통적으로 고대 귀족들의 여흥이자 오락으로 기능해 왔고, 고대사에 대한 연구가 당연 민족의 정체성 찾기라는 관점에서 이해할 수 있는 것이라는 점, 이와 달리 소설은 근대 부르주아의 시민서사시로 인식되고 있는 점을 염두에 두고 볼 때, 이는 문학사적 이상의 큰 의미를 지닌 것입니다. 헤겔(《정신현상학》)의 말을 빌리자면 시가 '즉자적卽自的' 언어의식의 소산이고, 역사가 '대자적對自的' 정신작용의 산물이라면, 소설은 '대타적對他的' 의식의 대응물인 것입니다. 그리하여 그들의 관심은 서정적 죽음도, 복고적 취향도 아닌 서사적 비전에가 있었던 것입니다. 그리하여 마르크스주의 경제사학자 백남운이 최남선의 국수민족주의 역사학과 이병도 류의 실증사학에 대해 국가주의를 노골적으로 옹호하는 관제사학이라며 비판하였던 것처럼, 임화는 홍명희의 〈임꺽정〉을 중세적 잔재라 여기면서 비판하고 있는 이유가 여기에 있고, 자신의 시에 서사성을 가미하여 한

---

66) 방기중, 〈한국근현대사상사연구〉, 역사비평사, 1992

국의 무산대중에게 다가가고자 했던 형식 실험과 문학사 기술이라는 서사적 대응이 또한 여기에 있었던 것입니다. Narrative, 하나의 유명론으로 진실을 까발리는 서사는 형성이고 욕망이 꿈틀거리는 미래의, 동사의 언어이기 때문입니다. 그리하여 당시의 조선일보와 인문평론에 〈개설신문학사〉 연재(1939~1941)를 필두로 다음 서지에서 볼 수 있는 그대로 여기서 우리는 암흑 속에서도 빛나고 있는 야광주처럼 일제의 최후적 발악 속에서도 굽히지 않고 우리의 정신이 오롯하게 빛나는 원석으로서의 그 '한국적' 문화의 긍지를 지니게 되었음을 엿볼 수 있습니다.

임화(1908~1953)는 외우 김태준(1905~1949)과 학예사를 통해 1939년부터 1941년 1월까지 짧은 기간 동안 한국학의 고전이 된 '한국문고朝鮮文庫'를 펴냅니다. 이것은 기본적으로 당시 밀물처럼 쏟아져 들어오는 일제의 '이와나미문고岩波文庫'의 문화침략에 대응하기 위한 전략적 고려에서였습니다. 바로 여기, 우리 것 찾기로서의 '한국학'의 화려한 창조적 부활이 자리하고 있는 것입니다.

그 화려한 한국학 도서목록을 잠시 보겠습니다.

김태준(金台俊) 해제解題의 《원본춘향전原本春香傳》, 김천택(金天澤) 찬撰, 김태준 교열校閱의 《청구영언靑丘永言》, 이응수(李應洙) 편주編註의 《상해김립시집詳解金笠詩集》, 김태준(金台俊) 교주(校註)의 《고려가사高麗歌詞》, 신구현(申龜鉉) 역주의 《역대여류시가선》, 임화(林和) 편編의 《현대시인선집》, 김남천(金南天)의 단편집 《소년행 少年行》, 이효석(李孝石)의

단편집 ≪해바라기≫, 임화(林和) 편編, 김재욱(金在旭) 해제解題
의 ≪조선민요선≫, 김태오(金泰午) 편編의 ≪한국전래동요선≫,
김재철(金在喆)의 ≪한국연극사≫, 김태준(金台俊)의 ≪조선소설
사≫ 재간, 채만식(蔡萬植)의 ≪채만식단편집≫, 유진오(俞鎭午)
의 ≪유진오단편집≫, 이기영(李箕永)의 ≪이기영단편집≫, 김기
림(金起林)의 시집 ≪태양의 풍속≫, 서인식(徐寅植)의 평론집 ≪
역사와 문화≫, 박태원(朴泰遠)의 ≪박태원단편집≫, 안회남(安懷
南)의 ≪안회남단편집≫, 이태준(李泰俊)의 ≪이태준단편집≫, 임
학수(林學洙) 역편의 ≪현대영시선≫ ≪일리아-드≫, 유자후(柳
子厚)의 ≪한국화폐고≫, 서인식(徐寅植)의 ≪역사와 문화≫, 임
화(林和)의 ≪문학의 논리≫……

보다시피, 길지 아니한 동안 학예사에서 발간한 서지 목록들을 보
건대, 시 소설 연극 평론 등 한국 문학의 전 분야에 걸쳐 당대 최
고 수준을 보여주면서 한국적 정체성 형성에 크게 기여[67]하고 있
을 뿐만 아니라, 그 중에 소설이 그 중심을 차지하고 있으며, 이
런 가운데서도 단연 우리의 주목을 끄는 것은 하나의 상징으로
서 〈원본춘향전原本春香傳〉이 학예사의 첫 번째, '제1부 제1책'으
로 나왔다는 사실입니다. 다시 말해 임화, 그가 김태준과 함께 펴
낸 이 책은 우선 '춘향가'가 아니라는 점입니다. 그렇다면 '춘향가'
에, 즉 중세적 운문 양식에 대한 대결의식의 소산이라고 해석될 〈
춘향전〉의, 그 대타적 성격으로서의 근대적 산문형식이 지닌 '시대

---

[67] 당시는 일제의 간접 지원 하에 이와나미문고岩波文庫의 세계명작전집이 염가로 쏟아져 나왔는데, 마치 영문학 교육이 식민지인의 교화를 목적으로 하고 있던 것처럼, 이것은 전혀 한국 민중을 신민화시키려는 깊은 저의에서 기획되었던 것입니다 *참고; 1, '영문학 속의 식민이데올로기'(〈역사비평, 1995 겨울호〉) 2,〈속물교양의 탄생〉(박숙자, 푸른역사)

적periodic' 의미가 무엇인지 보겠습니다.

1, 각 읍 수령이 들어온다. 겸영장 운봉영감, 승지당사 순천부사, 연치높은 곡성원님, 인물좋은 순창군수, 기생치리 담양부사, 자리로사 옥과현감, 부채치리 남평현령, 무사한 광주목사, 사면에 들어올 제, ...

2, 근읍 수령들이 모여든다. 운봉 영장, 구례, 곡성, 순창, 옥과, 진안, 장수 원님이 차례로 모여든다...

1(춘향가), 2(춘향전) 모두 내용면에서는 동일합니다. 즉 두 글 모두 수령들의 연회 도착 장면을 다루고 있습니다. 그러나 잘 보면 알 수 있는 일이지만 기술상에 있어서 두 작품은 대상을 바라보는 인식과 태도 면에서 상당한 낙차를 드러내고 있습니다. 다시 말해 시가의 일종인 1이 가까운 거리에서 대상을 세부묘사하면서 상대 중심으로 분위기를 맞추면서 감성적으로 흥을 돋우고 있는 운문의, 시의, 동화同化의 형식이라면, 산문의 일종인 2는 먼 거리에서 대상을 개괄설명(*'들'은 복수태입니다)하면서 나를 중심으로 차분하고 냉정하게 사태를 예의주시하는 이성적 태도를 견지하고 있는 산문의, 소설의, 이화異化의 형식임을 알 수 있습니다. 뭐 1이 주정적主情的이라면, 2는 주지적主知的입니다.

다시, 1이 따라부르기에 좋은 극적 형식을 지니고 있다면, 2는 조용히 읽기에 알맞은 완만한 서술 형식을 지니고 있습니다. 그러니까 1이 '묘사'에 비중을 두고 있는 시가 형식이라면, 2는 '서사'에 그 무게를 두고 있는 소설 양식인 것입니다. 잘 알다시피, 묘사가 대상 사물에 시선이 머물고 있다면, 서사는 말하는 주체에 눈길이 가 있는 것입니다. 다시말해 묘사의 주체가 대상이라면, 서사의 주어는 인간인 것입니다. 그리하여 1이 블랙홀처럼 중심으로 휘말려 들어가는 구심적求心的 성격을 지니고 있는 고대의 부족의 형식이라면, 2는 독수리처럼 대상들을 먼발치에서 바라보는 원심적遠心的 특징을 지닌 근대의 개인주의 양식입니다. 다시 말해 1이 '상대' 중심의 보여주기라면, 2는 '나' 중심의 말하기입니다.

결과적으로 볼 때, 1의 '수령'이 행위의 주체로 다가오지만, 2의 '수령들'은 인식의 대상으로 저만치 물러나 있습니다. 바로 여기에 노예단계에서 주인단계로서의 객체와 주체의 역전이 자리하고, 그러니까 주어와 술어의 관계가 뒤집히면서 고중세적 귀족 양식인 시와 근대적 시민 양식인 소설이 자리바꿈하는 일대 변환의 형식이 펼쳐지는 것입니다. 요컨대, 1이 나보다 대상이 더 크게 보였던, '극적'으로 부각된 거대한 이미지의 세계라면, 2는 대상보다 내가 더 크게 인식된, '서사적으로' 응축된 개념의 세계입니다. 헤겔식으로 말해 1이 일상적 사태라면, 2는 사변적 사유에 해당합니다.

'이미지'에서 '개념'으로, 근대 시민서사인 소설형식에 대한 이런 시대적 인식은 한국 최초의 소설사인 김태준의 〈조선소설사〉에서 열매를 맺었습니다. 그리하여 저 서구에서 루카치의 〈소설의 이론〉(1920)이 이름을 얻고, 중국에서 루신의 〈중국소설사략〉(1923)이 위치를 지니고 있다면, 우리에게는 김태준의 〈조선소설사〉(1933)가 자리하는 것입니다. 임화의 말대로, 아직 한 권의 문학사나 문화사가 없는 한국에 있어 〈조선소설사〉의 위치는 쉽게 지나칠 수 없는 의미가 있습니다. 그것은 무엇보다 문화적 독립이자 정체성의 승리라는 점입니다. 우리도 이렇게 유구한 우리 한국만의 소설사가 있다는 것은 우리의 역사가 면면히 이어져 왔고, 이어질 것이라는 문화적 자부심과 긍지, 일제에 대한 민족적 저항[68]을 암시하는 것입니다. 중요한 것은 이렇게 문학사적으로 큰 의미를 지닌 〈한국소설사〉의 백미가 바로 '걸작 〈춘향전〉의 출현'을 통해 밝힌 '〈춘향전〉의 근대적 의미'라는 데에, 즉 〈춘향전〉이 "봉건적 구세력에 대립적 의식"을 보여주는 작품이라는 것이고, 이런 봉건적 대립(헤겔적 대타의식)으로서의 근대 의식이 사실은 언어를 비롯한 제 인간과학human science의 힘에서 비롯되고 있다는 문화적 자각을 지녔다는 점입니다.

눈을 돌려 일본을 보겠습니다. 일본의 근대화가 무엇보다도 서양의 사상과 인식체계를 중국의 고전 텍스트를 재구해 새로운 개념으로 자기언어화[69] 한데서 -가령, 〈주역周易〉의 홍범구주洪範九疇에서 '범주範疇'를 재구해 내었듯이, '철학哲學'도 마찬가집니다. 즉 오늘 우리가 일상으로 쓰는 '철학'이라는 언어 또한 명치 초기의 계몽사상가 니시 아마네가 'philosophy'의 개념을 파악한 뒤에 한학의 소양에 기초해서 '철학'이라는 역어를 만들어낸 (〈일본근대철학사〉) 결과입니다- 다시 말해 일본의 근대화는 근대적 언어혁명에서 비롯되었다는 사실을 눈여겨 볼 필요가 있습니다.

---

68) 이용범, '김태준의 초기이력의 재구성과 '한국학'의 새로운 맥락들, 〈민족문학사연구 통권 제59호〉
69) 마루야마 마사오/가토 슈이치, 〈번역과 일본의 근대〉

민주주의民主主義, 공산주의共産主義, 혁명革命, 추상抽象, 교양敎養, 문화文化, 절대絶對, 자본資本, 국민國民, 고전古典, 헌법憲法, 지식知識, 경제經濟, 민족民族, 철학哲學, 이성理性, 비평批評, 해방解放, 시장市場, 방법方法, 자연自然, 공화共和, 이론理論, 사상思想, 시간時間, 세계世界 등...

여기, 오늘날 우리가 내 것처럼 사용하고 있는 이 모든 익숙한 개념어들이 사실은 근대 일본의 손에 의해 만들어진 서구적 개념어들입니다. 다시 말해 제국주의 일본이 근대화 과정에서 만들어 낸 이런 신조어들은 현실을 바라보는 이념 형태를 '일본화 Japanization'한 개념이지 결코 우리가 바라본 이념 형태를 현실화한 우리말 개념들이 아닙니다. 이런 신조어들도 사실은 중국의 고전에 기반을 두고 있습니다. 그러나 그들은 이를 주체적으로 재구하여 현실을 읽는 개념 도구로, 인식의 막대로 재창조함으로써 중국을 밀어내고 아亞서구로서의 일본적 자의식, 그러니까 하나의 관념을 얻으면서 아시아를 벗어나 서구와 함께 세계를 바라보는 자신들만의 눈을 뜨게 되었던 것입니다.

나는 여기서, 참으로 부끄럽고 안타까운 얘기지만 관행과 통념의 개 가죽을 벗겨내는 과감한 발본拔本의 칼이 필요하다고 말하고 싶은 충동을 느낍니다. 즉 우리는 애써, 아니 목숨을 바쳐 글꼴의 독립[70]은 이뤄냈지만, 그 사유와 정신의 독립, 즉 사유의 독립을 위한 개념어의 창조에는 훨씬 미치지 모하고 있는 실정에 처해 있습니다.

---

70) 박용규의 〈조선어학회 항일투쟁사〉, 한글학회

사유와 정신의 독립이 없는 사막에서 어떻게 아름다운 문화의 꽃을 피울 수 있고, 어떻게 탄탄한 사상의 열매를 맺을 수 있것는가 하는 말입니다. 가령, 아무리 우수한 그릇이라도 그 안에 담긴 음식물이 함량 미달이라면 우수한 그릇이 무슨 소용이 있는가 하는 말입니다. 문자도 마찬가집니다. 우리는 정작 세계가 찬사를 보내는 우수한 문자를 가지고서도 세계에 내놓을 우수한 문화이론을 내놓지 모하고 있습니다.

그러나 여기 사유와 정신의 독립을 위한 우리말글, 한국어의 발전에 대해 임화는 문학사가, 이론가 이상으로 언어사상가로서 남다른 관심을 보이고 있거니와, 이것은 일개 문학자의 수준을 넘어서 있는 것입니다.

언어의 위기, 그것은 문학의 위기 중의 하나일 뿐만 아니라, 그 전부라고 해도 과언이 아니며, 한국문학 그것의 존폐를 잡고 흔드는 물건이다… 현대 이전에도 우리는 우리들의 조상을 제단祭壇 앞에서 부를 때 중국어로 불렀다. 또 수백년 전부터 우리들의 성명은 한자로 되어왔고, 우리가 배워야 할 모든 역사적 기술, 공문서, 비석, 과학상 철학상 노작勞作, 문학작품 대부분이 이국어異國語인 한문으로 기술되었다. 그때의 공용어는 물론 상류계급의 담화, 서한, 의사 발표는 모두는 한문이었다. 금일에 있어도 우리는 한문 없이는 글을 쓰지 못하고 외국책을 번역할 수도 없다. 이러한 한자로부터의 해방을 위하여 2, 30년 전에 우리들의 선배는 창정된 채로 누백년 방치되었던 '훈민정음'을 재평가하고, 그것을 기초로 하여 언문일치의 근대적 어문을 수립하며 같은 한국의 방언적 차이를 통일하고 혼폐混廢 혼란된 문법, 어휘를 정리하려는 열혈적 노력을 지불한 것이다. 그러나 이것은 한국의 경제의 발전의 미숙과 한 개 커다란 생활상의 변이 때문에 모든 것은 야생적인 채로 방기되고, <u>전혀 다른 한 개의 보다 강고한 새 '한문적 세력'</u>의 크나큰 영향을 받으면서 금일에 이르렀다.(밑줄-글쓴이)

- '한국어와 위기하의 한국문학'(1936. 3.8~24, 〈한국중앙일보〉)에서

여기, '한 개 커다란 생활상의 변이'와 '전혀 다른 한 개의 보다 강고한 새 '한문적 세력'은 바로 일제의 침략과 이에 따른 근대화된 일본어의 침입을 우회적으로 표현한 '이솝적 언어'의 일종으로, 이는 사실 근대의 한글이 그 '한국적인 것'으로서의 민중들의 사회생활과 이를 표현한 일상어에서 취한 것이라기보다는 문화주의자라고 칭한 계몽적 지식부르주아들의 일본의 손에 의해 만들어진 개념어에 기반하고 있음을 날카롭게 고발, 비판하고 있는 것입니다.

그렇다면 그 '한국적인 것'으로서의 우리 말글의 원형은 무엇인지, 이번에는 다시 한국 후기, 잠시나마 우리 삶에 기반하여 진실한 문화의 꽃을 피워냈던 '진경시대珍景時代'를 봅니다. 그런 시대도 사실은 농업과 상업의 발달[71]이라는 물적 혁신과 우리 것에 대한 문화적 자긍심, 이를 오롯하게 반영한 언어적 자립이 있고서야 가능했습니다. 이는 또한 정조 당시 '문체반정文體反正'이라는 시대

---

71) 김용섭, 〈한국후기 농업사연구〉, 지식산업사, 1970. 강만길, 〈한국후기 상업자본의 발달〉, 고려대학교 출판부, 1973

의 역풍에도 불구하고 유장하게 흘러넘친 우리 말글에 기반한 '한국적 리얼리즘'으로서의 '한국지풍'(박지원)이 있고서야 가능했던 것으로, 일상에 기초한 우리의 현실을 우리 말글이라는 고유의 언어로 읽어낸 판소리계 소설 〈춘향전〉은 바로 이런 '한국적' 리얼리즘의 유명론적 총화였습니다.

춘향이 주찬을 갖추어 은근히 드리니, 갖은 음식 풍성한지라. 팔모 접시, 대모반, 큰 양푼에 갈비찜, 작은 양푼에 제육무침, 맵시 있는 송편이며, 먹기 좋은 꿀설기, 보기 좋은 화전이며, 송기떡, 조악 고여서 받쳐 놓고 푸른 배, 누른 배며, 깎은 생밤, 작은 곶감이로다. 봉전복, 소 염통산적, 소 양볶음이며, 꽥꽥 푸드덕 꿩다리, 영계찜 곁들여 놓고, 청포도, 흑포도, 머루, 다래, 유자, 감자, 사과, 석류, 참외, 수박, 개암, 비자, 초장, 겨자, 생청을 틈틈이 끼어 놓고 온갖 술병을 옆에 놓았다. 꽃 그린 왜화병, 노란 유리병, 푸른 바다 위의 거북병, 목 긴 거위병에, 이태백의 포도주, 도연명의 국화주, 마고선녀의 천일주, 산중처사의 송엽주며, 일년주, 백화주, 이감로, 감홍로, 자소주, 황소주를 앵무잔에 가득 부어……

여기, 가히 진귀하고 풍성한 갖은 음식물명이 백과사전적으로 열병하고 있는 오늘 한국적 서사문화로서의 한국적 리얼리즘의 보고이자 하나의 국민문학으로서 세계에 통할 범용한 보편성을 지닌 고전 〈춘향전〉에서 우리가 보게 되는 것은 단순한 소설적 흥미만도 아니고 문학적 성취만도 아뇨, 바로 이런 흥미와 성취를 가능하게 하는 풍성한 언어의 맛을 보는 데에 진정 구경적究竟的 재미가 있는 것입니다. 그리하여 우리 생활의 단면을 명백하게 보여주는 물명

物名을 통해 우리가 확인할 수 있는 사실은 이것이 바로 당대 신흥 세력-'부자'(박지원의 '양반전') '경영형 부농'(김용섭), '사상도고'(강만길)-을 이루는 중인들의, 요즘말로 부르주아의 일상 물목物目들이요, 이들을 통해, "의식기완衣食器玩의 호사를 다한 시민들의 손에 의해 근대적 소유 관계의 맹아를 보게 되는 것이요, 이러한 의식기완도 다소 종래보다 개량된 기계로 다소 상품적 전제하에 가공하는 수공업의 맹아도 보게(김태준, 〈한국소설사〉)"되었다는 점입니다. 다시 말해, 전근대적 세계에 대한 대타적 인식으로서의 근대적 자각은 사실 물질로부터의 독립에서 온 것이요, 이를 주체적으로 반영한 언어의 독립적 성취라는 사실을 볼 때, 구소설 〈춘향전〉을 통해 우리가 확인하게 되는 사실은 중국에 기반을 둔 중화적 세계라는 '관념적' 언어도 아니요, 일제의 근대 이데올로기에 감염된 '전체주의적' 언어도 아닌 당대 한국의 물적 현실을 의식적으로 반영한 것으로, 바로 생명감 넘치는 '한국적' 언어라는 점입니다.

여기서 우리는 임화라는 '문제적problematic' 인물에 다시 주목할 필요를 느끼게 되는 것입니다. 그것은 그가 서기장으로 있던 카프가 강제 해산(1935.5)된 직후, '역사적 반성에의 요망(1935.7.4.~16)', '한국신문학사론 서설(1935.10.9.)', '개설신문학사(1939.9.2.~1941.4)'등 일련의 중후장미重厚壯美한 한국 문학사론 기술을 통해 국문학자 김태준 등의 선구적 업적을 발전적으로 계승하여 '한국학'을 정립하는데 명백하게 기여한 발군拔群의 비평적 문학사가였기 때문입니다.

이것은 어떻게 가능하였는지 보겠습니다. 편집책임을 맡고 있던 자신의 학예사에서 '다시' 펴낸 김태준의 〈조선소설사〉(1939) 서문에는 다음과 같은 임화의 말이 실려 있습니다. "이 책에 대해서는 나로서도 일가一家의 생각이 있었고, 나 역시 이러한 영역에서 제 학문적 희망을 이루어보겠다는 생각을 지녀 왔다."라고 말입니다. 이런 사실은 임화, 그가 프로문학 이론가이기 전에 우리 문화에 대한 '일가一家의 생각'이 있었을 정도로 평소 한국문화에 대한 깊은 예술적 소양과 두터운 학문적 기반을 갖추고 있었음을 보여줍니다. 그는 또한 저 깊은 자의식 속에 "아직 한 권의 문학사나 문화사가 없는 한국"에 매우 안타까운 심정을 지니고 있었던 것입니다. 이것이 현실이 되어 나타난 계기가 되었던 것이 카프의 강제 해산이었습니다. 위기는 곧 기회라고 했습니다. 즉 앞으로 나아갈 길이 더 이상 보이지 않던 암울한 시기, 이럴 때 사람들은 대개 자신을 성찰하고 뒤를 돌아보기 마련인데, 신간회의 수장이던 홍명희가 감옥에서 대서사 〈임꺽정〉을 집필했던 것처럼, 임화도 이때 학예사를 경영하면서 그 스스로도 말하고 있듯이, 한국학에 대한 '대담한 기도'로 일대 학문적 모험을 감행하게 된 것으로, 이렇게 해서 나온 민족문학사의 걸작이 바로 〈개설신문학사槪說新文學史〉였던 것입니다.

그리하여 여기, 한국의 근대 신문학사에 나타난 언어와 문체 양식의 제설을 담고 있는 〈개설신문학사〉는 그 '대담한 기도'도 그렇지만 "담긴 견해가 탁월할 뿐 아니라, 학적인 방법론과 체계가 자못 정연한"[72] 것이자, "우리 문단에서 최초로 본격 한국근대문학사를 쓰려고 시도한"[73]것으로, 그것은 〈조선소설사〉에 이

---

72) 임화의 문학사 인식논리'(임형택, 〈창작과비평 159호 2013 봄〉)
73) 김용직의 〈임화문학연구〉 '이데올로기와 시의 길', 세계사, 1991

은 한국학의 일대 쾌거입니다. 그리하여 〈개설신문학사〉를 가로지르는 명제는 '한국의 근대문학사는 이식문학사'라는 것입니다. 이에 대해 평론가 김현과 김윤식은 공저(《한국문학사》)에서 '악명 높은 이식문학사'라고 비판의 날을 세우고 그를 매도罵倒하기를 서슴지 않았습니다. 이는 그들이 그만큼 임화를 의식했다는 명백한 증거입니다. 중요한 것은 이게 아니라 일본의 근대문예가 서구의 근대문예를 모방, 이식해서 발전시킨 것처럼, 우리의 근대 문예로서의 신문학사의 역사는 실학 등 현실학파의 전통을 올바로 계승하면서도 또한 일본을 통한 서구 근대문예를 모방, 이식해서 발전시킨 '한국적인 것'으로서의 우리의 문화였다는 것은 부정할 수 없는 역사적 사실이라는 점입니다. 더욱 중요한 사실은 임화는 이식문학의 역사를 투쟁사라고 인식했다는 것입니다. 왜냐하면 후진국인 우리가 앞선 그들의 문화를 하루빨리 이식하는 것은 당연하되, 그러나 우리가 간과하지 말아야 할 것은 그들의 근대 논리의 이면에 깔린 식민의 속성입니다. 즉 그는 '이식문학사'라는 역사적 조리개로 한국의 민족문학사를 사실적이고 객관적이며, 연속적이고 진보적으로 읽어냈다는 점입니다. 그리고 가장 중요한 사실은 그는 이를 극복하기 위해 〈원본 춘향전〉을 발굴하고, 〈조선소설사〉를 증보 재간하였으며, 〈문학의 논리〉를 통해 한국판 리얼리즘 비평의 수준의 어떠함을 보여주었을 뿐만 아니라 〈개설신문학사〉를 대담하게 기술하고 한국의 〈시경〉이라 할 한국 시가의 컬렉션인 〈조선민요선〉을 편집하는 등 궁핍한 시기, 한국 문화의 파수로서 비상한 노력을 쏟아부어 전위에 서서 쓰러진 민족 문학을 재건하기 위해 한국 민족문학의 초석을 놓는데 결정적인 역할을 했던 중대한 인물이었다는 점입니다.

다시 보건대, 임화는 일찍부터 '한국 민중'에 대한 편애('혁토', 1927)를 드러낸 프로시인이었습니다. 그런 그가 김태준의 걸작 〈조선소설사〉(1933)에 대한 경쟁의식을 느끼고는 그 역시 걸작 〈개설신문학사〉(1939)를 쓴 것인데, 이 두 작품은 모두 일제에 대한 민족적 저항의식에서 비롯된 것입니다. 내가 눈여겨 보았던 대목은 학예사 발간의 〈증보 한국소설사〉 서문에 임화 스스로 고백하고 있듯이 **"이 책에 대해서는 나로서도 일가一家의 생각이 있었다"** 라며 자신의 소회를 밝히고 있는 그의 내면의 초상입니다. 그러니까 우리가 임화라는 초상을 그리고자 할 때에 있어서 그는 참으로 큰 욕망을 지닌 한국의 대문화인이었다는 사실입니다. 그래 임화는 학예사 주간으로 일본의 이와나미岩波 문고의 문화침략에 대한 대적 의식으로 '조선문고'라는 타이틀을 걸고 암흑기 저 야광주와도 같이 한국학의 보물로서의 은칼, 금칼처럼 번쩍이는 걸작들을 줄줄이 쏟아냈거니와, 이 중에서 또한 나의 눈깔을 자극하는 것은 '예언例言'(인용자-일러두기)에서 말하고 있듯이 "나 개인으로 보면 년래로 틈틈이 관심해 오든 민요 공부의 일소산으로" 그가 직접 편집한 〈조선민요선〉(1939)이라는 작품입니다.

여기, 우리가 또한 시선을 놓을 수 없는 것은 오늘의 〈삼대목〉이라 할까, 한국의 〈시경〉 또는 〈만엽집〉이라 할 적지 않은 분량의 두터운 이 책에서 임화의 편집 의도를 눈여겨보게 되는데 바로 서정가요보다 '서사가요'에 압도적 비중을 두고 있다는 점입니다. 이것은 시대 배경도 배경이거니와, 공전의 프로시를 낳은 임화에게 결코 우연이라고 할 수 없는 일입니다. '한국 민중'도 그렇고 '틈틈이 관심해 오던 민요 공부'도 그렇고 임화의 시가 민중적인 서사 경향을 띠고 한국 재래의 고유한 이야기성에 주목하고 있는 것은 과연 일가를 이룬 한국학의 대부로서의 하나의 내재적 가치에 주목할 바의 **'한국적인 것'** 그것입니다.

웃녁새는 우로가고
아랫녁새는 아래로가고
전주고부 녹두새야
두룸박 딱딱
우여!
웃논에 차나락심고
아랫논에 매나락심어
울오라비 장개갈때
찰떡치고 메떡칠데
네가다-까먹나
우여!

- '녹두새야', 임화 편 〈조선민요선〉, 학예사

여기, '녹두새'는 우리가 익히 알던 그 파랑새요, 외세를 상징하는 이솝적 언어로서의 바로 '그 새'입니다. 이것은 기왕의 참요 讖謠에 가까운 파랑새 노래보다 훨씬 민중적 원형에 가까운 이야기 형식을 잘 보여주고 있다는데 적지 않은 의의가 있는 작품입니다. 여기 민중적 원형이라는 것은 바로 한국 민요의 기본형이라 할 4 4조[74]를 말하는 것입니다. 즉 향가를 비롯 시조는 무론 별곡과 더불어 한국적 호흡에 가장 알맞은 기본형을 노정하고 있는 이 노래 또한 4 4조 기본형을 유지하고 있습니다. 중요한 것은 이런 4 4조 기본형이 여기, '녹두새야' 처럼 점차 분화, 서사화하면서 그 민중적 이야기 형태로서의 자기화한 모습을 보여주고 있다는 점입니다. 이렇게 노래에서 이야기에로의 형식적인 변환으로서의 장르의 진전은 또한 자유로운 의식의 분출로 나타난 세계적인 현상이 아닌가 말입니다. 가장 대표적으로 우리는 저 서양 문화와 문명의 기원이라는 호메로스의 대서사시 〈일리아스〉, 〈오디세이아〉가 실은 노래(민족적 형식)에서 이야기(시민적 형식)로 전이되어 가는 전형적인 당대의 변화상을 반영[75]하고, 그것은 다시 '사포' 등 자유로운 그리스의 서정시로 이어지고 있음을 볼 수 있거니와, 중국의 노래 또한 시경의 4언에서 시작되어 이 시경의 4언을 부정한 것이 조조를 비롯한 한漢의 악부 5언이요, 이 5언 악부를 또한 부정하고 나선 것이 당唐의 7언시 절구요, 백거이의 장편이 아닌가, 이 7언을 또 부정하고 일어난 것이 송사宋詞로, 명/청대의 소설로, 근대의 백화시, 현대의 신시로 이어진 것이 아니었던가. 이와 마찬가지로 한국의 노래 또한 고대시가를 비롯 향가의 기본형은 4구체 또는 4언시 형태로 시작되어 8구체, '사뇌가詞腦歌'라는 10구체로 점차로 분화, 완성되었으며, 고려가요와 한국의 별곡체(정철)와 연시조(윤선도), 특히 장형 사설시조('장진주사'), 그리고 여기 서사민요에 이르러서는 그 자유분방한 욕망의 형식으로 분출되는 것을 확인할 수 있

---

74) 이재욱, '한국민요서설', 임화 편 〈한국민요선〉, 학예사
75) 졸저 〈대서사시의 탄생〉(근간), 사실과가치

는 것입니다. 위의 '녹두새야'는 그중에서도 그 자유로운 서사적 분화를 느끼기에 충분한 정도로 그 노래가 지닌 정형적인 틀은 기본대로 유지되면서 자유로운 이야기의 강물로 출렁거리고 있습니다. 가령, **"웃녁새는 우로가고/아랬녁새는 아래로가고"**를 전통의 4 4조 기본형에 맞추면 **"웃녁새는 우로가고/아랬녁새 아래로가"**가 될 터이지만 벌써 '는'과 '고'가 추가됨으로서 그 말하고자 하는 민중적 화자들의 서사적 의지와 꿈, 욕망이 개입하고 있습니다. 무엇을 첨가한다는 것은 상대의 주장에 토를 다는 것이니 자기화의 표지가 아닌가 하는 말입니다. 그래 조사 '는'은 대상에 대한 미적 거리두기로서의 자기화를, '고' 역시 하나의 객관적 인식으로 대상을 노트럴하게 포착하고자 하는 자기화의 표지인 것입니다. 그러니까 여기 4 4조 기본형에 따라붙는 '는'과 '고'라는 첨가어로서의 조사 형태는—마치 막연하고 단순한 '山山'에서 자아의식이 성장하면서 '산은 산이다山是山'로 좀더 분명하고 분화된 형태로 발전되어 가는 것처럼, 꼭 그처럼 '아랬녁새'와 '아랬녁새는'은 관념산수화와 진경산수화처럼 본질적인 차이가 있는 것입니다—하나의 차이로서의 자기화를 위한 문법적 표현이자 서사적 개입으로서의 산문적 형식으로, 이렇게 노래에서 이야기에로의 산문화 과정은 역사상 그 대타적 의식으로서의 시민의식의 성장과 연결되는 것이기도 합니다.

항구의 계집애야! 이국의 계집애야!
'독크'를 뛰어오지 말아라 '독크'는 비에 젖었고
내 가슴은 떠나가는 서러움과 내어 쫓기는 분함에 불이 타는데
오오 사랑하는 항구 '요꼬하마'의 계집애야!
'독크'를 뛰어오지 말아라 난간은 비에 젖어 있다

자, 여기 임화의 가장 아름다운 시라 할 이 격정에 넘친 서사시('우산 받은 요코하마의 부두' 일부)에서 우리는 분명 하나의 시이자 소설로서의 그 불일불이不一不二한 한국적 형식으로서의 서사성을 보게 되지 않는가 말입니다. 그러니까 이것은 기본적으로 그 한국적 정조인 4 4조 기본형의 충실한 반영이자 부정이고, 그 자유로운 영혼이 뿜어내고 있는 산문혼의 발산이 아닐 수 없는 것으로, 그것은 기어코 **'난간은 비어 있다'**라고 그 서술형(~어 있다) 어조로서의 묘사적이고 소설적인 문법으로 나타나고 있는 것입니다. 그러니까 이것은 사실 그 객관적인 인식의 차원에서 보아도 그렇거니와, 자신이 처한 현실을 대자화시키기 위한 강조 차원에서의 고려가 하나의 산문적 거리를 유지한 결과로 나타나지 않았나 하는 것으로, 이것은 권위와 영탄으로 일관하던 공소한 봉건적 인식에서 벗어난 현실적 감정의 형식적 투영이 되었던 것입니다. 특히 한정사 '–은'에서 그 차이로서의 현대인의 예민한 감수성을 보여주는 것입니다.

그러면서 또한 우리가 주목하지 않을 수 없는 것은 과연 민중의 이야기로서의 서사성이 지닌 그 간접적인 처리 방식으로서의 민중적 지혜와 직접적인 드러내기로서의 소박함이 아닌가 말입니다. 즉 전주지방에서 채록된 이 서사가요에서, 그러니까 당시 민중들의 인식으로 '웃녘새'는 중국의 되놈들이요, '아랫녘새'는 일본의 왜놈들이 아닌가. '전주고부 녹두새'는 이들과 한패나 다름없는 지배자들에 대한 우회적 표현이요, 중국놈 일본놈이 물러난 자리에 심은 차나락과 매나락을 까먹는 새는 바로 조병갑 등 민중의 생명을 빨아먹는 기생충들이라는 것 아닌가. 더욱 **"네가**

다—까먹나"라는 직접적이고 섬뜩한 대목으로서의 거침없는 목소리로서의 민중의 노래와 서사형식은 앞에서 본 바 있는 **"보아라! 어느 누가 참말로 도적놈이냐?"**('네거리의 순이') 라는 거침없고 대담한 민중의 목소리와 다르지 않은 것입니다. 즉 '녹두새야'는 외세에 대한 저항이자 지배자의 학정에 대한 비판이니, 뭐 반제반봉건의 기치를 든 한국 민중의 드높은 기개를 잘 보여준 민요의 절창이 아닌가 말입니다.

중요한 것은 또한 어조입니다. 대상을 간접화법으로 처리하면서도 '녹두새야' 하고 호명하는 데는 죄지은 자들을 돌아보게 하는 섬뜩한 효과가 있고, 반면 '웃논', '아랫논', '찰떡', '메떡', '장개간다' 등은 을매나 정겹고 활기가 넘치는 고유어의 열병식인가. 더욱 중요한 것은 '우여!'라는 간투사interjection입니다. 감탄사가 아닙니다. 이것은 하나의 독립된 의미로 외세와 봉건세력들의 착취적 현실('까먹나')에 대한 강한 배척 의지를 드러내고 있는 생동하는 기호표지입니다. 강한 서사적 환기력을 지닌, 그러면서도 우회적으로 자신들의 행동의지를 지혜롭게 투사하고 있는... 우리는 '우산 받은 요꼬하마의 부두'에서도 '우산'을 비롯 '비'와 '바람', '한 일'등 우회적 성격을 지닌 임화 프로시로서의 상징적 요소와 더불어 '녹두새야' 처럼 "이국의 계집애야!"하고 호명하는 언사의 활용 등 사회적 환기로서의 서사적 요소를 지닌 그 저항적 기표로서의 민중 언어의 생생한 면모를 확인할 수 있거니와, 물론 이것은 임화 개인의 연극 체험과 무관하다고 볼 수도 없는 것이지만, 무엇보다 이 시가 한국민요의 전통에 면면히 이어져 온 민중의 문법을 계승하여 만든 작품으로 그 내재적 기원을 지닌 한국적 내러티브로서의 서사적 성과라는데 큰 의미가 있습니다.

임화의 현실주의 언어관

임화의 민중의 삶에 기반 −그러나 여기서 우리가 가장 주목해 보아야 할 것은 바로 임화의 민중 중심의 세계관('혁토', '네거리의 순이' 등)과 하나의 사상의 표현수단으로써 이를 매개화, 현실화시킬 언어에 대한 관심이라는 점에서 이는 필연적으로 한 사람의 사상가로서, 그 또한 문학사가이자 시인으로서, 그가 왜 또한 민중의 언어에 관심을 갖지 않으면 안 되었던 것인지 생각해 보게 되는 지점으로, 이것은 문학혁명에 있어서 불가결의 요건인 언어의 혁명이 문제가 되고 있[76]음을 잘 알고 있기 때문으로−을 둔 한국학에 대한 비판적 관점은 자연 근대 부르주아의 언어에 대한 비판적 관점으로 나타났습니다. 왜냐하면 임화 한국학의 대전제는 식민치하에서 살아가고 있는 한국의 민중의 일상이었기 때문입니다. 그는 '언어의 마술성'(《문학의 논리》)에서 다음과 같이 말하고 있습니다.

근대 시민계급의 문화적 지배 수립에 있어도 그들의 민족국가의 확립과 한가지 민족어의 통일 −표준어의 확립, 봉건적 격리의 유물인 방언의 소멸을− 성취한 것이다. 그러나 <u>이 통일어=표준어란 사실은 시민 자신의 계급적인 언어를 일반 국민의 형식으로 일반화시킨 데 불과하다.</u>(밑줄−글쓴이)

---

76) 임화, '가톨릭 문학 비판', 1933.8.11.~8.18. 〈한국일보〉

여기서 그는 부르주아 중심의 근대 표준어에 대한 자신의 비판적 시각을 가장 잘 보여주고 있거니와, 즉 근대의 표준어는 사실 부르주아의 언어이지 민중의 언어가 아니라는 것으로, 이런 비판적 인식을 통해 그는 민중 중심의 일상어에 대한 관심으로 나아갔던 것입니다. 그리하여 그의 시각은 자연 민중들의 일상생활에 기반한 '어문'과 '문법'에 대한 관심 (예문藝文의 융성과 어문정리')으로 이어져, **"이 두 가지의 확립의 표준과 준거점이 되는 것은 말할 것도 없이 현실생활 가운데서 다대수 인민이 사용하는 일상의 언어다.**"라고 현실에 토대를 둔 일상어parole가 주가 되어야 함을 강조하고 있음을 엿볼 수 있습니다. 그는 단테의 라틴어에 기반을 둔 —문어가 아니라 속어俗語의 꾸밈없는 자연스러움에 기반을 둔— 구어에 큰 관심을 두고 있었거니와, 뭐 '현실주의적' 언어관이라고 볼 수 있을 이런 임화의 빠롤의 언어관은 과연 '다대수 인민이 사용하는 일상의 언어'에 토대를 둔 유물론적 언어관이라 볼 수 있는 것으로, 이것은 '시민 자신의 계급적인 언어'에 토대를 둔 민족 부르주아 계층의 이상주의적 언어관인 관념론적 언어관에 확실히 대비되는 것입니다. 여기 '관념론적' 언어관이 현실 '을' 떠나 있다면, 유물론적 언어관은 현실 '에' 기초하고 있습니다. '을'이 어떤 것을 대상화시킨다는 것을 가리킨다면, '에'는 어떤 것에 토대를 두고 있다는 조사 표지입니다. 이것이 후일 비어卑語 등 일상어를 과감히 채용한 김수영의 "민중의 생활이 바뀌면 자연히 언어가 바뀐다"('가장 아름다운 우리말 열 개')는 유명론에서 비롯된 유물론적 언어관의 기원이 된 것입니다. 즉 오늘 일상어에 기초한 민중적 언어관의 기원은 바로 김수영의 스승 임화입니다. 바로 여기에 또 하나의 유명론적 이데올로기로 '존재(생활)가 의식(언어)보다 먼저'[77]라는 한국의 마르크스주의 철학자 임화의 현실주의적 언어관이 그 사상적 빛을 발하고 있는 것입니다.

그리하여 여기 지금부터 이야기하려는 것은 그동안 전혀 연구된 바 없는 새로운 시도이거니와, 임화는 오늘 한국어의 역사와 특이한 인연이 있는 문화인으로, 그는 언어의 입법자로 시인이자 언어를 집행하는 학예사 주간으로, 당대 한국 문화의 위기로서의 정체성의 핵심에 언어가 가장 중요한 것임을 잘 알고 있던 자로서, 그 또한 한국어 말살을 획책하는 일제에 맞서 한국어를 지켜내야 하는 일선에 선 문화인으로서 필연 언어라는 이데올로기와 싸우지 않을 수 없었던 한국의 혁명적 언어사상가였던 것입니다. 이때를 전후하여 같은 학예사의 선배 국문학자 김태준이 〈훈민정음 해례〉를 발굴한 일은 참으로 기적과도 같은 일이거니와, 당시는 또한 일제가 한국어를 금지하고 국어(일본어)를 강제한 시기였으니 문학사가로서 임화의 언어에 대한 자의식은 참으로 중대할 수밖에 없던 것입니다. 뭐 언어는 시대의 공기이자 영혼의 숨결이자 정신의 하늘이기 때문입니다.

임화는 또한 보성고보 시절, 한국 근대 언어학의 북두北斗 주시경이 교사로 근무했던 자랑스런 전통을 공유했으며, 당시는 또한 한국의 근대어 제정, 그러니까 맞춤법 제정을 둘러싸고 문화계와 지성계가 사분오열 진영논리를 벌이고 있었으니,

1, 훈민정음파/ '자연음'... 박승빈* 최남선 등 귀족적 언어관

---

[77] 잘 알다시피, '존재가 의식보다 먼저'라는 명제는 마르크스, 엥겔스(《독일 이데올로기》), 〈정치경제학 비판〉의 유물론을 떠받치는 대전제입니다.

2, 한글운동파/ '이상음'... 주시경, 이극로, 이광수 등 부르주아 언어관

3, 비판적 지지파/ '현실음'... 홍기문, 임화 등 민중적 언어관

*잘 알다시피, 박승빈(1880~1943)은 '한국어학연구회'를 조직하고 기관지 〈정음〉을 발간하여 우리말글의 연구와 발전에 앞장선 국어학자였습니다. 그러나 그는 전통적 표기법, 그러니까 훈민정음의 자연음(연음표기)을 따르는 음소주의音素主義를 원칙으로 강조, 이를 〈한글 마춤법 통일안〉을 반대하는 논리로 삼은 자입니다. 중요한 것은 그의 주장이 총독부의 입장과 같았다는 점입니다. 그러니까 그는 전통적인 관습법만 고수[78]하려고 했지 그것이 지닌 이데올로기적 의미를 간파하지 모했던 것으로, 즉 그는 주시경의 뜻 중심意素의 형태주의 표기법이 지닌 독립적 의의를 읽지 모하고 언어가 정신에 미치는 영향을 간과한 것으로, 이것은 총독부가 의소 중심의 한글 맞춤법 통일안을 지지한 조선어학회 회원들을 탄압한 사실로도 충분히 증명이 되는 것입니다.

여러 유파schools로 갈라져 한국의 근대어 제정을 둘러싸고 계급적 대립이 치열한 가운데, 다음 글에서도 볼 수 있듯이 하나의 언어사상가로서 임화의 주장은 한국의 근대어에 대한 비판적 지지파로서의 중요한 의의를 지니는 것입니다.

적어도 문학으로 사유한다는 사람들이 <u>조선어학회류의 관념론</u>

---

78) 시정곤·신지영·장경준·최경봉, 〈박승빈의 국어연구〉, ㈜박이정, 2022

을 믿는다든지 문학상 직접의 이해에 무관심하고 무정견하다면 문학 실제가의 한 개 치욕이 아닐 수 없다.(밑줄-글쓴이)

- '언어의 마술성'(1936.3), 〈문학의 논리〉

여기, 나의 눈깔을 자극하는 것은 바로 '조선어학회류의 관념론'이라는 언표입니다. 임화는 당시 기록상으로 조선어학회의 한글맞춤법 제정을 찬성하고 있습니다. 그러나 여기서도 보다시피, 그는 원칙적으로 찬성하는 모양을 갖추었지만 하나의 정견으로서 실제적으로는 비판적인 입장을 견지하고 있음을 나타내고 있는 것입니다. 중요한 것은 비판의 근거이고, 이것이 을마나 타당성을 지니고 있는가 라는 합리적인 측면의 문제입니다. 이에 대한 임화의 의견은 이렇습니다. 즉 그는 한국 문학 가운데 한국어에 대한 태도에 있어 2, 3의 상이한 부분을 발견할 수 있다 하며,

춘원이라든가, 야담으로 돌아서는 김동인, 윤백남 씨 등이라든가, 육당, 이병기, 정인보 씨 등의 시조 작가들이 어떠한 한국어를 문학 창작상에 선택하는가는 특징적이다. 말할 것도 없이 씨 등에 있어서는 가장 노골히 복고주의로 나타나 진부한 고어를 강제하고 사어 발굴 등에 열중하고 있다... 오로지 이이들의 언어는 전통주의 사상을 설명함에 적응할 뿐이다. 다른 하나는 문학을 기교로 환원시키는 예술지상주의의 일군으로써, 춘원 등이 문학은 종교다 하는 대신에 문학은 언어의 기교다 하는 명제에 대치한다. 그러므로 어떠한 의미에서 보면 한국문학 제 유파 가운데 이 경향의 작가들이 언어에 그 중 관심한다고 볼 수 있을

것이다. 그들의 특색은 그 예술상 입장과 같이 언어를 언어 자신의 미감에만 치중한다. 즉 언어가 갖는 합리적 의의보다도 그 외형적 미감만을 제일의로 삼고 자기의 문학어를 선택하는 언어상의 장식주의 –형식주의가 지배적이다. 무엇보다도 그들은 언어의 음향적 방면에 기준을 두어 이 말의 어음이 고우면 그것을 택하고, 그것은 생명이 있는 것이며, 나쁘면 기외의 모든 이유를 돌아보지 않고 방기한다. 문장의 아름다움은 첫째 합리적인 것보다 음결의 묘, 그 다음은 은유의 교묘한 수사와 결합으로 구조된다. 전자는 정지용, 이태준 씨의 작품, 후자는 김기림, 이상, 박태원 씨 등의 시, 소설이 대표하는 경향으로 이 양자는 약간 별개의 성질을 가지고 있다.... 그러나 <u>경향문학은 민중의 언어 위에 선다.</u>(밑줄-글쓴이)

– 동일서

여기 '전통주의'는 훈민정음파를, '형식주의'는 한글운동파를, '민중의 언어'는 그대로 비판적 지지파를 각각 대변하는 사상이거니와, 놀라운 것은 임화가 하나의 매의 시선으로 당대의 언어 현상에 대한 일반적 개관을 넘어 대자적 시각을 지닌 언어사상가로서의 면모를 지녔다는 점이고, 더욱 놀라운 것은 하나의 정견으로서 자신의 계급적 문학관에 대한 확고한 민중적 의식을 견지하고 있었다는 점입니다. 이것은 일제 식민치하에 신음하고 있는 한국의 민중들을 어떻게 해방시킬 것인가에 대한 문학적 관점을 지닌 책임자로서 한국프롤레타리아문화예술에 있어서의 인간해방적 관점을 지닌 언어 유물론에 해당하는 것으로, 그것은 또한 그 자신의 말대로 언어도 인간의 사회적 생활의 산물에 해당한다는 신념에 기초하고 있는 것입니다. 이것은 이미 염상섭과 양주동의 '속학자의 사실주의관'을 비판한 글('탁류에 항하여', 1929. 8. 〈한국지광〉) "사력을 다하여 차등此等 유령, 신이성新理性 종교의 스콜라 학파를 박멸하여야 할 것이다."라는 유명론적 비판을 통해 준비되었던 확고한 신념에 기초하고 있는 것입니다. 팔봉 김기진의 예술대중화론이 지닌 우경적 경향의 부르주아 미학주의의 한계를 간파하고 이를 혁파한 근거도 바로 이것으로, 그것은 예술이 세계를 구하기 위해서는 언어 또한 민중의 삶을 반영하고 있는 리얼한 현실을 떠나서는 불가능하다는 하나의 일관된 불이不二의 원칙에 해당하는 것이라 할 것입니다.

그는 무론 실제의 언어 현실을 중시했다 하더라도 "봐라, 물 좀 떠오니라!"라는 명백히 낡은 가장제家長制 농촌의 유습을 표시하는 방언의 한계를 비판하며 "여보, 물 좀 떠오소" 하는 식으로 민중의 언어가 순화할 필요성을 제기하고 있습니다. 중요한 것은 과연 민중적 언어사상가로서의 임화가 언어가 역사적 계급적 연관으로서의 이데올로기 기호라는 사실을 정확하게 인지하고 있다는 점입니다. 그리하여 그는 현실 언어를 부정한 그들의 언어관이 일제 총독부, 그들의 이해와 선이 닿은 박승빈, 최남선 류의 전통주의에 입각한 복고주의 언어관을 정확하게 개관하고 있고, 이광수를 대표하는 근대의 모던한 아취를 드러낸 형식주의 언어관에 대해서도 매우 정확한 이데올로기적 눈깔을 형성하고 있음을 볼 수 있습니다. 더욱 중요한 것은 과연 민중주의 시각입니다. 한국의 마르크스주의 언어철학자 임화, 그는 이렇게 고대 전통의 복고주의 언어관과 근대의 부르주아적 형식주의적 언어관의 한계를 합리적이고 비판적인 차원으로 지양, 극복할 수 있는 민중적 변증법으로서의 말과 사물에 대한 불일불이적不一不二的 사상의 계승자였던 것으로, 그것을 핵심적으로 드러내고 있는 키워드가 바로 **'조선어학회 류의 관념론'**인 것입니다. 그렇다면 어찌하여 임화는 주시경 중심의 조선어학회가 정한 근대의 맞춤법을 관념론이라 평했을까요? 이것은 사실 우리의 중요한 관심사가 아닐 수 없습니다.

잘 알다시피, 한글은 대한제국기의 산물로 태어났습니다. 주시경이 명명했다는 '한글'이라는 명칭은 정확하게는 '대한제국의 글'에서 나온 말입니다. 이런 사실은 주시경이 당시 대한제국이 만든 '국문연구소(1907)'의 칙임관이었다는 사실에서 볼 수 있습니다. '칙임관勅任官'은 대한제국 때, 대신의 청으로 임금이 임명하던 나라의 벼슬이었습니다. 이런 사실을 통해 오늘 우리가 무심코 쓰고 있는 '한글'은 근대국가이데올로기의 산물임을 엿보게 합니다. 그러니까 한글은 철저하게 근대화의 산물이고, 주시경은 이런 한글 근대화의 개조開祖임에 틀림없다 할 것입니다.

이런 한글은 어티케 탄생하였는지 보것습니다. 한글은 이미 세종 대에 만들어진 훈민정음의 근대적 버전입니다. 훈민정음이 대한제국의 글, 한글로 실질적으로 공식적인 자리를 찾게 된 것은 1894년의 갑오개혁이었습니다. '法律 勅令 總 以 國文爲本 漢文 附 譯 或 混用國漢文(법률과 칙령은 모두 국문을 본으로 삼고 한문번역을 붙이거나 또는 국한문 혼용을 한다)'(고종의 칙령 제1호 14조)는 과도기적 표현을 언급했으나 국가의 의지로 공식적인 언어표기

수단을 정식화했다는 데에 큰 의미가 있다 할 것입니다.

그러나 갑오개혁 자체가 일제의 강요로 강행된 것이어서 이를 실현하기는 어려운 데가 있었습니다. 오히려 공식적인 한글사용은 서재필, 주시경이 관여한 민간신문인 〈독립신문〉(1896)에서 몇 년간 유지되었을 뿐 정부의 공식문서는 국한문을 중심으로 한 일본식 표기법이 주를 이루었습니다. 이런 가운데서 주시경은 개인적으로 국어연구학회(1908)를 설립, 국어 연구에 매진하였습니다. 주의해서 잘 보면 주시경이 설립한 학회는 '국어'를 전제하고 있습니다. 주시경이 국가가 임명한 연구자로 나라를 늘 염두에 두고 있던 언어독립투사였음을 암시하고 있는 표지입니다. 그러나 그나마 1910년 경술국치 이후에는 국어라는 말을 쓰지 못했습니다. 합방 이후, 국어의 지위를 누린 것은 오히려 일본어였고, 우리의 국어인 한글은 조선어로, 지방어로 전락하고 말았습니다.

한글이 국어에서 조선어로, 한 개 언어의 표기는 이렇게 간단치 않은 역사의 흔적을 간직하고 있습니다. 그럼에도 중요한 것은 주시경이 초석을 놓은 역사적인 한글 운동은 근대 국어를 정립하는 데 진정한 기초가 되었다는 점입니다. 자, 나는 여기 '근대'라는 말을 한정사로 박아 넣었습니다. 그냥 넣은 말이 아닙니다. 바로 이 말이 또한 이 글을 이끌어 나가는 모티프가 되고 있음을 눈치 빠른 독자는 알 것입니다. 그렇다면 이왕에 나온 이야기니 대체 '근대'와 '국어'는 어떤 상관관계가 있는 것인지 좀 밝혀보겠습니다. 근대를 국어사전(이기문 감수)에서 찾아보니,

1. 지나간지 얼마 안 되는 가까운 시대. 2. 역사의 시대 구분의 한 가지, 중세와 현대의 중간 시대. 국사에서는 한국 시대의 후기가 이에 해당됨.(이기문 편 〈국어사전〉의 '근대' 정의)

라고 적시되어 있습니다. 자, 이것은 참으로 황당하기 그지없는 설명입니다. 근대의 의미가 이것뿐인가. 좆도 아닌 늘샘이 아는 대로의 근대의 의미를 정의해 보겠습니다.

근대는 역사상에 있어서 산업혁명을 통해 물적 권력을 얻은 시민 부르주아 세력이 모든 권력의 중심에 서서 이룬 자본주의에 기반한 정치경제체제이자 이를 실행하기 위해 만든 배타적인 식민권력체제이며, 하나의 일관된 소통체제를 요구했던 '상상된 공동체'가 중심으로 부상되었던 시기.(늘샘의 '근대' 정의)

이런 의미를 배경으로 해서 근대의 언어는 결코 중성적인 언어가 아니요, 일정한 지향성을 지닌 언어임을 예측할 수 있습니다. 즉 우리가 오늘 무심코 대하고 있는 근대언어인 한글(맞춤법)은 부르주아의 언어이자 식민제국의 언어이며, 전체주의의 흔적을 지닌 언어임을 알 수 있습니다. 가령, '국민國民'이 가장 대표적입니다. 그러나 국민은 결코 우리가 만든 말이 아닙니다. 국민은 '황국신민'의 준말로, 천황제를 기축으로 하는 근대군국주의 국가 일제가 만든 식민이데올로기언어입니다. 철학이 시대의 아들이듯이, 언어 또한 시대의 아들입니다.

중요한 건 우리가 제대로 의식하지도 못한 채 이렇게 일제가 만든 말을 한글인양 무심코 쓰고 있다는 사실입니다. 아메리카 America 미국은 '아미리고' 미국에서 언제부터 '米國'이 되고, 다시 오늘 '美國'이 되었나. 오른쪽을 뜻하던 'right'가 어찌하여 '좋다'는 뜻을 함축한 우익을 대변하는 언어가 되었나. 윤석열은 왜 그렇게 제멋대로의 '자유'라는 말을 강조하나... 등등 이런 사례들은 언어가 결코 노트럴한 기호가 아니라는 사실을 환기시키고 있습니다. 누구를 위하여 종은 울리나, 언어는 결코 나를 위해 존재하지 않습니다. 언어에 대한 날카로운 의식을 지녀야 함을 여기서 확인할 수 있습니다. 왜냐하면 언어를 통한 의식의 해방이야말로 인간해방을 맞이하는 최초의 날카로운 단서가 되기 때문입니다. 언어는 하나의 이념으로서의 이데올로기 전쟁터입니다. 언어가 이데올로기 전쟁터인 것은 한글맞춤법에 그대로 반영되어 있습니다. "한글맞춤법은 표준어를 소리대로 쓰되, 어법에 맞도록 함을 원칙으로 한다." 이것은 '한글맞춤법 제1장 총칙 제1항'으로 우리의 말글생활을 규율하는 대원칙입니다.

그러니 다시 환기해 보겠습니다. 한글맞춤법의 무엇이 문제이고, 왜 문제인가.

가령, 다음 사례를 통해 보겠습니다. 여기, 〈불평등의 대가〉라는 저서명을 읽는다고 해 봅시다. 이것을 읽을 때 표기된 그대로 '불평등의 대가'라 읽을 사람이 있는가. 현실을 무시하고 이를 그대로 '불평등의 대가'로 읽는 것은 진공에서나 가능한 일입니다. 그러나 하나의 언어현상도 지금, 여기라는 구체적인 인과의 조건을 벗어날 수 없습니다. 그리하여 지금, 여기라는 구체적인 크로노토포스한 시공간의 지각적 현실에서 대부분의 사람들은 분명히 '댓가' 또는 '대까'로 읽을 것입니다. 그러나 우리가 억지로 현실음을 버리고 '대가'라고 읽는다면 이것은 언어의 이상일 따름이지 현실이 아닙니다. 즉 한글맞춤법의 규정을 따라 소리규정보다는 어법규정, 즉 현실음보다는 이상음을 따르게 된다면 한글맞춤법은 현실성이 없다는 결론이 나옵니다. 그래 최소한 〈불평등의 댓가〉로 표기해야 합니다. 이렇게 한글맞춤법이 현실음과는 거리가 먼 이상음을 따르고 있는 것에는 언어의 표기형태는 원래의 이상적인 '형태form'를 따라야 한다는 '형태소' 중심의 부르주아의 형식주의 언어관이 또아리를 틀고 있습니다. 이것은 사실 현실음parole보다는 이상음langue을 중시한 부르주아 언어학자 소쉬르의 한국적 버전이 아닌가.

이렇게 한글맞춤법이 현실성이 없고 겉돌고 있는 데는 어떤 문제가 있는가 좀 보겠습니다. 한국인의 말글생활을 규율하고 있는 한글맞춤법은 우선 표기부터가 모순입니다. 명제는 단일해야 함에도 불구하고 소리규정과 어법규정을, 그것도 이율배반의 상호충돌하는 명제를 억지로 조합해 놓았습니다. 자, 그렇다면 소리규정과 어법규정은 왜 모순인가. 이는 곧 '대가'를 소리대로 하면 '댓가(또는 대까)'이지만, 어법대로 본래의 의미를 지닌 형태대로 밝혀 적었으니 '대가代價'가 된 것입니다. 그러나 '한글맞춤법은 표준어를 소리대로 적되, 어법에 맞도록 함을 원칙으로 한다'는 한글맞춤법 규정대로 한다면 '댓가'도 맞고 '대가'도 맞습니다. 그래 한글맞춤법에 따라 우리말을 표기해보면 단일한 표준어는 없는 셈입니다. 시상에 이런 모순이 어디 있고, 이런 역설이 어디 있는가.

그러나 이를 역으로 보자면 한글맞춤법은 전통을 무시하지 않으면서도 새로운 현실을 반영하는 대승적 지혜를 보여줬으니… 이것은 서양의 논리로는 도저히 맞지 않는 것입니다. 그래 이것은 분명 그 한국적 철학이라 할 불이不二의 사고를 명제화시킨 것으로 곧 소리는 소리대로 인정하되, 모든 문자는 그 본래대로의 형태를 밝혀 적어야 한다는 대원칙을 세웠던 것이니… 뭐 조건을 달기는 했으되 어법에 손을 들어줬으니… 아무튼 우리는 여기서 한글맞춤법 제정의 성문화과정(근대 문자로서의 한글의 탄생)에서 역사적인 문자전쟁이 있었음을 유추할 수 있습니다. 실제로 맞춤법 제정을 전후하여 소리 규정을 대변하는 조선어학연구회(박승빈)와 어법 규정을 대표하는 조선어학회(이극로)간에 일대 사활을 건 문자투쟁이 장안을 흔들어놓을 만큼 대단하였다하니 말입니다.

이것은 사실 눈을 씻고 다시 보아야 할 한국언어철학사의 중대한 부분이 아닌가. 그래 박승빈, 최남선 중심의 조선어학연구회는 옛 것 그대로가 좋다며 전통의 자연음에 기반한 '소리'를 중시했던 것이요, 근대적 자의식을 지녔던 주시경 학파ecole라 할 조선어학회는 '어법'을, 그러니까 근대의 형태소를 중시했습니다. 이것은 그대로 전근대와 근대의 역전 드라마가 아닌가. 그래 대한제국기, 일제강점기를 거치면서 태어난 한글은 바로 나라세우기nation-

제4부 근대편 289

building와도 관련되는 정신의 독립을 암시하는 것이지만, 또한 이것은 자본주의의 발전에 따른 민족국가의 성립, 민족어의 필요성과도 연관된 것 아닌가. 이것은 우리 스스로의 힘으로 이뤄낸 근대부르주아민주주의혁명에 빛나는 문자대혁명이 아닌가. 그러나 결코 자만할 일이 아니었습니다. 사실 오늘 한글맞춤법의 문제가 바로 여기에 있었으니...

이왕 나온 이야기니 좀 더 들어가 보겠습니다.

형태소와 '차이'로서의 근대적 언어이데올로기

고대와 달리 근대modern는 인위적인 문명의 산물이었습니다. 중세 말기에 나온 '모던'이라는 말이 예전과는 다른 '지금just now'을 의미했던 것처럼, 즉 하나의 차이로서 모더니즘은 대상 세계에 대한 하나의 주관적 태도이자 개인주의적 세계관으로 '자연'의 힘이 아닌 '인간'의 힘으로 이루어지는 새로운 시대의 형식이었습니다. 그러니 근대는 인본주의humanism 시대였습니다. 이런 근대 모더니즘의, 인본주의의 태도와 세계관을 문법적으로 잘 나타내고 있는 인위적인 언어 형식form이 바로 형식주의와 구조주의의 근간을 이루는 '형태소形態素', '의소意素'의 세계입니다. 자, 그렇다면 먼저 이런 근대 모더니즘의 태도와 세계관을 문법적으로 나타내고 있는 사유의 핵심은 무엇인가 보겠습니다. 왜냐하면 전쟁이 정치의 연장이듯이, 형식은 사유의 연장이기 때문입니다.

잘 알다시피, 근대적 사유의 방법적 출발은 데카르트로부터 시작되었습니다. 〈방법서설〉은 바로 이런 근대적 사유의 방법을 기술한 근대철학의 서설이었습니다. 무엇보다 근대성은 확실성에 기초합니다. 그리하여 우리는 볼 수 있거니와,

나는 그때까지 내 정신에 들어온 모든 것은 내 꿈의 환상과 마찬가지로 참된 것이 아니라고 가상하자고 결심했다. 그러나 그렇게 생각하자마자 곧 나는 깨달았다. 내가 이와 같이 모든 것은 거짓이라고 생각하고 싶은 동안에도 그렇게 생각하는 나는 반드시 그 무엇이어야 한다는 것을, 그리하여 '나는 생각한다, 그러므로 나는 존재한다Je pense, donc je suis'라는 이 진리는 회의론자의 어떤 터무니없는 상정으로도 뒤흔들 수 없을 만큼 튼튼하고 확실한 것임을 알았으니, 나는 안심하고 이것을 내가 찾는 철학의 제1원리로서 받아들일 수 있다고 판단했다.

이것은 참으로 놀라운 진실을 보여주고 있는 철학사의 명장면입니다. 무론 이렇게 나를 움직일 수 없는 새로운 진리의 제1원리이자 확고부동한 아르키메데스의 점으로 인식하게 된 것은 갈릴레이 지동설의 영향이었습니다. 존재가 의식에 영향을 준 것입니다. 그러니까 지구중심주의를 근간으로 해 왔던 천동설이 무너지고 태양을 중심으로 하는 지동설이 과학적이고 객관적인 페러다임으로 자리를 잡기 시작하자 절대적인 진리는 상대적인 진리의 세계로, 따라서 신에서 인간으로, 이성으로, 주체로, 나로, 주어로 중심축이 바뀌게 되었습니다. 이런 의식을 표현하는 언어 또한 전래의 신을, 자연을, 객체를, 너를, 객어를 하나의 실체로 복사하던 묘사적 언어 '자연음'에서 나의 의지를 반영한 '이상음'을 탄생시킬 수 있는

역사적 전환기를 맞았습니다.

중요한 것은 과연 있는 놈이 큰소리친다고, 가진 놈이, 즉 물적 권력을 움켜쥔 부르주아가 실질적인 결정권자가 되어 언어를, 형식을 지배하게 되었다는 점입니다. 그리하여 여기, 근대의 언어형식을 지배한 자들이 바로 상업부르주아들입니다. 그러니 자연 근대의 언어에는 부르주아지의 자유로운 상업활동에서 배태된 개인의식이 반영될 수밖에 없었는데, 이것은 영웅귀족들의 말씀을 절대적으로 신성시하던 것과는 다른 성질의 것일 수밖에 없습니다. 여기, '내가 제일 중요하다'라는 개인의식이 원래는 라틴어 '결핍 privation'을 의미하였음을 상기해 볼 필요가 있습니다. 그러니까 공동체의 모럴을 중시하는 고중세사회에서 오늘의 개인의식은 사회적 결함으로 보았다는 것인데, 중세 말 이후 상업화된 부르주아들이 물적 권력을 통해 정치와 지식 권력까지 장악하면서 긍정적 의미로 바뀌게 된 것입니다.

권력의 주체가 '신' 중심에서 '인간(부르주아지)' 중심으로 바뀌면서 언어의 형식 또한 바뀌었습니다. 전래의 '자연음'은 듣기문화, 구술문화에 기초한 것으로 외부에, 신성한 신의 말씀에 기초를 둔 물화된 기호였습니다. 그러나 근대는 읽기문화, 문자문화에 기초한 문화로 부르주아계급이 하나의 '통일된' 권력으로 근대적 의미에서의 배타적인 민족국가를 형성하면서 그들이 상상한 공동체로서의 '단일한' 언어를 요구하게 되었습니다. 이런 것을 가능케 한 것은 마침 인쇄술의 발명과 때를 같이한 문자혁명의 힘이었습니다. 근대는 산업화된 자본주의에 기초한 민족국가시대이자 곧 '인쇄자본주의print captalism' 시대였습니다. 중요한 것은 근대적 이상으로서의 부르주아의 개인주의적 이상을 어떻게 문자문화, 읽기문화라는 형식에 담아낼 것인가 라는 문제였습니다. 그것은 바로 부르주아의 이상으로서의 주체적이고 합리적 사고의 근간을 이루는 '의미'에, '분석'에 있었습니다. 즉 인간은 이성의 힘으로 자연을 분류, 분석하여 대상을 하나의 '차이'로 개념화하여 정복하였다고 자부한 이상, 언어 또한 레고lego처럼 인간의 마음대로 분석·종합할 수 있음은 무론, 무엇보다 이 문자에 자신들의 이상을, 개인주의의 이상으로서의 '주체성'을 반영해야 한다는 것이었습니다.

이성주의의 근간에 따른 합리적 사고의 가장 원초적인 의미는 분석에 있다. 분석을 통해 어떤 최종적인 단위를, 더 이상 분석할 수 없는 '단순한 것'을 발견해 낸 후, 이 요소들을 조합해서 전체를 재구성한다(밑줄-글쓴이)

- 이정우, 〈세계철학사 3〉, 도서출판 길, 2021

이것을 철학에서는 '주체' 또는 '개별자'로, 과학에서는 '원소'로, 언어학에서는 '형태소'라 불렀던 것으로, 그러니까 최소 의미 단위로서의 형태소 -무론 이것은 현실적으로 자본주의의 분업과 관련된 분리의식과도 연결된 것입니다-는 부르주아의 개인의식을 반영한 것으로, 영문법의 핵심이자 한글 맞춤법의 근간인 어법에서의 형태소는 전혀 근대의 산물입니다. 이런 형태소가 자립형태소/의존형태소, 실질형태소/형식형태소, 어간/어미 체계에서 전자를, 체언으로서의 독립된 개체를 중심으로 돌고 도는 이유가 여기에 있습니다. 근대는 개인주의에 기초한 이항대립의 세계형식이기 때문입니다. 즉 근대의 언어체계를 상징하는 형태소를 보더라도 −사실은 자의적인 분류에 의한 것에 불과하지만− 근대사회는 중심과 변두리, 동일성과 차이, 제국과 식민지를, 우리와 그들, 타자를 중심으로 구성된 역사적 형태임을 암시합니다. 또한 문법에서 하나의 개념적 차이를 지닌 단어를 '의소意素'라 부르는 것도 근대의 맞춤법이 인쇄 혁명을 통해 등장한 부르주아들의 독서문화를 반영해야 했으므로 소리보다는 개별적인 뜻을 중시하게 되어 체언과 조사, 어간과 어미를 분리하게 되었다는 점도 중요합니다.

따라서 근대의 형태소는 부르주아의 이상을 담지 않을 수 없었습니다. 그렇다면 부르주아의 이상은 또 무엇인가. 그것은 바로 부르주아의 심리를 암시하는 것으로, 그들은 지긋지긋한 노동 현실을 벗어나 있다는, '나는 그들과 다르다'는 차별화된 위상 심리를 말함이 아닌가. 마치 〈흙〉의 여주인공 정선이 서울의 부잣집 딸로서 처음에 흙을 절대 묻히기 싫어하고 허숭을 시골뜨기라고 무시, 경멸했던 것처럼 말입니다. 따라서 하나의 부르주아의 멘탈리티로서 경멸적인 현실에서 떠나 하나의 '순수이성'으로서의 불순물이 섞이지 않은 것으로서의 칸트적 순수언어인 형태소는 자연 순수음 −전청음全靑音, 완전히 맑은 소리로서의 기본음ㄱ, ㄷ, ㅂ, ㅅ, ㅈ, ㅇ−에 기대고 있는 것을 확인할 수 있습니다. 다음 사례를 통해 왜 같은 음식물을 두고 서로 다르게 부를 수밖에 없는가, 언어의 계급적 위상에 따른 실질적 의미가 무엇인가 생각해 보겠습니다.

작장면-쯔아지앙미안-자장면-짜장면-짱께

오늘 우리는 개정된 어법으로 자장면과 짜장면이 모두 표준어임을 압니다. 그러나 '짜장면'이 복수 표준어가 된 것은 얼마 전의 일입니다. 다시 말해 여러 가능한 말 중에서 그동안 '자장면'이 하나의 국가어법國家語法으로 맨데이터리한 강제성을 부여받은 것은 무엇 때문인가. 그것은 부르주아가 정치 권력은 무론 언어 권력까지 장악했기 때문입니다. 중요한 것은 언어 권력을 장악한 그들이 왜 언어 대중이 그렇게 좋아하는 '짜장면'을 굳이 배제하면서까지 '자장면'을 고수하려고 했던 것일까에 대한 의문입니다.

성공하기를 원하면, 우선, 그처럼 감정을 노골적으로 드러내지 마세요.

이것은 저 발작의 걸작 〈고리오 영감〉의 주인공 라스티냐 촌놈에게 상류사회 사교계의 여왕 보세앙 부인이 나직하게 말하는 대목입니다. 그리하여 자작 부인처럼 교양 있게 말하기, 이게 바로 하나의 완곡어법으로서의 부르주아 언어 예법입니다. 여기서 우리는 부르주아의 이상을 대변한 근대 언어학자 소쉬르가 왜 현실음인 '빠롤'을 제쳐두고 정적인 이상음인 '랑그'의 세계, 순수한 '형태form'의 세계에 그토록 집착했었는지를 비로소 이해할 수 있습니다. 언어도 경제와 정치의 영향을 받는 하나의 이데올로기 형식입니다. 즉 '랑그langue'가 이상음이라면, '빠롤parole'은 현실음입니다.

그렇다면 현실음인 '빠롤'은 어떨까. 지금, 여기 현장의 생생한 목소리를 대변하는 '짜장면'은 바로 일상어 빠롤입니다. 곧 '자장면'이 현실이 소거된 신화라면, '짜장면'은 살아있는 역사입니다. 신화가 가상이라면, 역사는 현실입니다. 이런 현실의 역사를 대변하는 '빠롤'로서의 일상언어는 '랑그'라는 순수형상언어인 '이상음'에 의존하기보다는 살아 생동하는 감각언어인 '현실음'에 기댑니다. 이런 현실음은 구어口語, 즉 정감을 지닌 파토스적 감성언어를 기본으로 합니다.

그 방은 퍽 좁아야 하고 될 수 있는 대로 깨끗지 못해야 하고, 칸막이에는 콩알만한 구멍들이 몇 개 뚫려 있어야 어울린다... 방석도 때에 절어 윤이 날 듯하고, 손으로 잡으면 단번에 찍하고 달라붙을 것 같은 것이어야 앉기에 편하다.

– 정진권의 수필, '짜장면'에서

이런 곳에 앉아, 다시 말해 좀 침침한 작은 중국집에 앉아 친구와 '짱께'를 넉넉하게 즐기고 싶은 사람이라면 누구나 호기있게, "여기, 짜장 둘!"하고 외칠 일이지, "여기, 자장면 두 그릇 주세요."라고 나직하게 말할 사람은 많지 않을 것입니다. 여기서 'ㅉ'은 전탁음全濁音, ㄲ, ㄸ, ㅃ, ㅉ으로 흔히 말하는 '된소리'입니다. 이를 더 강하게 하면 차청음次淸音, ㅋ, ㅌ, ㅍ, ㅊ, ㅎ 즉, 격한 소리가 납니다. 1883년 인천항이 개항하면서 부둣가의 짐꾼과 인력거꾼인 중국인 노동자苦力 –'고리'라고 읽습니다– 들이 처음 만들어 먹었다는 짜장면은 '중국식 된장인 춘장醬을 볶은炸 면麵'이라는 뜻의 '작장면炸醬麵'으로 처음 선을 보였다 합니다. 즉 '짜장면'은 한국화 한 중국음식이자 한국화한 우리말 중의 하나입니다.

1883년 인천이 개항하면서 청국조계가 설정되고 많은 화교들이 거주하게 되었는데 1920년대 일본을 중심으로 한 무역이 성행하고 중국경제가 어려움을 겪으면서 많은 화교들이 부두 노동자로 전락하게 된다. 화교들은 경제적 어려움과 부족한 시간을 극복하고자 값싸고 손쉽게 먹을 수 있는 음식을 찾게 되는데, 바로 작장면炸醬麵이다.

– '짜장면 박물관' 소개글

이 말을 중국의 현지발음에 맞게 병어로 쓰면 'zha jiang mian' 곧 '쯔아 지앙 미안'이 됩니다. 그러나 우리말은 합철이니 '쯔아'를 합치면 '짜'가 됩니다. 그러나 '자장면'으로 발음하기 위해서는 불가피하게, 아니 의도적으로 -마치 층간소음의 갈등을 해결하기 위해 반려견의 성대제거수술을 하듯- 'h' 음을 제거해야만 가능합니다. 'h' 음은 우리말 음가가 'ㅎ'이므로 차청음, 즉 격한 소리에 해당합니다. 요약하면 '자장면'은 하나의 차이로서 감정을 노골적으로 드러내는 것을 경계하고자 인위적으로 조절되고 선택된, 근대 부르주아의 '자의적恣意的' 언어 랑그입니다.

그렇다면 여기서 우리는 부르주아(자작부인, 정선)들이 감정을 노골적으로 드러내기를 기피하는 심리에는 어떤 것이 전제되어 있는

가를 생각해 볼 수 있습니다. 우선, 부르주아의 망탈리테는 '감성氣'을 기피하고 '이성理'을 우선합니다. '이성'을 매도하자는 게 아닙니다. 감성을 기피하는 부르주아의 저 깊은 심층 심리의 밑바닥에는 '부르주아와 서민들은 서로 다르다'는 상대적 우월감에 기초한 빌어먹을 계급적 위상심리가 짙게 깔린 것을 엿볼 수 있습니다.

중요한 것은 그들이 '자장면'을 고집하는 것은 그들의 삶이 노동현장, 생활현장과 유리되어 있기 때문이라는 점입니다. '근면 industry'과 '절약thrift'을 기치로 근대사를 이끈 청교도 부르주아는 지배세력이 되자 현실을 벗어나고자 했습니다. 한국 후기 역사에서 볼 수 있듯이, 부농이 신분을 세탁하기 위해 양반을 매매(박지원, '양반전') 했던 것처럼, 인간 세상에서 흔히 경험하듯이 사람은 경제적으로 일단 성공하고 나면 자신이 귀족 출신임을 드러내 보이고, 신분을 과시하고 싶은 자연스런 욕망을 가지게 되는 것과 같은 이치입니다.

확실히 부르주아는 다른 문화권에 소속되었는데, 그 문화권은 무엇보다도 일을 하지 않는다는 것으로 규정되는 것이었다.

– 로버트 단턴, 〈고양이 대학살〉, 문학과지성사

'순수'의 정체도 알고 보면 이렇게 영원을 추구하고픈 부르주아의 미적 망탈리테를 드러낸 말짱 '허구'의 산물임을 알 수 있습니다. 이에 부르주아 언어의 명사화, 형태화, 관념화, 추상화, 가치중립화, 중성화 경향을 읽을 수 있습니다. 하나의 사례를 보겠습니다.

이 땅의 보수언론을 대표하는 조선일보의 슬로건 중에 '불편부당 不偏不黨'이라는 말이 있습니다. 어느 쪽에도 치우치지 않고 가장 공정하고 객관적으로 기사를 쓰것다는 언론의 기본취지(보도지침)를 상징적으로 보여주는 슬로건입니다. 뭐, 좋습니다. 불편부당, 얼마나 멋진 말인가 말입니다. 그러나 단어는 무엇을 지시할 뿐만 아니라 그 대상에 대한 태도, 취향을 나타낼 수 있다는 사실을 염두에 두고 볼 때, 즉 언어는 가치중립적인 도구를 넘어서 가치평가적인 기호라는 사실을 전제로 볼 때, 여기서 우리는 매우 색다른 기호론적 의미를 마주하게 됩니다.

불편부당, 이는 분명 가치중립을 표방하는 단어입니다. 그러나 이 말 그대로 조선일보가 가치중립을 표방하지는 않습니다. 어떤 것이 가치중립적이라는 사실은 어느 쪽에도 치우치지 않는다는 뜻입니다. 어느 쪽에도 치우치지 않는다는 뜻은 또 그대로 주관적 편견을 벗어나 객관적이라는 사실에 다름 아닙니다. 객관적이라는 것은 대상과 일정한 거리를 두고 있는 것이니 순수하다는 말과 다르지 않습니다. 순수하다는 것은 또 물적 현실에 오염되지 않고 그 물적 현실과 일정한 거리를 두고 있는 것이니 관념적이란 말과 사촌에 가깝습니다. 물적인 현실 세계를 떠나 관념의 세계를 주무르는 학문, 이게 바로 부르주아학으로서의 물질의 세계를 벗어난 형이상학metaphysics의 세계입니다. 형이상학은 곧 존재의 근본을 다루는 부르주아의 관념학입니다. 근본을 추구하는 사람들을 근본주의자라고 할 때, 우리는 여기서 역사적으로 귀족, 양반, 부르주아가 바로 이런 근본주의자의 대열에 합류한 사람들이었음을 기억합니다. 이런 근본주의자들의 정서 밑바닥에는 '민족'처럼 움직일 수 없는 확고한,

그러나 허구적인 실체의 세계가 있습니다. 이것이 바로 언어적으로 움직일 수 없는 고정불변의 세계형식인 형태소의 세계이고, 표준어의 세계입니다. 이것을 부르주아 언어학자 소쉬르는 '랑그langue'라고 했고, 이에 대해 비판적 시각을 지닌 한국의 유명론적 마르크스주의 언어학자 임화는 '**조선어학회류의 관념론**'이라고 평을 놓았던 것입니다.

여기 근대 부르주아의 이상적이고 관념적인 언어관을 비판한 임화의 유명론적 언어관을 근거로 삼아 근대 부르주아의 민족어가 지닌 한계를 좀 보겠습니다. 근대 민족어라 하지만 사실은 임화의 말대로 부르주아 시민계급의 언어이지, 대다수 서민의 언어라고 할 수 없습니다. 잘 알다시피, 근대의 '국가'와 '민족'은 산업혁명을 통해 물적 토대와 권력, 나아가 지식까지 움켜쥔 부르주아가 만들어 낸 '상상의 공동체'[79]입니다. 이 상상의 공동체를 어떻게 만들었을까요? 그것은 바로 활자혁명으로 이룬 문화혁명으로, 그의 말대로 '인쇄자본주의print capitalism'의 힘으로 이룬 것입니다. 즉 근대의 문자는 활자로 인쇄된 종이매체인 신문, 잡지, 소설 등으로, 부르주아 계몽 지식인의 읽기문화를 통해 만들어진 것입니다. 특히, 당시 가장 대중적인 인쇄물인 신문과 소설을 통해 이루어진 것으로, 그리하여 그동안 서자의 취급을 받아왔던 소설小說은 근대에 들어서 문학의 왕자의 자리를 차지하게 되었던 것입니다(가라타니 고진, 〈근대 문학의 종언〉, 도서출판b).

---

79) 베네딕트 앤더슨, 〈상상된 공동체imagined communites〉

자, 여기에 더해 엥겔스는 〈루트비히 포이어바흐와 독일고전철학의 종말〉에서 "국가란 자기의 공동이익을 내외의 침략으로부터 보호하기 위한 권력기관"이라고 했습니다. 이렇게 배타적exclusive 성격을 지닌 근대적 국가관을 부정하기는 쉽지 않아 보입니다. 지금도 그러하거니와 역사적 실제와 너무나도 잘 부합하기 때문입니다. 이를 전제로 해서 볼 때에 있어서도, 부르주아의 이상주의적 민족주의 언어관의 한계는 분명한 것입니다. 다시 말해서 부르주아가 자기의 공동이익을 외부로부터 보호하기 위해 만든 권력기관이 근대의 국가이듯이, 이런 권력기관의 주인인 부르주아가 자신의 공동이익을 위해 만든 권력 언어가 하나의 실정법으로서의 표준어라는 '어법語法 grammar'이라면, 이것은 사실 부르주아의 언어이지 대중의 언어가 아닙니다. 그리하여 부르주아 지식인이 주체가 되어 만든 표준어 사정 원칙은 우리의 한글맞춤법에도 그대로 반영되었습니다. 당시 한글을 만든 주체가 바로 한국의 부르주아 지식계층[80]이었기 때문입니다.

> 표준말은 현재 서울의 중류사회에서 쓰는 말로써 한다.(한글맞춤법 총론 2항)

---

80) 1932년 당시 조선어학회 회원은 25명으로 나와 있습니다(박용규의 〈한국어학회 항일투쟁사〉, 한글학회〉에서 재인용) 권덕규(한국일보사 편집국장 대리), 김극배(이화여고보 교원), 김기홍(계성보통학교 교원), 김선기(한국어사전편찬회), 김영건(서울 거주), 김윤경(배화여고보 학감), 김재희(상업 경영), 김해윤(중앙불교전문학교), 신명균(동덕여고보 교원), 심의린(경성사범부속학교 교원), 이갑(서울 거주), 이강래(배화여고보 교원), 이극로(한국어사전편찬회), 이만규(배화여고보 교무주임), 이병기(휘문고보 교원), 이상춘(송도고보 교원), 이승규(휘문고보 교원), 이윤재(연전, 중앙고보, 경신학교 강사), 이제혁(경성 여자공립보통학교 교원), 이호성(수송공립보통학교 교원), 이희승(이화여전 교수), 장지영(양정고보 교원), 정열모(김천고보 교장), 정인섭(연희전문 교수), 최현배(연희전문 교수) 등

여기, '중류사회'는 생활의 여유를 지닌 근대의 지식부르주아 계층을 의미하고 있거니와, 이렇게 근대의 중산층인 부르주아가 중심이 되어 만든 민족 언어관에 비판적 시각을 지녔던 임화가 경향문학, 그중에서도 일제하 최대의 농민소설로 평가되고 있는 이기영의 〈고향〉을 주목했던 이유도 바로 여기에 있습니다. 그것은 그의 말대로 바로 거기에 '현실생활 가운데서 다대수 인민이 사용하는 일상의 언어'가 훌륭하게 문학적으로 구존具存되어 있기 때문이었습니다. 이것은 지금 시점에서 본 결과론의 문제가 아닙니다. 이기영의 〈고향〉이 당시 한국 최고의 소설적 성과로 그 업적을 널리 인정받았다는 점이 가장 중요합니다. 자료를 보건대, 1936년 문예지 〈삼천리〉가 '영어 또는 에스페란토어로 번역하여 해외에 보내고 싶은 우리 작품'을 전 문단에 공개 설문한 결과, 이기영의 〈고향〉이 이광수, 김동인, 정지용은 물론 〈춘향전〉까지 제치고 압도적인 다수로 추천되었다는 것이 이를 증명하고 있습니다.

여기, 이기영의 〈고향〉이 전 한국의 주목을 받을 수밖에 없었던 것은 일제 치하에서도 지주 −소작 간의 반半봉건적인 당대의 모순이 잔존하고 있는 '쟁의적' 현실을 진실하게 반영하고 있을 뿐 아니라 예술적 전형성은 무론 계급적 당파성까지 진실하게 그려냈기 때문입니다. 즉 하나의 총체성으로서 '진실성'과 '전형성'은 저 아리스토텔레스 이래 헤겔의 영향을 받은 마르크시즘 미학의 거벽 루카치와 한국의 마르크시즘 문예비평가 임화의 핵심적인 이론입니다. 그러니까 그의 이론을 적용해 보건대, 그리하여 명작이 명작이 되기 위해서 빠져서는 안 되는 요건으로 우리는 시대적 진실성과 예술적 전형성, 그리고 계급적 당파성을 들 수 있는데, 카프의 1, 2차 방향전환도 이렇게 진실성과 전형성, 당파성을 얻기 위해 경향소설과 목적 의식기를 지나 볼셰비키적 대중화 시기를 거치면서 뼈 때리게 반성하고 모색하면서 목숨을 걸고 지켜서 얻어 낸 것으로, 그 과정에 1(1931), 2(1934)차에 걸친 일제의 검거선풍이 있었고, 이기영도 항상 그 전위에서 옥고를 치르면서 이뤄낸 성취였기에 그것은 과연 남다른 주목에 값하는 것입니다.

이왕지사 이기영 얘기가 나왔으니 그의 대표작 〈고향〉이 어떻게 탄생하게 되었는지 이에 얽힌 일화逸話를 좀 보겠습니다. 뭐 일화는 잘 알려지지 않은 이야기인데, 이것은 참 불가해한 인생 이야기가 아닐 수 없습니다. 그러니까 인생은 알 수 없다는 말이 있듯이, 여기 〈고향〉에 얽힌 이야기가 바로 그런 경우입니다. 어느 날인가 김동인이 잠시 조선일보 학예부장으로 일할 때였습니다. 원고 게재의 책임을 맡고 있는 중책이었습니다. 그런 어느 날인가 문일평(당시 조선일보 편집고문)씨가 원고 뭉치를 가져와서는 청탁을 하는 것이었습니다.

"김선생 미안한 청탁이 하나 있는데요. 내 어떤 친구가 이즈음 생활이 아주 곤란한 모양인데, 그 친구가 소설을 하나 썼노라고 그것을 조선일보사에서 사주면 해서 그러는데요."
하는 청탁이었다.
"좌우간 그 원고를 한번 뵈어 주시지요."
"아니, 그 친구가 언젠가 김선생을 어느 잡지에서 욕을 했대요. 그래서…"

"난 그런 건 일일이 기억도 못합니다. 원고를 좌우간 뵈어 주세요."
이리하여 문일평은 한 뭉텅이의 원고를 내어놓았다. 그 원고란 민촌 이기영의 〈쥐불鼠火〉이었다.

이것은 김동인의 자전적 회고록 〈문단 30년의 자취〉(대중서관)를 가공한 단편에 불과한 이야기입니다. 그러나 여기에는 참으로 많은 인생 이야기가 광석처럼 박혀있는 것이니, 우리는 삶이라는 이 거대한 스핑크스 앞에서 새삼 옷깃을 여미게 되는 것입니다. 그러니까 당시 일제 치하의 상황에서도 한국의 문단은 김동인은 민족 우파, 이기영은 계급 좌파로 물과 기름처럼 판을 가르고 싸움을 벌였던 것이니, 이기영은 어느 평론(〈적막한 예원〉의 일절을 읽고―김동인군을 박함)에서, 예술지상주의자 김동인을 부르주아의 이익을 위해 봉사하는 개라며 급진적인 비판적인 날을 세워 몰아부쳤던 것입니다. 이런 악연이 있던 차에 당시는 참으로 가난이 중요한 화두였던 어려운 시대였으니, 이기영 또한 예외가 아니었습니다. 그러나 식민치하 민중의 빈부문제가 가장 중요한 문제라며 살인과 방화를 주제로 하는 경향문학, 카프 계열의 좌파문학을 백안시하고 날을 세우고 있던 우파의 김동인에게 이기영이 눈에 들어올 턱이 없었던 것입니다. 이런 터에 점잖은 문일평이 각별히 예를 갖추고 청탁을 하는 상황이다 보니 김동인 또한 무시할 수 없어 대개의 경우는 쳐다보지도 않고 서랍에 처박아두기 일쑤로, 그러나 마지못해서 그 원고를 읽어 보게 되었던 것인데, 그는 그만 깜짝 놀라고 말았던 것입니다. 예전에 보던 경향소설의 최서해식 '살인·방화·주먹·마치('마치'는 오늘의 망치입니다--인용자)'식 소설이 아니고,

자신 또한 그토록 쓰고 싶었던 소설적 모범이 될 만한 하나의 '작품'이 나타났던 것입니다. 그리하여 〈서화〉는 1933년 5월 30일부터 7월 1일가지 조선일보에 연재되는 행운을 누리게 되었는데, 이것은 〈고향〉의 전주곡이었습니다. 이를 계기로 그의 출세작 〈고향〉 또한 조선일보에 연재되면서 한국소설역사에 있어 일대一大 공전의 걸작이 탄생하게 되었던 것입니다.

그러니까 좌파의 작품이 우파의 신문에 연재되어 호평을 받았다니… 참으로 호도 속 같다더니 알 수 없는 인생이 틀림없는가 봅니다. 뭐 사실 따지고 보면 이와 유사한 사례는 얼마든지 있습니다. 가령, 저 화용도의 위기에서 적장 조조를 구한 것은 뜻밖에도 관우였고(나관중, 〈삼국지〉), 저 적장 헥토르의 시체를 내놓으며 엉엉 울음을 터트린 것은 그를 잔인하게 죽인 아킬레스 본인이었으며(호메로스, 〈일리아스〉), 포탄이 떨어지는 전장터에서 죽음을 무릅쓰고 부상병을 구하고 보니 적군이더라는 이야기(스베틀라나 알렉세예비치, 〈전쟁은 여자의 얼굴을 하지 않았다〉)에서 우리는 인생의 신비와 경외를 다시 느끼거니와, 여기 평소에 그렇게도 으르렁거리던 김동인과 이기영에 얽힌 일화 또한 철없는 우리들에게 베일에 쌓인 인생에 대한 참을 수 없는 페이소스를 불러일으키는 것입니다.

어쨌든 〈고향〉을 〈고향〉이게 한 것은 뭐 이것이 대중적 언어의 보고라는 점입니다. 그러나 이것은 민중시인 신경림의 시처럼 민중의 삶이 자연스레 녹아 있지 않으면 불가능했던 것으로 '민촌民村'이라는 호에서 짐작할 수 있듯이 민중의 실생활에 기반을 둔 다양한 생활체험이 민중적 언어를 구워내는 데 크게 작용한 것을 볼 수 있는 것입니다. 그는 한때 '남조선 일대의 방랑생활을 수삼년 하('나의 수업시대')고 동경유학도 관동대학살로 실패하고 하는 동안 은행서기도, 학교 교원도, 장사꾼도, 심지어 탄광일도 해보는 등 민중의 실제 현실을 다양하게 체험하였던 것입니다. 이것은 〈임꺽정〉과 비교해 보면 확연히 드러납니다. 즉 '조선어의 보고'라는 고평高評에도 불구하고 우리는 '반촌班村' 출신의 홍명희가 쓴 이 대작이 저 앤티크한 유교적인 교양의 언어로 일관되어 있다면, 이기영의 〈고향〉은 민중의 삶에 기초한 리얼한 언어가 현실음으로 생생하게 펄떡이고 있음을 볼 수 있는 것입니다. 그리하여 "이기영의 〈고향〉은 〈임꺽정〉이나 〈만세전〉이나 그 외 춘원의 〈그 여자의 일생〉, 〈흙〉 등에 비하여 얼마나 많은 생생한 어휘와 한국어의 고유한 아름다움을 가졌는가? 염상섭의 한국어를 석판화라고 하면, 홍명희 씨의 언어는 색채를 빼고 난 흑색만의 묵화석인 墨畵石印이고, 이기영의 언어는 라파엘, 다빈치의 그것"('한국어와 위기하의 한국문학')이라는 임화의 평가가 결코 허언이 아님을 짐작할 수 있습니다. 즉 홍명희의 언어가 앤티크하고 고풍어린 평면적인 실경묘사에 그치고 말았다면, 이기영의 그것은 아직 완전한 전형을 갖추지는 모했지만 입체적인 진경 서사의 경지에 이르렀다는 것입니다. 사실이 그러한지 소설의 여기 한 대목을 보겠습니다. 당시 있는 집 자식들의 사교 클럽인 청년회의 허구성을 신랄하게 비판하고 있는 김선달의 육성은 이렇습니다.

말이 났으니 말이지, 참 아저씨도 아까 그러한 말씀을 합디다마는 그까짓 청년회는 무엇하러 가겠는가? 그까짓 것들하고 무슨 일을 같이 하겠다고. 하긴 자네가 나온 뒤로는 좀 달라진 것도 같데마는 어떻게 했으면 오늘은 심심풀이를 잘 할까 하는 유복한 자식들이나, 그렇지 않으면 제 에미 에비가 뼛골이 빠지게 일을 해서 보통학교나마 공부를 시켜놓으니까 번둥번둥처먹고 놀면서 '공'인지 급살인지 처러 까지르는 것들이 무슨 제법 큰일을 하겠다는 것인가. 홍! 그래도 내세우는 말들은 장관이지 뭐? 그런 운동을 하면 몸이 튼튼해지고 먹은 게 소화가 잘 된다고. 아니 못 먹어서 부황이 나 죽을 놈이 부지기수인데 돼지죽으로만 알던 지게미도 못 얻어먹어서 양조소 굴뚝을 하느님 쳐다보듯 하고 한숨을 짓는 살얼음판인데, 그래 기껏 걱정이 밥 먹은 것을 삭일 걱정이로구먼! 천하에 기급을 할 놈들 같으니!
……

– 이기영의 〈고향〉 '김선달' 편

이것은 참으로 통쾌한 대일갈이 아닐 수 없습니다. 참으로 현실과 맞아 떨어지는 근사하고 생동한 언어적 구현이 아닌가 말입니다. 이것은 홍명희의 유교적인 교양의 언어와도 대비되고, 또한 이것은 춘원의 저 계몽적 성격을 띤 부르주아적 교양의 '아려雅麗'한 문장과도 분명하게 대비되는 것입니다. 즉 "옳습니다. 교육으로, 실행으로, 저들을 가르쳐야지요, 인도해야지요!(《무정》)"하고 말하는 계몽주의 소설가 춘원 이광수의 문장이 아담하고 고운 언어로 부르주아의 미적 망탈리테를 드러내고 있는데 기여하고 있는 '순수음가'로서의 형식주의 문학어의 세계형식이라면, 여기 민촌 이기영의 문장은 저 〈춘향전〉의 대목만큼이나 리얼한 현실을 리얼한 현실의 맛 그대로 생생하고도 풍부하게 그려낸 '실제음가'의 음상흡

相을 실감나게 보여주고 있는 것입니다. 특히, '그까짓 것들', '유복한 자식들', '에미 에비가 뼛골이 빠지게', '번둥번둥처먹고 놀면서 '공'인지 급살인지 치러 까지르는 것들이'… '기급을 할 놈들 같으니!' 등 우리는 마치 지랄탄, 발광탄처럼 연이어 터지는 폭죽처럼 있는 그대로의 생활 감정을 진실하게 드러내고 있는 리얼한 육탄의 언어에서 살아있는 인간의 목소리가 전하는 조성 tonality의 생동감을 느낄 수 있거니와, 이를 통해 우리는 일상과 언어가 다르지 않은不二 한국적 리얼리즘의 실체를 경험하게 되는 것입니다. 이것은 그 스스로가 말('〈고향〉의 평판에 대하여')하고 있듯이, 〈고향〉이 비교적 호평을 받은 것은 여태까지의 장편에서 그리 볼 수 없는 농촌의 취재와 그것이 어느 정도만치 '현실미'를 띠고 있기 때문입니다. 이 대목을 읽을 때 나도 모르게 아! 하고 저린 탄성을 내지르는 것은 무엇 때문인지… 이것은 그야말로 우리가 그토록 고대하던 시대적 진실과 예술적 전형이 한데 어우러지면서 우리들의 심리를 공통적으로 대변하고 있는 민중적 연대의식이 독자 대중을 무슨 천둥 번개를 맞은 것처럼 나의 영혼의 골을 때리고 있기 때문이 아닌지…

그것은 또한 이야기의 속성상 거짓을 진실하게 까발리는 탈신화적인 요소를 지니고 있는데, 그것은 '청년회'라는 빌어먹을 조직이, 기어코 이런 조직의 허구성을 그야말로 발가벗기듯이 생생하게 까발리고 있다는 점에서 앎의 모럴로서의 서사 본래의 유명론적 지식[81]을 얻는 데서 오는 맛을 즐길 수 있거니와, 이것은 또한 일제

---

81) 임화는 '신춘창작개평'(1934,'조선일보')에서 소설을 논하면서 '소설은 해명이다'라는 논지를 펴고 있는데, 여기서 우리는 소설이 불의 현실의 모습을 폭로하고 탈은폐시키는 훌

시대가 좋았다는 저 얼치기 학자들의 이른바 '식민지 근대화론'에 대한 훌륭한 받아치기 교본이 될만하지 않는가 하는 얘기이기도 할 것입니다.

—여기, 청년회라는 유사類似 단체가 있다/모방적 사실 범주

—청년회는 그러나 유한계급의 빌어먹을 사교 클럽일 뿐이다/서사적 가치 범주

이런 사례는 지금 대중들의 목소리가 분수처럼 분출하는 대중서사, 대중평자시대, 이런 대중들의 분출하는 욕구를 어떻게 구워서 이 시대의 진실하고 전형적인 그들의 목소리vocies로 세계에 통하는 범용한 언어의 그릇에 담아낼지 고민해야 하는 작가들뿐 아니라, 모든 이들 또한 마찬가지로 노력 여하에 따라서는 나에게 주어진 오늘의 리얼한 일상이 을매나 훌륭한 창조의 계기가 될 수 있는지를 시사하는 금편金片 같은 일례라 할 것입니다.

나는 그렇게 봅니다.

룡한 유명론의 도구이자 양식임을 확인합니다.

12
백석(1912~1996)

기호는 다만 기호가 아닙니다. 퍼스의 말[82]대로, 기호는 그 무엇을 대신한 간접적인 도구막대로서의 표상체입니다. 그러나 기호와 그 무엇은 비록 같지는 않지만 그렇다고 다를 수도 없습니다. 즉 그 무엇이 없으면 기호도 없습니다. 가령 우리말에는 '맴'이라는 묘한 말이 있습니다. '몸'도 아니고 '마음'도 아닌 세계, 그러나 서양과 달리 우리에게 이렇게 '맴'이라는 묘한 기호가 존재한다는 것에는 우리의 사유구조이자 감정구조로서의 철학적 에피스테메episteme에는 분명 서양의 이원론 또는 동양의 관념론으로 해석할 수 없는, 뭐 육체와 정신을 분리해서 볼 수 없다는 고유하고 독특한, 그 불이不二로서의 한국인의 독자적인 사유가 존재함을 암시합니다. 이것은 '우리'라는 말parole과 더불어 한국인의 정서의 심층구조를 이해하는데 대단히 중요합니다. 뜨거운 음식을 먹고 시원하다고 하고, 이별은 미의 창조라고 하는 것 등은 그러한 정서를 대변하는 것들 중 몇 가지 사례에 불과합니다.

하나의 잡식적인 장르로, 그러나 그것이 하나의 독자적인 한국형

---

[82] "기호, 또는 표상체는 누군가에게 어떤 면에서, 또는 어떤 명목 아래 다른 무엇을 지시하는 것이다.", 찰스 샌더스 퍼스, 《퍼스의 기호 사상》, 민음사, 2009

서사체로서의 '이야기시'의 전형을 이룬 최대의 리얼리즘 시인으로 우리는 백석을 드는데 주저할 이유는 없습니다. 그만큼 백석은 이 땅의 '리얼리즘시'의 한 정점을 보여주기 때문입니다. 여기! '리얼리즘시' 또는 '이야기시'는 '맴'처럼 리얼리즘과 시, 또는 이야기와 시가 한덩어리를 이룬 독특한 한국형 서사체입니다. 이런 사실은 앞에서 본 바 있는 만해의 산문시, 임화의 프로시와 더불어 백석 시의 한 특징으로 분명 독자적인 개성을 이룬 것으로, 이것이 독자적일 뿐 아니라 이런 결과로 낳은 그의 작품이 많은 대중의 사랑을 받고 있다는 사실은 이것이 과연 하나의 한국형 서사체의 전형을 이루고 있음을 암시하고 있습니다.

이번에는 여전히 꾸준한 사랑을 받고 있는 국민시인 백석을 통해 대체 그 무엇이 백석을 백석이게 하고, 대체 왜 백석이 꾸준히 국민 대중의 사랑을 받고 있는지 그러한 사정의 깊은 저변에 흐르고 있는 사유의 강물은 무엇인지? 이것은 우리가 아직 말해보지 모한 부분이 아닌가? 가령, 한 송이 꽃이 개화하기 위해서는 하나의 자연 환경으로서의 토양이 문제된다고 할 때, 하나의 시꽃이 탄생한다 할 때에 있어서도 분명 이와 유사한 조건으로서의 사회 문화적 환경socio-culture milieu이 문제된다 할 것입니다.

그렇다면 백석의 이야기시(또는 리얼리즘시)를 낳은 사회문화적 환경으로서의 토양은 무엇이었는가 할 때, 일단은 사회정치적 환경으로서의 일제 식민지배의 가혹한 현실이라 할 것입니다. 이것은 '인간해방'이라는 문학 본연의 예술적 임무와 관련하여 정치적 무의식을 촉발시키는 모멘트로 임화를 비롯 일제하 경향파 문학을 상징하는 카프KAPF에서 그 일단을 엿볼 수 있습니다. 이것은 분명 정치적 저항의 일종이라 할 것입니다. 그러나 목숨을 걸어야 하는 정치적 저항으로서의 예술운동은 그로서는 분명 어려운 저쪽 세계의 것이었습니다. 그는 정치적 저항과는 다른 미적 저항의 길을 뚫고 전진함으로써 당시는 물론 지금까지도 한국인의 정신적 감정구조에 깊이 각인되어 있는 미적 저항의 아름다운 표상이 되었습니다. 여기 정치적 저항이든 미적 저항이든 이것은 하나의 정치적 비판행위로서의 전복 행위이고, 또한 미적 심판으로서의 하나의 찢기tearing 행위에 해당합니다.

과연 그러한가 백석의 처녀혼을 만나보겠습니다.

산(山)턱 원두막은 뷔였나 불빛이 외롭다

헌 깁심지에 아즈까리기름의 쪼는 소리가 들리는 듯하다

잠자리 조을든 무너진 성(城)터
반딧불이 난다 파란 혼(魂)들 같다
어데서 말 있는 듯이 크다란 산(山)새 한 마리 어두운 골짜기로 난다

헐리다 남은 성문(城門)이 한을 빛 같이 훤하다
날이 밝으면 또 메기수염의 늙은이가 청배를 팔러 올 것이다

— 백석, '정주성' 〈사슴〉, 1936

자작나무 같이 고고한 순백의 영혼을 지녔던 그, 그는 무엇보다 감각을 다룰 줄 아는 시인이었습니다. '정주성'은 그러한 순백의 고고한 이미지를 형상화한 압축파일과도 같은 작품입니다. 비록 헐리다 남았을망정 그곳, 정주성은 그러나 아직도 반딧불이 날고 크다란 산새도 나는 곳이며, 날이 밝으면 또 어김없이 메기수염의 늙은이가 청배를 팔러 올 곳입니다. 정주성은 무너져 가고 있는 조선혼을 상징합니다. 이렇게 무너져 가는 정주성에도 풍속은 살아 있어 '한을 빛'은 환합니다. 그리고 무엇보다도 여기 코털 같은 자존심의 메기수염의 늙은이가 있어 정주성은 비로소 정주성입니다. 여기, 처녀혼을 지닌 시작 초기의 작품을 통해 볼 때, 그는 사라져 가는 풍속을 있어야 할 당위로 재현시킨 보기 드문 풍속 시인이라 할 것입니다. 그러나 그것은 또한 강도 일제에 대한 완곡한 간접비판이자 해방(하늘빛)을 향한 감각적 저항이며, 결국 희망을 복원하자는 얘기 아닌가. '또'가 그것이고, '청배'가 또한 그것입니다.

그러나 백석은 감각의 시인일 뿐만 아니라 서사의 시인이기도 했습니다. 이미지를 통한 현실의 생생한 감각적 묘사는 자칫하면 행동 또는 행동가능성이라는 서사적 충동을 파괴하기 쉽습니다. 묘사는, 고작해야 고정된 현실의 복사에 기여하고 말 뿐입니다. 묘사는 어디까지나 재현의 언어 아닌가. 그러나 백석은 묘사적 이미지를 갖다 쓰고 사라져가는 풍속을 사라지지 않을 풍속으로 재구시켜 놓을 줄 알면서도-아마 그래서일 것입니다-시간성을, 서사적 고려를 놓치지 않았습니다. 즉 정주성이 과거-현재-미래라는 역사적 시차를 지니게 된 이유도 여기에 있을 것입니다.

시간은 재현에의 저항입니다. 재현은 죽음입니다. 이에 잠자리 졸던 무너진 성터는 과거로 객화되고, 현재는 외로운 성일망정 뭇 생명들이 날고 있는 존재 지속의 공간으로 인식되고 있으며, 나아가 미래는 비록 메기수염의 늙은이일망정 그 조선적 정조는 면면하게 이어지고 또 이어지리라는 지속적 시간 속으로 우리를 안내하는 것입니다.

날이 밝으면 또 메기수염의 늙은이가 청배를 팔러 올 것이다

그리하여 여기, 이 마지막 시행은 실로 한 마디 시어로 천 마디 시어를 다스리는, 다시 말해 매우 강력한intense 서사적 밀도를 지닌 시어라 아니 할 수 없습니다. 그의 시가 돌배, 청배처럼 달큰한 과즙 같은 서정적 미감을 맛보게 하면서도,

'조선은 불사의 정신을 지닌 민족이다'

로 인지되는 건강한 마음을 선사하는 이유가 여기에 있고, 평자들이 그의 시를 일컬어 '리얼리즘시'라 보는 소이도 바로 여기서 찾을 수 있습니다. 그런데 이런 시적 경향은 갑자기 나온 것일까요?

언지言志에서 연정緣情으로

동양의 시론상으로 볼 때, 전통적으로 시의 세계는 '언지言志'의 세계였습니다. 여기, 언지는 모방론의 일종으로 동양의 전통적인 시관을 나타내는 말입니다. 본래는 〈서경書經〉에 실려 있는

말로, 〈서경書經〉은 전설적인 제왕이라는 요순堯舜과 하은주夏殷周 제왕들의 치적과 말씀을 기록해 놓은 것으로 저짝 서양의 〈구약舊約〉과도 같은 책이라 할 것입니다. 그 중에 '언지言志'는 순황제가 말씀한 것을 기록해 놓은 것이니, 문맥적으로 볼 때 언지는 매우 지배 이데올로기적인 성격을 지닌 시관인 것입니다. 그러니까 시는 본질적으로 통치의 일환으로 추상적인 서술-저 〈일리아스〉의 '제우스의 뜻'과 마찬가지로 여기서는 바로 순황제의 뜻이 되것지요-을 사물화된 이미지로 시화시킨 것을 말한 것입니다. 이런 형식은 일종의 top-down 방식으로 위에서 아래로 주입식으로 전달되는 통치의 형식과 전혀 다르지 않은 것입니다. 뭐 박정희가 새마을 노래를 지어 부르고 전 국민이 따라 부르게 한 것과 같은 것입니다.

이걸 〈시경詩經〉에서 보면 이런 겁니다.

맑을사 그 빛이여
무왕의 법전!
제사하기 비롯해 이제토록에
그로써 나라를 빛내왔거니
참으로 이는 주나라의 복이시로다

- 〈시경〉 '송' 부분

'송頌'은 통치자에 대한 맹목적인 찬사를 담은 고대시의 일반적인 형식입니다. 그래 대체로 뭐 이런 내용이 많이 담긴 〈시경〉을 공자가 그토록 좋아하고 〈논어〉의 첫장에서 "배우고 때로 '반복해서習' 익히면 즐겁지 않은가" 했으니, 뭐 공자는, 서양 고대의 시학을 대표하는 아리스토텔레스처럼 동양의 고대 시학인 모방론mimesis 을 대표하는 문예이론가이고, 그의 언행을 기록해 놓은 〈논어〉는 가히 동양의 시론서가 아닐 수 없습니다. 거기, 동양의 시론서라 할 〈논어〉에 등장하는 유명한 시론에 '술이부작述而不作'이 있습니다. 뭐 일종의 모방론으로 성인의 말을 반복해서 기술할 뿐이지 새로 짖지는 말라는 것입니다. 이것은 서양 고대 시학의 완성자라는 아리스토텔레시스의 유명한 "예술은 자연(신)의 모방이다"라는 명제와 전혀 다르지 않은 것입니다. 그래 모든 시의 이야기는 아리스토텔레스의 모방론에서 비롯되는 것처럼, 모든 동양의 글은 '전왈傳曰'로 시작하고 공자 말씀으로 끝나고, 저 철저한 관념론자 이황의 시조처럼 '도로 끝나는 것입니다. 이 시대의 대표적인 순응주의 시인 나태주의 시에 유난히 이 순응을 나타내는 조사 '도' 가 많은 것도 우연이 아닙니다 '도'는 노예도덕의 표지입니다.

나는 한때 집 아이가 목동 근처의 '튼튼유치원'을 다닐 때 가져온 소식지에 실린 다음 동시를 보고는 쓴웃음을 지은 적이 있습니다.

어른이 되고 싶어요
빨래도 해요
설겆이도 해요
반찬도 해요
밥도 끓여요
계란도 튀겨요

빨리 어른이 되고 싶어요

- 김민정 어린이 '어른이 되고 싶어요'

여기, 어른은 어린이가 닮고 싶은 롤모델이자 근거이고 형식이며 원형입니다. 어른은 성숙한 존재이고 어린이는 미숙한 존재이니 어린이는 끊임없이 어른을 닮고 싶은 것입니다. 즉 미숙한 세계의 특징은 따라하기, 모방인데 모방은 그러나 본질적으로 불안한 데서 나온 것입니다. 그러니까 다른 것을 베끼고 흉내내며, 모방을 일삼는 것은 학습의 기초이지만 이것은 분명 저 루카치의 말대로 규범적인 어린아이의 세계형식인 것입니다. 이건 분명 불행한 코스프레의 세계입니다. 어른이 만든 장난감을 갖고 노는 어린이는 기성 어른의 세계를 닮고 흉내 내기 위해 주어진 회로와 공식대로 도, 도, 도(따라하기, 반복, 동화)할 수는 있지만 은(차이, 이화, 주체), 을(정치, 역사) 해서는 안 되기 때문입니다. 뭐 '도'는 닫힌 반복의, 재현의, 순응의 세계입니다. 대체 왜 '도'가 문제인가. 조사 '도'에는 죽은 정물의 재현만 있을 뿐이지 자신의 눈깔로 본 진실한 감정이 거세되었기 때문입니다. 그래 모방을 일삼는 불행한 코스프레의 세계는 분명 상사의, 비유(처럼)의 세계이고 주어진 반복의, 예고된 숙명의, 죽음의, '도'의 세계입니다.

문학은 '개체'에서 '종種'을 보게 한다는 전래의 예술관 또한 이와 유사한 것입니다. 즉 여기, '개체'는 사물화된 이미지이고 '종'은 추상적인 진술과 다르지 않은 말입니다. 왜 이런 예술관이 노예도덕을 양산하는지 그것은 무엇보다 종을, 전체를 우선시하기 때문입니다. 이걸 머 나쁘다고만 볼 수는 없습니다. 중요한 것은 이걸 이용하는 사람들이 있다는 것입니다. 국민입네, 민족입네, 인류의 평화니, 하며 구실 좋은 말로 떠드는 자들이 노리는 게 알고보면 현재 자신들의 권력을 영속시키기 위해 개체들의 희생을 노리고 있다는 점입니다.

이건 머 동양의 국뽕서사 〈삼국지〉에도, 거기 주군 유비劉備를 따르는 충직한 봉건기사 관우關羽에게도 해당되는 야그지만, 그를 움직이게 하고 조종하는 것은 그가 아니라 그가 늘 보고 있는 〈춘추경春秋經〉입니다. 마치 〈성서〉가 〈성경〉이 되었듯이, 마찬가지로 〈춘추〉가 어느새 〈춘추전〉으로 불리다가 다시 〈춘추경〉으로 신화의 옷을 갈아입었던 것입니다. 거기, 노魯 나라 출생의 공자는 섬겨야 할 주周 제국의 봉건국가로 무엇보다 '춘추대의春秋大義'라는 주제가 쐐기처럼 박혀 있거니와, 그것은 무론 주周 왕조에 대한 봉건적 충성이라는 메시지를 통해 '한漢 왕조 부흥'이라는 〈삼국지〉의 주제를 암시하고 있는 것으로 개인은 국가의 종으로, 전체의 희생양이 되어야 한다는 매우 고대적인 집단 이데올로기가 철침처럼 박혀 있으니 관우가 이걸 헤어나오기는 어려운 노릇일 것입니다. 이게 바로 유교 교육이 노리는 봉건적 이념 속이라 이겁니다. 근대 시의 모던한 눈깔을 지녔던 김수영은 벌써 이걸 알고 노려보았지만('묘정의 노래') 왜 관우상을 모신 사당이 여기저기 있으며, 지금도 향불이 타오르고 있을까 생각해 볼 일입니다.

호메로스의 그리스 국뽕서사 〈일리아스〉도 그렇습니다. 거기, 그리스 최고의 장수 아킬레우스가 전리품인 미녀 브리세이스를 둘러싸고 대장 아가멤논과 틀어져 그리스군이 패할 지경에 이르러서도 꼼짝 않고 '달콤한 분노'를 즐기고 있다가 친구의 죽음을 보고는 드디어 일어나 적장을 죽이고 승리하고 자신도 죽습니다. 이것은 '모욕'과 관련된 중요한 주제를 내포하고 있지만 여기서 중요한 것 역시 아킬레우스 개체가 중요한 게 아니고 친구의 의리라는 명분, 이게 바로 종적種的 가치의 세계이고 이게 바로 제우스의 뜻이고 이게 바로 시의 뜻에 해당하는 것으로 동양의 재도론이고 서양의 모방론에 해당하는 것입니다. 그러니까 봉건사회를 옹호하고 무왕 등을 추존한 내용을 담은 〈시경〉을 찬술한 공자가 왜 다만 따르라고 시의 정치적 기능을 야그했는지, 알렉산더 대왕의 왕사로 고대 〈시학〉을 완성한 아리스토텔레스가 왜 아킬레우스 등 비극적 인물의 행동을 따르라고 모방론을 언급했는지... 단언컨대, '언지言志'는 동양의 노예제 사회의 시관詩觀을 반영한 종놈의 수사학이자 반동적 문예관입니다.

언지가 사물을, 외부를, 객체를, 전체를 다루고 있는 묘사의 세계라면, 그러나 '연정緣情'은 마음을, 내부를, 주체를, 개인을 주제로 하는 서사의 세계입니다. 이것은 나의 견해로는 언지가 묘사부에 해당한다면, 연정은 서사부에 해당하는 것으로, 이것은 역사적으로 전혀 주체적 인간의 출현과 관련이 있습니다. 그리스의 서정 시인 사포나 후한 말의 대시인 조조가 그런 경우입니다. 여기, 연정緣情은 '시는 마음을 나타낸 것'이라는 조조曹操의 시관과 관련이 있는 것입니다 그러니까 언지의 세계에서 인간은 거대한 세계에 미신적으로 사로잡혀 있는 대상을 단지 미화, 찬미하는 맹목적 인간에 불과하였다면, 연정의 세계에서 인간은 응축된 세계를 '물끄러미' 응시, 해석하는 내성적 인간이 되는 것입니다. 뭐 언지가 유가적이라면 연정은 도가적입니다. 즉 언지가 대상과의 미적 거리를 놓치고 있는 맹목적 세계라면, 연정은 대상과 미적 거리를 유지하고 있는 주체적 인간의 세계입니다. 주체적 인간의 특징 중의 하나는 개길 줄 안다는 것입니다. 부당한 명령이나 지시에 따르지 않고 버티거나 반항할 줄 아는 것이고 똘끼 가득한 시선으로 세상을 삐딱하게, 그러나 제대로 보는 것입니다. 언지의 인간상이 쪼다 유비 같은 범생이에 불과하다면, 연정의 인간상은 저 조조처럼 실력을 갖춰 관료들을 무서운 줄 모르고 대하던 앙팡테리블 같은 존재입니다.

-유비: 도덕이 중요해 난 시상이 어떠해도 약속을 지킬꺼야

-조조: 난 어디까지나 나야 약속도 때론 지킬 필요가 없어

대체 유비는 어찌하여 시 한 수 지은 바 없지만, 조조는 어찌해서 기존의 〈시경〉(4언시)과는 다른 풍의 그만의 개성(5언시)을 지닌 풍골風骨의 시인이 되었을까요? 이것은 고전에 대한 두터운 교양도 교양이지만 민중의 노래인 악부시를 창조적으로 계승하고, 현학玄學이라는 말쑥한 도가사상을 자기화한 결과라 할 것입니다. 우리는 시인 백석白石이 명교名敎(유교를 조롱, 비판하는 도가적 시선이 깃든 말)가, 언지의 세계가 어티케 사람을 잡아먹고, 인간의 기본 욕망을 억압하였는지, 마른 장작처럼 뻣뻣한 성리학의 낡은 기호로 가득 찬 '정문촌旌門村'이 어티케 인간을 거세시키는지

뛰어나게 풍자하고 있는지 예의 도가적 시선을 엿볼 수 있습니다.

주홍칠이 날은 정문旌門이 하나 마을 어구에 있었다

孝子盧迪之之旌門효자노적지지정문―몬지가 겹겹이 앉은 목각木
刻의 액額에
나는 열 살이 넘도록 갈지자字 둘을 웃었다

아카시아꽃의 향기가 가득하니 꿀벌들이 많이 날어드는 아츰
구신은 없고 부엉이가 담벽을 더쫓고 죽었다

기왓골에 배암이 푸르스름히 빛난 달밤이 있었다
아이들은 쪽재피같이 먼길을 돌았다

정문旌門집 가난이는 열다섯에
늙은 말꾼한테 시집을 갔것다

― 백석, '정문촌旌門村', 〈사슴〉, 1936

여기, 시인은 시대착오적인 정문촌을 담담하게 풍유諷諭하고
있습니다. 그리하여 정문촌은 언지의 세계에, 도덕의 올가미에
들씌워진 마을입니다. 그곳은 과연 마을 어구에 아직도 구신 같은
정문이 서 있고, 구신 같은 부엉이 울음이 구구―하고 들려오는
무시무시한 곳입니다. 시인의 말('흰밤', '마을은 맨천 구신이 돼서')
대로, 마을은 맨천 구신이 돼서 무서워 오력을 펼 수 없는 곳이기

때문입니다. 그리하여 괴괴한 밤, 옛성의 돌담에 달이 오르고 묵은 초가지붕에 박이 또 하나 달같이 하이얗게 빛나는 흰 밤, 이런 때는 하나의 '암시suggestion'로서 수절과부 하나가 목을 매여 죽는 밤도 바로 이런 밤입니다. 정문旌門은 무엇인가. 충신, 효자, 그 중에도 바로 이런 수절과부, 열녀烈女라는 빌어먹을 삼강오륜三綱五倫의 본보기들을 표창하기 위하여 그의 집 앞이나 마을 어구에 세워 놓은 붉은 문을 말합니다.

그러나, '정문촌'은 낡은 기호로 가득 차 있는 곳입니다. '날은'은 '낡았다'는 뜻입니다. 그리하여 붉은 칠을 한 정문은 벌써 언제인지 모르게 색이 바래고, 먼지가 겹겹이 앉아 있습니다. 귀신이 있다는 것도 말짱 허구입니다. 이것은 분명 마르크스(《헤겔 법철학 비판》)가 저 종교적 신의 세계를 '환상적 현실화'라며 빤히 그 허구의 세계를 비판하고 있는 것처럼, 꼭 그처럼 조선의 유명론자 백석 또한 허구의 세계를 빤히 응시하고 있는 유명론적 눈깔의 소유자입니다. 그래 귀신 울음을 운다는 부엉이도 치쪼고 죽었습니다. 기왓장에 푸르스름한 배암이 지나고, 아이들조차 쪽제비처럼 먼 길을 돌아갑니다. 인간의 욕망을 거세당한, 그래서 더욱 가난하게 살 수밖에 없는 가난이도 별수 없이(~것다) 늙은 말꾼한테 시집을 갑니다. '정문촌'은 이렇게 빛바랜 가치가 아직 남아 있기는 하지만, 그 곳은 모두가 기피하고 외면하는 곳이자 가치의 기둥이 무너진 곳임을 암시하는 코노테이션connotation입니다. 시인은 이처럼 하나의 국가이데올로기장치이자 강제도덕으로 군림하고 있는 동양 성리학의 세계가 사실은 낡아빠진 정문처럼 시대착오적인 가짜 세계임을 '슬며시' 조롱하고 있는 것입니다.

'정문촌은 건강한 삶이 거세된 마을이다'

라고 말입니다. 이것은 저 단순한, 죽음의, 복사로서의 죽은 정물의 세계를 서경적으로 스케치하는 노예의 언어가, 묘사가 아닙니다. 그러니 언지의 세계가 모방의 세계에 머물고 만다면 연정의, 서사의 세계는 하나의 시적 위반이자 정립으로서의 해석의 세계를 낳습니다. 쉽게 말해 언지가 세계가 나를 짓누르고 있는 억압의 세계라면, 연정은 내가 세계를 하나의 대상事으로 인식하는 가운데 그 대상을 해석敍하고 있는 의지의, 술이작述而作의 세계입니다. 그리하여 언지가 추상적 진술을 사물화한 이미지로 대상을 거대하게 '시화poetizing'시켜 놓고 있다면, 연정은 그 사물화된 이미지 대상을 추상적 진술로 응축시켜 '개화conceptualizing' 시키게 되는 것입니다. 즉 언지가 무엇이 어떠하다는 묘사라면, 연정은 무엇은 무엇이라는 서사적 설명의 세계입니다. 이는 곧 인간의 의식단계가 '지志'라는 모방적 재현의 세계에서 '정情'이라는 해석적 재구의 세계로 전이transition되고, 그 헤겔적 의미에서의 사유의 진전운동을 일으키고 있음을 보여줍니다. 중요한 것은 과연 물적 반영이 아니라 미적 형성입니다. 인간은 이렇게 '지志'라는 관념적 의식이 삶을 지배하는 게 아니라 오히려 '정情'이라는 나의 구체적 감정이 의식을 규정한다는 혁신적 사고를 하게 되면서 시를 대하는 인식도 크게 변화해 왔습니다.

여기 노예적 단계의 묘사와 주인의 단계로서의 서사의 관계를 보여주고 있는 동양 미학으로서의 '지志'와 '情'의 세계를 개념적으로 좀더 일반화시키면 여기서 우리는 동양의 사유를 만나게 됩니다.

바로 하나의 학파ecoles로서의 유가의 무리들儒家과 도가의 무리들道家입니다. 과연 그럴까요? 우리는 유가와 도가의 기원을 통해 유가와 도가의 실체를 확인할 수 있습니다.

중국의 제자백가 사상의 고고학적 기원을 밝히고 있는 반고의 〈한서예문지〉를 보면 유가와 도가가 나란히 1, 2위를 다투면서 유가와 도가가 아시아적 가치의 두 기둥이 되었음을 볼 수 있습니다.

1. 유가儒家는 사도司徒(교육자)에서 나왔다

2. 도가道家는 사관史官(문서를 기록하는 관리)에서 나왔다

3. 음양가陰陽家는 희화羲和(관상감)에서 나왔다

4. 법가法家는 이관理官(법관)에서 나왔다

5. 명가名家는 예관禮官(예를 관장하는 관리)에서 나왔다

6. 묵가墨家는 청묘淸廟의 수수(제사지기)에서 나왔다

7. 종횡가縱橫家는 행인行人(외교관)에서 나왔다

8. 잡가雜家는 의관議官(정치)에서 나왔다

9. 농가農家는 농직農稷(농사를 관장하는 관리)에서 나왔다

10. 소설가小說家는 패관稗官(민간의 풍속을 기록하는 관리)에서 나왔다

여기 유가가 사도에서 나왔다는 것은 바로 유가가 교육자에서 나왔다는 것이고, 이는 유가가 사제집단의 이데올로기 담당자였다는 것이고, 뭐 막말로 말해서 공자로 대표되는 유가는 권력자의 따까리 집단이라는 것과 전혀 다르지 않은 것입니다. 가령 공자孔子, 그를 시조로 하는 유교 사상을 이해하는 첩경은 '군자君子'로 사실, 이 말은 군주의 아들이라는 것이니, 그는 무왕을 비롯 주周 제국을 섬기고 따라야 할 모범으로 본 최초의 이데올로기 담당자였던 자로, 즉 유가는 오늘 모방시학으로서의 노예시학의 사제적 뿌리를 암시하는 무리들의 사상입니다.

유가-사도-교육자-사제-따까리-모방시학-노래

반면, 도가가 사관에서 나왔다는 것은 오늘의 도서관장에 해당하는 것으로, 가령 보르헤스나 푸코의 경우가 그것으로, 이들은 기본적으로 문서를 관리하는 사람들로 그들은 인간의 역사와 문화를 다룬 전적들을 노트럴하게 다루는 대자적 위치에 있는 자들이니 사실 좀 삐딱한 정서를 지니게 되었던 사정이 있는 것입니다. 실제로 도가의 비조인 노자는 주나라에서 왕실의 서적을 관리하는 수장실의 사관이었습니다 老子者, 周守藏室之史也(《사기史記》)이런 사실은 도가의 무리들이 아킬레우스처럼 감성적 인간형이 아니라 오디세우스처럼 이성적 인간형임을 암시하는 것입니다.

도가-사관-도서관장-이성적 인간-주체시학-이야기

이쯤되면 머리가 좋은 우리의 독자들은 잘 알았을 것입니다. 그렇습니다. 우리의 백석이 바로 오늘 현대의 지성을 붙들어 매고 있는 그 어떤 시적 마력의 정체를 말입니다. 그렇습니다. 그것은 바로 대상이 이끌리지 않고 물끄러미 그 대상을 응시하는 도가적 에토스로서의 시적 모럴의 그 무엇입니다. 이것은 확실히 대자적이고 서사적인 그 무엇으로서의 주체의 정서, 그것입니다.

여기, 유가적 모럴과 도가적 모럴을 외화시킨 형식이 바로 노래와 이야기라는 것은 참으로 재미있는 현상이 아닐 수 없습니다. 노래가 동화同化의 형식이고, 이야기는 이화異化의 성격을 지닌 것입니다. 그러니까 노래는 벌써 대상image에 기운 것이고, 이야기는 대상을 개념적으로 물끄러미 응시하는 미적 저항의 한 형식이 되는 것입니다. 독립운동가이자 조선일보 입사 동기생으로 도가 철학의 대가였던 동료 신현중-그는 백석이 그렇게도 사랑했다는 '난'의 주인공 박경련의 남편으로, 그는 경성제대 재학 중 독립운동 관련 혐의로 옥살이를 했던 자로, 출옥 후 조선일보에 같은 동기로 입사해 절친이 되었습니다. 중요한 것은 그가 후일 한국 최초로 〈노자〉의 한글번역서(청우출판사, 1957)를 낼 정도로 그 민중적 저항으로서의 동양적 유물론의 사상의 수원이 된 도가사상의 대가였다는 사실입니다. 즉 오늘 현대화된 한국적 도가사상의 기원은 바로 백석의 친구 신현중입니다- 이 그 한국적 도가사상을 지닌 대시인의 탄생에 하나의 끈이 되었습니다.

'도'(道)를 '도'라 할 수 있을 때 그것은 벌써 길이 변함 없는 '도'가 아니요, 이름을 이름이라 할 수 있을 때 그것은 벌써 길이 변함 없는 '이름'이 아니어서 이름할 수 없는 것이 천지의 비롯이요, 이름 있는 것은 만물의 어미라. 그러므로 없음 그대로에서 오묘한 구석을 보고자 하고, 있음 그대로에서 만물의 가름을 보고자 하느니라. 이 둘은 같이 생겨나 이름만 다를 뿐 함께 일러 그윽함이라 하나니 그윽하고 또 그윽한 그것이 온갖 오묘한 것의 문이니라.

— 신현중, 〈노자〉, 청우출판사, 1957

한국의 민중(혁명)사상의 토대가 된 도가사상은 이를 기원으로 유영모, 함석헌, 도올 김용옥 등으로 이어져 오고 있는 것으로, 도가사상은 이렇게 민중에 기반을 둔 한국적 철학의 적지 않은 수원이 된 것입니다. 그것은 무엇보다도 '이름名'(인간의 문화와 사상, 역사)에 나타난 허구를 날카롭게 쏘아 본 주나라 도서관장 노자의 유명론적 눈깔입니다.

잘 알다시피, 고대중국에 있어서의 춘추시대는 철기문명의 흥기와 더불어 농업혁명이 일어나면서 전체주의적 노예제가 급속하게 붕괴되고 지방 분권의 봉건제가 형성되기 시작한 시기입니다. 뭐 물적 권력을 획득한 지방의 제후들이 중앙의 권력자를 우습게 보기 시작했다는 뜻입니다. 그러니 당시는 신구 질서가 교체되는 어지러운 혼란 상태가 만연한 시기였던 것입니다. 즉 주周 제국의 천자는 이름만 천자이지 실질적인 권력을 행사하지 못한

자였습니다. 다시 말해서 당시는 천하에 법도가 없는 천하무도天下無道의 세상이었고, 이름은 있으나마나 한 유명무실有名無實의 세계였습니다. 여기, 〈노자〉의 제일성에서 '(이런) 도道'를 논하고 '(이런) 이름名'을 들이대는 것은 당시 '도'와 '이름'이 가장 인구에 회자되던 어지러운 시기였음을 간접적으로 웅변하고 있는 것입니다. 그러니까 노자가 보기에 공자로 대표되는 유가 집단의 정치적 우선순위로 이름을 바로 하겠다는, 이른바 '정명론正名論'은 빌어먹을 주례周禮를 '다시' 내세워 천하의 도를 세우고 이름을 바로잡아 질서를 세우겟다는 것과 다르지 않은 것입니다. 그러니까 공자의 정명론은 말과 사물의 일치를 전제로 하는 실재론입니다. 즉, 여기 주 제국의 천자가 있으니, 그는 이름 그대로 천자가 되어야 한다는 것과 같은 것이니, 이것은 그러나 역사의 흐름을 뒤집어 놓으려는 복고주의라 아니할 수 없는 사상입니다. 그러나 노자는 '유'보다는 '무'를 내세우고 있습니다. 이미 정해진 유위적 질서보다는 정해지지 않고 변화하고 있는 현실로서의 무위적 질서가 더 중요하다고 본 것입니다. 이것은 언어lange를 통해 이미 정해진 친소, 귀천, 존비, 상하의 계서적hierarchy 질서를 통해 세상을 통어하려고 하는 수구 세력의 의뭉한 세계에 대한 날카로운 유명론적 비판을 담고 있는 것입니다. 더구나 다음에서 볼 수 있는 바와 같이, 공자로 대변되는 아시아적 가치에는 오늘 민주주의가 일상화된 현실에서 문제가 적지 않은 것입니다.

오랑캐들에게 임금이 있다 해도 중국땅에 임금이 없는 것만도 못하다.

이것은 공자의 중화사상을 잘(?) 드러낸 표현입니다. 오늘, 또 하나의 제국으로 그 배타적인exclusive 이념을 형성하고 있는 중국적 사유의 핵심에 중화사상이 또아리를 틀고 있다는 데에 이에 대한 면역 역할을 하는 도가 사상의 일정한 역할과 사상적 의의가 있고, 여기 백석의 시 또한 마찬가집니다.

아득한 옛날에 나는 떠났다
부여를 숙신을 발해를 여진을 요를 금을
흥안령을 음산을 아무우르를 숭가리를
범과 사슴과 너구리를 배반하고
송어와 메기와 개구리를 속이고 나는 떠났다

나는 그때
자작나무와 이깔나무의 슬퍼하든 것을 기억한다
갈대와 장풍의 붙드든 말도 잊지 않었다
오로촌이 멧돌을 잡어 나를 잔치해 보내든 것도
쏠론이 십릿길을 따라나와 울든 것도 잊지 않었다
나는 그때
아모 이기지 못할 슬픔도 시름도 없이
다만 게을리 먼 앞대로 떠나 나왔다
그리하여 따사한 햇귀에서 하이얀 옷을 입고 매끄러운
밥을 먹고 단샘을 마시고 낮잠을 잤다
밤에는 먼 개소리에 놀라나고
아침에는 지나가는 사람마다에게 절을 하면서도
나는 나의 부끄러움을 알지 못했다

그동안 돌비는 깨어지고 많은 금은보화는 땅에 묻히고
가마귀도 긴 족보를 이루었는데
이리하여 또한 아득한 새 옛날이 비롯하는 때
이제는 참으로 이기지 못할 슬픔과 시름에 쫓겨
나는 나의 옛 한울로 땅으로―나의 태반으로 돌아왔으나

이미 해는 늘고 달은 파리하고 바람은 미치고
보래구름만 혼자 넋없이 떠도는데

아, 나의 조상은 형제는 일가친척은 정다운 이웃은
그리운 것은 사랑하는 것은 우러르는 것은 나의 자랑은
나의 힘은 없다 바람과 물과 같이 지나가고 없다

― 백석, '북방에서' 전문

자궁이 텅 비어 있듯 중심은 텅~하니 비어 있습니다. 언어 또한 마찬가지입니다. 언어는 실체도 형태도 아닙니다. 아리스토텔레스도 소쉬르도 틀렸습니다. 언어는 다만 여백일 뿐입니다. 하나의 언표는 언제나 다른 언표들이 기식하는 여백들을 지닙니다(푸코, 〈지식의 고고학〉, 민음사) 즉 언어는 다만 텅 빈 공간으로 다른 언어가 기식하는 하나의 구성물, 텍스트일 뿐입니다. 그러니 '북방에서'에는 북방이 없습니다. 다만 북방에 대한 복사된 이미지로서의 여백과 흔적만이 나의 의식의 끄트머리를 맴돌고 있을 뿐입니다. 언어는 하나의 달무리입니다. 그리하여 '사랑'하면 달덩이 같은 너의 실체와 형태에 도달하지 못하고 다만 사랑하면 떠오르는 무수한 차연의 기호들만, 사랑의 달무리만을 이루었다 곧 사라집니다. 아, 언어로는 사랑을 이룰 수 없습니다. 끊임없이 발성된 말parole의 언덕에 미끄러질 뿐이니... 뭐 언어는 불구입니다.

그러나 여기 공터같이 텅 빈 공간인 언어기호라는 여백이 있기에 나는 즐겁게 놀다 갈 수 있습니다. 그리하여 우리는 저 북방이라는 텅 빈 말의 공간에서, 거기서 먼저 하나의 표정을 짓고 있는 화자의 슬븐 모습을 볼 수 있는데, 그것은 머 아득한 시절의 세계이고, 그때가 되어 버린 옛날같이 늙어버린 세계이고, 지나가버린 세계이며, 이미 기울어버린 세계이니, 그러니 그 세계는 과연 아, 하고 애조를 띤 회상과 회한의 공간이 아닌가 말입니다. 그러나 그런 회상과 회한의 공간은 화자의 언어로 다시 호명되어 하나의 에농세라는 언표적 공간 속에서 굴절되고 꿈틀대면서 차마 이길 수 없는 사무친 격조를 지니게 되는 것이니, 그것은 부여와 숙신과 발해와 여진과 요와 금이 무리를 짓고 살던 아아로운 세계이고, 흥안령과 음산과 아무우르과 숭가리를 무대로 범과 사슴과 너구리와 송어와 메기와 개구리와 너나 없이 뛰놀던 신화적 의인의, 동화의 세계 아니었던가. 그것은 뭐 자랑이 자랑인 줄도 모르고 사랑이 사랑인 줄도 모르던 언어 이전의 한울님의 세계 아니었던가. 아, 그것은 우리들의 진정한 고향, 나의 태반이 묻힌 곳, 어딘지 모를 곳으로 끝도 없이 뻗어나간 굉대한 시절이 아니었던가. 아, 그것은 아픔도 시름도 부끄러움도 없는 세계 아니었던가.
...

그러는 동안 어느 사이 자랑스레 서 있던 돌비는 깨어지고 범과 사슴과 너구리와 송어와 메기와 개구리와 뛰놀던 전설도 사라지고, 우리의 자랑을 빛나게 했던 금은보화도 땅에 묻히고 무덤가에 까마귀만이 족보를 잇는 세월이 지나갔으니... 그리하여,

**아, 나의 조상은 형제는 일가친척은 정다운 이웃은
그리운 것은 사랑하는 것은 우러르는 것은 나의 자랑은
나의 힘은 없다 바람과 물과 같이 지나가고**

말았으니, 아! 옛날이여! 지나간 세월이여! 나 또한 화자와 더불어 더는 참을 수 없는 격정을, 저 독한 빼갈로만이 다스릴 수 있는 지독한 회한을, 격정의 페이소스를 아니 느낄 수 없는 것이니... 그러나 아무리 회한에 돌을 던져도 나는, 나라는 실존은, 아니 언어는 결국 회한에 가 닿지 모하고 언어는 다만 이렇게 달무리처럼 달이 되지 모하고 달 주위만 빙빙 돌며 감싸고 있습니다... 닿고 싶어도 닿지 모하는 언어의 불행... 아, 그러니 언표는 다만 하나의 여백으로, 텅빈 기표로 남아 있으니, 아! 그러나 이건 또 무엇인가 하나의 자궁처럼 텅빈 공간으로 남아 있어야 거기 오롯이 하나의 생명을 모실 수 있듯이, 꼭 그처럼 언어 또한 이렇게 텅 빈 공간으로, 여백으로, 무로 남아 있어야 오롯이 북방을 북방으로 모실 수 있지 않것는가... 그러니까 노자처럼 텅 빈 기표를 통해서만이 또한 북방은 물질적 사건이 되지 않것는가!

what matters,

중요한 것은 여기, 백석의 하나의 페시미즘의 세계라 할 애조를 지

닌 회한을 지닌 이야기시에서 지나칠 수 없는 것은 바로 그 세계에 대한 리얼한 인식의 세계입니다. 아득한 옛날에 떠난 그는 다시 또 아득한 새 옛날을 시작하고 있다는 것으로, 그는 이렇게 바람과 물과 세월처럼 시간을 대하고 있는 것입니다. 이것은 노자의 소박한 변증법을 넘어 모든 것은 변화하고 있다는 그 한국적 무성無性에 기초하고 있는 것입니다. 다시 말해 바람과 물이 그런 것처럼 세월은 무상하여 봄이 가고 여름이 오고 가을이 가고 겨울이 가고 또 봄이 오는 것처럼, 이렇게 시간의 질서는 변화하는 가운데 그 영원한 생명을 지니고 있음을 그는 묵묵히 응시하고 있는 것입니다.

더욱 중요한 것은, 무성에 기초한 이런 순환적 시간관과 함께 나의 눈깔을 자극하는 것은 바로 자연에, 이웃에, 객체에, 주체의 바깥에 놓인 사물에 대한 그의 독특한 시각입니다. 즉 그와 더불어 노니는 대상은 한갓 대상화된 객체로 죽은 사물이 아닙니다. 어떤 것을 죽은 대상으로, 객체로 바라보는 것은 지知의 영역이고, 철학의 영토입니다. 철학자는 나무를 분류하기 시작하면서 자신의 의무를 시작하는 것입니다. 그러나 백석과 노니는 대상들은 다만 자연이 아니고, 죽은 객체가, 사물이 아닙니다. 그는 자연과 더불어 노닐고 타자들과 한가지로 어울리고 있습니다. 바로 여기서 우리는 왜 그의 시가 '분리'를 전제로 하는 그 서구적 의미에 있어서의 시와 소설이 아니고, 그러니까 귀족적 형식으로서의 시도 부르주아의 장르로서의 소설도 아닌—'모닥불'에서 볼 수 있는 바와 같이—그 총체적인 종합의 정신으로 한국형 서사체로서의 리얼리즘시이고 이야기시인지, 그러니까 형식은 왜 사유와 다르지 않은지를 확인하는 것으로, 다시 말해서 왜 그가 한국인의 사랑을 받고 있는 국민시인인지 알 수 있는 것으로, 그것은 바로 저 원효 이래 전해 오는 자타불이自他不二의 대승 사상이 아니고 무엇이며, 한국 고유의 인물성동人物性同의 대동사상이 아니고 무엇인가 말입니다.

부여를 숙신을 발해를 여진을 요를 금을
흥안령을 음산을 아무우르를 숭가리*를
범과 사슴과 너구리를 배반하고
송어와 메기와 개구리를 속이고 나는 떠났다

나는 그때
자작나무와 이깔나무의 슬퍼하든 것을 기억한다
갈대와 장풍의 붙드든 말도 잊지 않았다
오로촌*이 멧돌을 잡어 나를 잔치해 보내든 것도
쏠론*이 십릿길을 따라나와 울든 것도 잊지 않었다

*숭가리; 송화강을 이름
*오로촌; 오로촌족으로 흥안령 북부 지역에 사는 북퉁구스계의 한 종족
*쏠론; 남방 퉁구스족의 일파로 아무르강의 남방에 분포

그렇다면 이제 백석의 시로 다시 돌아와서 하는 말이지만, 백석의 시가 그 도가 철학이라는 사상의 젖줄을 대고 리얼리즘시가 되고, 이야기시가 됨으로써 그 한국형 서사체를 감당해냈다고 할 때에 있어서 주목하게 되는 것은 역시 하나의 (민중적 의의를 지닌) 역

사적 형식의 문제입니다. 그리하여 우리는 그가 감당해낸 가장 뛰어난 절창으로 '남신의주유동박씨봉방'을 드는데 주저할 수 없다 할 것으로, 왜냐하면 바로 여기서 우리는 오늘 시도 소설도 아닌 자성적 에세이랄까, 그 무엇으로도 규정하기 어려운 한국형 서사체의 원형을 보게 되기 때문입니다.

노예로 살고 말 것인가? 주인으로 살아 갈 것인가? 무엇보다 나는 시인 백석에게서 주체의, 욕망의 변증법을 봅니다.

어느 사이에 나는 아내도 없고, 또,
아내와 같이 살던 집도 없어지고,
그리고 살뜰한 부모며 동생들과도 멀리 떨어져서,
그 어느 바람 세인 쓸쓸한 거리 끝에 헤메이었다.
바로 날도 저물어서,
바람은 더욱 세게 불고, 추위는 점점 더해 오는데,
나는 어느 목수(木手)네 집 헌 샅을 깐,
한 방에 들어서 쥔을 붙이었다.
이리하여 나는 이 습내 나는 춥고, 누긋한 방에서,
낮이나 밤이나 나는 나 혼자도 너무 많은 것같이 생각하며,
딜옹배기에 북덕불이라도 담겨 오면,
이것을 안고 손을 쬐며 재 위에 뜻없이 글자를 쓰기도 하며,
또 문 밖에 나가디두 않구 자리에 누어서,
머리에 손깍지벼개를 하고 굴기도 하면서,
나는 내 슬픔이며 어리석음이며를 소처럼 연하여 쌔김질하는 것이었다.

내 가슴이 꽉 메어 올 적이며,
내 눈에 뜨거운 것이 핑 괴일 적이며,
또 내 스스로 화끈 낯이 붉도록 부끄러울 적이며,
나는 내 슬픔과 어리석음에 눌리어 죽을 수밖에 없는 것을
느끼는 것이었다.
그러나 잠시 뒤에 나는 고개를 들어,
허연 문창을 바라보든가 또 눈을 떠서 높은 턴정을 쳐다보는
것인데,
이때 나는 내 뜻이며 힘으로, 나를 이끌어가는 것이 힘든 일인
것을 생각하고,
이것들보다 더 크고, 높은 것이 있어서, 나를 마음대로
굴려가는 것을 생각하는 것인데,
이렇게 하여 여러 날이 지나는 동안에,
내 어지러운 마음에는 슬픔이며, 한탄이며, 가라앉을 것은 차츰
앙금이 되어 가라앉고,
외로운 생각만이 드는 때쯤 해서는,
더러 나줏손에 쌀랑쌀랑 싸락눈이 와서 문창을 치기도 하는
때도 있는데,
나는 이런 저녁에는 화로를 더욱 다가 끼며, 무릎을 꿇어보며,
어느 먼 산 뒷옆에 바우섶에 따로 외로이 서서,
어두어 오는데 하이야니 눈을 맞을, 그 마른 잎새에는,
쌀랑쌀랑 소리도 나며 눈을 맞을,
그 드물다는 굳고 정한 갈매나무라는 나무를 생각하는
것이었다.

노예는 쇠사슬에 묶인 존재입니다. 쇠사슬은 노예의 영혼까지 묶어 놓습니다. 이런 불행은 당시 식민지배로서의 근대적 자본이라는 '물적' 현실이 그 지배적 폭력의 형식으로 현실을 압도했기 때문입니다. 이 시의 화자도 마찬가집니다. 즉 시적 화자는 지금 일제 치하라는 폭력적 현실에서 한 발도 나아가지 모한 채, 아내도 집도 모두 잃고 부모와 가족과도 멀리 떨어져 아무 데도 의지할 곳 없는 한없이 외로운 존재가 되었습니다. 이렇게 물적, 지배적 현실에서 소외된 이상 그는 남에게 의존할 수밖에 없습니다. 이렇게 하여 그는 어느 목수네(박시봉) 집 헌 샅-샅은 갈대입니다-을 깐, 돼지우리 같은 방에서 쥔을 붙일 수밖에 없는 영락한 신세로 전락하고 말았습니다. 方은 곧 房입니다. 즉 그는 남의 집에 세를 얻어 기거하게 된 기생적 존재, 잉여적 존재일 수밖에 없는 것입니다.

그러니 잉여적 존재가 꾸는 '너무도 많은 생각들'은, 무의미한 기표에 불과하고, 아무런 뜻이 없는 글자일 수밖에 없는 것입니다. 즉 그는 이렇게 환멸적 자기애라고 할 수 있을 상상적 거울에, 자폐적 기호놀이에 빠질 수밖에 없던 것입니다. 환멸적 자기애의 끝은 죽음입니다. 여기, 환멸적 자기애의 끝이 죽음이라는 것에서 우리는 '거세와 좌절, 박탈은 모두 주체의 소외'라는 프랑스의 정신분석학자 라캉Lacan의 전언을 마주하게 됩니다. 그러나, 중요한 것은 '그러나'라는 특법한 의미를 지닌 언표enonce입니다. 아무래도 억압에 대해 자유로운 성향을 지닌 예술은 해방을 그 고유의 존재 조건으로 하는-왜냐하면 체계는 인간과 예술의 적이기 때문입니다-본질적으로 '그러나', '그럼에도 불구하고'를 지향합니다. 주체의 자기소외는 자기도취입니다. 죽음에 이르는 나르시시즘입니다. 자기도취에 출구는 없습니다.

그러나 여기, 고개를 들어 주위를 바라보고 나와 주위를, '바깥'을 새로운 인식의 대상으로 설정하기 시작하는 순간, 무력한 자의식의 무덤에 빠져있던 '나'는 더 이상 '나'이기를 그치고 나는 타자가, 네가 될 수 있는－왜냐하면 나는 사실 너의 욕망의 구성물로 나와 너는 다르지 않은 존재이기 때문입니다－전이displacement의 순간을 맞이하게 됩니다. 그리하여 나는 단순히 나이고만 한 외로운 존재가 아니라 '더 크고 높은' 어떤 존재와 결부되어 있다는 연대의식에 다다르는 순간, 나는 결코 외로운 존재가 아니라는 타자적 지평의 세계로 넘어갑니다. 그리하여 점차 '고립된 자아' 의식에서 벗어나 보다 확장된 '열린 자아'의 단계로 의식이 전화하는 순간－이것은 무의 순간이고, 창조의 순간입니다－그가 발견하게 되는 것은 '상징'이라는 세계 이미지입니다. 라캉이 말하는 그 상징계입니다. 가령, 김수영이 한때 '귀족'이라는 자기도취의 거울적 상상의 단계를 벗어나 '풀'이라는 상징에서 거대한 뿌리라는 역사의 주체를 발견하게 된 과정과 유사하다 할 것입니다.

그것은 분명 자신과는 다른 존재(타자)－타자는 곧 물物입니다－이지만 동시에 이 '크고 높은' 그 무엇이 지배하는 현실에서 함께 살아가고 있는 어느 먼 산 뒷옆에 바우섶에 따로 외로이 서서, 어두어 오는데 하이야니 눈을 맞을, 그 마른 잎새에 대한 새로운 인식입니다. 다시말해 외롭고 춥고 고독한 가운데서도 굳고 정하게 버티고 서 있는 '갈매나무'라는 사물상징인 검은玄 존재에 대한 근본적 인식의 전화입니다. 나와 갈매나무, 인간과 자연, 인물은 둘이 아닙니다. 원효로부터 시작되어 이이를, 홍대용-박연암을 거쳐 흐르고 흘러 내려온 한국적 사유의 정체로서의 인물성동의 변주곡인 인물불이人物不二의 고유한 철학이 바로 여기 이렇게도 신기하게 웅크리고 있습니다."부여를 숙신을 발해를 여진을 요를 금을/흥안령을 음산을 아무우르를 숭가리를/범과 사슴과 너구리를 배반하고/송어와 메기와 개구리를 속이고 나는 떠났다"는 '북방에서'도 마찬가집니다. 그리하여. **"나와 갈매나무는 다르지 않다人物不二"** 이런 인식의 전환과 관련하여, 주목해 볼 수 있는 것은 또한 문체의 영역입니다. 왜냐하면 문체는 단순한 기술의, 방법의 문제가 아니라 태도의, 관점의, 하나의 세계관의 문제이기 때문입니다. 그리하여 여기서 우리는 또한 '언어는 무의식처럼 구조화 되어 있다'는 라캉의 금칼 같은 명제를 마주합니다. 그러니까 여기, 구조화된 형식으로 반복되어 나타나고 있는 것은 바로 '나'와 콤마의 집요하고 빈번한 사용입니다. 이는 의식, 무의식 중에 물적, 폭력적 현실이 압도하는 현실에서 무의미의 나락으로 떨어진 시적 화자가 자신을 잃지 않으려고 발버둥을 쳤음을 암시하고, 이는 곧 화자가 의미화signifying에 대한 매우 강렬하고도 집요한 열망에 휩싸였다는 것을 방증합니다. 즉 여기서, 쉼표는 단순한 의미가 아니라 물적 현실이 압도하는 현실에서, 그 물적 노예적 현실을 벗어나려는 대자적 의미로서의 끈질긴 의미화 기제mechanism 라고 볼 수 있습니다. 백석에게 문체는 곧 생사의 문제입니다.

서술narrative 또한 중요한 기능을 하고 있습니다. 서술은 산문정신, 즉 실용적 목적으로 현실에 대한 비판적 거리두기를 그 핵으로 하는 표현방식입니다. 즉 그는 서술을 통해 자신이 처한 외적,

지배적 현실을 정확하게 파지하고 있을 뿐만 아니라 이런 현실을 서술을 통해(나는~헤매이었다, 쌔김질하는 것이었다, 죽을 수밖에 없는 것을 느끼는 것이었다, 더 크고 높은 것이 있어서, 외로운 생각이 드는, 굳고 정한 갈매나무를 생각하는 것이었다... 등) 즉, 자신의 지리멸렬한 삶을 노자처럼 '물끄러미' 응시하고 대자적으로 개념화함으로써 그 지리멸렬한 현실에서 벗어나 새로운 관점의 전이를 가능하게 할 수 있는 조건을, 아르키메데스의 점을 형성하고 있습니다. 이 새로운 관점의 전이로서의 정신의 아르키메데스적 정점에서 우리는 '그 드물다는 굳고 정한 갈매나무'를 만납니다. 더욱 중요한 것은 '그'라는 표지입니다. '그the'는 선험적 기표입니다. 즉 '그'는 그가 익히 갈매나무를 알고 있다는 것을 함축합니다. 다시 말해 '그'는 기억이고, 대치이고, 욕망에 다름 아닙니다. 다시말해 '그'는 하나의 변형, 이형으로서의 반복이자 새로운 전망으로서의 차이가 아닐 수 없습니다. 그리하여 우리는 다시, '그'를 통해 환기된 갈매나무로 어티케 살 것인지에 대한 한 줄기 희망의 빛a ray of hope을 보게 됩니다.

왜 아직도 백석인지, 그것은 하나의 위로이자 용기이자 힘으로 과연 마르지 않은 한국적 정체로서의 그 서사적 의지가 하나의 절창으로, 그것은 내용과 형식, 즉 리얼리즘과 모더니즘을 넘어 '미적 금도美的 襟度'를 이룬 금닢과도 같은 가편이 나의 빈약한 가심을 때리고 지나기 때문입니다.

나는 그렇게 봅니다.

제5부

현대편

13. 김수영
14. 한강

13
김수영(1921~1968)

1

김수영 시인을 일컬어 '세계성'을 얻은 시인[83]이라 합니다. 특히, 최근에 본 글로는 다음 지문이 가장 눈에 밟힙니다.

단언컨대 김수영의 시론에 이르러 한국시의 시학이 세계 수준에 도달했다.

- 김진하, '한국 현대시의 지향과 프랑스 현대시', 〈현대시학〉 620호

이것은 김수영 시인의 작품과 사상이 에스니ethnies한 민족의 좁직한 장벽을 넘어 더 많은 세계의 독자들과 공감할 수 있는 보편적인 요소를 지녔다는 것일 테고, 또한 그만큼 그의 시와 시론이 여전히 낡지 않고 그 모더니티한 현대성으로서의 고전적인 빛을 잃지 않고 있다는 뜻이기도 할 것입니다. 그런데 여기 이 '세계(성)'이라는 개념 표지는 매우 관념적이고, 그 관념의 범주가 너무 크

---

83) 염무웅, 최원식, 진은영의 〈시는 나의 닻이다〉 중 '특별대담', 창비, 2018.

고 또한 시대에 대한 고려도 없는 무책임한 개념입니다. 그러니 이 세계(성)을 자세히 설명하기 위해 서구중심적인 한계가 있는 것이지만 좀 구체적인 자료를 인용해 보겠습니다.

플라톤 대 호메로스, 이것이야말로 완전하고 진정한 적대관계이다—전자는 최선의 의지를 지닌 '저편 세계의 인간'이자 삶의 위대한 비방자이고, 후자는 뜻하지 않은 삶의 숭배자이자 금빛 자연이다.

- 프리드리히 니체, 〈도덕의 계보학〉, 연암서가

여기, 우리는 니체를 통해 호메로스-플라톤-니체로 이어지고 있는 지식의 반란[84]으로서의 서양의 지적 계보를 보고 있습니다. 그리하여 우리는 '계보주의적 비판'을 통해 자연에서 인간, 다시 자연(사물)으로 회귀하는 문명적 전환의 코드를 확인합니다. 니체, 그는 플라톤으로 상징되는 이성주의를 부정한 '탈근대' 철학의 비조입니다. 그러나 여기, 이성주의(곧 인간중심주의)를 옹호한 플라톤(〈국가〉, 〈파이돈〉) 철학 최후의 적자가 바로 프로이센의 국민철학자 헤겔입니다. 헤겔의 〈정신현상학〉과 〈논리학〉, 〈법철학〉, 〈역사철학강의〉는 '공통된 그 무엇'(김수영의 '달나라의 장난')으로서의 프로이센(후일 독일) 국가철학을 정립한 근대 이성 철학의 주저들입니다. 이 '공통된 그 무엇'으로서의 국가철학은, 그러나 탈근대 철학의 비조, 망치 철학자 니체에 의해 산산이 조각났습니다.

---

84) 에릭 매슈스, 〈20세기 프랑스 철학〉, 동문선, 1999.

<u>국가란 온갖 냉혹한 괴물 중에서 가장 냉혹한 것이다.</u>

존재는 매 순간 시작한다. 저기라는 공이 모든 여기의 주위를 굴러간다. 어디에나 <u>중심</u>이 있다. 영원의 오솔길은 굽어 있다.(밑줄-글쓴이)

– 프리드리히 니체, 〈짜라투스투라는 이렇게 말했다〉, 펭귄클래식 코리아

여기, '냉혹한 괴물'로 지칭되고 있는 국가, 또한 '어디에나 중심이 있다'는 것은 이성(적 인간) 중심의 국가주의는 물론 나폴레옹으로 상징되고 있는 근대의 개인주의 신화가 무너졌음을 암시합니다. 이런 니체의 철학을 이어받아 하이데거가 〈존재와 시간〉[85]을 통해 무無의 철학으로서의 존재의 철학을 또한 완성한 것으로, 우리는 이런 니체와 하이데거를 숙독한 김수영에게서 전후 세계의 사상과 그 시대적 조류가 닿아있는 고고학적 계보를 봅니다.

그런데 니체의 적자 중에는 독일의 적자들 외에도 프랑스의 적자들 또한 수두룩합니다. 즉 프랑스의 니체주의자들–바타유, 블랑쇼, 라캉, 푸코, 데리다, 바르트, 들뢰즈 등–이라 할 수많은 니체 개구리들이 있거니와, 김수영이 니체, 하이데거뿐만 아니라 여기 프랑스 니체주의자들 중에서 '바타유'와 '블랑쇼'를 또한 깊이 사숙했다는 사실에서 우리는 틀림없이 김수영 시문학의 사상적 계보

---

85) 김현경 여사의 전언에 따르면, 시인 김수영은 첫 번째로 구입한 일본어판 하이데거 전집이 낡고 닳아 한번 더 또 다른 전집을 구입했다 했을 정도로 독일 철학자 하이데거에 심취했다고 알려져 있습니다.

가 지닌 그 세계성을 다시 확인하게 됩니다.

요즘 시론으로는 조르주 바타유의 〈문학의 악〉과 블랑쇼의 〈불꽃의 문학〉을 일본 번역책으로 읽었는데, 너무 마음에 들어서 읽고나자마자 즉시 팔아 버렸다. 너무 좋은 책은 집에 두고 싶지 않다.

- 김수영 전집2 산문편, 〈시작노트 4〉(1965) 중에서, 민음사

탈근대 니체 철학의 프랑스 적자들로 바타유는 '위반의 시학'을 주장한 철학자이자 비평가요, 블랑쇼는 '바깥의 사유'의 철학자이자 비평가입니다. 중요한 것은 여기, '위반'이라는 개념이 지닌 탈근대적 사유로서의 안정과 질서라는 부르주아적 안도감에 대한 딴지요, '바깥의 사유' 또한 그 근대적 중심에 대한 딴지걸기가 아닌가. 더욱 중요한 것은 세기의 철학자 푸코가 이 두 철학자이자 비평가인 선배들을 자신의 철학적 시론의 배양토로 삼고 있다는 점입니다. 즉 푸코가 하나의 '위반'으로 이성으로부터 소외당한 광기(《이성과 광기》)를 얘기하고, 또 하나의 '바깥의 사유'로서 인간의 죽음(《말과 사물》)을 얘기하고 사물[86]에 대한 애정을 보이고 있는 것이니, 그러니까 푸코 철학의 핵심으로 이야기되곤 하는 타자의, 소수자의 철학(이정우)이 바로 그 프랑스적 민중사상으로 '68 5월 혁명의 토양이 되었다고 할 때에 있어서 하는 말이지만, 바로 공동의 선배를 뫼시고 있다는 점에서 한국의 소수자들인 '이 모든 무

---

[86] 푸코의 고전 〈말과 사물〉의 영역판 제목이 〈사물의 질서 The Order of Things〉인 것은 매우 암시적이다.

수한 반동'('거대한 뿌리')을 사랑했던 1960년 4.19의 민중적 혁명 시인 김수영은 바로 한국의 푸코가 되는 것입니다.

그리하여 나는 '김수영은 한국의 푸코'라는 명제를 내세워 이 글을 쓰려고 합니다. 그보다 앞서 푸코의 또 다른 스승인 바타유와 블랑쇼의 사상이 구체적으로 무엇인지, 이를 받아들인 푸코의 철학이 그들과 어떻게 같고 다르며, 이것이 또한 한국의 김수영과는 어떻게 같고 다른지 그 동이구존同異俱存의 관계를 좀 구체적으로 톺아보고자 합니다. 이것은 비록 작은 시론에 불과하지만 하나의 문화적 이식의 창조적 영향사로서 세계문화사의 일 벽화가 될 것으로, 궁극적으로는 하나의 대김수영론으로서 한국의 비평적 지식인이자 철학자로 또한 시인이었던 한 인간의 면모를 새롭게 드러내는데 일조할 것이라 기대합니다.

시는 물론 시론, 비평, 번역 등 왕성한 창작 활동을 보였던 김수영은 1960년대 한국학을 대변하는 금줄처럼 빛나는 시간의 왕자였습니다. 시인을 겸해 적지 않은 시론을 낳은 독창적인 비평가로 그 사상적 사유의 크기 또한 무시 못할 수준을 지니고 사회와 정치 문화의 썩어빠진 현실에 대해 비수같이 날카로운 비판의 시선을 놓지 않던 시대의 지성이었던 그는 저 30년대의 한국학을 메트로학으로 키운 임화처럼 고급문화이론에 갈증을 느끼고 서구의 선진문화이론을 받아들이는데 조금도 주저함이 없었습니다. 그런 그가 50년대를 앞뒤로 니체, 하이데거 등 전후의 실존적 서적에 몰두하다가 다시 1960년대를 전후하여서는 바타유, 블랑쇼 등 소위 탈근대철학과 비평이론의 대가들의 주저를 섭렵 자기화, 그 세계성을 지닌 시와 시론의 거탑을 쌓아올리는 과정은 실로 찬란한 문화의 금자탑을 떠올리게 합니다.

이 무렵을 전후로 '거대한 뿌리'(1964)를 비롯 '어느 날 고궁을 나오면서'(1965) 등 걸작 시편들이 연이어 쏟아지고 '시여, 침을 뱉어라'(1968), '반시론'(1968)등 그 비길 데 없이 영롱한 세계적 수준의 김수영적 시론이 쏟아져 나왔으니 일본을 통해서뿐 아니라 아니 일본을 통해서 서양 문학을 수입해 왔고, 그러한 경우에 신문학의 역사가 얕은 일본은 보다 저 신문학의 처녀지인 우리에게 중화적인 필터의 역할을 해 주었을 뿐 아니라 해방과 동시에 낡은 필터 대신 미국이라는 새 필터를 꽂은 우리문학('히프레스 문학론')은 나아가 독일, 프랑스 등 구대륙 문화가 여전히 내뿜고 있는 깊이 모를 매력을 지닌 문화의 중력에 흠뻑 빠져들었고 이를 전유, 재전유, 자기화 했던 것입니다.

노상 느끼고 있는 일이지만 배우도 그렇고, 불란서 놈들은 멋있는 놈들이다. 영국 사람들은 거기에 비하면 촌뜨기다. 바타유를 보고 새삼스럽게 그것을 느낀다. 그러나 당분간은 영미의 시론을 좀 더 연구해보기로 하자.

— '시작노트4', 동일서, 1965

여기 우리는 연극에서 시인, 비평가로 전환한 김수영의 문화적 취향의 일단을 엿볼 수 있거니와, 그런 그가 불란서식 고급문화 이론에 상당한 매력을 느끼고 이를 전유appropriation하려는 탐구욕에 불타고 있음을 또한 엿볼 수 있는데, 여기서 우리는 불란서 비평계의 거두 바타유를 만나고 있는 김수영을 봅니다. 그는 또한 자신을 번역가로도 소개하고 있는데, 이것은 당시 후진국 지식인의 교양 형성에 적지 않은 도움이 되었을 것으로 가령 그는 1959년 '영·불비평의 차이'(이브 보네호이 작)를 통해 거기 리차아즈로 대표되는 영국의 비평계와 마찬가지로 불란서 비평계의 또 다른 거두인 블랑쇼가 소개되고 있거니와, 중요한 것은 이런 번역 과정을 통해 알게 된 간접적인 지식에 대해 그는 마치 저 오디세우스처럼 지식의 동굴을 찾아들어가서는 그들의 작품을 직접 찾아 읽고 자기화하고, 드디어는 그 한국적 시론이라 할 독창적인 그만의 시론을 무우를 뽑아올리듯 쑥 뽑아올리고 있다는 점입니다. 참을 수 없는 강한 지적 호기심을 지닌 자로 그는 분명 모험을 두려워하지 않는 한국의 지적 오디세우스입니다.

이뿐이 아닙니다. 그는 또한 세계적인 비평적 거인이랄 수 있는 레닌, 엥겔스, 루카치, 벤야민 등 경향성을 지닌 진보적인 문학이론가들의 사상뿐 아니라 전후에 바람을 일으킨 사르트르 등 개인주의에 터하고 있는 그 부르주아 사상으로서의 실존주의 문학, 영미비평이론과 정신분석이론 등을 두루 개관하고 있었음은 그가 번역한 죠지 쉬타이너의 '맑스주의와 문학비평'(1963), 사르트르의 '아메리카론'(1958), 스티븐 마커스의 '현대영미소설론'(1966), 앨프리드 카잰의 '정신분석과 현대문학'(1964)(이상은 김수영의 번역평론집 〈시인의 거점〉, 도서출판b)을 통해서도 확인할 수 있거니와, 이런 일련의 풍부한 문학 이론의 학습은 후일 그 한국적 미학이자 시론이라 할 '온몸의 시학'(1968)을 낳은 계기가 되었을 것으로, 문학은 사회의 공기와 꿈이라는 그만의 독특한 예술관도 바로 이런 배경을 머금고서야 비로소 이해가 되는 것입니다. 아무튼 이런 김수영적 사유의 범용한 세계는 스승 임화와 더불어 그 거대한 뿌리로서의 전통[87]에 대한 깊은 인식을 놓지 않으면서도 매우 '포용적인includive' 것으로서의 문화수용의 개방적인 태도에 해당되거니와, 이것이 더욱 특별한 위치를 점하는 것은 외국문화에 대해 배타적인exclusive이고 매우 폐쇄적인 일부 민족주의 계열의 시인들을 염두에 두고 볼 때 그 세계적 의의를 지닌 거인의 탄생이 결코 우연으로 이루어진 것이라 볼 수 없기 때문입니다. 이것은 마치 저 1930년대 '조선학'의 중심에 시인이자 이론가 임화가 있었듯이, 1960년대 '한국학'의 중심에 또한 시인이자 이론가였던 김수영이 위치하고 있음을 여실히 보여준다 할 것입니다.

2

바타유와 '위반violation'의 시학

한국의 푸코, 김수영 시와 시론의 사상적 배경과 방법을 알기 위해서는 이들과 이들의 공동스승이랄 수 있는 바타유와 블랑쇼-무론 니체도 하이데거도 있지만-를 먼저 언급해야만 합니

---

[87] 그는 '반시론'에서 "여태껏 시를 긁적거리게 하고 있는 것은 어머니가 농사를 짓는 것 이외에 불교를 믿고 있다는 것이 또한 무언중에 나에게 영향을 주고 있는 것 같다."고 얘기하고 있다.

다. 그래야 그 계보적인 의미에서의 사상적 영향관계로서의 강물의 줄기를 알 수 있고, 그 강물의 폭과 깊이를 가늠해 볼 수 있습니다.

잘 알다시피, 시인은 고래로 언어의 사제로 불려왔습니다. '시인詩人'이라는 말 자체가 본래 말씀을 뫼시는侍 사람이었고, 시인 중의 시인이라는 '호메로스'도 사실 그 기원이 그리스어 '헤르메herme' 즉 '말하다'에서 온 것이니, 그러니까 시인은 그 사회의 존속과 재생산에 기여하는 기능인들이었으니 고대의 예술을 가리키는 'art'가 기술자, 쟁이라는 말에서도 이는 잘 드러납니다. 그러니 시는 본질적으로 말씀의 주체가 '제우스'로 상징되곤 하던 신화시대의 언어로 그들에 대한 맹목적 찬양이 요구되었던 시대의 제의적祭儀的 뿌리를 지닌 사제의 언어, 주술의 언어라고 볼 수 있습니다. 여기, 그 제의로서의 재현의 기능을 지닌 언어의 사제로 전통시인은 전달자hermes로서 기능을 지닌 자입니다. 이는 곧 전래의 시인이 말과 사물의 일치로서의 동화를 요구하는 시대의 도구적인 노예적 인간이었음을 암시한다고 볼 수 있는 이유입니다. 그래 니체(《도덕의 계보학》)는 "예술가들은 어느 시대든 도덕이나 철학 또는 종교의 시종이었다."라고 예술가로서의 시인의 이데올로그 역할을 부인하지 않았던 것이고, 그것은 가령, 훌륭한 애국자로 자처했던 시인으로 소크라테스를 고발한 멜레토스(《소크라테스의 변명》)에게서 볼 수 있는 것으로, 그것은 그대로 그가 나라의 신을 따르는 어용시인으로 그 대상의 본모습은 상관하지 않고 가능한 한 무조건 그 대상에 가장 거창하고 훌륭한 찬사를 덧붙이는 맹목적인 예찬(《향연》)을 마지않던 궁정시인임을 암시하고 있는 것입니다.

그러나 근대에 이르면 사정은 달라집니다. 곧 신이 아닌 인간이, 작가가, 시인이, 주체가 시적 화자가 된 세계에서 작품은 신의 계획이 아닌 '작가의 계획writer's plan'에 의해 만들어지는 창조적인 것이 되었습니다. 그래 근대의 예술작품들을 일컬어 '모더니즘' 또는 '초현실주의'라 칭하는 것도 바로 전통의 리얼리즘-리얼리즘은 '사실res'의 중시에서, 말과 사물의 일치라는 실재론으로서의 객체의 반영을 중시하는 고대 아리스토텔레스 모방 시학의 핵심이 아닌가-으로서의 전통과는 다른 차원에서 '지금 현존한다just now'는 의미를 지닌 '모데르누스modernus'에서 나온 말이니, 모더니즘 작가로서의 시인은 말과 사물의 불일치라는 그 시민적인 유명론적 재구의 실천가로서 이것 자체만으로도 시적 위반으로서의 근대시의 전복적인 모습을 엿볼 수 있습니다. 즉 시인은 전통의 사제에서 시대의 입법자로 거듭난 것이라 볼 수 있는데, 더욱이 초현실주의 시인의 위반은 곧 언어의 위반이 될 수밖에 없습니다. 위반이라니, "...오늘도 우는/아아 짐승이냐 사람이냐"(묘정의 노래), "동무여 이제 나는 바로 보마"(공자의 생활난)에서처럼 전통적 사제로서의 시인이기보다는 시민적 사유를 지닌 한국의 모더니스트 시인 김수영은 시작의 초기부터 이미 맹목적 '예찬의 시인'이 아니라 새로운modern 시대의 '회의의 시인'이었던 것입니다. 푸코와 마찬가지로 김수영은 당대의 위대한 유명론적 회의주의자[88]였습니다. 우리가 김수영 시를 접근할 때에 있어서의 낯설음이랄까, 그 모더니티한 새로움이 여기 있는 것으로, 하나의 시적 언어의 혁명으로 그는 비-

---

88) 존 라이크먼, 〈미셸 푸코, 철학의 자유〉, 그린비, 2020.

시적 문장의 선조적linear 질서인 일상적 언어활동을 따르지 않고[89]가령, 시 '비'(1958)에서 '비'를 '비'라 하지 않고 '움직이는 비애'라 하고, '결의하는 비애', '변혁하는 비애', 나아가 '움직임을 제하는 결의', '움직이는 휴식'으로 다양하게 보았는데, 이것은 실재의 시니피앙을 초월한 것이고, 그러니까 말과 사물이 일대일로 일치하는 일원론의 세계를 벗어난 것으로 물질적인 유한성을 노리고 있는 그 실증적인 속류 리얼리즘과는 매우 다른 비선조적인 세계로, 그렇다고 경박한 모더니즘류의 시와도 다른, 이것은 분명 또 하나의 시적 위반으로서의 사유의 세계가 아닌가. 즉 김수영에게 있어 시는 하나의 텍스트이자 새로운 영토의 세계로 면면의 세계이지 점點과 선線이 세계가 아닙니다.

그러나 이것은 또한 꽃이 피고 열매를 맺기 위해서는 뿌리와 줄기가 튼튼해야 하듯이 하나의 시적 토양으로서의 사유의 기둥 a pillar of thought이 없고서는 불가능한 일입니다. 그리하여 여기, 근대와 이런 근대 사회에 대한 규칙과 주류적 세계, 동일자를 거부하고 나서는 탈근대 예술에 있어서의 '미학적 저항'[90] 으로서의 두터운 사유를 꼴짓는데 앞장선 자로 이성 중심의 세계에서 광기를 옹호, '타자의 사유'를 제시한 푸코를 꼽는데 이의가 없다 할 수는 없지만-왜냐하면 그 또한 이성을 전복시킨 니체의 적자이기 때문입니다-그의 사상을 형성하는데 흘러들어간 다양한 사유의 강물 가운데 하나로 우리는 푸코의 바타유와 블랑쇼를 얘기하지 않을 수 없습니다. 왜냐하면 그들은 푸코뿐 아

---

89) 줄리아 크리스테바, '시와 부정성', 〈세미오티케〉, 동문선, 2005.
90) 이정우, '푸코의 사상적 배경과 방법', 〈프랑스 철학과 우리〉, 당대, 1997.

니라 한국의 시인 김수영을 형성하는데 풍요한 젖줄이 되었기 때문입니다.

그러니 한국의 독자들에게는 사실 너무도 생소한 바타유 (1897~1962)부터 이야기해 보겠습니다. 기본적인 자료를 일별해서 보건대, 그는 프랑스 사회에서 신성모독적인 글쓰기를 실행한 이단적인 지식인으로 평가되고 있는 자입니다. 주저로 〈에로티즘〉 또는 김수영이 일본 번역판을 통해 읽었다는 〈문학과 악〉도 그렇고 사드나 보들레에르, 카프카 등 이단적 예술가들을 주로 다룬 적지 않은 철학적 비평문을 통해 그는 무론 또한 니체의 숭배자로서 신을 부정하고 전통질서에 구멍을 낸 시대의 반골 지식인이었음을 알 수 있거니와, 이런 전복적 사유의 강물은 '68 지식인 푸코에게 흘러들어가 인식의 대혁명을 가져왔으니 성혁명도 그 중의 하나로 (무론 보부아르의 〈제2의 성〉을 빼놓을 수 없지만) 또 하나의 성해방운동으로 저 프랑스 '68에 영향을 미친 지대한 물줄기가 되었음을 짐작할 수 있습니다.

중요한 것은 푸코에게 크게 영향을 미친 철학적 비평가 바타유의 사유가 매우 신성모독적이고 반체제적인 성격을 지녔다는 점입니다. 그래 바타유의 사유는 한마디로 '위반의 사유'라고 할 수 있습니다. "위반은 금기를 부정하는 대신 오히려 금기를 초월하고 완성시킨다"(〈에로티즘〉, 민음사)라는 말만 해도 그렇습니다. 이런 사유를 모토로 하는 바타유의 사유는 곧 전통적인 시인의 역할과는 다른 미학적 저항의 성격을 띤 것으로, 이는 또한 푸코의 근대적 담론체계에 대한 비판을 담고 있는 〈담론의 질서〉(이정우역, 중원문화)의 철학적 담론의 씨앗이 되었습니다. 마찬가지로 이는 또한 한국의 푸코 김수영에게는 '반시론[91]'의 이론적 근거가 되었습니다.

바타유, 그는 자신의 말대로 '도덕을 넘어서는 도덕hyper-morale'을 지향한 위반의 비평가입니다. 이런 사유의 근간에는 물론 니체가 있습니다. 그 또한 프랑스의 니체주의자입니다. 가장 원기왕성한 26세에 그는 니체의 철학 서적에 심취하여, 오직 니체만을 탐독, 그의 말을 그대로 인용하며 니체는 그로 하여금 "더 이상 아무 할 말이 없게 만든 작가"였습니다. 이런 니체에 매료된 그는 후일 〈니체에 관하여〉(1945)를 헌정하였을 정도로 니체에 뿌리를 둔 바타유의 시학은 신을 부정하고 인간마저 부정한 탈근대철학의 비조 니체의 위반의 시학의 영롱한 가지이고 잎이고 열매인 셈입니다. 그런 그가 한때 앙드레 브르통이 이끄는 초현실주의 그룹과 가깝게 지내기도 하고, 코제프의 그 유명한 '헤겔 강의'를 경청하기도 하며, 동양의 요가와 선을 공부하기도 하는 등 다양한 지적 편력을 거치며 지내다가 전후의 혼란 속에서 인문과학종합서평지 〈크리티크〉(1946)를 창간한 일은 그의 위상을 엿볼 수 있는 중요한 지표임에 틀림없습니다. 즉 그는 사르트르, 까뮈, 블랑쇼 등과 더불어 전후 프랑스 평단의 대표 지성입니다. 이렇게 프랑스 문화의 창달에 크게 기여한 그에게 뢰지옹 도뇌르 훈장이 수여된 게 우연은 아닐 것입니다. 이런 비평계의 선배에게 푸코는 '위

---

91) '반시론'의 이론적 축을 구성하고 있는 중요한 구절 중에는 "A윤리위원회에서 Z윤리위원회까지의 모든 윤리 기관을 포함한 획일주의가 멀쩡한 자식을 인위적으로 병신을 만들고 있다." 이것은 언론의 자유를 허용하지 않고 검열을 일삼고 있는 근대적 '금기' 시스템에 대한 위반의 정서를 잘 드러낸 일면이라 볼 수 있습니다.

반에 대한 서언'이라는 평론을 헌사했습니다. 그러니까 니체에게서 발원한 '탈중심' 철학으로서의 위반의 철학이자 비평이론은 전후의 혼란을 등에 업고 지적 모색 속에 탄생한 미학적 저항으로 '탈중심' 철학으로서의 위반의 철학이자 시대의 이념이라고 볼 수 있습니다. 이런 이단적 지식인인 바타유에 대해 한국의 첨단시인 김수영은 "블란서 놈들은 멋있는 놈들이다. 영국 사람들은 거기에 비하면 촌뜨기다. 바타유를 보고 새삼스럽게 그것을 느낀다."(1965년 시작노트4)라고 했던 것입니다. 여기, 별거 아닌 것 같지만 '놈들'이니 '촌뜨기'니 '느낀다'하는 문학적 생기를 발하고 있는 시인의 목소리와 눈깔을 볼 수 있다는 점이 중요합니다. 그만큼 그는 한국의 시인으로서 자존감을 지닌 지적 존재였음을 알 수 있습니다.

여기! 한국의 자존감 있는 최고의 지성을 사로잡은 바타유의 지성은 위반의 시학임은 이미 드러났거니와, 대체 한계에 관계된 몸짓(푸코, '위반에 대한 서언')으로 도덕을 넘어서는 도덕이라 할 위반의 시학이 그를 사로잡은 데는 무론 당시의 사회적 혼란이 있었음을 부정할 수 없습니다. 그러니까 그는 당시의 혼란한 현실을—1965년, 그해에 제2의 한일합방이라는 굴욕적인 '한일기본협약'이 있었고, 또 그해에는 '베트남 파병논란'이 있었는데 이때를 전후하여 자신의 소시민적인 성격을 자학적으로 잘 드러낸 명시 '어느 날 고궁을 나오면서'(1965)를 쓴 게 우연이라 볼 수 없습니다—견디고 또한 넘어서야 할 사유의 기둥으로서의 이론이 어느 때보다 절실한 상황에서 신경과민의 예민한 자의식과 사회정치적 무의식을 지닌 한국의 지성은 바타유의 〈문학과 악〉을 보았던 것입니다. 그러니까 하나의 문화적 이식의 관점에서 보다라도 시적 성취나 이론도 그렇겠거니와, "모든 전위 문학은 불온하다. 그리고 모든 살아 있는 문화는 본질적으로 불온한 것이다"('실험적인 문학과 정치적 자유―이어령 씨와의 '자유 대 불온'의 논쟁 첫 번째 글', 1968)라는 명제가 갑자기 굴러나올 수는 없는 것입니다. 이것은 프랑스 앙티로망의 작가 뷔토르의 말을 인용한 것으로, 이 또한 자국의 선배 바타유의 사상적 유산이 아닌가. 그러니까 프랑스의 전위비평가 바타유는 이미 〈문학과 악〉을 통해 "오직 문학만이, 창도해야 하는 질서와는 상관없이 규범의 위반이 이루어지는 것을 적나라하게 보여줄 수 있다… 문학은 도덕률 위반과 같이 하나의 위험이기조차 하다."라고 주장했던 것입니다. 이런 도덕을 넘어서는 새로운 도덕으로서의 위반의 시론이 하나의 젖줄이 되어 김수영 시론을 형성하는데 근간이 되었음을 추론할 수 있는데, 그러니까 김수영이 자신의 시론을 입론하고 시화하는데 있어서 바타유의 위반의 시학에 크나큰 영향을 받았음은 분명하거니와, 그런 그가 이런 바타유를 읽은 지 채 3년이 지나기도 전에 한국시론사상 가장 빛나는 보석같은 결정체라 할 시론 〈시여, 침을 뱉어라〉(1968)에서 그 '온몸의 시학'이라 할 육탄의 시론을 전개하는데 이때 그를 온통 사로잡은 것은 바로 '모험'이라는 개념의 막대였습니다. 이것은 물론 엘리어트의 논문 〈시의 음악〉 "시는 언제나 끊임없는 모험 앞에 서 있다"는 말을 인용한 것이고, 더 나아가서는 비은폐성으로서의 산문의 개진에 대한 존재철학자 하이데거의 릴케 시론과도 간접적인 관련을 지닌 것이지만, 더욱 중요한 것은 이것이 하나의 사상적 토대로 깊이 자리잡은 데에는 바타유의 위반의 사유에 대한 확실한 믿음이 있었기 때문입니다.

그러나 김수영이 비록 여러 가지로 궁핍한 시기에 고급한 문화이론에 대한 갈증으로 선진국의 우수한 이론을 섭취하고 풀을 뜯어 먹었을망정 그는 '이미' 그들과는 같고도 다른 차원에서 그만의 시론을 지닌 한국시와 시론의 개척자였습니다. 그것은 그가 바타유의 글을 보고 느낀 '새삼스럽게'(이미 알고 있는 사실에 대하여 느껴지는 감정이 갑자기 새로운 데가 있다는)라는 반응에 있습니다.

폭포는 곧은 절벽을 무서운 기색도 없이 떨어진다
규정할 수 없는 물결이
무엇을 향하여 떨어진다는 의미도 없이
계절과 주야를 가리지 않고
고매한 정신처럼 쉴 사이 없이 떨어진다

금잔화도 인간도 보이지 않는 밤이 되면
폭포는 곧은 소리를 내며 떨어진다

곧은 소리는 소리이다
곧은 소리는 곧은
소리를 부른다
번개와 같이 떨어지는 물방울은
<u>**취할 순간조차 마음에 주지 않고**</u>
<u>**나타와 안정을 뒤집어 놓은 듯이**</u>
<u>**높이도 폭도 없이 떨어진다**</u> **(밑줄-글쓴이)**

- 김수영의 '폭포' (1956. 5.29. 한국일보)

시어란 무엇인가. 아니 왜 우리는 아직도 시를 읽는가. 이런 의문이 갑자기 드는 것은 나만의 문제의식인가. 여기, 나도 모르게 김수영의 시가 나를 후려치는 것은. 이 시가 지닌 정령의 언어로서의 그 이끌림 때문이 아닌가. 마법적인 불가항력의... 그러니까 여기 뭐라 규정할 수 없는 물결이 무엇을 향하여 떨어진다는 의미도 없이 계절과 주야를 가리지 않고 고매한 정신처럼 쉴 사이 없이 떨어진다는 시어가 무슨 마법의 주문같이—사실 시인은 말을 부리고 다루는 마법사magi이기도 합니다—나를 홀리는 데는 단순히 모든 것이 계산만으로 돌아가는 대리석같이 차가운 공리적 세계질서를 넘어 거기 무엇인가 정신을 떠받치고 있는 사유의 축대a pillar of thought에 대한 근본적인 물음 때문이 아닌가. 곧은 소리에 대한 간절한 기원이자 소원으로서의, '못살겠다 갈아보자'던, 그것은 1956년 5월 15일로 치달던 제3대 대통령 선거에 대한 민중의 함성으로서의 비원이 아니었던가. 그것은, 폭포는, 곧은 소리를 불러일으키는, 아니, 고매한 정신을 부르는, 너! 폭포는... 위반의 포즈랄까. 취할 순간조차 마음에 주지 않고 나의 나타와 안정을 '뒤집어 놓은 듯이' 높이도 폭도 없이 떨어지는 너는, 그리하여 곧은 소리는 곧은 소리를 부르듯 곧은 함성은 곧은 함성을 부른다니, 못살겠다 갈아보자는 함성은, 폭포는, 금잔화도 인가도 보이지 않는 밤에 더욱 곧은 소리를 내며 떨어지는 너는, 폭포는, 무서운 정의의, 아니 지옥의 사자같이 질주하는 너는, 난타하는 저 미친 자유의 종소리 같은, 아니 저 미친 영감탱이에 대한 너는, 곧은 소리는... 그러니 시어는 과연 (기왕의)도덕을 넘어서는 새로운 도덕으로서의 규범과의 일대 전복적인, 위반의 언어가 아닌가.

3

블랑쇼와 '바깥outside'의 사유

'바깥의 사유', 그것은 곧 이땅의 소외된 자들에 대한 타자의 사유입니다. 갑甲의 사유가 아닌 을乙의 사유입니다. 이런 의미에서 저 프랑스 '68의 5월이 권위에 대한 저항으로서의 세계 역사의 분수령이었고, 그 분수령에 '68을 대변하는 푸코가 있었다면, 우리에게 '60의 4·19는 부정하고 부패[92] 한 권력에 대한 한국 역사의 세계사적 분수령이었습니다. 우리의 시인 김수영 또한 이 분수령을 넘고 있었습니다. 그것은 바로 시민적 사유에서 민중적 사유로의, 근대적 사유에서 탈근대적 사유로의 일대 변환transition. 그러나 한때 민중들은 역사의 안쪽이 아닌, 권력의 바깥에 선 거리의 타자들이었습니다.

잘 알다시피, 근대는 이항대립의 세계 사유의 산물입니다. 안과 밖, 내부와 외부, 인간과 자연, 주인과 노예, 이것은 하나의 중심논리입니다. 이성 중심이고 개인 중심이고 부르주아 중심이고 주어 중심의 근대의 형이상학으로. 안으로는 하나의 동일성의 논리이지만 바깥으로는 하나의 '암흑의 핵심'(콘래드)으로서의 배타적인 민족주의 침략 논리이자 식민제국주의 정당화 논리. 이것의 중심에 국민국가가 있고, 이것을 나타내는 맨데이터리한 강제 어법으로 획일적인 근대의 표준어가 요구되었던 것입니다. 물론 이 모든 것

---

92) C. 라이트 밀스 저 〈들어라 양키들아-쿠바의 소리〉, 정향신서. 1961. "남한에서는 학생들이 양키의 괴뢰정권인 이승만 부패정권을 타도했다." 49쪽

의 중심에는 부르주아 개인들의 사유재산을 제일 우선시하는 근대 자본주의 체제가 있습니다. 아무튼 '상상의 공동체'(앤더슨)를 통해 만들어진 국민국가와 표준어의 세계에서 모든 것은 그 동일성이라는 중심을, '공통된 그 무엇'이라는 극점pol을 향해 돌고 돕니다. 그러니 자연 '우리'와 다른 '그들'은 하나의 소외된 객체로서의 타자他者가 될 수밖에 없는 구조, 그리하여 '우리'와 '타자'를 구별하는 이항 대립적 차이와 구별을 넘어 그들을 차별하고 학대하는 지배구조 속에서 제국주의의 세계 분할로 화할 근대민족주의의 세계는 지탱해 왔던 것입니다.

여기 차이와 구별을 넘어 차별과 학대를 가능하게 하는 조건무엇일까? 그것은 이성을 우선시하는 하나의 일상화된 빠롤[93]로서의 근대의 이른바 '계몽 신화'입니다. 그러니 근대의 이성의 신화에서 벗어난 탈중심의 역사는 하나의 중심주의 논리로서의 근대의 신화를 '찢는tearing' 행위에 다름 아닙니다. 그리하여 탈근대, 탈중심의 포스터모던 철학의 비조 니체(《비극의 탄생》)가 그렇게도 이성철학의 아버지 소크라테스(플라톤)를 쪼고 쪼았던 것이 아닌가. 그렇다면 근대의 신화체계는 대체 무엇일까? 그것은 바로 문자혁명을 통해 이루어 낸 '동일성' 논리입니다. 표준어를 통해 동일한 단어를 지닌 사람들 간에는 동일한 의식이 형성된다는 것은 매우 자연스러운 것이어서 가령, 감정이 거세된 '자장면'을 쓰는 중산층(이성)과 현장감이 살아있는 '짜장면'을 쓰는 노동대중들(감정) 간에는 물과 기름 같은 계층적 차이를 느끼게 되는 이치와 같은 것

---

93) 롤랑 바르트, 〈현대의 신화〉, 동문선, 1997.

입니다. 이것은 부르주아 양식인 소설에 있어서의 대화와 서술의 분리, 과거시제의 도입 등 여러 가지 면에서 다양한 분화를 암시하는 것으로 이 모든 것은 '분류학'의 이름으로 설명될 수 있는 것임을 우리는 푸코의 계보학을 통해 확인할 수 있습니다. 이런 푸코의 지적 계보학을 잘 드러낸 저서가 바로 세계적인 고전으로 '인문과학의 고고학'이라는 부제를 달고 나온 〈말과 사물〉입니다. 그러니까 고고학은 니체 계보학의 푸코식 버전이 아닌가. 여기, '말'과 '사물'은 대체 무슨 뜻인지... 이 '말과 사물'을 가로지르는 몇 가지 암호장치를 풀어야 우리는 비로소 기호의 수수께끼로 가득찬 난해한 고전을 감상할 수 있습니다. 〈말과 사물〉의 첫 페이지를 열면 우리는 먼저 보르헤스가 중국백과사전을 인용하였다는 것을 재인용하면서 시작되는 그 기괴한 장면을 보게 됩니다.

동물은 다음과 같이 분류된다.

1. 황제에 속하는 동물
2. 향료로 처리하여 부패 보존된 동물
3. 사육동물
4. 젖을 빠는 돼지
5. 인어
6. 전설상의 동물
7. 주인없는 개
8. 이 분류에 포함되는 동물
9. 광폭한 동물
10. 셀 수 없는 동물

11. 낙타털과 같이 미세한 모필로 그려질 수 있는 동물
12. 기타
13. 물 주전자를 깨뜨리는 동물
14. 멀리서 볼 때 파리같이 보이는 동물
……

이것은 근대교육을 착실히 받은 우리들에게는 뭐 뒤죽박죽이고 엉망진창으로 느껴지는 우화 장면이지만 푸코가 강의차 브라질에 머물렀을 때 보았던 보르헤스의 대표적 에세이집인 〈만리장성과 책들〉(열린책들)에서 인용해 놓은 것입니다. 정확하게는 '존 윌킨스의 분석적 언어'라는 항목에서 인용한 것입니다. 그런데 보르헤스는 다시 자기가 쓴 글이 프란츠 쿤 박사의 중국 백과사전 〈천상에 있는 친절한 지식의 중심지〉에서 빌려왔다고 하는데, 이런 책은 사실 존재하지도 않습니다. 어쨌든 이것은 자신의 사상을 정당화하기 위해 독자를 여러 번 미궁에 빠뜨리는 환상의 수법을 빌린 것으로, 중요한 것은 이것이 결코 우스개로 쓴 픽션이 아니라 세기의 지성 푸코를 깜짝 놀라게 할 만큼의 '문명사적' 의미를 지니고 있다는 점일 것입니다. 그것은 바로 근대의 이른바 언어를 통한 분류학에 대한 조롱이고 풍자입니다. 주지하는 바와 같이, 근대 언어학의 비조 소쉬르의 사상에서 가장 기본이 되는 인식소 episteme는 바로 '자의성' 개념입니다. 쉽게 말해서, 기호는 가짜 fakes라는 에코(〈기호학이론〉)의 말대로, 고래가 어류인지 포유류인지는 가진 놈들, 힘이 센 놈들의 멋대로라는 것입니다. 그러니까 사실 객관적으로 볼 때에 있어서 소쉬르라는 근대의 부르주아 언어학자는 물적 권력은 무론 문자까지 장악한 지식 권력의 대변자

로서, 그 근대적 침략 논리이자 식민제국주의의 근거를 언어적으로 대변한 우파언어학자라 아니할 수 없습니다.

지금까지 나는 윌킨스와 이름을 알 수 없는 (혹은 가짜) 중국백과사전의 저자, 브뤼셀 도서 연구소 등의 임의 전횡專橫에 대해 언급했다. 하긴, 세상을 분류하는 행위 치고 임의 전횡이 아닌 게 없다는 건 세상이 다 아는 사실이다.

- 보르헤스, '존 윌킨스의 분석적 언어', 〈만리장성과 책들〉, 열린책들

가령, 일제가 한국을 강제 합병하다시피 식민지화해 놓고는 우리를 '보호한다'고 했던 것으로, 이것이 바로 '임의 전횡'으로서의 소쉬르 근대언어(학)의 위선이고 폭력이 아니고 무엇인지... 그러나 이런 근대 주류 언어학에 대한 비판의식은 어떻게 가능했던 것인지... 잘 알다시피, 보르헤스(1899~1986)는 남미 아르헨티나의 시인이자 소설가, 이론가로 특히 남미 문학의 세계적 기원이 된 마술적(또는 환상적) 리얼리즘 이론의 창조자입니다. 중요한 것은 그가 부유한 집에 태어난 덕에 수많은 책을 읽으며 자랐고 세계를 넘나들며, 그러니까 그는 유년 시절을 온통 아버지의 서재에서 보냈다고 회상할 정도로 문학에 지대한 관심을 가졌던 아버지의 영향을 많이 받았고, 아버지의 눈 치료를 위해 1914년 스위스로 이주한 뒤 범신론, 불교, 그노시스 등을 접하고 프랑스, 독일 문학을 섭렵하며, 라틴어까지 깨치고 1921년 고국으로 돌아오지만 공간적, 시간적 변화와 경험은 그를 지배적 현실에 거리를 두고 주변적 위치에 놓이게 하였다는 점입니다. 이러한 경험은 그로 하여금 자

신이 속한 세계의 안팎을 동시에 바라볼 수 있도록 함으로써 결국 '탈중심적' 사고를 얻는 데 중요한 계기가 되었던 것으로, 그는 이 처럼 다양한 공부를 하면서 세계는 서구식 단일체제가 아니라는 것을 몸으로 체득하였을 뿐 아니라 근대의 중심논리를 깨부술 이 론으로 제시했던 것입니다. 그래 이 〈만리장성과 책들〉이 바로 이 런 이론을 잘 보여준 책으로, 이것으로 그는 '국민문학상'을 받았 을 뿐 아니라 세기의 지성이라는 푸코에게 핵폭탄과도 같은 사상 적 충격과 사유의 대전환을 가져다 주었던 것입니다.

이 책의 발상은 보르헤스에 나오는 한 원문으로부터, 그 원문을 읽었을 때 지금까지 간직해 온 나의 사고-우리의 시대와 풍토를 각인해 주는 '우리 자신의 사고'-의 전지평을 산산이 부숴 버린 웃음으로부터 연유한다.

– 미셸 푸코의 〈말과 사물〉(민음사) 서문

이것은 푸코가 자신의 철학사상의 출발점이 보르헤스의 문학이었 음을 천명한 것으로 이것은 해체주의 철학자 데리다 또한 마찬가 집니다. 데리다의 주저 〈그라마톨로지〉의 음성중심주의도 사실은 보르헤스의 "고대인들에게 있어 문자 언어는 음성 언어의 대용품 에 불과하다"('도서 예찬에 대하여')는 천재적인 통찰에 빚지고 있 습니다. 또한 보르헤스는 데리다 철학의 핵심개념인 '차연'을 비롯 시간의 파편화, 중심의 해체, 작가의 죽음, 상호텍스트성, 메타 픽 션 등과 같은 탈근대, 포스트모던 문학 이론의 풍요한 젖줄입니 다. 아무튼 여기서 가장 중요한 것은 "우리의 시대와 풍토를 각인해 주는 '우리 자신의 사고'"라는 부분입니다. 이것은 곧이어 나오는 '동일자와 차이' 간의 관행적인 규범으로서의 근대의 이분법적 사고방식을 지칭하고 있습니다. 그것은 또한 '우리가 현존하는 사물들의 자연적인 변성을 통제하는 데 상용해 온 모든 정렬된 표층과 모든 평면'을 가리키고 있습니다. 그러니까 이것은 마치 신발장에 가지런히 놓인 신발처럼 근대의 '분류학'이라는 패러다임이 해체되었을 때 저자가 느꼈던 정신적 충격을 잘 드러낸 상징적인 도입부입니다. 그리하여 그 또한 하나의 프랑스적 니체주의자이자 탈중심철학의 아이콘으로서 곧이어 벨라스케스의 명화 '시녀들'을 적시하고, 하나의 에피스테메로서 서구의 역사가 선조적인linear 질서가 아닌 '비연속적인discontinuity'-연속continity이 아닌-뭐 레이어layer한 굴절의, 탈근대적 인식으로서의 다층적인layer 단절의 역사였음을 푸코적 글쓰기로 현란하게 분석하면서 기어코는 그 근대문학의 종언으로서의 '인간(주체—인용자)의 죽음'이라는 탈근대 명제를 제시하기에 이르렀던 것입니다.

그러나 하나의 20세기 세계철학사상사의 프랑스적 결절점 French's node으로 이 작품이 탄생하는 데에는 수많은 사유의 강물이 흘러들어갔음을 예측해볼 수 있는데-이런 점에서 보면 푸코, 그는 분명 '프랑스적' 현상으로, 이것은 무론 프랑스에만 해당되는 것은 아니지만 문화의 근본적인 성격으로 프랑스 철학의 배경에 비프랑스적인 요소들이 적지 않은 영향을 미쳤음을 짐작할 수 있습니다-그것은 헤겔, 마르크스, 니체, 하이데거 등 독일철학을 비롯 베이컨, 로크, 흄 등 영국의 경험철학은 무론 이렇게 보르헤스 등 제3세계의 이론과 지식까지 이것들은 모다 프랑스 철학의 바깥에서 길어온 풍요한 강물이었습니다. 이것이 또한 푸코 철학의 탈중심성을 설명할 수 있는 그 세계성의 근거입니다. 그러니까, 우리는 여기서 또 하나의 독일적 현상으로 문화라는 게 저 괴테(《마왕》, 〈서동시집〉, 〈젊은 베르테르의 슬픔〉, 〈파우스트〉 등)에게서 보는 것처럼 '마성the Demonic'의 꽃이 갑자기 피어난 것이 아니라 저 호메로스의 그리스 자연관을 비롯, 그리스(서구)의 오랜 적대국인 페르시아의 사상까지 섭렵, 전유, 자기화함은 무론 '겨울동화'로 상징되고 있는 북구적인 우수로서의 저 어두운 독일적 숲에서 그 사유의 강물을 길어올렸음을 짐작할 수 있는데, 이를 통해 우리는 그 세계적인 보편의 사상을 구축하는 데에는 안과 밖이 문제가 될 수 없음을 볼 수 있습니다.

그렇다면 이런 프랑스 철학의 아이콘이라는 푸코는, 아니, 한국의 푸코 김수영은 그 어떤 사상적 기원을 지니고 있었을까? 여기서 우리는 하나의 참고로 한국의 현대철학자이자 푸코 전문가인 이정우의 말을 인용하지 않을 수 없습니다. 그는 번역서 〈담론의 질서〉(중원문화) 해설에서 "푸코의 사유는 한마디로 타자의 사유이며, 동일자의 바깥에서 사유하는 바깥의 사유이며, 동일자와 타자가 갈라지는 경계 선상에서 성립하는 극한의 사유이다."라고 적시하였습니다. 여기, 타자니, 바깥이니, 극한이니 하는 것은 그 대등한 개념가족들입니다. 이런 사실은 왜 푸코가 프랑스 '68의 이념을 제공한 민중사상가인지, 그런 그의 대표작인 〈말과 사물〉이 왜 동일성과 차이로서의 근대이념에 대한 비판을 담은 우스꽝스런 우화로부터 이 책을 시작하고 있는지를 확인할 수 있는 중요한 지표입니다.

그렇다면 하나의 내재적 기원으로 볼 때에 있어서, 우리에게 저 박지원의 친구이자 선배인 홍대용이 있었듯이, 푸코에게는 또한 그 어떤 친구이자 선배가 있었는지, 이것은 너무도 잘 알려진 사실로-그것은 무엇보다 프랑스적 인식론의 전통에 선 콩트를 연원으로 바슐라르와 특히 베르그송, 스승 깡낄렘을 비롯 라깡, 데리다, 들뢰즈, 바르트, 알튀세르, 바타유, 블랑쇼 등 고전기 그리스 철학자들, 계몽기 독일의 관념론철학자들과 더불어 20세기 후반 그 세계의 철학으로 프랑스 철학의 모험[94]을 주도했던 휘황찬란한 프랑스적 인물군을 자랑하고 있거니와, 이 글의 주제와 관련하여 특히 나의 주의를 끄는 것은 그 누구보다도 모리스 블랑쇼입니다. 블랑쇼는 선배이자 사상적 동지였던 바타유와 더불어 전후 프랑스의 가장 중요한 비평가로 평가되고 있거니와, 대체 이런 블랑쇼를 읽고 감동해 마지않은 선진 문화에 대한 왕성한 식욕을 지녔던 한국의 지성 김수영도 놀랍거니와, 중요한 것은 과연 그 또한 푸코의 사상적 기원이자 선배로서 이런 블랑쇼를 블랑쇼이게 한 힘의 근원이 무엇인가 라는 점입니다.

'저곳'이 '여기'의 존재 방식에 불과하다는 감추어져 있는 확실성, 내가 더 이상 내 안에 홀로 있는 것이 아니라, 바깥에, 사물들의 진지함 곁에 있을 때, 그 확실성은 나를 계속해서 사물들의 시각으로 데려가고, 전환이 내 안에서 이루어지도록 나를 사물들로 향하게 한다.

– 모리스 블랑쇼, '릴케와 죽음의 요구', 〈문학의 공간〉, 그린비

---

[94] 알랭 바디우, 〈프랑스 철학의 모험〉(The Adventure of French Philosophy), verso, 2012.

이것은 참으로 놀라운 사유의 장면이 아닐 수 없습니다. 그것은 이곳과 저곳이 다르지 않고 안과 바깥이 둘이 아니며, 말과 사물이 나뉠 수 없다는 것입니다. 아니, 이제는 말보다는 사물이 더욱 중요하다는 획기적인 인식의 전환입니다. 그래 이것이 참으로 놀라운 것은 근대의 이른바 이항대립의 사유로 피어난 분류학의, 타자를 낳을 수밖에 없는 식민적 억압의, 제국주의적 약육강식의, 저 다윈에서 비롯된 스펜서의 사회진화론의 잔인성과 폭력성, 그 죽음의 학으로서의 근대의 형이상학으로 자리잡고 있는 이성의, 인간의, 말의 세계를 그 중심에서 폭파시켰다는 점입니다. 이런 블랑쇼 역시 니체의 에피고넨입니다. 니체는 역시 니체입니다.

철학자들은 가상, 변전, 고통, 죽음, 신체적인 것, 감관, 운명이나 부자유, 목적없는 것에 반항해야 한다는 생각에 사로잡혀 있다. 그들이 믿는 것은 1. 절대적인 지식, 2. 인식을 위한 인식, 3. 덕과 행복과의 결부, 4. 인간의 행위에 대한 인식 가능성. 그들은, 이전의 (더욱 위험한) 문화상태가 그 위에 반영하고 있는 본능적 가치 규정에 인도되고 있다.

— 프리드리히 니체, 〈권력에의 의지〉, 청하

그러니까 근대적 사유의 비조인 망치철학자 니체가 보건대, 지금까지 서구 전통의 뿌리를 지닌 형이상학적 신념들(1, 2, 3, 4)은 모두 미신에서 비롯된 것입니다. 그리하여 바타유처럼 니체의 사상적 후계자인 블랑쇼는 이런 사유의 연장에서 또한 근대를 지탱하고 있던 사유의 기둥들을 근본적으로 무너뜨렸던 것입니다. 그는 단순한 흉내내기가 아닙니다. 여기, 두터운 비중을 차지하고 있는 그의 철학적 비평에서 '죽음'이라는 소재가 왜 문학에서 이렇게 중요하게 다루어질 수밖에 없는지 우리는 니체를 통해 비로소 블랑쇼를 이해할 수 있는 근거를 볼 수 있거니와, 그것은 죽음이야말로 일상에서 간과할 수 없는 하나의 나타남으로서의 현상학[95]의 하나이기 때문입니다. 이것은 사물들이야말로 진지함의 대상이라고 볼 수 있는 이른바 '바깥의 사유'의 하나입니다. 이에 대해서는 푸코(1966)가 바타유가 창간한 〈크리티크〉에서 동명의 텍스트를 헌사함으로써 선배에 대한 숨길 수 없는 오마주를 바쳤거니와, 이것이 당시 큰 반향을 일으켰는데, 이것은 푸코의 화려한 글솜씨도 솜씨려니와, 중요한 것은 과연 블랑쇼가 던진 '바깥의 사유'의 놀라움 때문입니다. 그들은 말하고 있습니다.

예술은 우리의 일상적 삶이 우리에게 제시하는 질서가 매겨지고 '정돈된' 사물로부터 출발해서는 안 된다. 이를테면, 세계의 질서 속에서 사물들은 그 가치에 따라 존재하고, 사물들은 가치가 있으며, 어떤 것들은 다른 것들보다 한층 더 가치가 있다. **예술은 이러한 질서를 모르고, 절대적 무심함에 따라서, 죽음이라는 무한한 거리에 따라서 현실들에 관심을 갖는다. 예술은 선택하지 않고, 바로 선택의 거절 속에서 출발점을 갖는다. 사물들 속에서 예술가가 되도록 아름다운 사물들을 찾을 때, 그는 존재를 배반하고, 그는 예술을 배반한다.**(밑줄- 글쓴이)

– 모리스 블랑쇼, 동일서 인용

---
95) 이정우, 〈세계철학사4〉, 도서출판길, 2024.

언어라는 존재는 주어의 사라짐 속에서만 그 자체로 모습을 드러낸다. 어떻게 이 낯선 관계에 접근할 수 있을까? 아마도 서구 문화가 자신의 가장 자리에 아직 확실치 않은 그 가능성을 어렴풋하게나마 그렸던 하나의 사유 형식에 의해서, 주관성의 한계들을 드러나게 하기 위해, 그것의 종말을 표명하기 위해, 그 분산을 빛나게 하기 위해, 그리고 오로지 그 주관성의 난공불락의 부재만을 받아들이기 위해 일체의 주관성 바깥에 자리잡는, 그리고 그와 동시에, 그 토대와 정당성을 획득하기 위해서가 아니라 자신이 펼쳐질 공간, 자신의 터로 사용될 공백, 그 속에 자신이 자리잡으며 사람들이 거기에 시선을 던지기 무섭게 그의 즉각적인 확신들이 재빨리 숨어버리는 거리를 다시 발견해내기 위해, 일체의 확실성의 문턱에 자리잡는 이 사유-이 사유가, 우리의 철학적 성찰의 내면성과 비교해볼 때, 우리의 지식의 실증성과 비교해볼 때, 우리가 한마디로 '바깥의 사유'라 부를 수 있음 직한 것을 구성한다.(밑줄-글쓴이)

- 미셸 푸코, '바깥의 사유', 〈미셸 푸코의 문학비평〉, 문학과지성사

두 인용문에서 블랑쇼의 일상적 삶이 우리에게 제시하는 질서가 매겨지고 '정돈된' 사물은 곧 푸코에게는 주어의 세계이고, 그 주관성의 난공불락을 말합니다. 다시 블랑쇼의 선택의 거절과 존재와 예술의 배반은 푸코에게서는 일체의 확실성의 문턱에 자리잡은... 거리에 선 사유로서의 '바깥의 사유'를 가리킵니다. 그러나 이 사물에, 바깥의 존재들에게 역시 하나의 영혼을 지닌 존재로서 하나의 생명의 숨결을 불어넣는 순간, 사물은 새롭게 의미화

signifying하기 시작합니다. '의미화'는 곧 죽은 사물에 존재 의미를 부여하는 신성화에 다름 아닙니다. 그리하여 바로 여기, 지배적 영토의 바깥에서 마치 카프카의 〈성城〉 주변을 헛바퀴 돌듯 맴돌던 소외된 자들로서의 소수자, 타자들인 바깥의 존재들'에 대한 새로운 평가를 통해 가치의 역전이 일어나는 배반의 순간, 바로 그 순간에, 비로소 마법처럼 시의 기적이 천둥번개치고 있습니다.

......
진창은 아무리 더러운 진창이라도 좋다
나에게 놋주발보다도 더 쨍쨍 울리는 추억이
있는 한 인간은 영원하고 사랑도 그렇다

비숍여사와 연애를 하고 있는 동안에는 진보주의자와
사회주의자는 네에미 씹이다 통일도 중립도 개좆이다
은밀도 심오도 학구도 체면도 인습도 치안국
으로 가라 동양척식회사, 일본영사관, 대한민국관리,
아이스크림은 미국놈 좆대강이나 빨아라 그러나
<u>요강, 망건, 장죽, 종묘상, 장전, 구리개 약방, 신전,</u>
<u>피혁점, 곰보, 애꾸, 애 못 낳는 여자, 무식쟁이,</u>
<u>이 모든 무수한 반동이 좋다</u>
이 땅에 발을 붙이기 위해서는
— 제삼인도교의 물속에 박은 철근 기둥도 내가 내 땅에
박는 거대한 뿌리에 비하면 좀벌레의 솜털
내가 내 땅에 박는 <u>거대한 뿌리</u>에 비하면

괴기영화의 맘모스를 연상시키는
까치도 까마귀도 응접을 못하는 시꺼먼 가지를 가진
나도 감히 상상을 못하는 <u>거대한 거대한 뿌리에 비하면</u>……
(밑줄-글쓴이)

- 김수영, '거대한 뿌리'(1964. 5, 〈사상계〉)

여기, 하나의 시적 사유의 진전운동으로 그동안 역사의 바깥에 소외된 사물들인 이 모든 무수한 반동(들)에 대해 그들은 거대한 뿌리다. '무엇은...이다'라는 정언명제를 통해, 하나의 가치평가로서의 신성화를 통해 의미화가 진행되는 순간, 바로 그 순간 이 모든 무수한 반동들은 이제는 더 이상 반동이 아닙니다. 왜냐하면 그들도 '이제는' 신불神佛처럼 살아있는 사물로 인격을 부여받았기 때문입니다. 신불이 더 이상 돌덩이가 아닌 것처럼, 종로와 을지로, 동대문 거리 주변 옷가게를 비롯 헌책방, 골동품점 등 저 서양의 중세시대 빈티지한 골목시장, 벼룩시장의 풍경도 이랬을까. 이 시대의 벽화를 연상케 하는, 그러나 가난의 흙먼지 풀풀 날리는 '진창 같은' 평화시장, 광장시장 일대를 떠도는 이 모든 무수한 반동들은 이제부터 '너DU'가 되는 것입니다. 아니, 사실이야 바른 말이지 그들이야말로 역사의 진정한 창조자real maker인 것입니다.

휠체어를 탄 김씨도, 다리 절뚝절뚝 중고 휴대폰의 추씨도, 낚시모자 푹 눌러쓴 덩치 좋은 좃박사도, 눈을 뜨고 있는 동안에는 끊임없이 흔들흔들 고개 흔들이 커피씨도, 길 가다가도 낡고 헌 구두만 보면 고쳐주고 싶어 시선이 저절로 간다는 구두 수선공

용식이 아저씨도, 지나가는 사람들 가방을 멀찍이 눈으로만 보아도 짝퉁인지 아닌지 알아맞출 수 있다는 가방을 파는 금이빨의 노씨도, 헌 옷을 파는 검은 얼굴의 아씨도, 뒤뚱뒤뚱한 걸음걸이의 포장마차 황아줌마도, 엄마 손을 붙잡고 걷는 다섯 살짜리 예쁘장한 수진이도

- 백정희, '황학동 사람들'(전태일문학상 수상작), 〈탁란〉, 삶이보이는창

도, 도, 도, 도… 여기, 무수한 '도'는 자유와 평등의 표지가 아닌가. 무수한 연대의 기호들이 아닌가. 그리하여 김수영적 뿌리를 지닌 이 모든 자유롭고 평등한 반동들에 대한 블랑쇼적, 아니 김수영적 '바깥의 사유'에 따르면, 동일자(말)와 차이(사물), 인간과 자연, 정상과 비정상을 가르는 근대의 분류학은 더 이상 의미가 없습니다. 그러니까 저 근대의, '상상의 공동체'인 국가주의로서의 '공통된 그 무엇'('달나라의 장난')에 대한 심리적 거부를 넘어 공공연히, 아니 이조차도 넘어 이 모든 이념을 본위로 하는 근대의, 분류의, 차이를 본질로 하는, 나무의, 죽음의 서사에 대해 저 들뢰즈/가타리(《천 개의 고원》)가 "나무에는 항상 계보적인 무언가가 있다. 그것은 민중의 방법이 아니다."라고 거부하면서 저 데카르트, 린네 세계의, 범주에 의한 이성적 분류로서의 계몽의 신화에 대해 들뢰즈와 가타리가 "나무라면 진절머리가 난다"라고 투덜거렸듯이, 꼭 그와같이 김수영은 **"동양척식회사, 일본영사관, 대한민국관리, 아이스크림은 미국놈 좆대강이나 빨아라"** 라고 근대적 상징물에 대해 극혐에 가까운 래디컬한 혐오를 드러내고 있다는 데에서 우리는 과연 그 시적 모험으로서의 시인 김수영의 문화 검투사다운

진면모를 확인하게 되는 것이지만, 특히, 나의 눈깔을 자극하는 것은, "곰보, 애꾸, 애 못 낳는 여자, 무식쟁이, 요강, 망건, 장죽, 종묘상, 장전, 구리개 약방, 신전, 피혁점"에서의 비정상인들 또는 그동안 지배담론에 의해 바깥의 사물들로 분류, 배제되어왔던 타자들, 그가 힘주어 강조하는 '이 모든 무수한 반동'에 대한 블랑쇼적이고 푸코적인, 아니 한국의 민중시인인 김수영적 사물들에 대한 그의 풀뿌리 인식rhizomic recognition입니다. 여기, '요강'은 방에 두고 오줌을 누는 그릇이요, '망건網巾'은 상투를 튼 사람이 머리에 두르는 그물 모양의 물건이요, '장죽長竹'은 긴 담뱃대요, '종묘상種苗商'은 농작물의 씨앗이나 묘목을 파는 가게를 이름이요, '장전欌廛'은 장롱, 찬장, 뒤주 따위의 방세간을 파는 가게요, '구리개 약방'은 당시 누런 구리처럼 황토먼지 날리던 고개로 지금의 을지로 약방이요, '신전廛'은 신발을 파는 가게요, '피혁점皮革店'은 가죽제품을 파는 가게를 이름이니, 오늘 이런 것들은 모다 빈티지한 향수를 자극하는 것들이지만 당시는 근대화의 바람에 밀려 좁고 불편한 어둔 골목 한 켠을 차지하고 있던, 마치 저 영화 〈기생충〉의 '돼지 같은like pigs' 삶을 영위하고 있는 저층의 사물들이고 설자리를 잃은 존재들parasites이었던 것입니다. 그러나 이런 사회적 저층의 존재들subaltern에게 '이(것)'이라고―'그것'이 아닙니다―잔뿌리 같은 그들에 대한 관심과 애정의 눈길이 머무는 순간, 그들은 다시 그 고유한 표정과 생기를 머금은 한국의 천불상, 만물상으로, '맘모스' 같은 거대한 힘을 지닌 뿌리로 다시 태어나게 되었던 것입니다. 마치 칸트가 코페르니쿠스적 사상적 전회를 통해 데카르트 이래의 영국과 프랑스의 철학을 지양, 독일적으로 종합 자연이 아닌 인간이 중심이 되었다고 본 것처럼, 꼭 그처럼 우리의 김수영 또한 그 코페르니쿠스적 사상적 전회를 통해 근대적 자아('나')을 넘어 지금, 여기 이 땅에 살고 있는 무수한 반동 같은 사회적 소수자들의, 가령, "명수 할버이/잿님이 할아버지/경복이 할아버지/두붓집 할아버지"('가다오 나가다오')같은 이웃들과 "곰보, 애꾸, 애 못 낳는 여자, 무식쟁이"('거대한 뿌리') 등 '풀'과 같은 생을 유지하고 있는 이 땅의 사회적 약자들의, 타자들의 삶뿐만 아니라 "요강, 망건..." 등 중심의 바깥에 떠돌던 보잘것없는 사물들의 삶을 또한 주목하였던 것입니다. 그들 또한 우리와 다르지 않고 둘이 아니라고 본 것입니다. 다시 말해 김수영은 제아무리 목을 쳐도 죽지 않는 들풀처럼, 꼭 그처럼 그 어떤 외풍에도 죽지 않고 살아가고 있는 이 땅의 이름 없는 무수한 타자들의 불사성을 특별한 관심을 가지고 마르크스/엥겔스처럼 그 신성가족[96]의 이름을 부여했던 것입니다. 그러니까 그에게 중요했던 것은 지금, 여기 나를 지탱하게 하는 이 땅에서의 구체적 근거로서의 '**현재성**modernity'의 철학이었습니다.

4

김수영의 탁월한 비평적 시론과 시적 성취 이면에 스며든 지적 배경은 결코 하루 아침에 형성된 것이 아닙니다. 그것은 물론 한국적이고 세계적인 환경milieu으로서의 '60년대 분노의 시대[97]라는 세

---

96) 〈신성가족〉은 1844년 파리에서 출간된 마르크스/엥겔스의 공동작입니다. 여기서 그들은 민족주의를 모토로 민중을 부정한 독일의 바우어 등 비판적 비판주의자들의 논점에 대해 낡은 체계의 사상을 넘어서 사회를 진전시키기 위해서는 실천적인 힘을 쏟을 수 있는 인간이 필요하다고 하며, 민중들이야말로 인류 역사의 참다운 창조자라며 민중을 옹호했던 것입니다.
97) 타리크 알리, 수잔 왓킨스, 〈1968-희망의 시절, 분노의 나날〉, 삼인, 2001.

계사적 배경을 지닌 시대의 공기이기도 하지만, 이런 시대에 우리의 눈을 자극하는 것은 무엇보다도 김수영이 독일과 프랑스의 거장들과 마찬가지로 세계의 사상과 문화의 지양과 종합을 넘어 이를 전유, 재전유, 자기화한 시대의 벽화를 그려냈다는 점입니다. 거대한 벽화로서의…

그러나 여기, 김수영이라는 거대한 시대의 벽화에서 우리가 보고 있는 것은 다름 아닌 신화의 문제입니다. 그것은 또한 말parole의 문제이기도 합니다. 인간이 쌓아올린 탑으로서의 신성한, 그러나 배타적인 형이상학으로서의 언어의 바벨탑. 따라서 이 근대의, 말의, 언어의, 신성한 신화의, 그러나 거짓의 바벨탑을 해체하는 것이야말로 시적 위반이자 모험으로서의 김수영의 시적 자각이었다고 할 때, 그것은 역시 하나의 회의론자이자 유명론자로서의 '말의 해방'의 문제였습니다.

기성 육법전서를 기준으로 하고
혁명을 바라는 자는 바보다
혁명이란
방법부터가 혁명적이어야 할 터인데
이게 도대체 무슨 개수작이냐
불쌍한 백성들아
불쌍한 것은 그대들뿐이다
천국이 온다고 바라고 있는 그대들뿐이다
……
그놈들이 배불리 먹고 있을 때도

고생한 것은 그대들이고
그놈들이 망하고 난 후에도 진짜 곯고 있는 것은
그대들인데
불쌍한 그대들은 천국이 온다고 바라고 있다
그놈들은 털끝만치도 다치지 않고 있다
보라 항간에 금값이 오르고 있는 것을
그놈들은 털끝만치도 다치지 않으려고
버둥거리고 있다
보라 금값이 갑자기 8,900환이다
달걀값은 여전히 영하 28환인데
이래도
그대들은 유구한 공서양속(公序良俗) 정신으로
위정자가 다 잘해 줄 줄 알고만 있다
순진한 학생들
점잖은 학자님들
체면을 내세우는 문인들
투쟁적인 신문들의 보좌를 받고
 아아 새까맣게 손때 묻은 육법전서가
표준이 되는 한
나의 손등에 장을 지져라
4·26 혁명은 혁명이 될 수 없다
……
(밑줄-글쓴이)

- 김수영의 '육법전서와 혁명'(1960. 5. 25)

이 시는 4·26 혁명 직후(1960. 5. 25)에 쓴 시로, 아직도 우리의 뇌리에 "위정자가 다 잘해 줄 줄 알고만 있다"는 그 실재론으로서의 정치적 미신에 사로잡혀 있는 순진한 백성들의 신화적 무지를 애정 있게('불쌍한 그대들')비판한 시입니다. 여기, 4·26 은 바로 4·19 혁명의 결과 독재자 이승만을 몰아낸 역사적인 날을 말합니다. 그러나 이상하게도 시인은 '4·26 혁명은 혁명이 될 수 없다'고 하면서 '더 이상 속이지 말아라'하고 꾸짖습니다. 이것은 자신에 대해서도 백성에 대해서도 아니고 권력에, 국가에, 혁명정부에 대해서 하는 소리입니다. 그러니 이것은 기본적으로 정치적 무의식을 드러낸 것으로 '무엇을 위한 시인인가?'가 아닌가. 그러니까 이것은 참으로 궁핍한 시대의 시인의 사명을 일깨우는 저 횔덜린의 의문과도 같은 울림을 지니고 있지 않은가 말입니다. 그것은 그대로 어둠의 껍질을 깨고 나오는 지식 계몽의 목소리입니다. 즉 공적 자유의 실현을 위해서는 온 사방에서 "따지지 마라"고 복종을 강요하는 강압적 현실에 맞서 "자기 자신의 지성을 사용할 용기를 가지라"고 계몽의 슬로건을 외치고 있는 저 칸트적 계몽지식인을 연상케 하는 대목이 아닐 수 없습니다. 그리하여 이것은 하나의 시적 모험으로 거짓을 폭로하는 방법론을 예고하는데, 그것은 바로 시민적 사유로서의 유명론입니다. 그러니 김수영의 '육법전서와 혁명'은 무엇보다 말parole의 신화에 대한 유명론의 혁명입니다. 여기, 유명론 '의' 시에서, 소유격 조사 '의'는 주어로서의 소유격이기도 하고, 목적어로서의 소유격이기도 합니다. 다시 말해서, 시인은 지금 대상을 찬미하기 위해서 이 시를 쓴 게 아니라 오히려 유명론적 진실의 폭로가 스스로 시인에게 건네주는 시인 동시에 그 시를 받아 이야기하는 시라는 것을 의미합니다. 그래 보르헤스의 영향을 받은 푸코의 말처럼, 유명론은 추상적인 언어에 대한 비판을 전제로 하는 것이니, 저 프랑스의 '68 혁명이 말의 해방[98]이었던 것처럼, 꼭 그처럼 그 세계성을 지닌 한국의 4·19 혁명 또한 바로 말의 해방이었던 것입니다.

5

그러나 우리가 김수영의 대표작을 통해 '다시' 주목해 보아야 할 것은 김수영이 그들의 사상과 문화를 거침없이 수용하는 가운데서도 이 땅의 거대한 뿌리들의 삶을 주목하면서 이미 말과 사물, 인간과 자연이 다르지 않고 더 이상 둘이 아니다 不二라는 한국 고유의 저 도저한 민중적인, 구래舊來의 대승적 변증법을 계승하고 있다는 점입니다. 그것이 바로 바타유와 블랑쇼의 작품을 읽으면서 '새삼스럽다'라고 표현한 진정한 의미일 것입니다. 그러니까 김수영의 작품에 나타나고 있는 그 세계적 의미에서의 말에 나타난 신화적 의미를 간파한 한국 고유의 민중적 변증법은 미천한 신분의 사복, 짚신장수인 광덕, 그의 처인 분황사 노비, 농민인 엄장 등과 같이 민중들의 삶 속으로 들어간 원효('심생고종종법생心生故種種法生, 심멸고감분불이心滅故龕墳不二')이래 줄기차게 흘러온 한국 사상의 거대한 젖줄이거니와, 우리는 또한 이렇게 부단히 흐르고 있는 그 한국 고유의 사상을 박지원의 사상적 선배이자 동료였던 홍대용(《의산문답》)의 "사람이나 사물이나 대등하다人與物均也."는 한국적 바깥의 사유라 할 인물성人物性 이론에서 다시 확인하는 것이고, 이런 사상은 그대로 박지원의 작품(《호질虎叱》)으

---

[98] "Words were set free.", 'May 1968, when France was transformed', 〈THE NEW YORK TIMES〉, 2018. 5.7.

로 이어져 "하늘이 명한 입장에서 본다면 범이나 사람이나 다같이 만물 중 하나다."라는 지배 담론 바깥의 사유이자 위반의 사유로서의 민중적 전통을 지닌 탈주flight의 사상으로—무론 이것은 앞으로 더욱 밝혀야 하는 우리의 과제이지만—이어지고 또 이어져 우리의 거대한 뿌리 김수영에게 닿아있는 것입니다.

정리해 보건대, 서구의 합리적 이지理智와 동양의 고전적 소양, 또한 비수같이 날카로운 모던한 감각을 지녔으면서도 그 고유의 민중적 전통을 뿌리 깊게 의식했던 한국의 보기 드문 문화검투사로서, 20세기 세계철학사상사의 프랑스적 결절점으로서의 푸코만큼 한국의 김수영의 사상과 작품이 던진 문학적 성과는 과히 그 김수영적 종합으로서의 글로컬한 세계성을 얻었다 할 것입니다.

나는 그렇게 봅니다.

14
한강(1970~)

1

우리는 세계의 아테네가 될 수 있을 것인가?

여기, '아테네Athene'(로마에서는 '미네르바Minerva')는 지혜와 전쟁과 예술의 여신으로 고전기 그리스 문화를 대변할 뿐 아니라 세계의 철학과 문화를 상징합니다. 현대 프랑스 철학 최후의 거장 알랭 바디우는 〈프랑스 철학의 모험〉 '서장'에서 세계철학의 3대 시기로 고전기 그리스 철학, 계몽기 독일 관념 철학과 더불어 현대 프랑스의 철학을 규정함으로써 빠리가 현대의 아테네로 되었음을 보여주고 있습니다. 그러나 이것은 21세기를 맞은 지금 대한민국뿐 아니라 세계의 이목을 집중시키고 있는 한국인과 세계인의 초미의 관심사의 하나가 되었습니다. 가장 대표적인 이미지로 등장한 것이 아시아의 한류Korean wave을 넘어 세계인과 함께하는 케이문화Korean culture의 현주소입니다.

그러나 고전기 그리스 철학과 문학은 어떻게 가능했는지, 그것은 실상 소크라테스를 비롯 플라톤, 아리스토텔레스뿐 아니라 호메로스의 〈일리아스〉, 〈오디세이아〉와 비극 등 철학과 문학예술의 힘이 없고서는 불가능했던 것입니다. 이것은 독일 또한 마찬가지여서 칸트를 시작으로 헤겔, 마르크스, 니체, 하이데거 등 근대철학사의 거봉들이 즐비하거니와, 이와 더불어 우리는 하이네, 릴케, 괴테 등 그 세계성을 얻은 고전적인 대가들을 떠올리게 되는 것입니다. 그리고 빠리하면 뭐 루소, 사르트르를 위시하여 소위 말하는 프랑스의 탈근대 철학자들—가령, 바타유, 블랑쇼, 데리다, 푸코, 바르트, 들뢰즈, 라깡 등—과 근대 이후 발작, 위고, 플로베르 뿐 아니라 보들레에르, 랭보, 베를렌느 등 프랑스 문학을 낳은 수많은 고전적 거장들을 연상하게 됩니다.

그러나 잘 보면 아는 사실이지만 그 객관적인 사실에 있어 이것은 결코 혼자 된 것이 아닙니다. 문화는 상호교섭의 산물이니 말입니다. 그래 그리스의 아테네가 어찌 이집트 문명과 에게해, 소아시아 문명 없이 혼자 되었는지. 독일 또한 마찬가지여서 칸트와 헤겔, 니체, 마르크스, 엥겔스, 괴테가 어찌 하루아침에 되었는지. 그들 또한 앞선 영국과 프랑스의 철학과 문화, 심지어 아랍은 무론 페르시아(오늘의 이란)문화까지 독일적으로 종합, 자기화하는 가운데 세계에 통하는 범용한 문화로서의 고전적 규범을 맹글어낸 결과입니다. 이는 프랑스도 마찬가집니다. 프랑스 니체주의자들이라는 말처럼 그들은 영국의 경험철학은 무론 독일의 헤겔, 특히 니체 철학을 프랑스라는 거대한 문화의 용광로에 녹여내는데 성공함으로써 빠리는 20세기 세계문화의 중심지로 오늘의 아테네가 될 수 있었습니다.

그렇다면 우리는 지금 어떤가. 이것은 역사적인 평가를 하기에는 아직 이른 단계임에 분명하지만 세계의 중심으로서의 문화의 아테네는 서울이 될 가능성이 커진 것도 없지 않은 사실입니다. 이것은 가령 장편 소설을 쓰기 위해서는 돈과 자기만의 방[99]이 있어야 가능했던 것처럼, 꼭 그처럼 세계 10대 무역국으로, 경제선진국으로 물적 조건과 민주화를 이룬 성공 대한민국의 인프라가 또한 적지 않은 힘이 되었던 것이 객관적인 사실이고, 이런 경제적인 힘에 더하여 케이팝은 무론 '기생충Parasite', '오징어 게임Squid game'과 K-드라마 등 소프트 파워로 평가되는 한국적 서사Korean narrative의 힘이 또한 잘 갖춰져 있는 문화 르네상스적 분위기에 적지 않은 영향을 받은 것이라 하지 않을 수 없습니다. 그 상징적인 기호의 하나가 바로 한강의 2024년 노벨문학상 수상이라 할 것입니다. 즉 한강의 영예는 하나의 국제적인 인정 논리로서의 한국문화의 세계성을 웅변한다 할 것입니다.

In effect,

그러나 그 실제에 있어서 하는 말이지만, 우리가 세계문화의 용광로이자 발원지로서 진정한 세계사적 역할을 감당하기 위해서는 무엇보다 그 대자적인 사유의 지도리를 물고 있어야 합니다. 즉 그리스든 독일이든 프랑스든 그들의 문화를 낳는 데에는 철학이라는 사유의 기둥이 먼저 있었던 것으로, 이것은 때마침 최근 한국의

---

[99] 버지니아 울프, "우리는 입으로는 민주주의에 대해 말하지만, 실제로 영국의 가난한 집 아이들은 위대한 작품들을 산출하는 지적 자유로 해방될 희망이 아테네의 노예의 아들만큼이나 없는 것이다.", 〈자기만의 방〉(민음사)

현대철학자 이정우의 웅편 거작 〈세계철학사1,2,3,4〉(길)가 완간됨으로써 우리도 인자 세계철학으로서의 한국철학을 낳을 수 있는 든든한 지반地盤을 다지게 되었습니다. 우리에게는 세계에 내놓아도 뒤지지 않을 저 한국철학의 종조 원효를 비롯, 이이, 박지원, 한용운, 임화, 김수영 등 파수병처럼 지켜서 있는 든든한 정신적 지주들이 있지만, 이것은 한국문화사, 아니 세계철학사의 일대 경이가 아닐 수 없는 파천황의 문화적 위업이라 할 것입니다. 즉 우리는 한 개인이 수십 년에 걸친 뼈를 깎는 노력으로 이제야 비로소 우리의 눈으로-하나의 격의格義 철학이랄까, 동북아적 사유로, 더 정확하게는 우리의 고유한 氣철학의 눈깔로-세계의 정신을 정교하게 개관하고, 깊이있게 관조할 수 있는 거대한 사유의 번철을 가지게 된 것입니다. 그것은 바로 하나의 거대한 뿌리로서의 정신의 근원에 대한 도저한 질문이자 일一 완성입니다

그러나 우리가 우리 대로의 험난한 근대화 과정을 거쳐 오늘에 이르기까지 겪어냈던 경험을 대자화시키고 개념화함은 무론 이를 세계라는 지평 속에서 집대성한 세계철학대백과를 낳은 것은 참으로 경탄할 일이지만, 그러나 이것이 아직 한국의 철학으로 그 세계에 통하는 범용한 수준의 보편적인 철학으로 완전히 구워내지 모한 것도 사실입니다. 즉 오늘 한국의, K-철학은 무엇인가 하고 묻는다면 우리는 솔직히 머리를 긁적거리지 않을 수 없는 것 또한 부정할 수 없습니다. 그러나 우리는 지금 이러한 세계적인 철학적 위업과 동시에 세계적인 찬사를 받으며 한국문화의 세계성을 객관적으로 인정받는 하나의 상징으로 한강의 노벨문학상Han Kang's the Nobel prize in literature을 기리는 세계의 아테네 시민이 되

었습니다

자, 그렇다면 인자 형식의 모자를 벗고 한강을 한강이게 함과 동시에 그 한국적 가치와 모럴을 넘어 세계에 통하는 범용한 문화로서의 보편적 가치와 모럴을 지닌 한강 문학의 세계성은 무엇인가 자세히 살펴볼 일입니다.

2

폭탄과 같은 책은 언제나 그 폭탄을 장전하고 있는 법이다.

— 질 들뢰즈의 〈스피노자의 철학〉, 민음사

장편소설 〈채식주의자〉(창비, 2016 맨부커 인터내셔널상 및 2024 노벨문학상 수상작)는 한국의 소설가 한강을 일약 세계의 소설가로 데뷔시킨 작품입니다. 이는 마치 "도스또예프스끼의 〈지하생활자의 수기〉가 새로운 학파의 지침서가 될지도 모른다."[100] 라고 평한 것처럼, 꼭 그처럼 이 소설 또한 새로운 학파new school of thought의 지침서가 될지도 모릅니다. 왜냐하면 '충격적'이라는 평가만큼 뭔가 획기적인 요소가 있기 때문입니다. 중요한 것은 과연 이 작품이 '탄탄하고 정교하며 충격적인 작품'이라는 맨부커상 수상 이유문에서 볼 수 있듯이, 이것이 콧대가 높은 서구의 문명화된 그들에게 쇼킹한 충격을 주었다는 사실입니다. 그러니 내가 이

---

100) 르네 지라르, 〈낭만적 거짓과 소설적 진실〉, 한길사, 2001

작품을 온전하게 논한다고 할 때에 있어서 나는 무엇보다도 대체 〈채식주의자〉가 서양인들에게 준 충격의 성격이 무엇인지 구체적으로 적시해야 할 것입니다.

그의 작품이 '탄탄하고 정교하며 충격적'이라는 평은 우선 내용의 구성면에서나 미적 형식의 면에서나 기본을 잘 갖춘 우수한 작품이라는 것입니다. 특히, '충격적'이라는 수사 이상의 의미를 지닌 특별한 표현을 통해 우리는 한강의 소설 〈채식주의자〉가 그들에게 '문화적 사건'으로 인식되고 있음을 알 수 있습니다. 그래 문화적 사건이란 무엇인지... 하나의 문화적 사건으로 한강의 장편소설 〈채식주의자〉는 식사를 한다는 것, 그것이 지닌 존재론적 사건을 다루고 있습니다. 아니, 존재론 그 이상의 인식론의 문제입니다. 그것은 바르트적 신화의 문제이고, 알튀세르적인 이데올로기의 문제이며, 그것은 또한 프로이트적인 무의식의 문제이며, 그것은 마르크스주의 정치경제학의 기호의 문제이기도 합니다. 무엇보다 그것은 일상의 지배문화에 저항하는 문화적 전복cultural subversion으로서의 우리 안의 파시즘의 문제입니다. 그의 작품이... '충격적'이라는 평에 실린 실질적인 의미도 바로 이것입니다.

문화적 사건이 던진 소설의 충격은 일상에서 일어나고 있는, 그러나 하나의 사건으로서의 개의 죽음으로부터, 유년기의 아버지의 매로, 가정의 폭력으로부터 시작되었다는 점에서 신화는 일상이라는 바르트의 주장을 확인합니다. 여기, 한국적 음식문화로서의 개의 죽음(아니, 잔혹한 개의 죽임)은 매우 상징적입니다. 이것은 개고기 파티를 축으로 하층민들의 삶을 낙천적으로 다룬 명장 황석영의 〈돼지꿈〉과도 선명하게 대비되는 것이고, 그것은 또한 저 도스또예프스끼와 니체의 유명한 말의 죽음과도 비교되는 한국적인 문화 현상입니다. 양키들만 알다가 마르께스의 〈백년의 고독〉에서 '그링고'를 처음 알게 되었을 때 얼마나 충격적이었나. 하나의 계몽서사이자 앎의 모럴로 '새로운novel' 이야기는 이렇게 고유성을 지닐 때 더 인정할만한 가치를 지닙니다native stories deserve more recognition. 이것이 하나의 상징적인 의미작용으로 독재자 아버지와, 남성중심사회male-centered society의 문화와 연계되고 거기서 붉은 핏덩이가 나오고 날카로운 이빨이 나오고 직선이 얽어지고 근대의 이른바 '죽음의 서사death narrative'가 기어코 한국의 위안부와 베트남 전쟁을 소환해 내면서 이 작품이 왜 타자에 대한 빚을 지고 있는 식민국이었던 그들-우리 또한 마찬가지로-에게 하나의 역사적 원죄로 자신의 아픈 과거의 상처를 건드리고 있는지 우리는 볼 수 있으며, 그것은 바로 그들의 이른바 근대문화를 떠받치고 있는 사회진화론에 담긴 약육강식으로서의 살인문화의 일종으로서의 육식문화가 어티케 일상화되어 있는지 식민제국주의에 대한 충격적인 반성을 이끌어내기에 부족함이 없는 탄탄한 내용과 정교한 구조를 지니고 있다는 점에서 그렇습니다. 그러니까 일상에서 시작된 이 작품(들)은-더 나아가 〈소년이 온다〉, 〈작별하지 않는다〉를 통해 볼 수 있듯이 '히스토리컬 트라우마'로 한국 현대사의 비극이라는 뇌관을 건드리며 더욱 증폭되고 있는데-궁극적으로 식민제국주의에 대한 통렬한 비판과 동시에 위대한 사랑의 의미를 일깨워 주고 있다는 점에서 세계사적 보편성을 지니고, 또한 바로 그런 점에서 조셉 콘래드의 〈암흑의 핵심〉, 가브리엘 마르시아 마르께스의 〈백년의 고독〉, 스베틀라나 알렉시예비치의 〈전쟁은 여자의 얼굴을 하지 않았다〉와도 비교된다 할 것입니다.

중요한 것은 문화적 사건이니 이 대목을 좀 집중적으로 보겠습니다. 어떤 작품이 사건의 의미를 지니고 있다는 것은 배치의 의미를 지닌다는 것입니다. "배치는 우리의 삶을 가득 채우고 있는 사건들(식사, 토론, 시위, 전시, 선거)을 가리킨다."(이정우, 〈세계철학사4〉, 길)라고 한국의 철학자는 들뢰즈의 사건의 철학을 소개하고 있습니다. 왜 이것을 놓지 않고 저것을 놓았는지, 왜 하필이면 이 주제인지, 이번 집회에서는 왜 깃발을 들고 나왔는지, 이번 주제는 왜 검찰인지, 우리 당은 왜 그를 지명했는지 등은 모두 하나의 선택의 문제이고, 배치의 문제입니다. 배치는 의미이고, 의미는 차이이고, 그러니 사건입니다. 무엇보다 사건은 대상을-저것을, 주제를, 깃발을, 검찰을, 그를-문제삼는 것입니다.

사건은 술어에서 일어난다.

사건이 대상을 문제 삼는다는 것은-마치 그 대상을 물고 놓지 않는 진돗개처럼-사건이 결코 종속적이지 않고 대상을 물고 있다는 것을 의미합니다. 사건은 곧 주체화의 선언입니다. 즉 사건은 술어에서 일어나고 있음을 암시합니다. 다시 말해 "이번에는 윤석열을 반드시 처단해야 합니다" 처럼 하나의 목적어로 인식 대상 object(윤석열)을 물고 있는 술어는 더 이상 주어에 딸린 종속적인 subordinate 술어가 아닙니다. 대상을 물기 위해서는 그 대상을 개념적으로 인식해야 합니다. 그러니까 대상을 성숙한 개념으로

콱 물고 있는 술어는 그 대상을 개념적으로 의식하고 있다는 점에서 사건의 철학에서 말하는 술어는 노예의 언어로서의 즉자적 술어가 아니라 주어를 전복시킬 수 있는 주인의 언어로서의 대자적 술어입니다. 그래 험난한 과정을 겪어온 한국 민주주의는 얼마 전 또다시 독재자의 전횡으로 큰 위기를 맞은 적이 있습니다. 그러나 한국민은 독재자의 전횡을 극복해 내는 위대한 K-민주주의의 승리의 이야기, 이른바 '파면 서사'를 완성함으로써 역사적 사건의 주인공이 되었다 할 수 있는데, 이때 한국 민중들이 보여준 위대한 민주주의 승리로서의 역사적 사건을 나타내는 명제(2025년 4월 4일의 헌재 탄핵심판 발표문)는 바로 대상(윤석열)을 성숙한 개념으로 물고 있는 술어(파면하다dismiss)에 있음을 알 수 있습니다.

주문 피청구인 대통령 윤석열을 파면한다.

마찬가지로 한강의 〈채식주의자〉에서도 사건은 술어에서 일어납니다.

"아버지, 저는 고기를 안 먹어요."

한강의 작품이, 특히 〈채식주의자〉가 충격적이라는 평가를 받은 것은, 바로 이 작품이 일상에서 일어나는 하나의 문화적 사건에 대한 정교하고 탄탄한 이야기 구조를 지닌 데다 육식을 거부하는 영혜의 투쟁을 그리고 있는 이 작품이 사건이 된 이유는 일상에서 반복적으로 일어나고 있는 일에 대해 인식론 상으로나 장르 상에서나 강렬한 충격을 주고 있기 때문입니다.

〈현대세계의 일상성〉으로 유명한 앙리 르페브르가 있습니다. 그는 거기서 말하고 있습니다. 자본화된 세계현실에서 일상은 이제 객체가 되었다고 말입니다. 일상이 객체가 되었다는 것은 물화物化된 자본적 현실에서의 일상이 주체인 내가 제어할 수 없는 괴물적 대상이 되었다는 의미입니다. 나를 삼켜버리는 괴물과도 같은 일상은 거부할 수 없는 자동화된 규율 권력이라는 겁니다. 이는 그만큼 탈일상이, 일상의 자동화된 관습을 거부하기가 쉽지 않다는 것을 함의합니다. 이는 곧 일상이 하나의 신화적 이데올로기로 작동하고 있다는 의미이기도 합니다.

여기, 한강의 〈채식주의자〉의 문학적 사건이 준 충격은 이것이 일상에서 일어나고 있는 일들에 돌을 던졌기 때문입니다. 일상은 노예적 술어의 세계입니다. 즉 일상에서 가령 육식은 하나의 거부할 수 없는 권력이자 가치이고 모럴입니다. 그 중심에 아버지로 상징되고 있는 한국적 꼰대문화가 있습니다. 아니, 나아가 그 속에는 곧 근대의 식민권력으로 대표되는 남성신화의 이데올로기가 또아리를 틀고 있습니다.

그렇다면 우리의 삶을 에워싸고 포위하고 있는 이 일상화된 파시즘적 현실에서 벗어나 이 현실을, 시간을, 공간을, 나의 의지와 욕망을 전유, 재전유하고 우리의 삶을 창조적 삶으로 발현시키기 위해서는 어티케 해야 할까? 이것은 그대로 나의 탈일상으로서의 서사전략narrative strategy이 될 것입니다. 다음 글은 '68 혁명의 이념적 배경이 된 서사전략으로 한강의 서사전략도 이와 다르지 않았을 것입니다.

거기서 빠져나오기 위해서는 일상성을 다시 포착해야 하고, 그것도 아주 능동적으로 포착하여 일상성을 변형시켜야 한다. 이러한 작업은 그 안에 언어의 창조를 내포한다. 일상을 언어로 표현하는 것, 그것은 벌써 일상을 분명하게 밝히면서 그것을 변형시키는 것을 의미한다. 일상을 변형시키는 것, 그것은 새로운 것을 만드는 것이고, 이 새로운 것은 또 새로운 말들을 부른다.

- 앙리 르페브르, 〈현대세계의 일상성〉, 기파랑

잘 알다시피, 하나의 인식론으로 동일성에 기초한 서구의 형이상학적 이원론은 철학자 플라톤에서 발원하였습니다. 형이상학적 소설가로 플라톤이 〈파이돈〉에서 소크라테스의 입을 빌려 정신과 육체를 분리(심신이원론)시킨 이래 그 이원적 성격을 지닌 서구의 형이상학의 물결은 정신과 물질을 분리한 근대 데카르트 이후에도 줄곧 그 서구적 존재론의 바탕element이 되었습니다. 하나의 에피스테메로 이런 서구의 존재론적 사유의 기초로서의—실체, 주체, 나, 주어 중심의—인식론적 구조는 주술主述구조로 표현되어 왔습니다. 그러니까 서구 정신의 핵심은 주술구조를 통해 발현되어 왔던 것입니다. 가령, '물이 노래하고 있다'에서, '물'은 주어이고 '노래하고 있다'는 술어입니다. 이것은 자연과 인간이 교감하던 신화시대의, 그러나 대상을 다만 기술하는데 그치고 마는 수사학의, 묘사의, 노예의 세계입니다. 이때 중요한 것은 주어subject이지 술어predicate가 아닙니다. 그러니까 한국의 이야기Korean narrative—우리말에는 관습적으로 주어를 생략하는 경우가 많습니다—에는 잘 나타나지 않는 것으로, 주술관계는 곧 서구적 사유의 주어 중심주의를 잘 드러낸 것으로, 술어는 다만 주어에 대해서 말해지는 것predicate is that which is said of the subject일 뿐입니다.

그러나 '물은 H2O다'하면 인식의 차원 the dimention of epistemology이 달라집니다. 이것은 단순한 기술(있다/묘사단계)이 아닙니다. 대상을 개념적 설명(이다/서사단계)으로 인식한 결과입니다. 서구적 사유의 근대적 인식을 잘 보여주고 있는 문법 형식으로, 이것은 과학적 이지理智에 의한 주인의 방식입니다. 이것은 모든 것을 측정, 계량, 개념적으로 대상화하여, 그것을 하나의 등가적 사물로 인식, 지배할 수 있다는, 그러나 이것은 어디까지나 근대의 죽음의 서사입니다. 죽음의 서사, 이것은 분류학의 세계입니다. 이것은 자연을, 대상을, 인간조차 지배할 수 있다는 오만이자 독단입니다. 칸트의 이른바 '코페르니쿠스적 혁명'[101] 이래, 독일의 근대철학자 피히테의 〈인간의 소명〉은 곧 인간의

---

[101] 잘 알다시피, 칸트(《순수이성비판》)의 '코페르니쿠스적 혁명'이란 근대의 인간학을 정초한 것으로 주체와 대상 사이의 조화의 이념을 포기하고 주체에 의한 대상의 필연적 종속을 말합니다.

자연 지배를 정당화하는 오만과 독단을 잘 보여주고 있는 근대의 죽음의 텍스트입니다.

자, 이것은 개인적인 것이지만 나는 매일같이 목동 인근의 용왕산이라는 작은 뒷동산을 오르내리면서 거기 무언가 말로 표현하기 어려운 성스러운 자태로서 있는 왕벚나무를 대하곤 합니다. 이것은 위에서 말한 근대인의 시선으로 보면 단순한 나무에 불과할지도 모릅니다. 그러나 나에게는 성스러운 대상입니다. 미르치아 엘리아데(《샤마니즘-고대적 접신술》, 까치)는 이것을 성스러운 것이 나타나는 '히에로파니hierophany' 현상으로 보았지만, 아무튼 돌이나 나무 같은 것에 드러나는 거룩함은 '신'을 통해서 드러나는 거룩함에 못지않게 신비스럽고 고귀한 것입니다. 이런 나타남으로서의 한강의 문학적 현상학은 '채식주의자'에 이어 '몽고반점'과 '나무불꽃' 연작을 통해서 잘 드러나고 있거니와, 이것은 분명 우리가 잊어버린 시원적 생명 현상의 하나입니다.

그러나 현실은 어떤지… 이 나무에 무언가 하얀 안내 팻말이 붙어있어 가까이 가서 보니, '왕벚나무-장미과, 잎은 어긋나고 타원형의 달걀 모양이며, 꽃은 4월에 잎보다 먼저 피고 흰색이다. 열매는 6~7월에 자흑색으로 익는다. 가로수, 조경수로 많이 심는다'라고 공리적이랄까 매우 '인간' 중심적인 설명이 되어 있습니다. 이걸 읽는 순간, 나도 모르게 피식! 쓴웃음이 터져 나왔습니다. 뭐 이건 나무에 대한 모욕이 아닌가 말입니다. 나무는 인간을 위해 있는 것이 아닙니다. 나는 이 왕벚나무를 볼 때마다 연인과 4월 어느 날 강화의 고려 궁터 벚나무 언덕길을 걷던, 잊을 수 없는 그 아름다운 추억이 떠오릅니다. 나무는 나에게 메타포이자 강박입니다. 너와 내가 둘이 아닌 것으로서의 연대의 감정이자 시원의 생명이고, 그러니까 나무는 나에게 하나의 경이로운 시적 이미지이자 종교적 대상으로 왕벚나무는 나와 별개가 아니라 나와 결합 combine되어 있는 또 하나의 존재 형상입니다. 이것은 다음 시에도 잘 나타나 있습니다.

강쟁들에 벼가 누렇게 익어가면
강신보 가래는 중력에 이끌려
거침없이 낙하를 감행한다
......
바람이 불면 가래가 떨어지고
비가 내리면 가래가 떨어지고
강신보 가래 떨어지는 소리
강쟁들을 건너서 내 귀에 들려오면
자동차 바퀴가 으깨기 전에
나는 새벽같이 수바래로 달려간다

......

- 김성중의 '가래의 계절' 중에서

시인 김성중, 그는 가장 큰 귀를 가진 자연의 시인입니다. 여기, '숲 아래' 마을이 아니라 '수바래', 이것은 음성중심주의 시대 자연의 소리를 들을 수 있던 아름다운 시대 그대로의 고유의 우리말 표기입니다. 그런데 거기 수바래 마을 어디선가 물의 여신, 또는 숲의 요정이 부르기라도 했단 말인가. 그러니까 그는 강신보의, 수바래 마을의 가래가 떨어지는, 어디선가 신화의 목소리가 들려오고 전설의 노랫소리가 주저리주저리 열리는 듯한 뭔지 모를 신성한 자연의 소리에서 예의 요정nymph의 속삭임을 듣습니다. 강쟁들을 건너서 강신보 가래가 부르는 소릴 듣습니다. 어디선가 우뭉대는 그 소리를, 아니, 사실은 우두두 하고 중력을 이기지 모해 자유낙하 하는 그 소리를... 그것은 틀림없이 가래가 떨어지며 내는 소리지만, 그러나 그는 그만의 고유한 시적 직관으로 마치 보리수나무 가지들이 사랑을 속삭이며 슈베르트를 부르기라도 한 듯, 그는 마치 마술 환등幻燈에 휩싸인 소년처럼 강신보 가래나무의 그 소리에 휩싸여 있습니다.

이것은 참으로 신기하고 놀라운 일입니다. 그러나 이것은 그가 깊은 소리를 들을 수 있는 내밀한 귀를 지녔기 때문입니다. 그러니까 그는 이렇게 자연이 부르는 소리에서 무슨 마술피리 같은 달콤한 기억을 불러내고 있는 것입니다. 그것은 그대로 괴테(《젊은 베르테르의 슬픔》)의 저 샘물의 요정과도 같은 기억을 연상시키고 있습니다. 내 마음은 이상할 정도로 명랑한 기분에 사로잡혀 있습니다. 여기, 행복감으로 가득 찬 베르테르의 마음에 사람을 홀리는 정령 nymph이 샘가에 살고 있다는 환영이 있습니다. 그리하여 이 샘이 지닌 마술의 힘에 이끌려 그 곁을 떠나지 못했다는 멜루지네 요정처럼, 그 또한 말할 수 없이 맑은 물이 그곳 대리석 바위틈에서 솟아나오는 주변에, 그 일대에 감도는 시원한 분위기와 어딘가 사람의 마음을 끄는 그 무엇에 홀려 그는 매일 샘가에 옵니다. 그리하여 말할 수 없이 맑은 물이 그곳 대리석 바위틈에서 솟아나오는 주변에, 그 일대에 감도는 시원한 분위기와 어딘가 사람의 마음을 끄는 그 무엇인지 알 수 없는 것에 홀려 매일같이 샘가에 온 괴테처럼, 꼭 그처럼 그 또한 이 가래나무가 지닌 알 수 없는 힘에 이끌려 매일같이 수바래 마을의 가래나무를 찾아갔던 것입니다.

그러나 서양의 전통에서 나무는 선악과善惡果 이래, 부정적인 이미지로 남아 있습니다. 데카르트와 린네의 분류학이 대표적입니다. 그러니까 서양의 지적인 철학의 전통에서 나무는 분류이자 차이로, 하나의 근대적 의미의 죽음을 상징하는 것으로, 그래 탈근대철학의 갓돌capstone 들뢰즈/가타리(《천 개의 고원》)의 "나무라면 진절머리가 난다"라는 진술은 철학사적 의의를 지닌 것으로, 그것은 곧 동북아적 사유, 생명에로의 회귀를 암시하는 것입니다. 우리는 바로 여기서 저 데카르트의 코기토를 넘어 칸트, 피히테를 거쳐 헤겔에 이르는 이른바 '주인과 노예의 변증법'의 발전 과정을 생각해 보게 됩니다. 특히, 헤겔에게서 비롯되는 이 변증법은 사유의 진전 운동입니다. 다시 말해서 '물이 노래하고 있다'는 즉자적 단계에서 '물은 H_2O'처럼 대자적 단계로의 인식론적 전환을 통해 헤겔은 자기의식을 지닌 근대(인)의 주체성subjectivity을 정립할 수 있었던 것으로, 이미지(노래하고 있는 물)에서 개념(H2O)으로 대상을 분류, 설명함으로서 그 대상을 지배할 수 있다는 신념을 지니게 되면서, 마치 로빈슨 크루소가 섬에서 금요일에 만난 흑인 노예에게 '프라이데이'라고 명명, 이름을 부름으로써 그의 주인이 되었던 것처럼, 인간은 왕벚나무에 달린 팻말처럼 대상을 분류함으로써 자연을 노예로 거느리게 되고 인간조차 대상화하는 근대의 지배 주체가 되었습니다. 그리하여 근대의 (식민적)주체는 자신의 바깥에 또 하나의 노예를 거느리게 되었던 것으로, 그것이 바로 자아에 대비되는 '타자the other' 개념입니다. 그러나,

지식인은 타자를 자아의 그림자로 끈질기게 구성하는데 공모할 수 있다.

— 가야트리 스피박의 〈서발턴은 말할 수 있는가?〉, 그린비

에서 중요한 부분은 '끈질기게'라는 부가어입니다. 이것은 하나의 의견이 첨가된 경우입니다. 그러니까 세계적인 포스트 식민주의 이론가이자 페미니스트 문학 비평가로서 그가 저 프랑스의 푸코, 들뢰즈 등 탈근대철학자들을 소환, 비판하며 내 두른 칼은 역시 근대의 죽음의 서사로서의 분류학에 스민 정체를 폭로한 철학자들 또한 식민지를 거느린 유럽 지식인의 자의식에서 근본적으로 벗어나지 못했다는 것입니다. 그래 전 세계를 격동시킨 '68 시위의 영향으로 대중적인 목소리가 대두되기 시작했던 배경을 바탕으로 1969년 푸코는 〈저자란 무엇인가?〉를 통해 '누가 말을 하든 무슨

상관인가?' 하며 철학적인(무엇) 문제를 던졌던 것입니다. 누구든 자유롭게 의사를 표할 수 있는 새로운 대중적 글쓰기 시대, 에크리ecrits의 시대가 되었다는 선언입니다. 그러나 스피박은 값싼 노동력으로 지탱하는 지구적 자본주의가 일상화된 현실에서 인도를 비롯 제3세계 현실은 여전히 그렇지 모하다—서발턴, 사회적 노동약자인 여성들은 말할 수 없다—며 알제리, 인도차이나 등 식민지를 거느렸던 프랑스의 지적 스타들의 통점痛點을 아프게 찔렀던 것입니다. 뭐 결과적으로는 그들도 권력의 재현에 기여하고 마는 의사 지식인군에 불과하다는 것입니다.

무론 그들보다 일찍 '자아' 중심의 근대의 철학에 과감한 쇠망치를 내려친 철학자는 바로 반-헤겔주의 철학자 니체입니다. 니체가 처녀작 〈비극의 탄생〉에서 헤겔 중심주의 철학의 종조인 소크라테스를 그렇게도 쪼아대고 근대의 양식인 소설을 비판했던 이유가 바로 이것입니다. 그러니까 자아 밖의 것들을 몰아서 타자로 인식하는 중심주의 논리가 위험한 것은 이것이 푸코의 말대로 배제를, 죽임을 정당화하는 논리로 자신의 행위를 대속하는 근거가 되기 때문입니다. 그중의 하나가 바로 조셉 콘라드의 〈암흑의 핵심〉을 통해 잘 보여준 진보와 발전으로서의, 그러나 '지옥의 묵시록'으로서의 근대의 식민논리입니다. 서구적 진보와 발전(또는 근대화론)의 논리는 결국 살인을 정당화시켜준 강자의 약육강식 논리이고, 근대의 식민지배를 합리화시켜준 제국주의 이론입니다. 즉 사회진화론에 내포되어 있는 제국주의 논리[102], 이것은 그러나 지금

---

102) 이정우, 〈세계철학사3〉 700쪽, 길, 2021.

에 와서 보건대 식민지를 거느렸던-수많은 학살을 자행해왔던-그들에게는 지우고 싶어도 지울 수 없는 가해자의 깊은 상처입니다. 그래 이런 역사적인 트라우마historical trauma를 지닌 그들에게 한강이 어찌하여 충격을 주었던 것인지… 그것은 바로 한강이 하나의 상징으로 서구 문명 전체에 던진 일상화된 폭력에 대한 미적 폭탄이었기 때문입니다. 〈채식주의자〉에서 이런 미적 폭탄은 육식의 거부로 나타나고 있습니다.

"저, 안 먹어요."
처음으로 아내의 입에서 또렷한 음성이 흘러나왔다.
"뭐야!"
고함을 지른 것은, 비슷한 다혈질인 장인과 처남이 함께였다. 처남댁이 얼른 처남의 팔을 잡았다.
"보고 있으려니 내 가슴이 터진다. 이 애비 말이 말 같지 않아? 먹으라면 먹어!"
나는 아내가 '죄송해요, 아버지. 하지만 못 먹겠어요'라고 대답하리라고 예상했다. 그러나 그녀는 조금도 죄송하지 않은 듯한 말투로 담담히 말했다.
"저는 고기를 안 먹어요."
절망한 장모의 젓가락이 거두어졌다. 늙은 그녀의 얼굴은 금방이라도 울음을 터뜨릴 것 같았다. 곧 폭발할 듯한 정적이 흘렀다. 장인이 젓가락을 집어들었다. 탕수육 한점을 집어들고 상을 돌아 아내 앞에 우뚝 섰다.
평생의 노동으로 단련된, 단단한, 그러나 어쩔 수 없이 허리가 구부정하게 굽은 뒷모습으로 장인은 탕수육을 아내의 얼굴에

들이밀었다.
"먹어라. 애비 말 듣고 먹어. 다 널 위해서 하는 말이다. 그러다 병이라도 나면 어쩌려고 그러는 거냐."
가슴 뭉클한 부정(父情)이 느껴져, 나도 모르게 눈시울이 뜨거워졌다. 아마 그 자리에 모인 모든 사람들이 그랬을 것이다. 허공에서 조용히 떨고 있는 장인의 젓가락을 아내는 한손으로 밀어냈다.
"아버지, 저는 고기를 안 먹어요."
순간, 장인의 억센 손바닥이 허공을 갈랐다. 아내가 뺨을 감싸 쥐었다.

그런데 이것이 어찌 문화적 사건이고 충격인지 나는 이것을 증명해야만 비로소 이 황홀한 글 감옥의 세계를 벗어날 수 있습니다. 여기, 차이와 반복을 통해 그 소설적 토포스로 등장하고 있는 이야기의 핵심은 과연 육식(고기)에 대한 거부(안 먹어요)입니다. 중요한 것은 과연 술어입니다. 기존의 권력 관계를 탈구脫臼시켰기 때문입니다. 이것은 과연 하나의 문화적 사건으로 기존의 아버지 중심의 헤게모니적 관계에 새로운 균형을 가져온 것으로, 뭐 주종 관계의 위치를 전복시킨 것입니다. 아버지에서 딸에게로, 근대에서 탈근대로, 노예에서 주인으로, 육식주의자에서 채식주의자로...

"아버지, 저는 고기를 안 먹어요"

이것은 비록 일상적 메시지에 불과한 작은 이야기지만, 마치 '윤석열 대통령을 파면한다'는 전언이 '윤석열 대통령의 계엄선포는 민주적인 적법 요건과 절차를 무시한 중대한 법 위반행위다'라는 것을 전제로 하는 것처럼, 꼭 그처럼 이것은 그대로 '육식은 생명을 죽이는 잔인한 살상행위입니다'라고 말한 것과 전혀 똑같은 반성적 효과를 지닌 말parole입니다. 위대한 거부로서의… 아니, 미적 폭탄으로서의… 이것은 그대로 근대의 이른바 우리 안의 파시즘으로서의, 일상화된 식민문화에 대한 예리한 문학적 고발입니다. 그리하여 아버지, 그는 내적으로는 가족폭력의 상징이자 외적으로는 베트남전의 영웅적인 전사로 '내가 말이야 베트콩 일곱을…' 하며 시작되는 승리의 서사로서의, 근대의, 지옥의 묵시록으로서의, 이른바 한국적 꼰대 문화로서의, 라떼 문화의 잔혹 서사를 대변하는 자입니다. 그는 전쟁광 시대의 저 유명한 검투사를 닮았습니다. 칼과 창으로 그는 상대를 마구 찌르고 죽입니다. 그리고는 피의 사육제를 벌입니다. 그리하여 호전적인 검투사를 닮은 아버지가 즐기는 고기를 가족이 즐기고—그야말로 목구멍에 때를 좀 벗기기 위해서는—나 또한 그처럼 영웅적인 현대판 투사로서 승자의 신화의 주인공으로 살아가기 위해서는 저 영웅적인 지옥의 전사 아킬레우스처럼 창과 칼과 방패를, 포크와 나이프를 지니고 앞치마를 둘러야 합니다. 피의 살육전을 즐기기 위해서는 말입니다. 그래 '붉은 피'는 죽음을 상징하고, '날카로운 이빨'은 무기를 상징하지 않나 말입니다.

중요한 것은 또한 '아버지'가 지닌 신화적 상징의 문제입니다. 기표에 기의가 달라붙어야 하나의 기호가, 의미가 생성됩니다. 그러니까 하나의 문화적 의미작용으로, 이것은 일종의 한국적 애비문화이자 프로이트적 남근신화로, 이것은 분명 가부장제patriarchy

에 대한 강력한 문명적 비판입니다. 즉 이것은 남성중심사회, 근대의 권위주의 문화로서의 꼰대문화, 나아가 서구 식민문화에 대한 대타적 비판입니다. 가해자로서의 아버지에 대한… 우리 또한 어느 사이 피해자에서 가해자가 되었습니다. 더욱 중요한 것은 이렇게 일상화된 파시즘의 현실 논리를 깨부수고—하나의 미적 폭탄으로—자아와 타자가 결코 다르지 않음을 그가 저 그리스 비극처럼 하나의 고전적인 장면으로 제시해놓았다는 점입니다. 그래 그는 현대판 안티고네가 아닌지… 아니, 이제 세계적인 페미니스트의 상징이 된 그는 한국의 버지니아 울프가, 보부아르가 아닌가 말입니다.

여기 고전 그리스 이래, 특히 근대 서구 문명에 지속적인 영향을 드리우고 있는 죽임의 문화—근대화된 우리 또한 예외가 아닌 것으로—를 비판하면서 드러나고 있는 〈채식주의자〉의 배경으로 우리는 죽음조차 귀히 여기는 자타불이自他不二의 동양적 타자의 전통을 생각하지 않을 수 없습니다. 그것은 곧 우리에게도 낯설지 않은 생명의 문화입니다. 그래 〈몽고반점〉은 이에 대한 하나의 옹호이고, 〈나무불꽃〉은 이에 대한 또 하나의 메시지입니다.

현대철학을 근대철학과 구분해주는 주요한 한 문제는 곧 '생명'의 문제다.

- 이정우의 〈세계철학사4〉, 길

라는 한국 현대철학자의 지적처럼, 이제 죽음의 문화로서의 근대의 주체 중심의 일방적인 철학은 시효가 만료되었습니다. 이것이 바로 '중심은 어디에나 있다'는 니체(《짜라투스투라는 이렇게 말했다》)의 계시이고, '인간은 죽었다'는 니체의 아들, 푸코(《말과 사물》)의 묵시입니다. 그리하여 여기, 죽음을 넘어선 생명의 문제가 오늘의 중요한 화두가 되고, 이를 문학적으로 고발하고 실천하고 있다는 점에서 한강은 철학자입니다. 아니, 그 이상입니다. 한강, 그는 이 시대의 보편적 가치를 주장하는 실천적 지성입니다. 그런데 생명이 현대철학의 주요한 의의를 지니고 당대적 가치를 얻기 위해서는 인식의 전환이 먼저입니다. 그것은 곧 기성의, 근대문화의, 이른바 죽임의 문화에 대한 위대한 부정에서 출발하지 않으면 안 됩니다. 그래 "아버지, 저는 고기를 안 먹어요"가 내뿜고 있는 고전적 에스푸리는 하나의 문학이자 하나의 철학으로 인식론적 사건이 되지 않을 수 없는 것입니다.

생명론의 또 하나의 의의는 이것이 마침내 한강에 이르러 동북아 사유의 일원으로 한국철학이 그 세계사적 의의를 지니게 되었다는 점입니다. 세계적인 K-문화의 발상지, 한국은 원효와 이이의 불이不二 이후, 홍대용, 박지원의 인물성동人物性同을 비롯 동학의 인내천人乃天 사상 등 고유의 철학적 사유를 내장하고 있는 동북아 생명철학의 발원지이자 수원지입니다. 한국은 너를, 그들을 주인으로서 시혜적 타자로서가 아니라 '우리'로 바라보는 공존적co-existence 사유가 삶으로 체화된 나라입니다. 이것은 생명에 있어서도 마찬가지입니다. 한강은 존재에서 생성으로, 서양의 근대철학에서 탈근대철학으로서의 동양적 사유로 거대한 전환을 맞이하고 있는 이 시대의 사유의 연못입니다. 왜냐하면 바로 거기서

'피웅덩이'로 상징되는 근대의 죽임의 문화를 넘어 '젖가슴'으로 대변되고 있는 대지의 모신母神으로서의, 너와 내가 다르지 않다는 그 한국적 불이사상不二思想으로서의 지구적인 생명의 꽃이 피어오르기 때문입니다.

내가 믿는 건 내 가슴뿐이야. 난 내 젖가슴이 좋아. 젖가슴으로 아무것도 죽일 수 없으니까. 손도, 발도, 이빨과 세치 혀도, 시선마저도, 무엇이든 죽이고 해칠 수 있는 무기잖아. 하지만 가슴은 아니야. 이 둥근 가슴이 있는 한 난 괜찮아. 아직 괜찮은 거야.

– 한강의 〈채식주의자〉 중에서

그리하여 누가 말하는가? 누가 술어를 생산하는가? 이른바 발화주체의 문제는 이 시대 여성 문제의 핵심에 다가서 있습니다. 잘 알다시피, 역사적으로 여성은 늘 '타자the other'의 위치를 점해왔습니다. 성경만 보더라도 이브는 아담의 갈비뼈rib로 만들었다고 합니다. 제우스는 남성신화의 지배적 제왕을 상징합니다. 여필종부女必從夫라고 동양은 무론 유교권 문화에서 여성은 늘 하위성을, 그 서발터니티를 면치 못했습니다. 전통적으로 남성이 중심이 되어 돌아가는 사회male-centered society에서 여성들은 끊임없이 여성화feminized 되어 갑니다. 여성은 이래야 하고 저래야 한다는 식으로, 가령 여자는 지아비에 순종해야 한다는... 이런 사정은 남성에 의한 갑질을 비롯 직장내 성폭력, 미투 사태만 보더라도 민주화되었다는 현대에 와서도 크게 개선되지 못하고 있습니다. 특히 지구화된 자본주의 시대의 이주여성노동자의 경우는 더욱 심각하다 할 것입니다. 뭐 공장이고 거리고 룸싸롱이고 미친 사냥개들에게 즐비하게 널려있는 것은 이 시대 고통과 소외의 상징인 문화적 타자들, 뭐 좆밥 인생들입니다. 또 다른 학살이 진행되고 있는 신자유주의로서의 정글자본주의, 깡패 자본주의gangster's capitalism 시대에 여성은 아직도 최하층의 사회적 약자로서, 소수자의 지위에 머물고 있습니다. 그러나 이것은 결과적으로 여성이 자신의 정체성을 잃고 비동일화, 노예화된다는 것과 다름이 아닙니다. 바로 여기에 하나의 바타유적 위반이자 블랑쇼적 바깥의 사유로서의 이 시대 타자들의, 본래의 여성적 정체성 회복을 위한, 재동일화를 위한 헤겔적 진전운동으로서의, 부정의 변증법으로서의 한강의 페미니즘 운동이 자리합니다.

그래 하는 말이지만 타자에는 늘 이 타자를 생산하는 움직일 수 없는 자아ego, 주체subject가 전제되어 있습니다. 하나의 불변의 실체이자 중심으로... 비록 이 타자를 하나의 역사적 주체로 내세운다 해도 그것은 '차이-속의-동일성'(또는 '동일성-속의-차이')으로 가령 일제 치하 이광수, 최린의 '조선 자치론' 처럼 자아와 타자의 관계를 강화 지속시킬 뿐입니다. 그리하여 스스로를 타자로, 여성으로, 사회적 약자로 보도록 만드는 것, 이것이야말로 오히려 하나의 알튀세르의 국가지배이데올로기장치로서의 지배 관계를 더욱 공고히 하려는 정교한 기도다 라고 스피박은 암시하고 있습니다. 타자화는 주체화의 필연적 결과입니다. 유럽과 그 타자 사이의 순진한 구도, 이것은 마치 식민지 엘리트가 제아무리 식민 주체를 닮으려고 한들 궁극적인 해방이 아닌 이상 그 또한 주인이 던져주는 뼈다귀나 핥아먹는 개로 궁극적으로는 타자화othering

에 기여할 뿐인 것과 같습니다. 왜냐하면 그가 말하는 것은 식민 주체의 입을 대리 보충할 뿐이기 때문입니다. 페미니스트 문학 비평가 스피박이 '서발턴은 말할 수 있는가Can the Subaltern speak?'질문을 던지면서 결과적으로 '서발턴은 말할 수 없다'라며 부정적인 결론을 내린 이유도 여기에 있습니다. 사실 외주화된 자본주의outsourcing capitalism 사회에서 최하층 (여성)노동자는 말하고 싶어도 그의 목소리는 외주업체들과의 특정한 관계속에서 억눌려 있습니다. 바로 여기에 하나의 말하기로서의 타자의, 발화 주체의 목소리가 문제 될 수 있습니다. 실질적인 발화 주체인 서발턴, 곧 여성 약자들의 목소리는 늘 억압되어 왔기 때문입니다.

In this regard,

바로 이런 관점에서 식민 주체의 억압을 깨는 한강의 '목소리'가 지닌 인간해방서사로서의 보편적 가치와 의미가 적지 않습니다. 하나의 진실한 목소리로 한강의 목소리라 해도 좋을 소설 속의 발화자가 내는 진실한 목소리가 주로 꿈 이야기를 통해 드러나는 꿈-서사 전략을 취한 것도 바로 이 때문으로 보입니다. "꿈을 꿨어, 라고 아내는 두 번 말했다.", "아내가 여위는 건 채식 때문이 아니었다. 꿈 때문이었다.". 그러니까 하나의 사상적 토포스로 강렬한 메시지를 전하고 있는 채식주의자 영혜의 전언은 주로 꿈을 통해 나타나고 있는데, 왜냐하면 전통적이고 권위적인 관습을 유지하고 있으면서 또한 신자유주의 세계화에 편입된 한국적 지배-종속 관계에서 현실원칙에 막혀 낮에는 자기의 목소리를 낼 수 없기 때문입니다. 그렇다고 내면의 목소리가 아주 죽은 건 아닙니다. 내부의, 진정으로 드러내고 싶은 꿈, 욕망과 의지로서의 쾌락원칙은 죽지 않고 잠복되어 있다가 꿈을 통해 진실을 폭로합니다. 꿈은 의식의 그림자, 무의식의 고유한 표현[103]입니다. 그러나 현실원칙의 그림자는 꿈이라는 무의식에도 흔적을 남기면서 억압의 기표를 낳습니다. '은유'와 '상징'의 자기 검열이라는 간접화법의 기표를... 프로이트와 융의 꿈의 정신분석이 페미니즘과 동거하게 된 계기도 여기에 있습니다. 즉 우리는 거기서 낮의, 남성의, 지배문화에 묻혀버린 여성의 잠재의식, 무의식의 그림자에 숨겨진 꿈과 욕망, 의지의 분석을 통해 남성 중심의 '가부장제patriarchy'라는 지배 담론에 숨겨진 진실을 폭로하는데 적지 않은 도움을 받을 수 있기 때문입니다.

한강의 텍스트가 신화론mythologies을 훔쳐보게 하는 이유도 여기에 있습니다. 꿈을 통해 드러나는 진실은 결과적으로 현실을 고정시키려는 거짓 신화에 대한 폭로의 문제이기 때문입니다. 가령, 계급적 시각을 지닌 마르크스가 보기에 '시민'이라는 개념이 진실을 숨기고 있는 것처럼, 남성적 지배질서로서의 근대문화의 식민성을 날카롭게 쏘아보고 있는 한강에게 '육식문화' 또한 진실을 숨기고 있는 거짓 신화입니다. 바로 이런 점에서 한강은 하나의 신화 파괴자myth-breaker로서 한국 고유의 유명론 철학의 계보에 선 한국철학의 진정한 계승자라 할 것입니다.

---

103) 카를 융 외, 〈인간과 상징〉, 동서문화사, 2018.

3

앞서 말한 것을 화두로 삼아 한 걸음 더 들어가 보겠습니다.

나는 한강을 신화파괴자로서 한국 고유의 유명론의 진정한 계승자라고 일차적인 평을 놓았습니다. 여기, '신화파괴자myth-breaker'라는 것은 탈신화적인, 그러니까 하나의 저항적인 resistant 것으로서의 그의 작품이 지닌 진실에 대한 철학적 옹호의 성격을 암시하고 있습니다. 이런 사실은 그의 작품이 거짓 신화에 대한 남다른 도발 모드를 지니고 있음을 예고하고, 그것이 가장 극적으로 드러났던 게 바로,

"아버지, 저는 고기를 안 먹어요."

라는 육식문화(식민제국주의 문화)에 대한 상징적 거부였습니다. 이를 통해 우리는 약간의 지식 차원으로 그가 작품을 대하는 방식, 그러니까 '작가에게 작품은 무엇인가'라는 한강의 예술관을 간취看取해 본다고 했을 때, 예술작품은 거짓에 대한 저항으로 그 진실을 옹호하는 그만큼 거짓을 폭로함으로써 자신의 존재 이유를 지닌다 라고 볼 수 있습니다.

작품의 폭로 기능이 의미가 있는 것은 저 고대 예술의 마취기능과 근대 문학의 계몽기능과 대비되기 때문입니다. 잘 알다시피, 하나의 에스니ethinies한 민족서사이자 전쟁서사로 고대예술을 대표하는 대서사시 〈일리아스〉만 보더라도 거기 영웅 아킬레우스에 대

해 호메로스가 작중 화자를 넘어 이야기꾼으로 등장해서는 "아킬레우스여! 그대의 힘과 악행은 사람으로서는 지나치구나."라고 평을 놓았을 정도로 말로는 다할 수 없는 참으로 잔인한 살인마임에도 그는 어디까지나 '신성한holy' 그리스 민족의 영웅이고, 근대 자연주의 소설 〈마담 보바리〉의 실질적 주인공인 약제사 로제 '씨'는 중세적 로망, 낭만주의에 대한 거부자이자 소크라테스의 열렬한 숭배자로서의 근대 시민의 멘탈리티를, 앎의 모럴로서의 이성을 중시했던 자입니다. 이런 사실을 통해 우리가 확인할 수 있는 사실은 고대문화가 객체중심의, 묘사의, 이미지의, 시의, 집단의식의 세계라는 점이고, 근대문화가 주체 중심의, 설명의, 개념의, 소설의, 개인의식의 세계를 보여주고 있다는 것입니다.

그러나 우리가 간과overlook하기 쉬운 것은 고대 귀족의 영웅서사시가—예술은 자연(신)을, 객체를 모방하는 것이라는 아리스토텔레스의 말처럼—본받아야 할 대상에 대한 반영의 산물이고, 근대 부르주아의 시민서사시가 어린 보바리를 '시골뜨기' 의사로 비하한 것처럼 자의적 굴절의 결과라는 점입니다. 즉 고대 예술이 왜 귀족집단의 가치를 대변하고, 근대의 문학이 왜 부르주아 개인의 모럴을 나타내는지, 그리하여 왜 고대의 예술이 극적이고 과장이 심한지, 〈로빈슨 크루소〉처럼 근대의 문학이 또한 왜 과시적이고 뻥이 심한지 엿볼 수 있는 것으로, 그것은 그대로 고대예술이 노래이고, 근대 문학을 대변하는 형식이 장편 이야기일 수밖에 없는지 말하는 것입니다.

우리가 한강의 작품을 읽으면서 느끼게 되는 최초의 충격은 분명 내용적인 요소입니다. 육식 거부도 근친상간도 나무에 미친 정신 이상자 영혜도 나아가 5.18과 4.3에 대한 참으로 끔찍하고 참혹한 비극으로서의 한국 현대사에 대한 고발자로서의 발화자의 다시-읽기와 다시-글쓰기도, 아니 실질적 주체인 주인공들의 꿈의 서사를 통해 전달되고 있는 진실한 목소리도 탄탄하고 정교한 형식과 더불어 노벨문학상 이유문의 '히스토리컬 트라우마historical trauma'란 평처럼 한강의 작품들은 충격적인 내용을 소재로 하고 있습니다.

문학적 수기는 패문稗文도 아니고 잡문雜文도 아니다

그러나 우리가 아는 바대로 고대예술을 대변하는 서사시가 시민이 등장하면서 종말을 고했고, 근대 문학을 상징하는 장편 소설 또한 대중의 등장으로 퇴조decline를 면치 못하고 있습니다. 그렇다면 대체 시도 소설도 아닌 탈근대적 발화자의 목소리가 전면화한 한강의 작품이 읽히고 있는 이유는 무엇일까? 하나의 유행으로, 이것은 다만 하나의 인정욕구이자 과시욕으로서의 줏대 없는 속물들snobs의 모방[104] 열풍 때문일까? 이것은 집단과 개인의 모럴보다는 대중의 사회적 가치가 더욱 중요해졌기 때문이고, 그러니 자연 집단적 운명에 기초한 영웅들의 비극적인 시적 과장과 '소설 쓰냐'라는 비아냥처럼 한도 끝도 없이 늘어놓는 잘난 부르주아 개인의 성공 서사-거짓말에 가까운-인 소설적 과시가 무의미해졌기 때문입니다.

---

104) 르네 지라르, 〈낭만적 거짓과 소설적 진실〉, 한길사, 2013.

톡! 톡! 지금은 대중들의 '목소리'가 중요해진 대중서사, 대중평자 시대입니다. 다양한 목소리라는 대한민국 포털 '다음Daum多啹'도, 인터넷 이웃사촌이라는 '네이버NAVER/neighbor'도, 너도 TV라는 '유튜브YouTube'도 , 푸코(1969)가 "누가 말을 하든 무슨 상관인가?"라고 이미 말했던 것처럼 모다 이 시대가 사회적 상호주체들의 목소리가 마치 봇물이 터지듯 막힘 없이 터져 나오는 대중서사, 대중평자들의 시대임을 적시하고 있습니다. 뭐 욕구는 역사적, 사회적 맥락context에 좌우된다는 마르크스의 말처럼, 그리하여 또 하나의 새로운 형식이 탄생하고 있는 배경으로 이 시대를 구성하는 사회적 상호주체들의 정서적 교감에 의한, 뭐 진실에 대한 욕망이 또 하나의 보편적인 서사적 열망과 표현 욕구를 지닌 시대적 형식을 요구한다고 볼 때, 지금은 전통적인 시도 소설도 아닌–그러니까 호메로스 풍의 맹목적인 찬가도 로빈슨 크루소 풍의 일방적인 이야기도 아닌– '문학적 수기literary essay'라는 새로운 서사 장르가 요구된다 할 것입니다. 다시 말해 지금은 개인적 경험 또는 타자의 진실한 목소리를 빌리면서 잘 구워진 우수한 작품에 대한 사회적 요구needs가 새로운 장르의 탄생으로 등장[105]하고 있는 것입니다. 그래 '탄탄하고 정교하며'가 의미하는 것이

---

[105] 탈근대문학의 기원인 도스또예프스끼의 저작은 〈지하생활자의 수기〉입니다. 전래의 시도 소설도 아닌 이것은 예전에는 듣도 보도 모하던 장르로 작가는 이에 대한 발명의 필요성을 느꼈던 것입니다. "이 수기의 저자도 '수기'자체도 물론 지어낸 것이다. 그럼에도 불구하고 대체로 우리 사회를 형성하는 여러 상황을 고려한다면 이 수기의 작가와 같은 인물은 우리 사회에 얼마든지 존재할 수 있을뿐더러 심지어 존재할 수밖에 없다."라고 모두에서 강변을 놓았던 것입니다. 여기서 중요한 것은 '우리 사회를 형성하는 여러 상황'입니다. 이것은 형식이 하나의 시대적 요구needs의 산물임을 알 수 있습니다. 그것은 곧 기성의 형식이 이 시대의 요구를 만족시키지 모하고 있는 현실과 무관하다 할 수 없기 때문으로, 그것은 곧 진실한 말하기로서의 대중적 목소리가 대두하고 있는 러시아 민중의 대변자 도스또예프스끼의 인식과 다르지 않은 것입니다. 그래 그의 소설에서 진실한 목소리가 지닌 시공간에서의 상호주체성, 대화이론을 읽어낸 것은 탁월한

바로 작품이 요구하는 유기적인 형식에 대한 그것이고, 더욱이 '충격'이라니 이것이야말로 픽션이 아닌 논픽션으로서의 진실한 문학적 수기가 시대 형식이 될 충분조건이 될 만한 것입니다.

그래 형식에 대한 세계문체사적 인식의 끈을 놓지 않고 있는 나에게 노벨문학상 수상이유문이 던진 충격이라니... 아닌 게 아니라 이 이유문이 나를 대충격에 빠뜨린 것은 바로 그 '시적 산문poetic prose'이라는 경천동지할 표현이었습니다. 왜냐하면 나는 하나의 역사적 형식으로서의 이 시대의 예술 형식이 지닌 두드러진 특징―가령, 츩뫼김구의 근작 에세이 〈고양이처럼 출근하기〉(한국스마트협동조합, 2024) 해설에서 내가 '비평적 에세이의 발흥'이라고 한 것처럼―을 표현할 적절한 수단을 찾고 있는 중 때마침 노벨문학상 수상이유문이 던진 충격은 하나의 예언의 적중, 바로 그것이었기 때문입니다.

계속해서 말하고 있지만 나는 그 고유의indigenous '한국형 서사체'라는 형식에 대해 케이서사론이라는 주제를 달고 이 열전을 쓰고 있고, 이를 어티케 오랜 내력을 지닌 기철학氣哲學으로서의 유물론적 성격을 지닌 유명론이라는 한국철학의 이론적 밥솥에 쪄낼 수 있을까 라는 문제의식 속에 이 한강론을 또한 쓰고 있지만, 어쨌거나 중요한 것은 이 '문학적 수기'의 성격을 지닌 한강의 작품―또 하나의 '문학적 수기'이자 '에세이'로 평가를 받은 작품으로

러시아의 사상가이자 문예비평가 바흐친(《도스도예프스끼 시학》)이고, 이것이 바로 역사적인 문예 형식에 대해 비범한 눈깔을 지녔던 루카치(《소설의 이론》)가 이미 그의 소설이 예전과는 다른 새로운 형식이라고 예견했던 바의 것입니다.

우리는 이미 시베틀라나 알렉시예비치의 2015년 노벨문학상 수상작 〈전쟁은 여자의 얼굴을 하지 않았다〉(문학동네)를 본 바 있습니다—의 장르가 지닌 역사적 의의입니다. 저널에서는 관행적으로 한강의 소설을 장편소설로 보고 있지만 엄밀히 보건대 그의 소설은 근대의 시민서사시로서 장편소설이 지녀야 할 일반적인 구성요건—규모, 인물, 사건 등—과는 일정한 차이가 있는 것도 사실입니다. 왜냐하면 근대의 장편소설은 〈로빈슨 크루소〉처럼 소설은 기본적으로 부르주아의 승리의 서사로서의 일상 즉, 실증주의에 기초한 리얼리즘적 재현의 모럴에 기초하고 있기 때문입니다. 즉 소설은 근대라는 새로운 세계가 요청하고 발생시킨 이야기 형식[106]인 것입니다. 그런데 그가 다루고 있는 것은 주로 '꿈' 등 비정상적인 것들인데다 서술자의 이야기보다는 타자의 목소리가 우선입니다. 그러니까 한강이 던진 충격은 바로 형식에서의 그것으로, 중요한 것은 이것이 전통적인 노래와 이야기만도 아닌, 즉 시도 소설도 아닌 형식의 파괴에서 오는 것으로, 그것은 그의 작품이 매우 '잡식적omnibus'이며, '말하기'라는 새로운 시대의 언어라는 사실입니다.

사실이 그러한지 하나의 문학 장르에 대한 새로운 주장으로서의 토포스를 지닌 이 글에서 나는 하나의 형식파괴로 한강 작품의 문학적 수기로서의 잡식적 장르가 어티케 해서 진실을 요구하는 시대의 욕구에 적절하게 부응한 시대적 형식이 될 수밖에 없었는가를 증명해야만 합니다. 신화파괴자이자 형식파괴자로서 한강의 문학

---

106) 도정일, '우화론', 〈문예중앙〉, 1997년 여름호

적 수기라는 말하기 장르가 문제가 되었던 이유가 무엇이었는지...

1. 아빠, 이 고기가 너무 맛있어요.

2. 아버님, 육식은 좋은 식습관입니다.

3. 아버지, 저는 고기를 안 먹어요.

이것은 단순한 사례에 불과할지 모르지만 한강 작품이 지닌 '문제적problematic' 성격을 단적으로 잘 보여주는 범례가 될 수 있습니다. 첫째의 경우는 객체(중심)의 상황을 다만 모사하는 어린이 수준의 모방단계의 언어로 시적인 노래의 차원이 될 수 있습니다. 이에 대해 아버지는 "그래, 마니 먹어라! 아가야!"할 것입니다. 둘째의 경우는 주관적이고 성숙한 평가를 드러낸 것으로 소설은 성숙한 어른의 형식이라는 주장과 잘 부합하는 주체(중심)의 설명적인 이야기의 차원입니다. 이에 대해 아버지는 분명 "오! 우리 애가 이런 이야기를 다 할 줄 알고... 마니 컷구나!"하고 칭찬할 것입니다. 그러나 셋째의 경우는 어떨까? 육식을 거부한다는 자녀의 선언은 분명 충격적일 것입니다. 반영도 굴절도 아닌 형성이기 때문입니다. 이것은 객체가 중심인 맹종의 노래도, 주체가 중심인 일방의 이야기도 아닙니다. 중요한 것은 이것이 집단적인 노래도 개인적인 이야기도 아니고 사회적인 말하기 차원이라는 사실입니다. 그래 중요한 것은 말하기가 사회라는 '특정한 관계 속에서in certain relations' 탄생하고 있다는 점입니다. '상호성'은 이 시대 말하기의 기본 모럴입니다. 그래 〈채식주의자〉 장면에서처럼 아버지는 당장 "뭐야!"하고 고함을 칠 것입니다.

그래 왜 노래가 반영이고 이야기가 굴절이며, 말하기가 형성인지... 이런 형성적 성격을 지닌 말하기가 왜 문제적인지... 그것은 기존의 관행을 깨고 흔드는 형성으로서의 말하기는 곧 기성의 법칙에 대한 도전이기 때문입니다. 노래, 반영의 전제가 객체이고 상대라면, 이야기, 곧 굴절의 전제는 근대적 자아, 나입니다. 그러나 말하기, 즉 형성은 상대도 나도 아닙니다. 그러니까 말하기는 시도 소설도 아닙니다. 말하는 상대를 염두에 두고는 있지만 궁극적으로는 나의 말하기라는 데서 시적 예찬도 소설적 과시도 아닌, 공감의 모럴을 지닌 탈-근대의 장르임을 알 수 있습니다. 대상의 예찬에서 고대의 영웅적인 수사학이, 자신의 과시에서 근대 부르조아의 분류학이 나왔다면, 너와 나의 관계의 변증법에서 바로 현대의 서사학이, 이 시대의 이야기, 민중의 말하기가 탄생하였습니다. 그러니까 한강의 일련의 작품들은 전통적인 의미에 있어서 저 그리스 서사시들의 맹목적인 전쟁 예찬도 아니고, 근대의 궁정 소설가 플로베르의 〈마담 보바리〉 맹키로 부르주아의 맴을 사려고 쓴 계몽소설도, '한가한' 부르주아의 맴을 달래기 위해 쓴 수음手淫문학도 아닙니다. 실제로 〈마담 보바리〉는 나폴레옹 3세의 친위쿠테타의 시작과 함께 쓰기 시작했던 것으로, 민중을 극도로 염오하고 배반했던 당시 부르주아지의 성향을 반영했던 것으로, 어린 보바리를 '시골뜨기'로 묘사, 서술하는 유명한 도입부는 근대 인식론으로서의 분류학의 교사서라 칭할 만한 것으로, 그것은 곧 부르주아적 인식론의 소설적 반영이자 굴절이고, 그가 소크라테스를 상징으로 하는 근대의 지적 계보에 선 약제사 '로제 씨'에게 뢰지옹 도뇌르 최고 훈장을 안기는 것이 결코 우연이 아니며, 반면에 실컷 간통을 일삼게 하다가 죽게 만드는 것에는 낭만주의에 대한 비판 이상의 이데올로기적 쐐기가 박혔다 할 것입니다.

그러나 한강의 작품이 어찌하여 탄탄하고 정교하면서도 충격적이고 히스토리컬한 트라우마를 넘어 강렬한 시적 산문이라는 이 시대 최고의 찬사를 받은 세계의 고전이 되었는지… 그것은 과연 서두에서 말한 것처럼 도스또예프스끼의 작품 〈지하생활자의 수기〉가 새로운 학파ecole의 지침서가 될지도 모른다고 극찬을 아끼지 않은 르네 지라르(〈낭만적 거짓과 소설적 진실〉, 한길사)의 말처럼, 왜냐하면 그의 작품이 실제로 실존주의와 카프카 등 새로운 21세기 현대문학 사조의 지침서가 될 수 있었던 것은 "나는 병든 인간이다.", "2X2=4, 이것은 인간에 대한 멸시다."라는 진실한 독백으로 시작하는 이 철학적 수기와 뒤를 이은 일련의 작품(〈죄와 벌〉, 〈카라마조프네 형제들〉 등)으로 그는 헤겔을 정점으로 하는 근대철학의 이성(아버지), 천재적 개인 중심의 일방적인 실재론적 궤도를 부숴버리는 유명론적 궤도이탈자rail-breaker로서 망치철학자 니체-탈근대철학의 공식적인 대부 니체, 그는 도스또예프스끼를 자신의 스승으로 공언할 정도로 배운 것이 많다고 했습니다. 그러면서 그는 소크라테스로 상징되고 있는 플라톤의 적자, 헤겔이 주장한 근대의 소설의 형식을 부정하고 있는 것입니다-를 비롯 니체의 계승자 푸코-한국의 철학자 이정우(〈세계철학사4〉)는, 오늘날의 철학이 유래한 발원처를 찾을 경우 우리는 푸코의 〈광기의 역사〉(1961)를 들 수 있을 것이라 했습니다. 그런데 푸코는 정작 〈광기의 역사〉를 도스또예프스끼로부터 시작하고 있습니다. 그러니까 도스또예프스끼는 명실공히 탈근대 철학과 문학의 수원지이자 발원지로, 그의 문학적 출발점이 된 〈지하생활자의 수기〉는 과연 새로운 학파의 지침서가 되었던 것입니다. 아닌 게 아니라 도스또예프스끼적인 병든 인간—요즘의 언어로 신경쇠약에 시달리는 현대인—이야말로 이성에 가려 지하실에 갇혀 사는 탈근대인의 무의식적 기초를 이루는 새로운 인간형이 아닌가 말입니다—를 비롯 세기의 철학자들은 무론 현대 예술가들의 전범이 되었거니와, 그것은 곧 대중을 중심으로 하는 탈근대철학과 탈근대문학의 진정한 기원이 바로 여기에 있었기 때문으로, 최초의 문학적 수기를 쓴 그는 진정 탈근대문학과 철학의 공식대부라 할 것입니다.

꼭 그처럼—기본적으로 도스또예프스끼의 작품의 주인공들이 대부분 히스테리, 과잉의식, 간질 발작 등 신경증 환자인 것처럼 한강의 주인공들 또한 '편집증이나 망상, 신경쇠약'(《채식주의자》)을 앓고 있는 신경증 환자들이고, 그의 작품 또한 이런 환자들의 목소리로 가득 차 있는 하나의 문학적 수기입니다—하나의 철학적 수기로서 한강의 문학적 수기 또한 오늘 생명 사상의 수원이자 사유의 연못으로 이 시대 동양적 생명 사상과 환경 운동의 근간인 도교taoism의, 그 한국적 불이不二사상으로서의 생명의 사상이 될 만한 지침서가 될 수 있는 것은 근대의 죽음의 서사를 깨부술 박격포탄으로서의 세계사적인 생명의 사유의 번철燔鐵이 되었을 뿐 아니라 무엇보다 특히 '꿈'이라는 무의식을 통해 억압과 욕구충족이 내밀하게 작동하는 인간사의 비밀을 진실한 문학적 수기의 형식으로 그 대중적 욕망과 의지를 충격적으로 잘 드러냈고, 전래의 형식인 노래와 이야기만으로는 다 할 수 없는 또 하나의 말하기 형식으로서의 진실한 목소리를 얻었기 때문입니다.

중요한 것은 말하기는 객관적이지 않고 주관적이지만도 않다는 점입니다. 노래하기가 집단적이고 맹목적이고 연역적이고, 이야기가 개인적이고 일방적이며 귀납적인 것과는 달리 말하기는 사회적인 공감에 기초하는 불이不二의 변증법입니다. 이것이 바로 진실한 언어로서의 말하기가 집단적인 예찬으로서의 고대의 서사시와 개인적 과시로서의 근대의 장편소설과는 다른 사회적 성격을 지닌 탈근대문학으로서의 문학적 수기literary essay의 본질입니다. 바로 여기에 진실하고 용기 있는 목소리로서의 '말하기'라는 형식이 문제가 될 수밖에 없는 역사적 이유가 있는 것입니다. 며칠 전 뉴욕타임즈(2025. 4. 23)에 다음과 같은 기사가 실렸습니다.

그(프란체스코 교황)는 세상이 등을 돌렸는데도 소외된 사람들을 위해 계속해서 목소리를 높여 왔다He continued to speak up for the marginated, even as the world turned away(밑줄-글쓴이)

이런 사실은 지금, 여기에서도 마찬가지로 말하기가 곧 '억압'의 문제이자 '저항'의 문제임을 암시합니다. 따라서 말하기의 문제는, 더욱이 아직도 유교(성리학)의 영향으로 남성중심사회의 전통이 강하게 남아있는 한국사회에서 여성 작가가 홀로 자신의 목소리를 낸다는 것은 사회적으로 적지 않은 위험을 감수해야 함을 암시합니다. 왜냐하면 일반적인 관행과 다른 목소리를 낸다는 것은 남근 신화가 일상적으로 기능하고 지배적으로 작동하고 있는 사회에서 하나의 사회적 배제(죽음)를 의미하기 때문입니다. 신화의 목적은 세계를 고정시키는 데 있[107]습니다. 이에 작가는 그 특유의 예지적인 힘으로 '꿈-형성'이라는 서사 전략을 취하였다 할 것입니다. 이것은 하나의 이솝의 언어로 현실적으로 억압을 피하는 효과적인 수단이자 동시에 그 억압의 진실을 폭로하는 분별 있는 문학적 방법이라 할 것입니다.

그래 말하기는 곧 사회적 담론의, 뜨거운 디스꾸르의 문제입니다. 누가 이 담론을 움켜쥐고 있는가. 이것은 곧 권력의 문제이자 이 권력을 끼고 도는 지식의 문제와 다름이 아닙니다. 역사적으로 이러한 말하기로서의 사회적 담론이 지닌 권력과 지식의 관계를 깊이 다룬 철학자로 예의 프랑스 '68의 상징 푸코가 있습니다. 뭐, 빌어먹을 노릇이라니! 돌고 돌아 또 푸코입니다. 어쨌거나 하나의 지식 권력으로서의 사회적 담론에 큰 관심을 보인 그는 〈광기의 역사〉, 〈말과 사물〉, 〈지식의 고고학〉, 〈담론의 질서〉 등 일련의 저서를 통해 오늘 니체를 이어 탈근대철학으로 상징되는 현대철학을 주도했거니와, 여기서 우리가 특히 주목해 보아야 할 점은 1969년, 그러니까 프랑스 '68 대중혁명이 휩쓸고 지나간 시점에 그의 주도로 열린 '저자란 무엇인가?' 철학세미나에서 제 일성으로 그는 다음과 같이 선언했던 것입니다. "누가 말을 하든 무슨 상관인가?" 이런 사실은 그대로 부르주아의 이념을 대변했던 근대의 궁정 사제인 작가의 시대가 지나고 대중이 문제가 되었음을 전제로 하는 것입니다. 왜냐하면 프랑스 세계를 충격에 빠뜨리고 프랑스 사회

---

107) 롤랑 바르트, 〈현대의 신화〉, 동문선, 2002.

를 근본적으로 변혁시킨 '68의 주인공은 대중이지 지식인이 아니었기 때문입니다.

1968년 5월~6월 운동은 또한 집단적 발언의 자유가 꽃피는 계기가 되었다. 공장이든 극장이든 거리에서든 총회가 열리는 곳에서는 수많은 익명의 개인이 자신의 의견을 개진하고 공동결정에 참여할 수 있었던 것이다.

- 제라르 누아리엘의 〈프랑스 민중사〉, 인문결미디어, 2020.

이것은 모두 말하기의 '무관심'을 표명한 것으로 현대 대중적 글쓰기의 기본적인 윤리강령이 된 것입니다. 이런 말하기를 전제로 한 글쓰기 문화가 당대의 화두가 되었던 것이 우연이 아닙니다. 데리다의 〈그라마톨로지〉, 〈글쓰기와 차이〉를 비롯 라깡의 〈에크리〉, 푸코의 〈담론의 질서〉, 바르트의 〈글쓰기의 즐거움〉, 크리스테바의 〈시적 언어의 혁명〉 등 1960년대를 전후로 현대의 아테네를 자처하는 프랑스 빠리에서 탈근대철학 문화의 일종인 하나의 철학적 수기로 글쓰기 문화가 성행했던 것은 글쓰기, 에크리튀르의 문제가 기본적으로 자유를 구가하는 대중 주체들의 자기실현 문제였기 때문입니다. 그런데 이것이 역사적인 문건으로 중요한 화두가 되었던 것은 '상관'이라는 말이 암시하는 것처럼 '68 대중 혁명 이전에는 누구든지 말하기에서 자유롭지 모했기 때문입니다.

그러나 이것은 사실 어디까지나 제국주의적 자유를 누리고 있

프랑스의 식민적 자유, 자아 안의 타자의 문제, 즉 차이 속의 동일성으로서의 프랑스적 제국주의로서의 관용의 문제입니다. 잘 알다시피, 당시 프랑스는 당시 알제리, 모로코 등 아프리카령 식민지와 인도차이나 등 적지 않은 식민지를 거느린 유럽의 열강이었습니다. 그러니까 당시만 해도 유럽 중심의 식민제국주의 문화가 온존했던 시기로 이것은 국제적으로 헛소리가 될 여지가 충분한 것이었고, 이런 이론적 약점이 마르크시즘으로 무장한 포스트식민 이론가이자 페미니스트 문예비평가인 가야트리 스피박에게 덜미를 잡히고 말았던 것입니다. 서발턴은 말할 수 있는가? 아니 식민지의 약자들, 서발턴도 말할 수 있는가? 라고 말입니다. 이론가이자 실천가로서 가야트리 스피박의 진실하고 용기 있는 학자의 의문이 중요한 이유가 바로 여기에 있습니다. 그것은 우리에게도 과연 여성약자들(또는 성소수자들)은 말할 수 있는가를 그가 질문하기 때문입니다. 그래 왜 말하기인가... 한강의 말하기 방식으로서의 문학적 수기의 형식의 중요성이 바로 여기에 있습니다. 말하기, 그것은 무엇보다 진실한 목소리의 문제이기 때문입니다.

1. 아이는 비명을 지르며 울어댔다.

2. 아이는 비명을 지르며 울어댔어.

여기, 1의 서술자는 대상을 다만 냉혹하게 '관찰'하고 있습니다. 이것은 어디까지나 얼음같이 차가운 도구화된 이성의, 부르주아 지식인(작가)의 눈길입니다. 이게 바로 저 잔혹한 근대의 죽음의 서사이고, 죽음의 서사인 근대 소설의 문법입니다. 즉 죽음의 서사인 근대 소설은 그 새끼가 비명을 지르며 울어대든 말든 냉혹하고 노트럴한 이성의 거리 저편에, 한가한 자신만의 위치를 지키고 있습니다. 그러나 2의 발화자는 다릅니다. 그는 대상을 죽은 대상체가 아닌 하나의 살아있는 회상체로서 지금, 여기 현재(성)의 시공간으로 불러내고 있습니다. 바로 여기에 따스한 표정을 지닌 인간 본래의 숨결을 지닌 '목소리'가 피어나고 있습니다. 즉 감정의 목소리로서의 말하기는 파토스의, 생명의 사원입니다. 그리하여 오늘 일상에서 "왜 모두가 우리를 무시하나요?(서울대병원 청소하청노조 민들레분회 소속 노동자들의 외침)", "우리 용균이를 죽음으로 몰고 간 자가 대체 누구란 말이냐?"(하성환의 '해맑게 웃던 너의 죽음 앞에서–짧은 생을 마친 청년 노동자에게 바치는 시), "내란수괴 윤석열을 파면하라!"라며 격하게 터져나오는 노동자들과 이 땅의 어머니의 목소리를 비롯 국민 대중의 불의injustice한 일상을 겪으며 터져나오는 말하기는 하나의 사회적 인정서사로 거리의 투쟁서사가 되고, 마을서사가 되는가 하면, 이제 하나의 개인서사이자 골목서사를 넘어 모두의 집단서사가 되어 이 시대의 거대한 생명의 서사 물결을 이루었다 할 것입니다.

그리하여 너와 나의, 우리들의 목소리를 담은 삶의 서사는 다수운 밥이 담긴 밥상이고, 간단치 않은 하루하루의 일상이며, 잠시나마 내 고단한 일상을 조용히 마주잡은 찻잔인가 하면, 괴물엘리트들의 정치판이고, 시름시름 앓는 시장 골목의 경제판이고, 지지고 볶는 미용실이고, 죽고 못 사는 너와 나의 사랑이고, 운명이 오가는 누군가의 재판정이며, 매일매일 미세먼지 소식이 올라오는 뉴스룸이고, 이것 보세요! 드잡이로 날을 새는 국회의사당이고, 빌어먹을! 여기 좀 봐라 이 미친놈들아! 악을 쓰며 외쳐대는 열악한 노동자의 목소리입니다. 또한 그것은 불의에 저항하는 그리스 비극 이래의 세계사적 전통을 지닌 그 목소리입니다.

그러나 거룩한 성수나 멸균 처리된 정수로서는 비극을 쓸 수 없습니다. 비극은 피와 눈물로만 쓸 수 있습니다. 그래 죽음(크레온) 앞에서도 안티고네가 "친오빠의 장례를 치르는 일보다 더 고귀한 영광을 어디서 얻을 수 있겠어요?"라고 정의를 부르짖은 것처럼, 꼭 그처럼.

왜 나를 쐈지, 왜 나를 죽였지.

우기가 빨리 온 건가... "아우렐리아노, 마콘도에는 지금 비가 내리고 있다." 마콘도라는 '가상'의 마을에서 벌어진 부엔디아 가문의 (미제국주의, '그링고들'에 의한) 100년간에 걸친 비극의 이야기(마르께스의 《백년의 고독》)는 어떤 상징성에 값하는 메시지를 담고 있습니다. 그리하여 거기, 소설 속 주인공들의 고독은 그대로 콜롬비아의 고독이자 라틴아메리카의 고독이며, 궁극적으로 하나의 유전자로 과거의 기억과 상처를 지닌 채 고독하게 살아가고 있는 우리 모두의 보편적 고독임을 암시합니다.

여기, '그 도시의 열흘'을 아프게 기억해야 하는 소설적 수기 속의 공간에서도 지금 상징처럼 비가 내리고 있습니다—하나의 구조주의적 상징으로 '피'(《채식주의자》)이든 '비'(《소년이 온다》)이든 '눈'(《작별하지 않는다》)이든 한강의 작품을 관통하는 보편적 신화소는 '물

水'이라 할 것입니다. 물은 그러나 특정한 함의가 덧붙여진 하나의 상징입니다. 그러니까 보편적인 함의를 지닌 상징은 하나의 해석의 공간이 되고 있습니다. 중요한 것은 해석이 하나의 관점으로 특정한 가치로서의 세계관을 지닌 작가의 의지와 무관하지 않다는 점입니다. 바로 여기서 우리는-곧 보게 될 것이지만-또한 한강이 그 '히스토리컬한 트라우마'로서의 비극적인 이야기(what)를 넘어 '시적 산문'으로서의 형식에 대한 전복적인 방법(how) 통해 인식론의 대전환을 이루어낸 철학적 예지의 소유자임을 생각할 수 있습니다. 그러니까 〈소년이 온다〉(창비)에서 비는 하나의 관습적 상징으로서나 현실적 의미로서나 비극을 풀어나가기 위한 훌륭한 소설적 미장센인 것입니다. 이 비의, 비극의, 고독의 중심에 우리의 '소년' 동호가 있습니다. 그렇다면 오늘 하나의 저항서사로서 소년 동호를 통해 우리가 광주를 기억하고 그 의미를 기리는 것은 또한 무엇 때문인가? 그것은 광주가, '그 도시의 열흘'이 지닌 의미가 우리가 결코 잊어서는 안 될 비극으로서의 한국현대사의 비극을 되돌아보게 하는 정신의 질료이기 때문입니다. 우리를 다시 돌아보게 하는 정신의 질료로서의 광주! 그것은 저 죽음도 불사한 비극의 주인공, 안티고네처럼 부당한 권력에 대한 용기 있는 저항정신이 아니고 무엇이며, 그것은 또한 개인의 희생을 무릅쓴 고귀한 희생정신이 아니고 그 무엇이란 말인가.

그리하여 여기, '너'는, 죽을 수 없는 너는, 나의, 발화자의 목소리를 지니고 다시 나타나는 것입니다. "비가 올 것 같아" 비점은 바로 이 서두에 있습니다. "정말 비가 쏟아지면 어떡하지", "정말 비가 쏟아지겠어" 그래 샤먼의 공수처럼, 그러니까 살아있는 무당이 죽은 혼의 목소리를 내뱉는 것처럼, 꼭 그처럼 이 시대의 대중적 샤먼인 발화자는 하나의 도풀갱어로서 어린 새(=너=동호)의 페르소나가 되어 동호의 목소리를 뱉어 놓습니다. 그리하여 발화자는 어린 새, 동호의 눈으로 '그 도시의 열흘'의 진실을 보고 확인하고 증언하고 고발하고 있는 것입니다. 시민군은 도청을 사수하다 의연하게 죽었다고... 그러나 그 죽음은 너무 억울하다고...

그것은 바로 지배서사에, 언론에, 매스컴에, 가담항설에 다만 폭도들의 소행이라고 광주의 진실이 왜곡distortion되었기 때문입니다. 그러니 억울하게 맞아 죽고 부서져 죽고 터져 죽고 불타 죽고 한 영혼들은 죽어도 죽을 수 없는 '검은 숨'이 되어 하나의 유혼이자 고혼이자 원혼이 되어, 어린 새가 되어 아프게 고발하고 있는 것입니다. 광주는 아프다고... 왜 책임자가 여즉 살아 있느냐고... (뭐 그 새끼는 을마 전에 무주고혼이 되었지만) 민주주의! 이것은 우리 모두가 지켜야 할 소중한 가치가 아니었느냐고 그러니,

그들의 얼굴을 보고 싶다. 잠든 그들의 눈꺼풀 위로 어른거리고 싶다. 꿈속으로 불쑥 들어가고 싶다. 그 이마, 그 눈꺼풀들을 밤새 건너다니며 어른거리고 싶다. 그들이 악몽 속에서 내 눈을 볼 때까지. 내 목소리를 들을 때까지. 왜 나를 쐈지, 왜 나를 죽였지.(밑줄-글쓴이)

여기, '내 목소리를 들을 때가지. 왜 나를 쐈지, 왜 나를 죽였지' 하고 외치는 절규에 가까운 목소리!, 바로 이것이 이 소설이 건드리고 있는 진실의 뇌관입니다. 그러나 여즉도 '그 진실'은 오리무

중입니다. 바로 여기에 '그 진실'을 밝히기 위한 광주의 서사는 계속되어야 하고, '그 진실'을 드러내려는 하나의 의지와 꿈과 욕망의 서사로서의 너와 나의 목소리 또한 계속되어야 하는 이유가 있습니다. 죽은 동호가 '어린 새'로, 아니 잠들 수 없는 '죽은 숨'으로 작가에게 빙의되어 나타난 이유도 여기에 있습니다. 그것은 무엇보다 하나의 저항서사로서 국가를 위한 목적과 자유를 누리고자 하는 개인의 목적 사이의 '불화'와 '대립'에 대한 저 소크라테스 이래 숙명적인 주제에 대해 광주가 끊임없이 질문을 던지기 때문입니다.

그러니까 오늘도 여전히 '광주'가 '광주'인 까닭은 고귀한 희생을 치르고 얻어낸 값진 교훈으로, 그것은 마치 부엔디아 가문의 고독이 콜롬비아의 고독이자 권력과 어쩔 수 없는 길항stand against 관계에 있는 우리 모두의 고독이었던 것처럼, 꼭 그처럼 광주가 던진 인간의 존엄에 대한 질문은 곧 그대로 우리들 모두의 질문이며, 권력과 마주하며 살아가야 하는 인류 보편의 세계사적 질문이기 때문입니다. 서발턴은 말할 수 있는가, 그러나 한강은 말하고 있습니다. 진실은 결코 잊히어져서는 안 된다고…

살인자, 라고 말해야 한다고 나는 생각했다. 입을 열어 나는 말했다
살인자.
목소리가 새어나오지 않았다.
살인자.
더, 더 크게 말해야 한다.

......어떻게 할 거야, 네가 죽인 사람들을?

− 〈작별하지 않는다〉에서

4

'아버지'에서 '나무'로... 이것이 한강의 세계로 가는 사유의 오솔길입니다.

언제나 나무는 내 곁에

하늘과
나를 이어주며 거기
우듬지

잔가지

잎사귀 거기

내가 가장 나약할 때도

내 마음
누더기,

너덜너덜 넝마 되었을 때도

내가 바라보기 전에
나를 바라보고
실핏줄 검게 다 마르기 전에

그 푸른 입술 열어

- '새벽에 들은 노래 2'

한강의 시집을 여니 거기 시인의 말에 '둥근 적막'이라는 말이 나의 시선을 사로잡고 잠시 머물게 합니다. '적막'이라는 것은 일반적인 의미로는 고요하고 쓸쓸하다는 것이니 뭐 사막과도 같은 죽음이 어려 있는 말입니다. 그의 내적으로 강렬하지만 차분한 이미지를 떠오르게 하는, 그러나 분명 부정적일 수도 있는 뉘앙스가 있는 언어입니다. 그런데 여기에 '둥근'이라는 어사가 붙으면서 불이 반짝이고 있습니다. 여기에 그 무언가 비의秘意가 있는 것으로, 이 둥근이 참으로 만만치 않은 것은 바로 여기에 그의 해석적 의지가, 세계에 대한 반성적 시각이, 뭐 한강의 사상이 금편잎처럼 빛을 발하기 때문입니다. 위대한 예술가는 위대한 사상가입니다.

나는 지금 한강론을 마무리하기 위해 이 자리를 감당해야 하는 것이지만, 그런 나에게 여기 '둥근 적막'이라는 개념과 더불어 이 시에서의 '나무'의 이미지는 참으로 어둠 속에서 빛을 찾은 것만큼이나 놀라운 발견이자 금빛 희망입니다. 앞에서 보아왔듯이 한강의 주요작품들은 지옥의 묵시록으로 연상되고 있는 암흑의 핵심으로서의—죽음의 '나무'로 상징되고 있는—근대에 대한 암울한 세계가 주조음을 이루고 있습니다. 이것을 잘 지적한 게 바로 노벨문학상 수상이유문의 '히스토리컬 트라우마'였습니다.

지금부터 야그하려는 한강의 최근작 〈작별하지 않는다〉(문학동네, 2021)만 해도 그렇습니다. "성근 눈이 내리고 있었다." 이것은 마치 피아니스트가 운명의 첫 음을 칠 때와 같은 경우에 해당합니다. 〈소년이 온다〉의 첫 구 "비가 올 것 같아."처럼 여기서 모든 게 결정이 나는 것입니다. 그래 〈채식주의자〉의 '피'와 〈소년이 온다〉의 '비'와 더불어 여기, 〈작별하지 않는다〉의 '눈'을 통해 우리는 한강의 작품에 드러난 그 비극적 요소로서의 상징성을 지닌 '물로서의 신화소mytheme를 다시 보는 것입니다. 자연의 물리적 현상을 이해하기 위해 원소가 필요한 것처럼, 꼭 그처럼 '신화소는 문화를 이해하기 위한 구조주의 철학의 핵심 기호입니다. 그러니까 피든 비든 눈이든 이것은 한강에게서는 모다 '죽음'이라는 특정한 함의가 박힌 상징적 이미지들입니다. 적막처럼 물 또한 죽음을 상징한다 할 것입니다. 이것은 꼰대 같은 아버지로, 근대의 억압 문화로, 식민제국주의의 잔인한 침략성을 문학적으로 고발, 폭로하는데 효과적으로 기여하고 또한 그만큼 강렬하고 완곡한 표현을 얻음으로써 대중적 공감을 얻게 된 보편적인 이미지들입니다. 바로 여기서 우리는 한강 작품의 두드러진 표현적 특징으로서의 그 '시적 산문'이라는 평언을 이해할 수 있습니다.

여기, '시적 산문'이라는 평언評言에서 방점은 역시 '시적poetic'이라는 수사에 있습니다. 그러니까 '그녀는 아름다운 여성이다'라 할 것을 '그녀는 살구꽃을 닮았다' 표현하는 것처럼 시적 이미지의 사용은 살뜰한 감각적 정서를 유발하는 것입니다. 감동感動이라니, 이런 감각적 정서가 인간을 움직이게 하는 것입니다. 다시 말해 한강은 '근대는 잔인한 죽임의 문화다' 할 것을 일상화된 육식 문화를 통해 보여줬기에 더욱 뜨거운 감각적 진실을 전할 수 있었습니다. 여기, 제주 4.3의 진실을 전하는 얘기도 마찬가집니다. 한강, 그도 다음처럼 어디에선가 읽었을 사회과학적 접근을, 개괄적인 지식으로서의, 그러나 건조한 이성의 언어로서의, 믿기 어렵고, 그래서 받아들이기 힘들지만 분명 냉혹한 진실hard truth을 마다하지 않습니다.

그 겨울 삼만 명의 사람들이 이 섬에서 살해되고, 이듬해 여름 육지에서 이십만 명이 살해된 건 우연의 연속이 아니야. 이 섬에 사는 삼십만 명을 다 죽여서라도 공산화를 막으라는 미군정의 명령이 있었고, 그걸 실현할 의지와 원한이 장전된 이북 출신 극우 청년단원들이 이 주간의 훈련을 마친 뒤 경찰복과 군복을 입고 섬으로 들어왔고, 해안이 봉쇄되었고, 언론이 통제되었고, 간난아기의 머리에 총을 겨누는 광기가 허락되었고 오히려 포상되었고, 그렇게 죽은 열 살 미만 아이들이 천오백 명이었고, 그 전례에 피가 마르기 전에 전쟁이 터졌고, 이 섬에서 했던 그대로 모든 도시와 마을에서 추려낸 이십만 명이 트럭으로 운반되었고, 수용되고 총살돼 암매장되었고, 누구도 유해를 수습하는 게 허락되지 않았어...

그러나 작품에 대해 심미적 거리를 두고 있는 독자들이 그의 마음을 여는 것은, 내가 가물가물하던 뜬 소식처럼 띄엄띄엄하던

4.3의 진실-"We do not part" takes on the lasting devastation of the violent supprsssion of the Jeju uprising of 1948 and 1949 probably unfamiliar to many readers despite the complicity of the United States military in the massacres that took place in the name of anticommunism/The New York Times, 2025. 1. 23.-을 알고 드디어 4.3의 올바른 이해에 도달하게 된 계기는 제주 출신 인선의 특수한 경험에 대한 반성이지 사회과학지식이 아닙니다.

집을 나서기 직전에, 엄마가 쓰는 안방을 돌아봤던 기억이 나. 미닫이문이 열려 있었고 이불은 반듯이 개켜져 있었어. 하지만 전기장판이 깔린 요는 그대로 펼쳐져 있었어. <u>그 요 아래 실톱이 있다는 걸 나는 알고 있었어.</u> 날카로운 쇠붙이를 깔고 자야 악몽을 안 꾼다는 미신을 엄마는 믿었거든. 하지만 실톱을 깔고도 엄마는 자주 꿈을 꿨어. 숨을 죽여 몸서리를 치고, 이따금 들고양이처럼 이상한 소리를 내면서 흐느껴 울었어. <u>그 모습, 그 소리가 나한텐 지옥이었어.</u> 후회하지 않을 거라고, 다신 안 돌아올 거라고 그때 스스로 맹세했어. 저 사람이 내 인생을 더이상 어둡게 채색하도록 내버려두지 않겠다고. 구부정한 등과 끔찍하게 여린 목소리로. 세상에서 가장 나약하고 비겁한 인간의 모습으로...(밑줄-글쓴이)

이것은 과연 대상에 대한 개념적 지식이 아니고 감각적 이미지의, 진실한 경험의 세계입니다. 이것은 감정이 소거된 가지런한 언어가 아닙니다. 육화된 인간의 민낯 그대로의 모습입니다. 여기, 이상한 소리를 내며 신음을 토하고 있는 엄마는 즉자적 존재입니다. 이 이상한 소리를 의식하고 있는 존재, 그가 바로 발화자로 설정되어 있습니다. 그러니까 말하기는 이렇게 대자적인 의식의, 반성의 세계입니다. 이것이 대상에 대한 정서적이고 심미적 거리를 지닌 '그'가 지닌 의미입니다. '그'는 기본적으로 의미를 물고 늘어지는 대자적 사유로서의 유명론의 표지입니다. 이것은 다만 지시어가 아닙니다. 여기, 한강의 작품에서 숱하게 드러나는 '그 꿈', '그 밤', '그 눈송이'에 대한 이야기는 시적 환기 이상의 개인의 비극을 넘어 역사적 사건을 불러내는 말하기의 유도장치입니다. 또한 '그'는 악몽처럼 나를 따라다니는, 잊을 수 없는, 아니 도저히 잊혀지지 않는 그것으로서의, 쇠붙이조차 뚫고 나오는 지독한 트라우마, 그것입니다. 저 아우슈비치의 그것처럼 여기 제주 4.3의 비극을 고발하는 뇌관은 '그'라는 인계철선에 연결되어 있습니다.

'그 요 아래'에, '그 모습', '그 소리'에, 중요한 것은 과연 '그 소리'입니다. 엄마의 '이상한 소리', '끔찍하게 여린 목소리' 말입니다. 억눌리고 짓눌려져 여린 그 소리는, 밝은 대낮에는 그 무엇에 막혀 울 수도 없는 그 소리는, 닫힌 목소리로서의 은폐된 그 목소리는, 니체의 정오의 순간도 헤겔의 황혼의 무렵도 아닌 모두가 잠든 그 깊은 밤이 되어야만 비로소 꿈을 통해서 나타나는 것입니다. 꿈은 마법의 언어입니다. 신성한 사제의 현실원칙의 언어에 짓눌려 있던 잠재된 욕망으로서의, 그러나 기어코는 문화적 속박으로부터 야기된 결핍을 보상하려는 욕망의, 광기의 언어로서 용수철처럼 튀어 오르지 않고서는 살 수 없는 언어, 그것은 곧 쾌락의, 감정의, 파토스로서의 '말하기'입니다. 저 오페라의 유령이 어느 순간 자기도 모르게 "나도 어린 시절 사랑을 받았다면 이렇게 유령이 되진 않았을 거야" 솔직하게 말하고 있는 것처럼, 이것은 무의식에서 터져 나온 진실한 말parole입니다. '도둑'도 '도적'도 아닌 '도적놈'(임화의 '네거리의 순이')처럼, '설렁탕 집 돼지 같은 주인년'(김수영의 '어느 날 고궁을 나오면서')처럼 말하기는 일상에서 진실하게 터져나오는 언어, 빠롤입니다. 이야기는 말하기로 실현됩니다. 그리고 '그'는 대자적 자의식을 상징합니다. 그것은, 말하기는 '잊혀지지 않는'에서 '잊을 수 없는' 그것으로, 다시 말하기는, '잊혀져서는 안 되는' 사건으로 기억되어야 한다고 말입니다.

여기, 나무도 마찬가집니다. 시인의 마음에 깃든 나무는 단순한 나무가 아닙니다. 나무는 저 신화시대의 우주수처럼 자연(하늘)과 인간(나)을 이어주는 신성한 매개물이고, 그러니 나는 혼자가 아니고, 그러니까 나에게 이 나무의 잎사귀는 신목神木과도 같은 존재입니다. 나에게 위로와 희망의 언어를 전해주는 자연은 하나의 사원[108]입니다. '그 푸른 입술'을 지닌... 이것은 사물을 다만 죽은 대상으로 대하는 데카르트적인 기계적 자연관으로서의 근대 서구인들의 태도와는 매우 다른 동북아의 도교적 사유의 일종이자, 이것은 또한 인간과 자연이 다르지 않다는 대승적 불이不二사상이자 나와 이웃은 대등하다는 인식을 넘어 인간과 자연은 대등하다는 조선 고유의 인물성동人物性同사상 이상의 함의를 지닌 시적 상징입니다. 그래 '죽은 숨'(《소년이 온다》)도 우연이 아닌 것으로, 이것은 생사불이生死不二의 동북아적 생명사상의 문학적 발

---

108) 보들레에르, 〈악의 꽃〉 중 '상응', 민음사, 1974.

현입니다. 잘 알다시피, 근대의 이른바 계몽기획은 탈마법화(호르크하이머, 아도르노의 〈계몽의 변증법〉)에 있습니다. 베이컨과 오디세우스의 이름으로 상징되는 계몽적 이성의 힘으로 중세의 신화를 몰아내는 것, 그러나 이성의 신화는—아우슈비치를 통해 볼 수 있는 것처럼—죽음의 신화였습니다. 그리하여 탈근대의 신화는 이성에 대한 도전을 축axis으로 돌고 있습니다. 작품을 통해 탈근대 신화 만들기에 성공적으로 착지한 한강의 작품 또한 마찬가집니다.

한강의 장편소설은 한마디로 현대적 세계관에 대한 도전이다. 그것은 사라진 듯했던 신, 영귀, 마를 불러들이는 일 즉, 세계의 재마법화reenchantment에 관여하고 있다.

- 황종연, 한국일보, 2024. 10. 28.

그러니까 한강의 세계에서 나무는 죽은 사물이 아니라 살아있는 물질matter입니다. 그러니까 '재료 일반'을 뜻하는 'matter'가 라틴어 마테리아Materia로, 본래 엄마Mater, 어머니Mutter에서 비롯된 것과 유사한 함의를 지녔습니다. 어떤 것이 이루어지게 되는 본바탕인 재료는 여성적인 부분과 다르지 않[109]기 때문입니다. 다시 말해 우리는 한강의 작품을 통해 거대한 생명의 모태matrix로서의 어머니—나무를 보는 것이고, 이것을 잘 표현한 것이 그 대규모의 리얼리즘(임화)으로서의 '바위 여자', '우리 나무들'입니다. 이것은 동양적 타자의식을 잘 대변했다 할 것으로 나무는 신성한 외

---

109) 지그문트 프로이트, 〈정신분석강의〉, 열린책들, 2023.

경의 대상으로서의 일종의 종교적 상징입니다. 더욱이 의인화되어 있다는 게 중요합니다. 뭐 나무에도 생명이 있고 인격이 있다는 뜻이 아닌가 말입니다.

성근 눈이 내리고 있었다.
내가 서 있는 벌판의 한쪽 끝은 야트막한 산으로 이어져 있었는데, 등성이에서부터 이편 아래쪽까지 수천 그루의 검은 통나무들이 심겨 있었다. 여러 연령대의 사람들처럼 조금씩 다른 키에, 철길 침목 정도의 굵기를 가진 나무들이었다. 하지만 침목처럼 곧지 않고 조금씩 기울거나 휘어 있어서, 마치 수천 명의 남녀들과 야윈 아이들이 어깨를 웅크린 채 눈을 맞고 있는 것 같았다. 묘지가 여기 있었나, 나는 생각했다.

— 〈작별하지 않는다〉'1 결정' 도입부

이것은 외형적으로 소설의 겉모습을 갖추고 있지만 알짜는 시적인 이미지로 가득합니다. 시는 메타포, 만남입니다. 메타포 metaphor는 비유의 강물이자 상징의 숲길입니다. 뭐 네루다가 탐스런 젖가슴을 '밀크잔', 매혹적인 엉덩이를 '장미 언덕'이라 한 것과 유사한 시적 효과를 지니고 있습니다. 무론 다른 작품과 마찬가지로 이것 또한 생시와도 같은 꿈을 통해 이뤄지고 있습니다. 그러니까 생시와 다르지 않은 꿈-상징을 분석하기, 이것은 시도 소설만도 아닌 강력한 시적인 산문으로서의 한강의 문학적 수기를 이해하기 위한 필수적인 방법론적 기초가 되고 있습니다. 그래 (신혼여행지로 유명한 국제적인 관광지인 제주 한라산의) '눈'은 일반적으로 아름다운 낭만과 잊지 모할 추억의 이미지를 넘어 추위와 고통의 의미를, 아니 그 낭만적인 저 북구의, 백석의, 설원의, 자작나무와 라라의 전설을 넘어 4.3의 죽음을 연상시키지 않는가 말입니다. 그래 꿈 가운데 발화자의 눈에 들어온 대상은 '수천 그루의 검은 통나무들'이라는 환유 이미지입니다.

무론 그것은 4.3항쟁과 비극으로 희생을 당한 이들을 암시하는 것으로 '수천 명의 남녀들과 야윈 아이들'에 닿아 있습니다. 이것은 한강에게 반복적으로 나타나는 라이트모티프로, 중요한 것은 또한 '검은'에 부여된 죽음의 의미일 것입니다. 이것은 그러나 서구인의 시선으로 보건대, 자연물에 불과한 나무에 그 동양적 타자의식으로서의 동질감을 지니지 않고서는 불가능한 표현입니다. '들'이 바로 근거입니다. 이것은 증말이지 한강 사유의 비밀을 여는 열쇠가 아닌가 말입니다. 그러면서 이것을 (선로 밑에 까는 목재)침목에 갖다 대어 설명하는데, 그러나 침목처럼 곧지 않다 했습니다. 그러니까 줄곧 근대의 식민제국주의에 따른 희생자로서의 한국적 비극을 고발해온 작가에게 침목은 근대를, 침략을, 죽음을 연상시키는 것이고, 더욱 작가의 명징한 시선은 침목의 곧음에, 리니어한 직선에 가 있던 것으로 이것은 "난자하는/죽음의 직선들―거울 저편의 겨울6―중력의 선"에 그대로 닿아 있는 것이고, 이것은 직선적인 근대적 사유에 대한 고발이고, 직선의 시간을 축으로 전개되는 근대 소설 형식에 대한 비판입니다.

그러나 중요한 것은 그릇 속에 담긴 내용물인 것처럼, 형식 속에 깃든 사상입니다. 이미 말했듯이, 둥근 적막에 특히 '둥근'에 한강의 사상이 박혔다 할 것으로 아버지, 날카로운 이빨, 쇠톱이 아닌 나무, 둥근 젖가슴, 푸른 입술 등을 통해 볼 수 있듯이 작가 한강을 사상가 한강이게 하는 것은 과연 형식을 넘어선 그 사상의 문제라 할 것입니다. 이렇게 형식과 내용을 아우른 그의 문학적 사유는 세계의 미학사에서 보기 드문 '미적 금도美的 襟度'의 한 전형을 이루었다 할 것으로, 무엇보다 주목해야 할 점은 한강의 사상은 곧은 직선이 아닌 둥근 곡선의 사상이라는 점입니다. 이것은 오늘 서양의 사상이 동양 사상으로 변환하는 시점에서 '무적無的' 성격을 지닌 것으로 병든 지구의 몸을 회생시킬 수 있는 생명철학으로서의 동양의 순환론적 사유를 대변한다 할 것입니다.

어느 날 눈떠보면
물과 같았다가
그 다음날 눈떠보면 담벼락이었다가 오래된
콘크리트 내벽이었다가
먼지 날리는 봄 버스 정류장에
쪼그려 앉아 토할 때는 누더기
침걸레였다가
들지 않는 주머니칼의
속날이었다가
돌아와 눕는 밤마다는 알알이
거품 뒤집어쓴
진통제 糖衣였다가
어느 날 눈떠보면 다시 물이 되어
삶이여 다시 내 혈관 속으로

흘러 돌아오다가

– '어느 날, 나의 살은'

이것은 참으로 경이로운 시입니다. 왜냐하면 전래의 문법을 파괴한데다 기이한(?) 생각을 보여주었기 때문입니다. 우리가 알고 있는 기왕의 학교 문법에서 나는 어디까지나 근대적 주체, 코기토로서의 움직일 수 없는 실체성을 지닌 고정된 나일 뿐입니다. 그러나 한강이 보여주는 이런 사유는 한국의 대중에게는 낯선 것이 아닙니다. 강물 속으론 또 강물이 흐르고, 내 마음 속엔 또 내가 서로 부딪치며 흘러가고(정태춘의 '북한강에서') 있습니다. 강물은 실체가 없고 나 또한 마찬가집니다. 그러니까 나는 물이 아닌데도 물이 되고 있습니다. 이것은 부정 이상의 함의를 지닌 시적 입법이자 새로운 생명의 세계입니다. 그것은 곧 전래의 죽음의 문법을 폐기하고 새로운 생명의 지침이자 사유의 연못이 되고자 하는 한강의 대담한 사상적 도발이 아닐 수 없습니다.

그것은 바로 자신을 근대적 의미의 정신을 지닌 주체로 보기보다는 '살'이라는 육체성을 지닌 자연의 일부로서의 유기적 존재라는 동양적 기氣의 세계관에, 유물론적 유명론에 기초하고 있는 것입니다. 그래 나는 기화氣化되어서는 물이고 담벼락이고 콘크리트 내벽이고 누더기 침결레이고 주머니칼의 속날이고 진통제 糖衣이고 다시 물이고... 그러니 나는 물처럼 나를 넘어 무수한 것, 또 다른 내가, 타자가 될 수 있으니, 그러니 나는 없는 것입니다. 아니, 내가 없어야 무의 상태가 되어 썩어야만 비로소 새로운 생명을 얻듯이—죽은 재는 다시 기름이 되는 것처럼—나는 무화無化되어야 그들에게 도달할 수 있는 것입니다.

한강의 사유는 이렇게 그 동양적 순환론으로서의 타자의식을 넘어 '무성無性'에, nothing-ness에, 진정한 생명철학으로서의 들뢰즈적 '되기'에, '리좀적 연대'에 도달하고 있습니다. 내가 진정 서구적인 의미에 있어서의 의사疑似 타자, 가짜 타자를 넘어 진정 그들이 되기 위해서는 나는 없어야 되는 것입니다. 가령, '우리'는 나도 너도 아닌 그 무엇으로서의 새로운 사회적인 타자로서의 한국적 존재론을 대변하는 말입니다. 그리하여 그는 자신을 '나의 살'로 인식하고 있는 것입니다. 물질로, 재료로, 어머니로, 그 모든 것이 될 수 있는 근본적인 바탕으로서의 무성無性을 지닌 저 물할머니처럼 말입니다.

물뿐 아니라 바람과 해류도 순환하지 않나. 이 섬뿐 아니라 오래전 먼 곳에서 내렸던 눈송이들도 저 구름 속에서 다시 응결할 수 있지 않나... 그 물방울들과 부스러지는 결정들과 피 어린 살얼음들이 같은 것이 아니었다는 법이, 지금 내 몸에 떨어지는 눈이 그것들이 아니란 법이 없다.

그래 나 없이 죽어간 새를, 너를 묻기 전에는 잠들 수 없다는 새로운 신념은 발화자에게 전이되어 꿈의 진실을 알게 된 나는, 이 시대의 안티고네는 인선의 부탁으로 제주로, 인선이의 고향으로 향합니다. 너에게로, 새에게로, 자타불이自他不二의, 거대한 부활의 의미를 지닌 대생명의 세계로... 한강의 세계로...

나는 바닷고기를 안 먹어요. 그 시국 때는 흉년에다가 젖먹이까지 딸려 있으니까. 내가 안 먹어 젖이 안 나오면 새끼가 죽을 형편이니 할 수 없이 닥치는 대로 먹었지요. 하지만 살 만해진 다음부터는 이날까지 한 점도 안 먹었습니다. 그 삶들을 갯것들이 다 뜯어먹었을 거 아닙니까?

이것이야말로 한강이 이루어낸 그 한국적 사유의 정체로서의 불이의 대승적 생명사상이 아니고 무엇이란 말인가. 그래, 한강이 어찌하여 미적 충격을 넘어 온 세계인을 사로잡고 있는지… 그것은 '예술은 세계를 구원할 수 있는가 Can Art save the World?'라는 오랜 질문에 그가 적의하게 응답하고 있기 때문입니다. 마치 수천 그루의 검은 통나무들이 수천 명의 남녀들과 야윈 아이들이 어깨를 웅크린 채 눈을 맞고 있는 모습과 같다고 한 것처럼, '우리 나무들'이라는 것입니다. 그들도 나와 다르지 않다는 신조credo입니다.

한 마디로 말한다면, 한강의 세계는, 하나의 미적 저항의 형태로 근대의 죽임의 문화에 대한 유명론적 저항의 표지로 '말하기'라는 새로운 문학적 수기의 형식을 통해 탈근대의 생명의 문화이자 동양적 타자의식으로서의 아름답고 둥근 '미적美的 사유'에 기름을 부었다 할 것입니다.

나는 그렇게 읽습니다.

대결어

또는 요약

한국 사상의 요체가 무엇인지 단순하게 말하기는 매우 어려운 문제입니다. 그러나 가령, 가톨릭 국가 프랑스하면 보편자를 우선하는 연역적 사고가 있고, 개신교 국가 영국, 미국 하면 개별자를 우선하는 귀납적 사고가 지배적임을 볼 수 있습니다. 또한 독일하면 괴테와 칸트와 헤겔만 보더라도 그 변증법적 사고로서의 종합의 정신이 있는 것입니다. 이는 그대로 인간과학과 자연과학보다는 정신과학이 발달한 독일적 전통과 관련된 것이라 할 것입니다. 그렇다면 우리는 어떨까요?

이제까지 보아왔다시피, 나는 분외의 한계가 있는 가운데 철학적 사유를 사이드로 하면서 주로 장르genre라는 관점에서 이 글을 유지해 왔지만, 시도 소설도 아닌 한국형 서사체는 향가 10구체에서, 별곡에서, 사설시조에서, 소품문에서, 잡문에서, 각종 수기에서, 대중적인 비평적 에세이 등 서사적 성격을 지닌 다양한 형태의 형식으로 나타나고 있습니다. 그러니까 한국적 가치의 발현형태로서의 서사 장르는 시도 소설도 아니지만 또한 시이기도 하고 소설이기도 한 종합적 형식으로, 한국에서만 볼 수 있는 가장 한국적인 형식으로 그것은 판소리에서 창과 아니리, 그러니까 노래와 이야기, 말과 사물, 객체와 주체, 시와 소설, 곧 사람과 사물이 마치 오리-너구리처럼 둘이 아닌 하나의 몸체를 이루고 있는 불일불이不一不二의 대승적 형식을 보여주고 있다 할 것입니다. 가령, 나는 소설을 쓰는 마음으로 시를 쓴다고 했던 김수영의 온몸으로의 시쓰기(글쓰기론)이 이런 한국적 사유를 가장 잘 드러내고 있다 볼 수 있습니다. 실제로 그의 시는 임화의 프로시처럼, 또는 백석의 리얼리즘시처럼 시도 산문도 아닌 독특한 사회성을 지닌 이야기시의 형식을 지닌 시입니다. 바로 여기, 한국인의 저층에 흐르는 문화 유전자와 이를 나타낸 유전형질이 하나의 보편적인 형식으로 드러난 것인가. 가장 대중적인 모범의 사례로 김민기의 '내나라 내겨레'와 조용필의 '킬리만자로의 표범'이 노래와 이야기로, 노래인지 이야기인지 모를 그 어떤 한 몸체로, 분명 하나도 둘도 아닌 한국형 언어의 형식으로 되어있지 않은가. 그러니까 그들의 노래를 들어보면 노래인지 이야기인지 그 정체를 알 수 없습니다. 이것은 거의 무의식에 가까운 하나의 문화적 감정 구조의 문제가 아닌가 말입니다. 사실 노래와 이야기, 이것은 또한 삶의 숨결이 아닌가. 생명의 들숨 날숨이고, 자연의 밀물 썰물이고, 생사의 진경이 아닌가. 외국어로 번역 불가한 '맛'라는 말이 마음도 몸도 아닌 것처럼, 그러나 이것은 마음이기도 하고 몸이기도 한 영혼과 육체를 동시에 아우르는 한국인의 고유한 인식이 잘 구현된 일상어 parole입니다. '기氣'라는 말 또한 이것은 물질도 정신도 아닌 그 무엇입니다. 한국인의 대표음식이 된 비빔밥이 그러하고, 김치가 그러하고, 보쌈이 그러하고, 소주와 맥주를 섞어야만 직성이 풀리는 우리만의 폭탄주 문화가 또한 그러합니다.

그러나 여기, 우리 스스로 아무리 생각해도 참으로 이해할 수 없는 한국적 현상이 있습니다. 잘 알다시피, 한국은 오늘 반도체 강국입니다. 그러나 솔직히 말해서 이 반도체의 프로그램과 장비는 분명 우리가 만든 것이 아니로되 우리는 이런 것을 창조적으로 조합하여 잘 팔아먹고 있습니다. 자동차도 우리의 발명품이 아닌데 역시 잘 팔아먹고 있습니다. 이것은 문화상품도 마찬가지입니다. 오늘 분명 한국문화이지만 세계 문화의 아이콘이 된 K-문화의 상징 K-pop은 이것이 노래인지 춤인지 이야기인지, 아니먼 그 무엇인지 그 문화 정체성을 한 마디로 규정하기 어려운 게 사실입니다. 이것(이질적인 요소들을 결합했다)은 인터넷으로 얽어진 하이브리드한 시대의 다중적多衆的 문화의 특징임에는 분명한 것이지만, 아니 그것은 우리 피 속에 흐르는 한국 고유의 문화적 양식임에도 분명합니다. 이것은 이미 확인한 대로 우리 문화의 지층에 흐르고 있는 저 일연의 '잡식적인' 장르 〈삼국유사〉가 그러하고, 저 연암 최고의 '백과전서'〈열하일기〉가 또한 그러한 것처럼, 그러니 이것을 하나의 대교향악이랄까, 이건 하나의 진공묘유로서의 한국 고유의 문화유전자가 아닌가.

이걸 비교적으로 보자먼 우리에게는 분명 저 '프랑스적 결절점a French's node'과 다르지 않은 '한국적 결절점a Korea's node'이라 할 문화적 구심점이 있습니다. '프랑스 니체주의자들'이라는 말처럼 EU의 주도국가 프랑스가 오늘 현대 문화와 사상, 철학의 아테네가 된 것은 결코 우연이 아닙니다. 즉 푸코, 바르트, 들뢰즈, 데리다, 부르디외, 라깡, 바타유, 블랑쇼 등 탈근대적 사유의 거물들에 영향을 미친 것은 바로 외부의 바람입니다. 그래 니체는 독일 철학자가 아닌가 말입니다. 무론 프랑스 철학의 특징으로서의 명랑과 활기는 니체가 휴양을 취한 프랑스 남방 기후의 영향과 관련된 것으로 볼 수도 있을 것이지만, 신기하게 헤겔과 마르크스의 사회철학이 큰 영향력을 발한 곳도 프랑스의 토양에서였습니다. 그래 프랑스에서는 '정치경제'라 하지 않는가 말입니다. 오지랖 넓기로는 빠지지 아니할 저 독일의 칸트, 헤겔, 특히 괴테도 있습니다만, 아무튼 지정학적 환경geopolitical milieu도 무시할 수는 없는 일이지만 외부의 사유를 프랑스적 유전자로 녹여내 전유, 재전유, 자기화함으로써 꽃을 피워낸 데에는 프랑스적 사유의 중심에 대륙적이고 모호한 특징으로서의 그 무엇을 통합시키는 정신적 유전자가 있음을 암시하고 있습니다.

이렇게 문명의 교차로에 선 현대 프랑스 철학의 핵심은 한마디로 '탈중심주의' 사상입니다. 그것은 곧 근대국가, 식민제국주의, 민족주의, 주어, 남성중심주의 등 근대의 중심논리를 가로지르는 '나'라는 실체에 대한 부정이고, 너 곧 '타자', 프랑스적 사유의 핵심인 보편자에 대한 사유에 다름 아닙니다. 그래 탈근대 사유의 핵심으로 등장한 타자는 무엇인가. 나 아닌 그들은 왜 나와 다르지 않은가. 또한 그것은 중심에 대한 부정 아닌가. 부정의 정신, 그것은 탈중심화된 중심 decentered center의 추구가 아닌가. 이것은 1, 2차 세계대전이라는 인류역사상 전무후무한 죽음이라는 비싼 댓가를 치르고서야 얻어낸 문명사적 유산으로 전통 형이상학의 이분법에 의한 분열과 혼돈에 휩싸인 우리의 현실을, 강 대 강의 힘의 논리만이 지배하는 어지러운 국제정세의 강고한 쟁탈의 논리를 돌아보게 하는 이 시대의 화두임에 틀림없습니다. 그러나 그것은, 그러니까 탈중심논리를 가로지르는 타자의 철학은 한 마디로 공동체의 논리가, 공존의 사유가 아닌가.

그러나 이것은 우리에게는 매우 익숙한 사유 현상입니다. 우리에게는 이미 저 신라의 화백제도를 비롯하여 지금도 이어지고 있는 계契, 두레의 오랜 상호부조 정신뿐만 아니라 아직도 사회문제를 비롯 모든 것을 한 가족의 문제처럼 생각하는 사회적 패밀리 의식이 내면화되어 있는 등 나와 그들이 결코 다르지 않다는 불이不二의 공동체 정신은 한국인에게 오랜 내력을 지닌 고유의 정신의 산물입니다. 그래 사회적 관계망 서비스SNS가 일상화된 전자문화세계에서 유독 한국인이 두드러진 문화적 우세를 점하는 것도 바로 이런 사회적 관계에 대한 특성 때문이 아닌가 생각해 볼 수 있습니다. 왜냐하면 사회적 관계의 핵심은 바로 타인과의 공감 능력이기 때문입니다.

그리하여 우리는 본문을 통하여 두루 보았듯이 신라의 고승 원효에서 비롯된, 그 고유한 불일불이不一不二의 사상의 줄기가 이규보, 일연, 김시습, 서경덕, 정철, 허균을 지나면서 한국 고유의 사상으로 자리를 잡고, 이런 한국 고유의 사상적 흐름은 중국 성리학의 이기철학理氣哲學을 넘어 한국후기 국가적 위기에 이르러 자신을 근본적으로 돌아보는 가운데서 비로소 그 한국적 사유로서의 독특한 무의식을 지닌 홍대용의 나와 너, 인간과 사물, 주체와 객체가 서로 다르지 않다는 인물성동사상人物性同思想으로, 낙론洛論으로 개화하기 시작, 연암의 북학론에 기반한 한국지풍으로, 일제시기 '한국적인 것'으로서의 임화 발군의 조선학으로, 해방이후 그 세계성을 지닌 김수영의 한국학으로, 한강의 도저한 생명철학으로 장장하게 이어지고 이어져 그 대승적 성격을 지닌 형식으로서의 '한국형 서사체'라는 대중문화의 형태로 나타났다 할 것입니다.

그렇다면 현대 철학과 문화의 아테네가 된 프랑스처럼, 꼭 그처럼 우리 또한 현대 철학과 문화의 아테네가 될 수 있을 것인가? 그리하여 가장 대표적으로 세계민중의 찬사를 받은 명화 '기생충'(봉준호 감독)을 통해 보았던 것처럼 타자와 함께하는 오랜 공동체 정신이라는 문화용광로서의 문화유전자라는 '통 큰' 내력을 지닌 우리는 좁직한 민족주의의 울타리를 넘어 오늘 세계와 함께하는 범용한 K-문화를 통해 그 글로컬glocal한 문화민주주의의 실현 가능성을 지닌 풍요한 유전자를 지녔음을 확인할 수 있었습니다.

한마디로 정리하건대, K-문화는 너와 내가 서로 다르지 않은, 그 세계성을 지닌 한국적 타자 철학으로서의 **'불이不二의 대승정신'** 을 지녔다 할 것입니다.

나는 그렇게 보았습니다. 감사합니다.

부록; 연암과 다산의 문자전쟁

개념은 사유의 요긴한 막대 역할을 합니다. 긴 막대가 물것도 잡고 물건을 가리키는 등 이리저리 써먹기 편리한 것처럼, 개념 또한 다양하고 복잡한 현상을 한두 마디 핵심적 언어로 분석하고 설명하기 용이합니다. 개념은 하나의 범주입니다. 또 하나의 범주로 이런 인식의 막대가 없으면 현실이라는 고달픈 강을 건너고 고통의 산을 넘을 수 없습니다. 칸트의 말대로 (개념적 인식으로서의) 범주 없으면 아무런 사고도 할 수 없습니다.

헝가리의 세계적인 마르크스주의 문예비평가 게오르그 루카치라는 사람이 있습니다. 그는 리얼리즘 문예이론을 전개하면서 **'전형적 인물'**과 **'문제적 개인'**이라는 개념의 막대를 휘둘렀습니다. '전형적 인물'은 어떤 성격, 집단, 계층을 대표하는 인물이라고 할 수 있습니다. 즉 열녀 춘향처럼 가장 개성적인 인물이면서도 동시에 다른 여러 사람을 상징하는 인물입니다. '문제적 개인'은 다른 인물이 지니지 못한 독창성과 특이성을 지닌 개성적 인물입니다. 즉 허균처럼 자아와 세계와의 모순 때문에 불화하고 갈등하는 인물입니다.

오늘은 한국 후기의 가장 전형적 인물과 가장 문제적 개인에 해당하는 다산 정약용과 연암 박지원에 대해 알아보고자 합니다. 다산과 연암은 참으로 큰 강물이라 쉽게 퍼담을 수 없는 역사적 인물들입니다. 그들은 워낙 큰 거목이라 나의 좁직한 관견으로는 그들 삶 전체의 골격을 그려내기가 쉽지 않음을 고백합니다. 따라서 나는 '문체'라는 언어의 도구로나마 거목들의 세계의 한 토막을 검토해봄으로써 나의 소명을 다해볼까 합니다. 언어란 무엇인가. 다양한 정의가 가능하겠지만, '언어구조는 사유구조'라는 구조주의 명제를 가지고 이 글을 시작해보려 합니다. 언어는 그 사람의 지적 수준뿐만 아니라 그 사람의 태도까지 엿보게 하지 않는가. 문체는 기술의 문제가 아니라… 비전vision의 문제라 했습니다. 스타일은 심장을 잘 겨냥하여 찌르는 데 사용하는 단검이라는 말이 또한 있습니다. 그래 '아해' 다르고 '어해' 다른 것처럼 사실 문체야말로 얼마나 날카로운 것인가. 원래 '문체style'란 말-우리의 경우 '도필刀筆'이라 했습니다-도 오랜 옛날부터 로마인들에 의해 무언가를 기록하거나 찌르기 위해 사용되었던 '날카로운 송곳'으로, 즉 스타일은 글을 쓰는데 쓸 수도 있고 사람을 찌르는 데 쓸 수도 있는, 끝이 날카로운 강철 펜이었던 것으로 그 기원이 스틸러스stilus에 있는 만큼 인류사는 한 편의 문체사라 말할 수도 있겠습니다.

자, 그러면 한국 후기 이 나라의 대표적인 천재들은 어떤 인식의 송곳으로 서로를 찌르고 공격했는지 역사에 가려진 문자전쟁의 이면을 넘겨보겠습니다.

제1차 한국의 문자전쟁

다산茶山은 '천문평天文評'이라는 소품문, 조각글을 쓴 바 있습니다. 〈천자문千字文〉에 대한 소회를 밝힌 글입니다.

문자가 생겨나게 된 것은 만물을 가려내기 위해서이다. 더러는 그 생김새로, 더러는 그 뜻으로, 더러는 그 일로 하여 반드시 유類를 감촉하여 자세하고 곡진하게 알게 되는 것이니, 그 족류를 다 알고 그 다른 점을 분별한 후에 사물의 이치를 뚜렷이 알게 되어 비로소 문리가 터져 두뇌가 열리게 된다.

이는 매우 합리적이고 사실적인 언어의식입니다. 왜냐하면 문자의 존재 이유는 분별에, 사물을 가려내는데 있기 때문입니다. 그러면서 현재 우리나라(한국)에서 문자학 교과서 역할을 하는 〈천자문千字文〉을 검토하면서 다음과 같이 말했습니다.

우리나라 사람들은 주흥사가 지은 〈천자문〉을 구하여 어린이들에게 가르치는데 〈천자문〉은 소학생에게 가르치기에 적당한 것이 아니다. '천지'의 글자를 배우고 일월 성신 산천 구릉 등 그 족류를 다 알기도 전에 그것은 그만두고 오색을 배우라고 하여 현황의 글자를 배우고 청적 흑백 홍자 치록의 그 다른 점을 분별하기도 전에 그것은 그만두고 우주를 배우라고 하니, 이것이 무슨 **교육방법**인가.

이런 식입니다. 그러나 이 글은 그 작은 편린이나마 다산의 언어문자의식을 날카롭게 대변해주고 있는 중요한 글입니다. 과연 논지대로 다산은 매우 합리적이고 사실적인 정신을 소유한 언어학자임을 알 수 있습니다. 그는 실학자입니다. 이런 문제의식을 바탕으로 그가 강진의 유배지 희미한 등불 아래서 후손들에게 한자 공부를 시키려고 만든 한 권의 책이 바로 〈아학편兒學編〉입니다. 정확하게는 〈아학편훈의〉입니다. 다시말해 다산의 〈아학편〉은 중국의 〈천자문〉으로만 한자 교육을 시키던 한국 시대에 우리식으로 교육을 시켜야 된다는 믿음으로 새롭게 만든 '한국식' 한자 교육서입니다. 이 〈아학편〉의 첫머리를 보면 이렇습니다.

天地父母 천지부모/君臣夫婦 군신부부/兄弟姉妹 형제자매

여기서 우리가 눈여겨봐야 할 것은 무엇인가. 우선 이 교과서의 내용은 과연 다산의 의도대로 '만물을 가려내'는데 충실한 내용을 담고 있어 소학생들을 가르치기에 적절한 교재로 손색이 없어 보입니다. '유類를 감촉하여 자세하고 곡진하게 알게'함으로써 '사물의 이치를 뚜렷이 알게 되어 비로소 문리가 터'지게 유도하고 있습니다. 교재의 중요성을 염두에 두고 볼 때, 참으로 이런 훌륭한 학습 교재를 만난다는 것은 얼마나 큰 복인가 말입니다. 더구나 그 분별의 기준을 '천지'에 둠으로써, 다시 말해 자연과 인간이 조화하는, 천인합일이라는 중세적 보편주의를 잘 드러낸 것으로 볼 수 있어 그 객관적 세계인식의 어떠함을 엿볼 수 있습니다.

그러나 이게 다는 아닙니다. 우리는 근대의 언어학자 소쉬르의 말대로 '언어라는 게 하나의 (허구적) 형태로서 자의적으로 만들어진 것'임을 염두에 두고 볼 필요가 있습니다. 여기서 중요한 것은 언어는 과연 '자의적'이라는 것입니다. 이것은 근대의 권력에 바쳐진 매우 이데올로기적인 언어관으로 이를 바탕으로 근대의 분류학이 탄생하고 있음을 볼 수 있습니다. 가령, 고래를 '어류'라 할지 '포유류'라 할지는 전혀 힘 있는 자의 맘입니다. 이는 그대로 열강들의 식민지를 정복하고는 그들을 보호한다고 둘러대는 이치와 같은 것입니다. 이와 유사하게 다산은 성性을 '기호嗜好'라고 주장한 철학자입니다. 뭐 기호는 술, 담배를 기호식품이라 할 때에 있어서 그 기호를 말하는 것으로, 특정한 음식을 좋아하고 기피하는 것은 이런 기호의 결과라는 것입니다. 이것은 소쉬르의 주장과 동일하게 매우 주관적인 것입니다. 언어관도 철학의 일종이니 다산의 언어관에는 다산의 철학이 스며있다고 볼 때에 있어서, 우리는 다산의 〈아학편〉에는 고도의 정치적 이데올로기로서의 '상징 폭력'-폭력에도 여러 형태가 있습니다. 고문과 같은 '물리적 폭력'이 있는가 하면, 가르쳐주지도 않고 시험을 치르는 '논술'같은 '제도적 폭력'이 있고, 이러면 결국 학생들이 사교육 시장으로 내몰리게 되고 결국 있는 집의 자식들이 유리하게 되는 등 불공정 게임이 되고 비정상적인 것이 정상이 되는 이상한 사회가 될 수 있습니다. 그리고 '박정희는 근대화 영웅이다'를 기술하고 있는 교과서처럼 알게 모르게 나를 압박하는 '상징적 폭력'형태가 또한 있습니다-이 행사되고 있음을 유념할 필요가 있습니다. 이런 관점에서 볼 때, 天地父母 천지부모... 식의 자신의 기호에 따른 자의적인 언어배치는 결코 단순하지 않습니다. 뭐 배치는 또한 권력이라 하지 않는가 말입니다. 남녀가 어찌 우연이고, 지덕체가, 의식주가, 충효가 어찌 우연이란 말인가. 여기, 남자가, 지식이, 의류산업이, 나라에 바치는 충성이 우선이라는 자의적인 고려가 있는 것입니다. 그러니까 다산의 〈아학편〉은 하나의 고심 끝에 어떻게 하면 한국의 아이들에게 성리학이 꿈꾸는 이상사회인 대동사회를 이루는 데 효과적으로 가르칠 수 있는 교재를 만들어줄까 고심한 끝에 중국의 〈천자문〉을 비판, 신중한 계획의 하나로 만든 것이지 요즘처럼 상업적으로 팔아먹기 위해 써낸 상품이 아닙니다.

좀 자세하게 보겠습니다. 천지天地와 부모父母. 이는 결국 자연天과 인간人입니다. 그래 천인天人은 객관과 주관을 한데 아우르는 유교의, 저 동중서의 천인합일사상을 대변하는 기호입니다. 이는 그가 '보수적인' 언어학자(〈문화과학〉, 유초하의 '정약용의 언어론')로서 '완벽하게 재질서화된 중세를 꿈꾸었던'(2012. 6. 20. 한겨레. 탄생 250주년 다시보는 다산기획시리즈 중 5화 강명관의'과연 탈중세적 인물인가')자임을 두고 볼 때 매우 치밀하게 계산된 것이었음을 엿보게 하는 사회정치적 이데올로기 기호가 아닐 수 없습니다. 프랑스 대혁명이 성공하자 '오른쪽'을 뜻하는 right가 우파세력들에 의해 '좋은', '옳은', '정직한' 등 긍정적인 의미를 다 갖다 붙이게 된 것처럼 사실 중립적인 단어들이란 있을 수 없는 것으로 언어란 과연 자의적인 것입니다.

잘 알다시피, 중세를 대변하는 지배이데올로기, 관학은 성리학性理學입니다. 성리학은 본래 춘추시대에 공자가 창시한 유교를 계승 발전시킨 것입니다. 처음에 봉건제를 옹호하여 시련을 겪다가 황제지배를 정당화하는 이데올로기로 한대 초기의 법가사상을 대신하여 국가의 교학으로서 성립되었습니다. 후에 불교의 사변철학의 영향을 받아 남송의 주희에 의해 완성된 신유학인 성리학은 자연과 사회, 그러니까 물리物理이자 도리道理인 이理를 통일적으로 인식하는 중세의 지배적 사상입니다.

이를 〈아학편〉에 적용해 보겠습니다. 여기서 천지天地는 물리物理를, 부모父母는 도리道理를 대표합니다. 사실이 곧 당위이니, 여기에는 벌써 아버지는 하늘 같은 높은 존재이니 숭배해야 하고 어머니는 땅처럼 낮은 존재이니 하대해야 한다는 성리학적 질서가 암시되어 있습니다. 그러나 사실is이 곧 당위ought가 될 수 없음에도 곧바로 사실에서 가치를 거치지 않고 당위로 건너뛰었다는 데에 전근대적인 성리학 이데올로서의 지배담론의 도덕적 억지와 강제가 있습니다. 그러나 무조건적 당위는 삶을 말살할 수 있습니다.

저 유명한 독일의 칸트Kant의 개념을 빌려보겠습니다. 칸트는 비판철학자이자 도덕철학자입니다. 그는 〈실천이성비판〉에서 실천의 근거로서 도덕적 규범을 중시하였는데, 최고의 도덕법칙은 이성에게 자명하게 의식된다는 의미에서 다음과 같은 정언명령—법칙은 정언적이어야 한다는 것은 상식입니다. 왜냐하면 법칙은 객관적인 것으로서 모든 경우에 모든 이성적 존재자에 대해서 의지의 동일한 근거를 가져야 하기 때문에 '무엇은 무엇이다'로 형태로 나타나고, 더구나 실천법칙은 당위적 성격을 지니기에 '무엇을 어찌해야 한다' 형태로 나타나야 합니다—을 선언하기에 이릅니다.

너의 의지의 준칙이 항상 보편적 법칙 수립의 원리로서 타당할 수 있도록, 그렇게 행동하라.

라고 인간의 선의지에 호소했습니다. 이런 도덕법칙의 정리가 갖는 의의는 무엇보다도 근대적인 주체의 인간상을 도덕적으로 정초했다는 데 있습니다. 왜냐하면 주체의 문제는 '의지'의 문제에 닿기 때문입니다. 그러나 '천지부모'는 어떨까. 부모에 대한 당위적인 의무의 근거는 바로 천지, 자연입니다. 바로 여기에 우리는 강명관의 문제의식에 닿게 됩니다. '그는 과연 탈중세적 인물인가?'

잠시 답을 미루고 이번에는 다산과 라이벌 관계에 있던 선배 연암은 어떤가 살펴보겠습니다. 연암 박지원의 글을 모아놓은 〈연암집〉(돌베개)에는 '답창애'라는 짧지만 놀라운 이야기가 실려 있습니다.

마을의 어린애에게 〈천자문千字文〉을 가르쳐 주다가, 읽기를 싫어해서는 안 된다고 나무랐더니, 그 애가 하는 말이

"하늘을 보니 푸르고 푸른데 하늘 '천'이란 글자는 왜 푸르지 않습니까? 이 때문에 싫어하는 겁니다."

하였소. 이 아이의 총명이 창힐로 하여금 기가 죽게 하는 것이 아니겠소.

100년, 1000년이 지나도 우리는 이 부분이 틀렸는지도 모르고 그저 앵무새처럼 복창하기만 했을 뿐입니다. 여기, 언어는 객관적인 사실을 반영해야 한다는 데서 우리는 실학자 연암의 사실주의적 언어관을 마주합니다. 오늘날의 생각으로 보면 뭐 특별할 것도 없는 비판적 사고의 일단으로 너무도 당연한 것이라고 볼 수도 있을 단편에 불과한 이야기지만 당시는 그렇지만도 않았습니다. 명나라를 무조건 신봉하는 존명사대尊明事大 의식이 선비들의 뇌를 감싸고 있던 몽롱한 시절, 중국의 전서들은 일종의 경전이나 마찬가지였습니다. 이런 시대에 다산까지도 〈아학편〉을 통해 중국의 천자문을 우리식으로 고친다고 한 게, '천지부모天地父母', 즉 하늘은 아버지이고 땅은 어머니라는 지극히 지배 이데올로기적인 사고로 가득 차 있던 때-물론 그의 충정은 진심어린 것으로 우리 모두 믿어 의심치 않는 바입니다-천자문을 송두리째 부정한다는 것은 역시 연암다운 발상이 아닐까 싶기도 합니다.

듣기로는 〈천자문〉을 지었다는 주흥사가 중국 인문과학의 근본 경전인 〈주역〉을 참고했다는 설이 있습니다. 아닌 게 아니라 〈주역〉의 '곤위지'편을 보니, '천현이지황天玄而地黃' 곧 '하늘은 검고 땅은 누렇다'는 말이 보입니다. 그러나 비록 공자가 주물러놓았다는 권위 있는 〈주역〉에 그렇게 나와 있고, 이를 그대로 〈천자문〉의 지은이가 인용했다 하더라도 '호메로스도 때로 끄덕인다'는 말처럼 우리는 〈주역〉에도 잘못이 있을 수 있다는 생각을 왜 하지 못하는가.

물론 〈주역〉은 본래 고중세시대의 점술占術 교본이었습니다. 그렇기 때문에 그리스 '델피' 신탁처럼 의미를 분명히 말하지 않고 애매하게 말하다보니-그래서 'delphic'하면 '애매한'이라는 뜻이 생기게 되었다고 합니다. 소크라테스가 말했다는 그 유명한 '너 자신을 알라'는 말도 원래는 그리스 델포이 신탁 앞에 걸려 있었던 애매한 경구였는데 그가 재해석해서 써먹은 것입니다-〈주역〉 또한 마찬가지로 우주 자연의 질서를 상징하는 여러 가지 괘卦를 써서 만물의 변화와 생성의 이치를 설명하고 풀이하는 운명서로서의 주나라의 달력이라는 위상을 생각해 볼 때, 그 표현의 형이상학적이고 현학적인 표현의 어쩔 수 없었음을 이해할 수는 있습니다.

그러나 기본적으로 '천지현황天地玄黃'은 잘못된 표현입니다. 우선 천지현황의 뜻부터 보면, 하늘천天 땅지地 검을현玄 누루황黃. 하늘은 검고 땅은 누렇습니다. 기본적으로 사자성어로 된 이 구절은 대구對句로 되어 있습니다. 대구라면 대등한 자격을 지닌 단어가 나열되는 방법을 말합니다. 가령, '비행기는 날고 자동차는 굴러간다' 처럼 비행기와 자동차 둘 다 움직이는 물체입니다. 그러나 만약 '비행기는 움직이고 자동차는 굴러간다'라고 표현하면 어떨까. 왠지 어색합니다. 왜일까. 움직이는 것은 날아가고 굴러가는 것을 추상화한 말입니다. 한쪽은 추상어, 다른 한쪽은 구체어로 서로 어울릴 수 없습니다. 따라서 천자문 첫 구는 잘못되었습니다. 그렇다면 어떻게 표현해야 맞을까. 간단합니다. 천지청황天地靑黃, 하늘천 땅지 푸를청 누를황. 하늘은 푸르고 땅은 누렇다. 그래야 말과 사물이 사실적으로 부합합니다. 실학자 박지원의 눈에는 '검을 현玄'이 관념론자들의 허위의식을 대표하는 말처럼 보였던 것입니다.

한국의 내로라하는 두 천재는 이렇게 같은 한자교과서(《천자문》)를 가지고 다투고 있습니다. 중요한 것은 이렇게 철필처럼 '날카롭게' 대립하고 있는 두 천재의 인식론적 근거는 무엇이었을까 라는 점입니다. 무론 현명한 독자들은 뭐 벌써 짐작을 하고 있겠지만... 그렇습니다. 사실은 이런 인식의 차이는 그들이 처한 현실과 깊은 관련이 있습니다.

다산은 가장 중요한 시절에 어떤 현실에 놓여 있었을까.

이 해 정월에는 특별히 사간으로 임명되고 이어서 통정대부 동부승지로 발탁되었으니 도감의 노고 때문이었다. 2월에 임금께서 태빈을 보시고 부왕의 소생인 여러 누나 및 누이동생들과 함께 화성에 납시는데 하루는 약용에게 명하시기를, 따라갈 채비를 하라 하셔 무슨 직책을 주시려나 했더니, 며칠 후에 특별히 병조참의를 제수하시고 시위해서 따라오도록 하셨다. 화성에 있으며 연회 석상마다 임금의 시를 화답해 지었는데 총애를 주심이 융숭했었다. 환궁한 뒤 병조에서 근무 중인데 밤중에 칠언배율 100구를 지어올리라 하셔, 올렸더니 칭찬해 주시고 예문관과 규장각의 여러 학사들인 민종현, 심환지, 이병정 등에게 비평하여 올리라고 명령하고, 내각학사 이만수에게 낭독하게 하시고는 임금의 비평을 곁들여 장려하고 깨우쳐 주심이 융숭하시고 사슴가죽을 하나 하사해 주시며 총애해 주셨다. 임금께서 가까이 있는 신하들에게 말씀하시기를 "<u>내가 앞으로 약용에게 관각館閣의 일을 맡기려고 먼저 그 뜻을 보인 것이다</u>"라고 하셨다.(밑줄-글쓴이)

- 정약용, 〈다산문학선집〉중 '나의 삶, 나의 길'

여기, '관각'은 홍문관과 예문관을 통털어 말하는 것으로 당시는 규장각이었습니다. 그러니까 그는 나라의 모든 문서를 총람하고 이에 대한 책임을 지는 자리에 있었습니다. 다산, 그는 임금의 총애를 한몸에 받은 총신으로 진시황의 복심 '이사李斯'가 분서갱유를 저질렀던 것처럼 문체반정文體反正을 주도할 수 있는 위치에 있던 정조의 복심이었습니다.

연암이 어떤 위인이었는지 확인할 수 있는 단적인 사례는 아들이 쓴 〈과정록過程錄〉에 자세히 전합니다. 노론 숙청의 칼날을 피하기 위해 황해도 연암협으로 떠도는 등 건달 아닌 건달로 살아온 50대 이후의 연암에게 정조는 현감 자리를 제수합니다.

그가 안의 현감 이후, 다시 정조의 명을 받아 면천 현감(현재는 당진시 소속입니다-인용자)으로 부임하게 되었다. 그가 읍성의 남문을 통과하게 되었다. 그때, 아전이 전례라며,
"새로 부임하는 사또가 남문을 지나면 반드시 체직遞職되는 액을 만납니다. 그러므로 반드시 길을 멀리 둘러서 다른 문으로 들어가는데, 앞뒤로 그렇게 하지 않은 적이 없었습니다."
하였다. 대개 아전들이 전례를 근거로 다른 문으로 들어가기를 청하는 것은 애초 그 사람됨의 정도를 시험하려는 것이다. 그는 이에 꾸짖기를
"어찌 그럴 리가 있단 말이야!"
하고, 드디어 남문으로 들어갔다. 면천 사람들이 지금까지도 부임 초에 남문으로 들어간 이는 앞뒤로 오직 박공 한 분 뿐이었다고 한다. 그는 부임 이후, 아전들을 불러서는,
"번다한 겉치레는 모두 버리고 실제의 일만을 힘쓰라."
고 명하였다.

이게 바로 신임 사또 길들이기입니다. 요즘말로 신입생 오리엔테이션과 닮은 코스프레입니다. 연암이 위기에 닥친 순간, 그러나 '어찌 그럴 리가 있느냐'라며 금강의 칼을 내리쳤습니다. 이를 통해 우리는 '전례前例'라는 중세적, 연역적 사고에 갇혀 현실을 바로 보지 못한 지식인들의 허위의식을 간파하고 '번다한 겉치레'를 과감히 혁파하고자 한 그의 유명론적 리얼리스트로서의 면모를 여실히 볼 수 있습니다. 중세 말 근대 초기, 서양에 '오캄의 면도날'이 있다면, 우리에게는 '연암의 남문일화'가 있다 할 것입니다.

제 2차 한국의 문자전쟁-관각체의 승리

박지원의 〈연암집〉에는 정조의 측근이자 연암의 절친이었던 남공철이 자신에게 보낸 사신에 담긴 정조의 교지敎旨가 다음과 같이 소개되어 있습니다.

> 요즈음 문풍文風이 이와 같이 된 것은 그 근본을 따져 보면 모두 박 아무개의 죄이다. 〈열하일기熱河日記〉는 내 이미 익히 보았으니 어찌 감히 속이고 숨길 수 있겠느냐? 이자는 바로 법망에서 빠져나간 거물이다. 〈열하일기〉가 세상에 유행한 뒤에 문체가 이와 같이 되었으니 당연히 결자해지結者解之하게 해야 한다.

라며 신하에게 하교하는 부분이 있습니다. 당시 〈열하일기熱河日記〉의 인기를 실감케 하는 대목이자 문체를 통해 정치의 혁신을 보이고자 했던 정조의 고심을 엿보게 하는 대목입니다. 여기서 중요한 것은 문풍을 새롭게 혁신하여 정치를 바로잡으려고 하는, 이른바 '문체반정文體反正'이 갖는 문체의 '정치적' 의미를 새김해 보는 일일 것입니다. 이것이 정치적으로 중요한 이유는 정조의 교지를 통해서도 알 수 있듯이 나라의 안정과 질서를 염두에 두고 있는 군주로서는 매우 현실적인 사안이기 때문입니다. 다산의 현손인 정규영이 지었다는 〈사암선생연보〉[110]를 보겠습니다.

1786년(정조10.. 병오) 25세

……
이해 가을에 도기가 있었는데, 공이 또 초시에 합격하였다. 춘당대에서 임금을 뵈니, 임금이 말하기를 "네가 지은 글이 숙종조 때 여러 사람들이 지은 문체와 흡사하여 근래의 속된 문체에 빠지지 아니하였으니 귀하게 여길 만하다. 다만 결실을 이루는 것이 늦어질까 염려되어 점차 속된 문체를 따라 이류異類를 본받아서는 안 된다"라 하였다.

이것은 정조의 '속된 문체時文'에 대한 경계를 잘 보여주는 전거이거니와, 중요한 것은 당시 속된 문체인 시문이 일상화 되어가고 있음을, 즉 시민의식의 성장과 자각에 힘입어 언어의식에 적지 않은 기류의 변화가 불어오고 있음을 자인하고 있다는 점입니다. 다산이 쓴 '문체책文體策' 서두에는 정조의 다음 말이 머리를 장식하고 있습니다. 잘 보면 알 수 있는 것이지만 정조의 복심이었던 다산이 올린 '문체책'은 사실 연암을 겨냥하고 있는 것을 볼 수 있습니다.

---

110) 정규영 지음/송재소 역주, 〈다산의 한평생〉, 창비, 2014.

> 문장은 한 세대의 체제가 있어 세도世道와 함께 높아지기도 하고 낮아지기도 하니, 그 문장을 이야기하면 그 세대를 평론할 수 있을 것이다.

이것은 참으로 놀라운 안목이 아닐 수 없습니다. 이러한 군주의 교지에 대해 다산이 스스로 갖다 바친 소장이 바로 문제의 '문체책文體策'입니다. 이 글의 내용 중에는 다음과 같은 반문화적인 내용이 있습니다.

> 패관 잡설(稗官雜說)은 인재(人災) 중에서 가장 큰 것이라 생각합니다. 음탕하고 추한 어조가 사람의 심령(心靈)을 방탕하게 하며, 사특하고 요사스러운 내용이 사람의 지혜를 미혹에 빠뜨리며, 황당하고 괴이한 이야기가 사람의 교만한 기질을 고취시키며, 위미(委靡)하고 조잡한 글이 사람의 장기(壯氣)를 녹여냅니다. 자제(子弟)가 이것을 일삼으면 경사(經史) 공부를 울타리 밑의 쓰레기로 여기고, 재상이 이를 일삼으면 묘당(廟堂)의 일은 변모(弁髦 한번 쓰고 나면 다시 쓰여지지 않는다는 버려지는 물건을 비유)로 여기고, 부녀가 이를 일삼으면 길쌈하는 일을 끝내 폐지하게 될 것이니, 천지간에 어느 재해(災害)가 이보다 더 심하겠습니까. 신은 지금이라도 국내(國內)에 유행되는 것은 모두 모아 불사르고 연경(燕京)에서 사들여 오는 자는 중벌로 다스린다면, 거의 사설(邪說)들이 뜸해지고 문제가 한 번 진작될 것이라 생각합니다.

자청해서 '분서갱유焚書坑儒'라도 하겠다는 것인가. 분서갱유가 무엇인가. 이왕 나온 김에 분서갱유에 대해 알아보고 넘어가겠습니다. 진시황 34년(기원전 213년)의 어느 날입니다. 궁에서 한참 성대한 대연회가 열리고 있던 때, 제나라 출신의 박사 순우월이 나섰습니다.

저는 상나라와 주나라의 양대 왕조가 1000년을 이어간 사실에 대해 들었습니다. 원인은 다른 것이 아닙니다. 이들 왕조의 역대 왕들이 아들들과 공신을 제후로 봉했기 때문입니다. 이들로 하여금 자신을 보좌하도록 했기 때문에 그랬습니다. 지금 폐하는 천하를 제패했습니다. 그러나 대왕의 아들들은 단 한 치의 땅도 가지고 있지 못합니다. 만약 과거 제나라의 전상처럼 강씨 왕조의 권력을 찬탈하려는 대신이 출현하면 어떻게 되겠습니까? 제후들의 보좌가 없으면 어떻게 하겠습니까? 저는 옛사람들의 원칙을 따라야 한다고 생각합니다. 그렇지 않으면 오랫동안 집권하지 못합니다.

- 왕리췬, 〈진시황강의〉, 김영사

박사 순우월-박사는 유가입니다-의 관점은 명확했습니다. 봉건제를 부활하자는 것이었습니다. 왜냐하면 세습 봉건제 하에서 자신들은 인의도덕으로 군주를 견제하고 백성들을 통제하면서 영원히 기득권을 누릴 수 있을 것이라는 정치적 계산이 깔려있었기 때문입니다. 진시황은 순우월이 자신의 군현제를 반대한다는 것이라는 것을 너무나도 분명하게 깨달았습니다. 이에, 진시황의 복심이라고 볼 수 있는 이사李斯(다음 대목은 그대로 존왕주의자로서

정조를 대변하는 남인들의 입장으로 읽을 수 있습니다. 사대부 중심의 노론이 사서중심이라면, 남인은 5경 중심입니다)가 가만히 있을 리 만무합니다.

오제五帝의 천하를 다스리는 제도는 연면하게 이어 내려온 것이 아니었습니다. 각각 달랐습니다. 하夏, 상商, 주周의 나라를 다스리는 제도 역시 마찬가지였습니다. 완전히 답습하는 것이 아니었습니다. 각자의 상황에 맞게 다스리면 됐습니다. 시대가 변했기 때문에 치국의 방법 역시 달라야 했던 것입니다. 지금 폐하께서는 대업을 이룩했습니다. 만세를 이어갈 불후의 공훈을 세웠습니다. 이건 멍청하고 우둔한 유생들이 이해할 수 있는 것이 아닙니다. 더구나 순우월이 말한 것은 하, 상, 주 세 왕조의 일입니다. 이게 모방할 가치가 있습니까? 그 시대에는 제후들이 서로 다퉜습니다. 널리 유세객들을 초빙하는 시대였습니다. 그러나 지금은 천하가 태평해졌습니다. 법령 역시 통일됐습니다. 백성들은 열심히 농사를 지으면 됩니다. 사대부들은 당연히 법령을 열심히 배우면 됩니다.

그러면서 그는 목소리를 가다듬었습니다.

지금 상당수의 유생들은 오늘날의 학문을 배우지 않고 옛날의 학문을 배우려 합니다. 이걸로 지금의 시대를 비판하고 있습니다. 백성들의 마음도 혼란하게 만들고 있습니다. 때문에 저는 목숨을 걸고 진언을 올리겠습니다. 고대에는 천하가 통일되지 않고 혼란스러웠습니다. 통일할 수 있는 사람도 없었습니다. 그래서 제후들이 잇달아 일어났겠죠. 그러나 지금 천하는 통일됐습니다. 시비와 흑백을 가리는 사람은 오로지 폐하 한 사람입니다. 그러나 사학을 배운 사람들은 법령을 무시하고 있습니다. 폐하의 조령을 받으면 자신이 배운 사학을 토대로 시시비비를 분분하게 가립니다. 조정에 들어오면 승복을 하지 않고 조정 밖으로 나가면 항간巷間에서 마구 떠들어 댑니다. 이들에게는 폐하 앞에서 자신을 과시해 이름을 날리고 싶어 하는 속성이 있습니다. 신기한 이설을 주장해 자신을 과시하고 싶어 합니다. 만약 이런 현상을 금지시키지 않으면 폐하의 존엄은 땅에 떨어지게 됩니다. 밑으로는 사사로운 파당까지 형성될 수도 있습니다. 때문에 저는 사학을 금지시키는 것이 상책이라고 생각합니다. 저는 이제 폐하께서 저에게 허해주시기를 청원하는 바입니다. 제가 건의를 드리는 조치와 방법은 다음과 같습니다. 우선 진나라 사관이 쓰지 않은 사서는 모조리 불태워 없애야 합니다. 박사들이 관직을 수행하는데 필요하지 않은 각 지역에 은닉된 〈시경〉과 〈서경〉을 비롯한 제자백가의 저작물들은 모두 군수들이 모아 소각하지 않으면 안 됩니다. 감히 이들 책을 다시 은닉하거나 각종 모임에서 언급하는 자는 모조리 사형에 처해 백성들에게 본보기로 삼아야 합니다. 옛일에 빗대 지금의 현실을 비판하는 자들은 멸족시켜야 합니다.

저 '분서갱유焚書坑儒'라는 유교의 서적을 불사르고 유학자들을 생매장한 실로 무시무시한 사상 탄압의 시작은 이렇게 탄생하게 된 것입니다. 한국의 '문체반정' 또한 이러한 진의 분서갱유와 다를 바 없는 길을 가고 있었습니다. 그러나 다산 정약용이 제아무리 왕의 가장 신임받는 신하라 하더라도 이렇게까지 고변하는 것은 좀 심하다는 생각이 드는 것은 글쓴이만의 생각일까.

그러나 중요한 것은 따로 있습니다. 여기서 우리는 다산 정약용이 정조의 아낌없는 신임을 받는 신하이기 이전에 그가 바로 한국의 내로라 하는 최고 '시인'이었다는 사실을 상기해야 할 것입니다. 다산이 당대 최고의 시인으로 사백詞伯의 위치에 있었다는 사실을 부정하기는 어렵습니다─우리는 또한 주의할 것이 다산의 고전에 기한 순정한 시는 유배 후에 한국의 현실에 기한 리얼리즘시, 민중시로 바뀐다는 사실을 염두에 두고 볼 필요가 있습니다─그는 선비들과 서로 어울려 사귀거나 연회를 베풀며 즐겁게 노닐기 위해 그의 주도로 어느 날 시사詩社를 결성합니다. 그 모임이 주로 다산의 집인 죽란사竹蘭舍에서 이루어졌기 때문에 자연히 '죽란시사'라는 이름이 붙게 되고, 그 결과가 죽란시사첩이며, 그 서문 또한 자신이 지었습니다. 이 '죽란시사첩 서'에는 다음과 같은 대목이 보입니다.

모임이 이룩되자 서로 약속하기를 살구꽃이 피면 한 차례 모이고, 복숭아꽃이 피면 한 차례 모이고, 한여름에 참외가 익으면 한 차례 모이고, 서늘한 바람이 불어 서지(西池)에 연꽃이 피면 구경하기 위해 한 차례 모이고, 국화꽃이 피면 한 차례 모이고, 겨울에 큰 눈이 오면 한 차례 모이고 세모(歲暮)에 화분의 매화가 피면 한 차례 모인다. 모일 때마다 술과 안주, 붓과 벼루를 준비하여 술을 마시며 시가(詩歌)를 읊조릴 수 있게 해야 한다.

여기서 우리는 옛 선비들의 풍류가인의 세계의 어떠함을 엿볼 수 있습니다. 이렇게 시를 통해 풍류를 즐기고 뜻이 맞는 선비들과 교분을 두텁게 하는 것은 보기에도 아름다운 장면이 아닐 수 없습니다. 여기서 다산을 비롯한 선비들의 면면을 보겠습니다. 그들 '열다섯 사람들은 비슷한 연령으로 가까운 거리에 살며 맑은 시대의 신적臣籍에 올라 있고, 거의 비슷한 벼슬의 동급인데다 그 뜻이나 취미의 지향하는 바가 함께할 수 있는 비슷한 부류들'입니다. 이렇게 비슷한 부류끼리 유유상종類類相從하는 것은 어디나 마찬가지인가 봅니다. 취미나 기호를 함께 나눌 수 있는 동호인들이기 때문입니다. 더구나 이들은 한국의 지배층, 이른바 사족士族들이 아닌가 말입니다. 이런 사실들은 과연 시가 김동석(《부르주아의 인간상》)의 말대로 '한가하게' 음풍농월을 일삼는 귀족문화의 산물이라는 평가를 방불케 하기에 충분합니다.

이런 그들에게 갑자기 〈열하일기〉와 '양반전', '예덕선생전' 등을 비롯한 산문들이 우후죽순 일어나 문풍을 어지럽히고 세도를 문란하게 하는, 이른바 '패관소품체稗官小品體'-패稗자를 보면 벼화禾에 낮을비卑가 결합된 형성자임을 알 수 있습니다. 패관소품의 글들이 영웅들의 역사歷史를 기록한 전류傳類에 비해 약자들의, 종놈들의 '찌질한' 이야기라는 시대 의식이 반영된 말임을 미루어 짐작할 수 있게 합니다. 이에 제자백가들을 소개한 반고의 〈한서예문지漢書藝文志〉에 소설가小說家가 겨우 끝자리를 차지하고 있습니다. 그야말로 말석을 차지하던 소설이 서민의식의 대두와 함께 새로운 시대의 양식으로 대두하여 왕자의 자리를 차지하기 시작한 게 바로 근대의 소설입니다-가 횡행한다는 것은 매우 위협적인 일로써 결코 용서할 수 없는 일이 될 것입니다. 이옥, 김려 등이 소설문체로 이미 필화를 겪는 상황이었습니다.

그러나 김시습, 허균, 박지원을 비롯한 패관소품체류의 소설들이 등장해 대중의 인기를 끌게 된 것은 결코 우연한 일이 아닙니다. 특히 연암의 중국기행문 〈열하일기〉가 '귀 열리고 눈 밝은' 선비들에게 인기를 끈 이유는 〈열하일기〉가 단순한 중국기행문이 아니라 당대의 현실을 중국에 견줘 세도의 진실을 논파論破한 대평론이었기 때문입니다.

그렇다면 〈증보한국소설사〉에서 김태준이 '한국의 대문호'라던 연암의 식견은 과연 어떠했던가.

점포를 둘러보니 모든 것이 단정하고 반듯하게 진열되어 있고, 한 가지 일도 구차하거나 미봉으로 한 법이 없고, 한 가지 물건도 비뚤고 난잡한 모양이 없다. 비록 소외양간, 돼지우리라도 널찍하고 곧아서 법도가 있지 않은 것이 없고, 장작더미나 거름구덩이까지도 모두 정밀하고 고와서 마치 그림과 같았다.
아하! 제도가 이렇게 된 뒤라야만 비로소 이용利用이라고 말할 수 있겠다. 이용을 한 연후라야 후생厚生을 할 수 있고, 후생을 한 연후라야 정덕正德을 할 수 있겠다. 쓰임을 능히 이롭게 하지 못하고서 삶을 두텁게 하는 것은 드문 경우이다. 삶이 이미 스스로 두텁게 하기에 부족하다면 또한 어찌 자신의 덕을 바로잡을 수 있겠는가?

이런 식이었습니다. 후대 임화 이식문화론의 선구자라 할 북학론의 거두가 던진 말들은 단순한 견문에 그치지 않고 귀납적인 정치 평론으로 이어졌습니다. 따라서 이런 글은 자연 기득권 정치인들을 불편하게 만들었을 것입니다. 왜냐하면 그들은 '정덕正德'이라는 관념부터 내세우는 실재론자들이었기 때문입니다. 대체 어떤 것이 바른 도덕이란 말인가. 그러나 연암은 달랐습니다. 그는 현실 경험에 기초하여 이런 중세적인 관념의 허구성을 여지없이 날려버린 유명론적 현실주의자였습니다. 다음 글도 마찬가집니다.

〈시경〉 삼백 편이라는 것은 당시 여항 사이에서 불렸던 노래에 불과할 것입니다. 기쁘고 즐거우며, 화가 나고 아프며, 희로애락하는 사이에 부득불 이런 노랫소리를 내지 않을 수 없었을 터이니, 마치 시절에 맞게 우는 벌레나 새들처럼 절로 울고 절로 읊조렸을 겁니다. 각 지방의 풍속을 살피는 자가 민요를 채집하여 문자로 정리하고 시의 구절로 만들어서 이를 학교에서 책으로 만들고 악기에 올려 연주를 하였습니다. 이것이 이른바 열국들의 노래인 국풍國風이니, 시라는 명칭도 여기에서 생겨난 것이지요. 그러니 어디에서 그 시를 지은 사람을 찾을 수가 있겠습니까? 그런데도 '소서'에서는 시를 설명하면서 반드시 시를 지은 사람이 모두 있다고 말하며, '이 시는 누구누구가 지은 것이다'라고 말해서, 마치 후세에 〈전당시全唐詩〉에 수록된 시의 저자를 말하는 것처럼 하고 있으니, 이는 견강부회해서 억지로 말하는 것입니다.

시를 하나의 경전a canon처럼 대하고 있는 시인들에게 시도 사실 별것 아니라는 식의 이러한 평론 또한 그들에게는 매우 불편한 심기를 안겨주었을 것입니다. 이야말로 그리스의 '등에' 역할을 자임

했던 소크라테스가 그리스의 정치인들과 국뽕 시인들을 불편하게 만든 것과 다르지 않은 것입니다. 한국의 소크라테스, 연암이 '문제적' 철학자이자 소설가로서 소크라테스처럼 위기에 놓였었던 연유가 바로 여기에 있는 것입니다.

국문학자 조동일은 소설은 '자아'와 '세계'와의 대결을 형식화한 근대의 서사형식이라면서—여기서 '자아'는 근대의 주체인 부르주아지를, '세계'는 기득권을 상징한다고 볼 수 있습니다—소설이 하나의 상업적인 읽을거리로서 신흥 부르주아지 세계관을 반영하게 된 경위를 다음과 같이 제시하고 있습니다.

상인은 자기 자신이 소설의 애호자였기 때문에 소설을 상품화하고 소설을 널리 펴는 데 기여했던 것이다. 상인 자신이 소설에 대해 흥미를 가지지 않았다면, 그들이 소설의 상품화에 착안하기 어려웠을 것이고, 설사 소설의 상품화가 가능했다 해도 세책가(貰册家)나 방각본(坊刻本)의 지속적인 발전은 어려웠을 것이다. 상품화된 소설은 다양하게 읽혔지만, 상인 자신이나 상행위와 관련을 가지고 살아가는 사람들이 소설의 독자로서 중요한 역할을 했을 것이라는 사실은 추측하기 어렵지 않다. 상인 또는 상행위와 관련을 가지고 살아가는 사람들은 흥미본위의 문학을 원했을 것인데, 소설은 이런 경우에 가장 환영받을 수 있는 장르이다. 또한 많은 학식을 갖추지 않아도 쉽사리 이해할 수 있는 작품을 원했을 것인데, 소설은 이런 점에서도 환영을 받을 수 있는 것이다. 그리고 이들 독자는 소설에 그려진 인물이 만족스럽지 못한 사회적 처지에서 세계와 대결하다가 투쟁에서 승리하여 마침내 상승하는 과정에서 자기들의 잠재적인 요구가 확인되고 설명되는 기쁨을 발견할 수 있었을 것이다.

– 조동일, 〈한국 소설의 이론〉, 지식산업사.

이렇게 자아가 세계와 대결하는 내용이 주를 이루고 있는 소설의 세계가 대두하는 것에 대해 정약용을 비롯한 지배 사족들이 두려움을 가지고 있는 것은 당연한 일이었을 것입니다. 이렇게 해서 그들의 고변이 정조에게 들어갔을 테고, 정조 또한 체제의 위기를 의식해서 앞에서와 같은 교지를 내렸던 것입니다.

이에 대한 연암 박지원의 답변은 어땠을까. 연암은 그러나 소크라테스와 달랐습니다. 소크라테스는 변명을 넘어서 항변을 함으로써 배심원들의 분노를 사 오히려 죄를 자청한 측면이 없지 않았습니다. 그는 당시 '안의 현감'직에 있었습니다. 그는 남공철에게 답하는 형식을 빌어 다음과 같이 유연하게 변명을 늘어놓았습니다.

아, 명색이 선비로 이 세상에 태어난 자가 몸소 요순과 같은 임금이 교화를 펴는 시대를 만나고도, 물줄기가 모여 강을 이루듯이 화목하고 평온한 음향을 바라고, 〈서경〉, 〈시경〉과 같은 저작을 본받아 임금의 정책을 아름답게 표현함으로써 국가의 융성을 드날리지 못하니 이는 진실로 선비의 수치입니다. 더구나 나 같은 자는 중년 이래로 불우하게 지내다 보니 자중하지 아니하고 글로써 장난거리를 삼아, 때때로 시름과 따분한 심정을 드러냈으니 모두 조잡하고 실없는 말이요, 스스로 배우와 같이 굴면서 남에게 웃음

거리를 제공하였으니 진실로 이미 천박하고 누추하였소이다. 게다가 본성마저 게으르고 산만해서 수습하고 단속할 줄 몰라, 자기도 모르는 사이에 화로, 조충 따위의 잔재주가 이미 자신을 그르치고 또한 남까지 그르쳤으며, 부부, 호롱에나 알맞은 글로 하여금 혹은 잘못된 내용이 전파됨에 따라 더욱 잘못되도록 만들었습니다. 차츰차츰 패관소품稗官小品으로 빠져 든 것은 저도 모르게 그렇게 된 것이요 이리저리 굴러다니다가 위항에서 흠모를 받게 된 것도 그러길 바라지 않았는데 그렇게 되고 만 것입니다. 문풍文風이 이로 말미암아 진작되지 못하고 선비의 풍습이 이로 말미암아 날로 퇴폐하여 진다면, 이는 진실로 임금의 교화를 해치는 재앙스러운 백성이요 문단의 폐물이라, 현명한 군주가 통치하는 시대에 형벌을 면함만도 다행이라 하겠지요.

이른바 반성문 격인 연암의 자송문自訟文을 대하고 있자니 실로 법망을 빠져나간 거물다운 솜씨를 보고 있다는 실감이 듭니다. 그나저나 도대체 왜 이렇게 문제를 두고 싸움이 벌어졌던 것일까. 이를 설명하기 위해서는 또한 개념의 긴 막대기가 필요합니다.

루카치는 〈우리 시대의 리얼리즘〉에서 기득권층이 위기 시에 느끼는 불안감과 위기감을 '이중의 내부적 위험'이라고 표현한 바 있습니다. 새로운 양식의 출현은 많은 외부적인 영향력에 좌우되며, 문학의 역사에서 종종 변화의 시기를 특징지었던 것으로, 한편으로는 어떤 새로운 주제에 대한 논리를 수용하는데 대한 저항감이 있을 수 있으며, 또 다른 한편으로는 전통적 양식에 대한 소심한 집착, 옛 습관의 포기에 대한 저항이 있을 수 있다는 것입니다. 이는 그대로 다산-연암의 문체의 싸움에 해당합니다. 즉 한국의 내외부적 모순과 갈등이 폭발하고 있던 한국 후기, 이러한 한국의 현실을 어떻게 볼 것인가라는 것은 매우 중요한 것이고, 이런 것은 우선 이렇게 문체의 날카로운 대립으로 나타났던 것입니다. 이런 상황에서 다산이 무너져가는 중세사회를 다시 재편하고 유지할려고 했던 합리적이고 건전한 보수주의 학자로서 그 도구적 기능을 충실히 수행한 '전형적 인물'이라면-그 대표적인 저서가 바로 목민관, 위정자의 자세를 제시한 경전급 〈목민심서〉입니다-연암은 무너져 가는 중세 한국사회를 재편, 재구하여 새로운 사회를 꿈꾸었던 '문제적 개인'이 아닐 수 없습니다-그 대표적인 저서가 바로 시대의 대평론서 〈열하일기〉입니다. 이런 현실에서 다산이 전통적 이념에 대한 '소심한' 집착과 '순수한' 의지를 드러낸 경우라면, 연암은 전통적 이념에 '대범한' 비판과 '현실적' 지향을 보여준 경우라 하겠습니다.

제 3차 한국의 문자전쟁- 패관소품체의 승리

박지원의 자송문, 반성문 제출로 문체반정이 끝난 것은 아닙니다. 역사의 흐름은 이미 해체의 길로 가고 있었습니다. 그 해체는 이미 내부에서 진행되고 있었습니다. 해체는 결국 금기의, 타부의 해체입니다. 해체의 물꼬는 수양대군의 왕위 찬탈, 애사哀史에서 비롯되었습니다. 이를 두고 충신과 역신이 갈리면서 한국은 이미 민심이 이반되는 등 해체를 향한 길로 들어서고 있었습니다. 임란을 통해 민중들은 벌써 임금이 자신들의 아버지가 아님을 알아챘습니다. 병자호란의 결과 국존으로서의 한국 임금의 존엄 또한 말할 수 없이 손상되었습니다.

금기는 봉건적인 가족제도의 해체에서 더욱 본격화되었습니다. 한 사회가 안정되어 그 나름의 사상이나, 윤리의식을 드러낼 수 있기 위해서는 그 사회가 요구하는 여러 가지 금기가 풍속에 폭넓게 정착되어야 합니다. 이른바 도덕적 기풍으로서의 삼강오륜三綱五倫의 풍속화입니다. 삼강오륜이라는 풍속의 가장 최소단위는 바로 '가족'입니다. 가족 관계가 그대로 국가 관계로 인식된 종적縱的 사회가 성리학을 기반으로 한 봉건 한국사회체제입니다. 부부가 가족관계의 중심에 서 있을 때 '사랑'이 가족제도의 기본 모델이 될 수 있지만, 부자가 가족제도의 중심에 이를 때 생겨나는 것은 '권위'와 '복종'이 요구됩니다. 그것은 가족관계를 출발점으로 하는 한국 봉건사회가 지배와 복종이라는 노예적 종속 관계에 기초하고 있음을 그대로 보여주는 이데올로기적 표지입니다.

그러나 한국 사회는 이 뼈리와도 같은 튼튼한 강상綱常의 도리를 스스로 해체하는데 앞장섰습니다. 이러한 가족이라는 강상의 도리가 본격적으로 무너지기 시작한 것은 소현세자(인조의 첫째 아들), 장헌세자(영조의 아들이자 정조의 아버지)의 죽음을 통해서입니다. 소현세자, 그는 병자호란 이후 볼모로 청에 잡혀갔다가 귀국 후 갑자기 의문을 죽임을 당하는데, 그 죽음은 연구에 따르면 인조의 고의적인 살해라는 것입니다. 그 살해의 원인은 그가 청의 신임을 더 받고 있다는 점 때문이었습니다. 자기 권위에 대한 도전이, 도전을 느낀 자의 불안함이 자식을 죽이게 하는 비극으로 인조를 몰고 갔다고 볼 수 있습니다. 영조의 즉위와 사도세자(정조의 아버지로, 정조는 아버지가 노론의 책략으로 죽었다고 판단 그들을 제거하기 위한 국면의 대전환을 노렸으나 실패한 이야기는 한국 천지에 파다한 소문이었습니다)의 죽음 역시 유교적 가족제도의 모순을 가장 잘 드러냈습니다. 영조 자신은 무수리에서 태어났을 뿐 아니라 인조와 마찬가지로 자식을 죽이기에까지 이른 것입니다. 이 두 사실이 당시 사회에 미친 충격은 엄청났으리라 여겨집니다. 한국사회는 이렇게 충과 효에 기초한 강상의 도리와 이념을 스스로 부정한 사회가 되고 말았습니다.

하나의 이데올로기로서의 금기의 해체는 또한 문체의 문제이기도 합니다. 이념은 형식의 기반이자 연장이기 때문입니다. 따라서 이념이 무너지면 형식 또한 무너지게 마련입니다. 쉽게 생각해 보겠습니다. 부자간에 오가는 언어가 막말로 진행되기 시작하면 이미 부자간의 관계를 규율하는 모럴, 금기(부자는 서로 막말해서는 안 된다)가 없어진 것과 마찬가집니다. 그래 다음 글은 한국 철학사와 문학사에서의 이념과 형식이 결코 다를 수 없음을 잘 기술하고 있는 놀라운 문건입니다.

'心', '道', '理'란 것과 '物', '器', '氣'라는 이원적으로 이해했던 시기가 중세였다. 중세전기에는 그 가운데 하나가 '心'과 '物'을 기본용어로 사용하면서 '心'이 참되고 '物'은 헛되다고 하면서, '心'을 나타내는 서정시를 문학 갈래의 으뜸으로 삼았다. 중세후기는 '道'와 '器'를 거쳐 '理'와 '氣'를 기본용어로 사용하면서 그 둘이 다 소중하다고 여겨 서정시와 교술시를 양립시키는 사고구조를 마련했다. 중세에서 근대로의 이행기에는 '氣'에서 벌어지는 음양의 대결을 긴요한 관심사로 삼으면서 자아와 세계의 대결을 전개하는 소설을 만들어냈다.

– 조동일, 〈한국문학통사 3〉, 지식산업사

이 글을 통해 우리는 이理에서 기氣로, 서정시에서 소설로의 이행은 사회현실, 이념의 변화와 불가분의 관계에 놓여있음을 알 수 있습니다.

지난 박근혜 정부에서 문체를 탄압한다는 연기가 모락모락 나고 있을 때입니다. 문화체육관광부가 2015년에 선정, 보급하는 '우수도서'(세종도서) 사업의 '문학분야 도서 선정 기준'에 '특정 이념에 치우치지 않는 순수문학', '국가경쟁력 강화에 기여하는 도서'와 같은 항목이 포함돼 물의를 빚었던 적이 있습니다. '영원한 제국'이라도 건설하려고 했던 것인가. 아니, 아직도 '순수'가 있다고 보았는지. 순수문학의 대명사라고 하는 〈소나기〉만 보더라도—소년은 무명 저고리와 잠방이를 입었고, 얼굴이 검게 탔다고 묘사하고 있습니다. 이는 소년이 가정의 신분이 낮은 집안의 아이임을 말함과 동시에 건강한 아이로 살아왔음을 환기시키고 있습니다. 반면 소녀는 분홍스웨터와 남색스커트를 입었고, 팔과 목덜미가 희다고 했습니다. 이는 소녀가 신분이 높은 집안 출신의 아이임과 동시에 체질이 매우 허약함을 암시합니다. 이런 사실은 두 등장인물이 사랑으로 결합하기에 근본적인 한계가 있음을 말합니다. 두 사람의 운명은 '소나기'를 통해 소녀가 독감으로 죽게 되면서 갈리게 됩니다. 여기서 '소나기'는 순수한 사랑을 말하기보다는 강렬했지만 일과적으로 끝나고 말 것이라는 의미를 지닌 공시의미입니다—자연과학적 사실을 외면하지 않고 계급적 진실 또한 충실하게 반영했기 때문에 성공한 것이지 문학적 아름다움에 편승한 순수한 낭만주의 소설이 아닙니다. 세상에 사랑만큼 순수하고 아름다운 것은 없습니다. 그러나 사랑에 비극 아닌 게 없듯이, 사랑도 목숨을 내놓아야 하는게 현실입니다. 이런 사고의 근저에는 그 몽롱한 뇌리에 분명 다음과 같은 부르주아적 망탈리테가 지배적으로 관철되고 있음에 틀림없습니다.

아무튼 저들은 하나의 '미적 저항'의 성격을 지닌 문화가 불온할 수 있다는 것을 너무도 잘 알고 있는 것입니다. 이렇게 보면 왜 다산이 지금 지배 이데올로기화되어 가고 있는지 이해할 수 있습니다. 다산 콜센터, 다산 프로젝트... 등. 다산은 지금 갖다 붙이면 다 되는 부적이 되고, 나무아미타불이 되었으며, 휘두르면 다 이루어지는 도깨비방망이가 되었습니다. 다산도 어느새 자명한 것으로, 거짓으로 포장된 신화가 되고 말았습니다. 그러나 김수영의 말처럼 문화는 본래 불온한 것입니다. 그러니 온당하지 않은 것을 온당하지 않다고 말하는 문학이 없다면 우리 사회는 다시 역사의 뒷골목으로 사라질지 모릅니다. 그리하여 어떻게 표현할 것인가. 이는 단순히 '관각체館閣體'냐 '패관소품체稗官小品體'냐, 재현再現이냐 재구再構냐 라는 형식의 문제만이 아닙니다. 문체는 다만 기술이 아니라 비전의, 사상의 문제입니다. 문체반정은 지금도 여전히 우리들에게 문화에 대한 '깊은' 이해를 요구하는 역사의 화두입니다. 그리하여 정리해 보건대, 한국후기, 역사적 개변기를 살다 간 다산과 연암을 통해 볼 수 있듯이, '어떻게 표현할 것이냐'라는 형식(문체)의 문제는 곧 어떻게 볼[見] 것인가 라는 인식론 상의 사상의 문제에 다름 아닙니다.

보론

그러나 이게 다는 아닙니다. 한 인물을 이렇게 간단하게 도식화하고 범주화한다는 것은 학문의 장점이자 한계입니다. 정조 사후, 성공의 표본으로서, 당대 사대부의 '전형적 인간'으로서 살아온 정약용은 다시 민중들의 소수집단에의 길로 들어섭니다.

새로 걸른 막걸리 젖빛처럼 하얗고
큰 사발에 보리밥 높이가 한 자로세
밥 먹자 도리께 잡고 마당에 나서니,
검게 탄 두 어깨 햇볕 받아 번쩍인다
옹헤야 소리 내며 발맞춰 두드리니,
삽시간에 보리 낟알 온 마당에 가득하다.
주고받는 노랫가락은 점점 높아가는데
보이느니 지붕 위의 보리티끌 뿐이로다
그 기색 살펴보니 즐겁기가 짝이 없어
마음이 몸의 노예되지 않는다
낙원이 먼 곳에 있는 게 아닌데,
무엇하러 벼슬길에 헤매고 있으리오.

다산의 시 '타맥행'입니다. '농민의 건강한 삶이 곧 가치 있는 삶이라는 민본적 삶의 태도를 생생하게 잘 보여주고 있는 사실주의 시입니다.

(다산의-인용자) 현지의 정황에 대한 사실적인 필세는 오히려

청년시절 정조 대왕에 호응하여 배격한 패관문체의 필치에서 온 것이 아닌가 하는 것이다.

— 홍이섭, '정약용의 정치경제 사상 연구', 〈한국문학사〉에서 재인용

연암의 경우는 어떤가. 그가 비록 문체반정의 적통으로서 새로운 문체를 주도하면서 '문제적 개인'으로서 한국 후기 역사적 개변기에 그 미적 저항의 수단으로 중요한 역할을 한 것은 부정할 수 없는 사실입니다. 그러나 그가 쓴 모든 글은 근본적으로 한어漢語였습니다. 무론 한어로 쓴 문학도 광의의 민족문학입니다. 이에 대해 르네상스 시대, 이태리의 시인 단테와 소설가 보카치오가 자국어로 글을 썼지만 라틴어는 그 시대 학자들의 공통어였다는 사실로 위로를 삼을 수 있을지도 모릅니다. 또 그로써 그의 책이 지배계층에게 더욱 쉽게 전파되었을 것이라는 변명이 들리는 듯도 합니다. 그러나 비록 그가 당대 서민들의 언어時文을 크게 활용했다고는 하나 이는 김만중의 저 유명한 '자국어 선언'과 비교하면 어쩔 수 없는 한계로 드러납니다. 또한 현실주의 학파의 수장이자 대문호로서 중세의 허구 논리를 작파하는 〈허생전〉, 〈호질〉 등 분명 한국근대문학의 기원을 이루는 뛰어난 소설을 지었음에도 불구하고 이를 우회적으로 표현한 것은 분명 권력을 의식한 것으로, 이는 또 하나의 노예 언어인 '이솝적 언어'에 해당한다 할 것으로, 그리하여 그 유명론적 리얼리즘으로서의 일상적인 한국어로 된 진정한 한국문학의 사실주의적 성취는 일제 강점기 임화와 해방 이후의 김수영을 기다려야만 했습니다.

해설

1. 케이 컬쳐와 늘샘 스타일

요즘 전 세계 매스컴을 뜨겁게 달구고 있는 이슈 중에 'K 컬쳐'라는 게 있다.

얼마 전까지는 '한류'라는 이름으로 다루어지던 것들이 이제는 거의 이 이름으로 대체되어 사용되고 있다. 과거 이런 현상은 몇몇 인기 드라마가 주도했었다. 그러나 특정 지역, 특정 계층의 사람들이 중심이 된 그런 현상은 그 영향력이 매우 제한적일 수밖에 없었다. 그런 제한성을 일거에 돌파하여 '케이 컬쳐' 열풍을 전 세계적으로 확산시킨 최대의 공로자는 누구나 알고 있듯이 BTS의 노래, 봉준호 감독의 영화, 황동혁 감독의 드라마 등이었다. 그들이 만든 노래 '다이너마이트'와 '버터', 영화 '기생충', 드라마 '오징어 게임' 등은 해당 분야의 마이너리티로 오래 전전하던 우리의 대중문화 예술을 단번에 세계의 중심으로 끌어올렸다. 솔직히 그쪽에서 일하는 사람들은 다 안다. 빌보드 차트 1위, 아카데미 상 4관왕, 전 세계 드라마 시청율 1위 독점 등은 꿈속에서나 선망할 목표라는 걸. 그런데 그게 우리 눈앞에서 현실화되었다. 우리 같은 소수민족, 약소 문화권 사람들에겐 기적 같은 일이 아닐 수 없다.

그렇다고 마냥 흥분에 도취된 채 가당찮은 미신적 미래 신화에 빠져 정신 줄을 놓고 있을 일은 아니다. 이를 어떻게 지속하고 강화하고 확장할지, 머리를 모아 심도 있는 성찰과 대비를 해야 한다. 그렇게 하지 않으면 그 찬란한 성과는 한순간의 신기루처럼 사라질지도 모른다. 이에 대한 구체적 방안에 대해서는 여러 각론이 있을 수 있겠으나, 기본적으로는 문제에 대한 냉철한 분석과 판단, 실현 가능한 대안 모색이 그 핵심적 내용이 되어야 한다는 점에는 큰 이의가 없을 것이다.

'K 컬쳐(문화)'의 영역은 보통 케이 팝(음악), 케이 푸드(음식), 케이 뷰티(패션, 화장품), 케이 콘텐츠(영화, 드라마)로 나뉜다. 그러나 이 내용들에 대한 다른 나라 사람들의 관심이 폭증하고, 이와 관련된 사업들이 크게 확장되면서, 점점 이보다 더 미소한 것들, 눈길이 가지 않았던 것들이 케이라는 이름을 달고 경쟁적으로 새롭게 얼굴을 내밀고 있다. 예컨대 케이 언어(한국어), 케이 문학, 케이 스포츠 등등 과거 메이저들이 눈길조차 주지 않았던, 그런 약소문화들이 이제 당당하게 전 세계인들의 주목을 받으며 일약 주류, 중심의 영역에 자리를 잡게 되었다. 우리로서는 뜻하지 않은 행운, 혹은 호기를 맞은 셈이지만, 어찌 보면 그건 우연적 돌발성일 수도 있기에 그런 데 전적으로 매달려서는 곤란할 것이다.

따라서 '케이 컬쳐' 분야에도 변화가 필요하다. 변화가 꼭 능사는 아니지만, 어떤 것이든 정체되어 있으면 발전할 수가 없다. 더 나은 미래를 위해서는 현상의 안주보다 불안한 선택을 할 수 있는 용기가 필요하다. 물론 현재 큰 성과를 내며 잘 진행되고 있는 '케이 컬쳐'는 더욱 발전할 수 있도록 집중적인 관심과 함께 충분한 지원을 해야 한다. 활동에 지장을 줄 수 있는 법령 정비, 관심을 지속할 수 있는 정책 개발과 시행, 창작과 소비의 상호 소통에 대한 제도적 지원 등이 그 구체적 방안으로 제시될 수 있을 것이다.

하지만 이렇게 '잘 되고 있는 것'에만 집중하다가는 자칫 밝은 미래를 담보하기 어렵게 될 수도 있다. 대중들의 관심은 들불처럼 무섭게 타오르기도 하지만 금세 얼음장처럼 싸늘하게 식기도 한다. 그게 바로 대중문화의 본질이자 속성이다. 대중의 관심이 떠나간 대중문화는 방치된 쓰레기 신세나 다름없다.

이런 불행한 상황을 예방하자면 우리는 당연히 뭔가 이에 대한 대비책을 세워야 한다. 그 대비책은 무엇이 되어야 할까. 제도와 정책과 지원책을 바꾸는 것도 필요하겠지만 더 근본적으로는 새로운 방향과 길을 모색해 보는 일이다. 그런 방안의 하나로 새로운 '케이 컬쳐' 영역의 개척을 생각해 볼 수 있다. 그러나 많은 사람들이 선호할만한 새로운 영역의 컬쳐 개척은 결코 만만한 일이 아니다. 수많은 시행착오와 여러 사람의 협업으로만 가능한 일일 것이다. 그럼에도 우리는 그러한 시도를 멈추거나 늦출 수 없다. 그것은 현재 우리가 직면한 당면과제이자 동시에 이 시대가 요구하는 시대적 요청이기도 하기 때문이다.

늘샘 김상천은 매우 특이한 문예비평가이자 저술가다. 여기서 왜 특이하다는 표현을 썼는가는 그의 글을 한 번만이라도 읽어보면 금세 의문이 풀릴 것이다. 그가 쓴 글에는 그 특유의 문체가 살아

있다. 글쓰기에 대한 오랜 경험과 이론 탐구로 그는 자신만의 독특한 문체를 생성하여 사용하고 있다. 가령, 상대를 존중하는 차원에서 전문에 걸쳐 경어체를 사용한다든지, 획일화된 표준어법의 폭력성을 거부하며 읽기 편한 일상적 구어체 단어를 사용한다든지, 가독성을 고려하여 단락 구분을 형식에 치우치지 않고 새롭게 시도하는 것 등이 이에 해당한다. 글은 그 글을 쓴 사람을 뛰어넘을 수 없다는 말이 있다. 이 말은 달리 말하면 글 속에 그 사람의 성격, 인품, 철학 등이 녹아있다는 뜻일 게다. 그게 바로 그 사람의 스타일이고 문체다. 늘샘 특유의 문체 속에는 그의 오랜 경험과 세상에 대한 태도 등이 녹아있다. 그는 누구도 흉내 낼 수 없는 늘샘만의 고유한 문체를 나름대로 창출해낸 것이다.

그가 저술한 몇 권의 책 내용을 보면 그는 문체만 독특한 저술가가 아니다. 그가 책에서 주장하고 있는 내용들은 대부분 학계의 통설에 대한 과감한 도전, 많은 사람들이 상식적이라고 생각하고 넘어가는 문제에 대한 예리한 문제 제기, 사회와 시대의 관행적 인식에 대한 날카로운 비판과 공격들로 채워져 있다. 즉 그의 글은 테제에 대한 안티테제 성격의 내용으로 되어 있다. 이는 그가 단순히 반대를 위한 반대를 하는 게 아니라 안티테제를 통해 신테제를, 종합을 지향指向하고 있다는 증거로 볼 수 있다. 다시 말해 그는 현실에 대한 반대가 목적이 아니라 현실의 문제점을 극복하고 지양止揚하여 보다 나은 미래를 창출하기 위한 변증법적 차원의 글쓰기를 하고 있는 것으로 보인다.

또한 그의 글에는 동서고금의 지식들이 종횡무진으로 인용되어 그의 논리를 보강하고 인증認證하는 특징이 있다. 이런 점은 글을 쓰는 다른 저술가들 또한 다름이 없기에 이를 그만의 특징이라고 하는 것은 좀 어폐가 있겠지만, 그가 동원하는 지식들은 그 범위가 광범하고 내용이 정치精緻하여 그의 독서량과 깊이를 가늠키 어렵게 한다는 점에서 차이가 있다. 이런 점은 통상적으로 글의 양식을 분류할 때 그의 글을 어디에도 쉽게 넣기 어려운 고민을 조성한다. 그의 글은 한 가지 주제를 다루면서도 독창적 표현 기법을 사용하는 점에서 보면 문학적이고, 무수한 선인들의 말과 행적을 재료로 삼는다는 점에서 보면 역사적이고, 삶의 본질과 진리를 집요하게 파고든다는 점에서 보면 철학적이다. 흔히 말하는 문사철文史哲 통합의 글쓰기 경지에까지 이르렀다고 단언할 수 있을지는 잘 모르겠지만, 최소한 그런 방향의 시도와 노력을 보이고 있다는 점만은 분명해 보인다.

앞에서 보았듯 '케이 컬쳐'의 새로운 영역 개척은 우리가 감당해야 할 시대적 책무다. 이러한 과업에 특유의 문체 개발과 독특한 저술로 그 분야의 1인자가 된 늘샘 김상천이 뛰어들었다. 그는 장구한 우리 문학과 철학사를 통시적으로 조감鳥瞰하면서 그것을 꿰뚫을 수 있는 하나의 끈 같은 게 없을까 고민하다가 '케이 서사'라는 개념을 발견하고 명명하였다. '케이 서사'는 인류의 보편적 사유와 가치를 담은 우리만의 콘텐츠를 내용으로 하면서 기존의 관행과 인습을 통렬히 파괴하는 고유의 독자적 형식으로 되어있다는 게 그 핵심이다. 그는 이런 독특한 내용과 형식에 '케이 서사'라는 이름을 붙였고, 그 이론적 바탕으로 유명론 철학 중에서 세계적으로 그 유례를 찾기 어려운 우리만의 고유한 철학을 밑바탕으로 삼아 책의 내용을 구성했다. 이런 작업은 아이디어나 포부, 야망만 갖고 될 수 있는 일이 아니다. 고금동서의 철학과 역사를 꿰뚫는 해박한 지식은 물론 문학의 역사와 본질을 투시하는 안목이 없이는 불가능한 일이다. 새삼 늘샘의 공부와 준비를 다시 바라보게 한다.

2. 케이 서사, 우리 고유의 존재 양식

서사학에서 말하는 서사의 개념은 매우 복합적이고 중층적이지만 큰 흐름은 대략 두 가지로 나뉜다. 내용(이야기)을 서사의 핵심이자 본질이라 주장하는 견해와, 전달 방식인 형식(표현)을 더 중시해야 한다는 주장이 그것이다. 그에 따라 학계에서는 그동안 다양한 이야기의 분류와 시대적 변화, 그 속에 담긴 동시대의 사유 등을 분석하고 탐구하는 연구와, 텍스트의 언어, 화자와 청자, 어법, 시제, 시간, 거리 등 주로 표현 방식과 기법을 세밀하게 과학적으로 분석하는 연구 등이 양립을 이루며 활발하게 진행되어 왔다.

그러나 거시적으로 볼 때 과거 오랜 세월 동안 내용 중심으로 이야기 속에 담긴 사상과 철학, 즉 작가의 의식을 중심으로 하는 연구가 중심을 이루어왔다면, 근대에 들어와서는 문학 연구에서도 과학적 엄밀성이 중시되면서 형식 분야 연구가 압도적인 우세를 점하게 되었다고 할 수 있다. 전자가 주로 연구자의 주관적인 판단과 직관에 의지하는 경향이 있다면 후자는 세밀한 자료 분석과 합리적인 추론을 통한 객관적인 접근으로 결론을 도출한다는 점에서 이는 당연한 귀결이라고 할 수 있을 것이다.

따라서 '서사'라는 말을 한마디로 간명하게 정리하기는 어렵다. 다만 관점을 바꾸어 접근하면 좀 쉽게 다가갈 수는 있을 것이다. 이런 차원에서 단순하게 말을 해 보면 서사는 내용이면서 형식이고, 이야기이면서 표현이라고 할 수 있다. 즉 이야기와 표현, 내용과 형식이 결합되어 있는 게 바로 서사라는 얘기다. 그런데 이는 이론적으로 충분히 이해가 가면서도 실제에 들어가 보면 그 둘을 분리하는 게 잘 납득이 되지 않는 면도 있다. 비유하자면 이렇다. 소쉬르 이전에 언어는 신이 인간에게 준 선물이라는 등 그 신비성이 매우 강조되었었다. 그런데 소쉬르는 언어는 내용(랑그)과 형식(빠롤), 시니피에(의미)와 시니피앙(음성)으로 구분했다. 그러나 일상적인 언어생활을 하면서 이를 의식적으로 구분해서 생각하고 말하는 사람은 없다. 말하는 사람이나 듣는 사람은 누구나 그 둘을 통합하여 말하고 받아들인다. 서사 또한 마찬가지다. 그러므로 서사에서 이야기와 표현, 내용과 형식은 둘이면서 하나이고 동시에 하나이면서 둘인 불일불이적不一不二的 성격을 갖는다고 볼 수 있다.

사실 서사라는 말이 생기기 전에도 서사의 의미는 이미 존재하고 있었다. 그렇다면 서사라는 말이 생기기 전 가장 원초적인 서사는 무엇이었을까. 그것은 아마도 생존을 위해 분투했던 개인의 고난 체험이었을 것이다. 개인이 자신의 목숨을 보전하고 생존에서 살아남기 위해서는 무수한 고난을 겪고 또 그것을 이겨내야 한다. 그리하여 살아남은 자가 그것을 다른 사람에게 전달할 필요가 생겼다고 가정해 보자. 그럼에도 그가 그 모든 고난 체험을 그가 겪었던 그대로 재현해 보이는 건 애당초 불가능하다. 그렇다면 자연 그중에서 덜 중요한 것을 빼고 더 중요한 것을 선별하는 과정이 필요했을 것이다. 이런 선별 과정을 통해 긴 체험이 압축되고, 중요한 것 중심으로 재구조화 된다. 이 재구조화된 압축된 체험을 전달하는 게 아마도 인류 최초 서사의 의미이고 형태였을 것이다.

그리하여 압축된 체험 서사는 초창기 인류 집단의 존속과 유지에 매우 유용한 역할을 담당했을 것이다. 생존을 위협하는 온갖 위험 속에서 살아남자면 앞서 체험한 사람들의 체험의 전수가 필수적이다. 수렵, 채취, 유해 동식물 회피 등의 일상적 위험은 직접 보고 듣는 체험을 통해 전수될 수 있지만, 옳고 그름을 따지고 맞고 틀린 것을 판가름하는 데는 지혜의 작동이 필요하다. 그 지혜는 어디에서 오는가. 그것은 지식처럼 기억으로 저장되고 전수되고 교육될 수 있는 대상이 아니다. 그것은 시행착오와 곤경을 직접 겪으면서 조금씩 터득되는 것이다. 다시 말해 지혜는 체험을 모태로 하여 서서히 생성되는 것이라고 할 수 있다.

지혜가 체험을 바탕으로 하여 터득되고 생성되는 것이라면, 그 제일 유용한 수단으로 우리는 먼저 이런 체험을 전달하는 매개 형식으로서의 서사를 떠올릴 수밖에 없다. 서사는 개인이나 집단의 압축된 체험형식으로 되어있고, 이런 압축된 체험형식으로 보전된 기억을 지닌 서사적 지식은 지혜의 저장고나 다름없기 때문이다. 따라서 신화, 전설, 민담 등 구전 설화로서의 구래舊來 서사는 가령, 저 그리스 로마 신화는 무론 호메로스의 서사시처럼 자연스럽게 인류 최초의 교육 텍스트로 활용되어 사회의 보전 기능을 발휘했을 것이고, 이를 통해 사회의 안정적 유지와 발전도 가능했을 것이다.

실제 인류 역사를 돌아보면 어느 시기마다 지배 서사가 존재했음을 알 수 있다. 우리는 흔히 한 시대를 지배하는 중심세력이라 하면 강고한 정치 권력, 막강한 군사력을 먼저 떠올리지만 실상 한 시대를 지배하는 진정한 지배력은 보이지 않는 곳에서 은밀히 작동하는 지배담론으로서의 지배 서사의 힘이라고 할 수 있다. 예컨대 개인의 압축된 체험이 변형되고 과장되어 더 정제된 형태로 신성성이 더해져 완성도를 높인 신화의 경우를 생각해 보자. 가령, 제우스의 탄생신화처럼 신화는 그 절대적 권위와 신성불가침의 초월적 힘을 지닌 자로 지도자에 대한 무조건의 복종과 더불어 반발심을 원천적으로 차단하는 기능을 수행했다. 그리하여 신화는 그 시대의 지배체제를 강화, 공고히 하고 구성원들을 효율적으로 통제함으로써 사회를 안정시키는 기능을 담당했다고 볼 수 있다. 신화는 체제 유지를 기능으로 한다. 전설이나 민담, 서사시 또한 마찬가지로 동시대의 안정과 질서를 위한 나름의 시대적 역할을 담당했으며, 근대를 대표하는 시민적 서사 양식인 소설 또한 그런 역할에서 완전히 벗어나 있다고 보기 어렵다.

사실 '케이 서사'는 좀 낯선 말이다. 일상에서 그리 자주 사용되지 않는 말이기 때문이다. 요즘 우리 주변에 '케이'가 붙은 말이 하도 유행하다 보니 이 또한 그런 유행의 한 부산물쯤으로 생각할 사람도 있을 것 같다. 늘샘이 말하는 '케이 서사'는 '한국형 서사체'의 다른 이름이기도 하다. 즉 늘샘에게 있어 '케이 서사'란 한국만의 고유한 서사 양식이다. 그런데 장구한 한국문학사에 과연 그가 말하는 그런 서사가 존재하는가. 그런 게 존재했다면 왜 그동안 많은 연구자들 가운데 그런 얘기를 하는 사람이 없었을까. 존재하기는 하는데 발견을 못 했던 것일까. 아니면 학문적으로 논의할 만한 가치가 없다는 판단으로 방치했던 것일까.

결론적으로 말해서 늘샘이 말하는 '케이 서사'는 사실 학계에 알려지지 않은 것을 처음 찾아낸 것도 아니고, 그동안 연구자들이 논의하지 않았던 새로운 내용도 아니다. 이미 선행 학자들이 충분히 검토하고, 논의하고, 논쟁했던 그런 작가들과 또 그들이 쓴 작품들을 대상으로 한 이름이다. 그럼에도 그는 왜 '케이 서사'라는 명찰을 달고 14인의 작가들과 작품들을 다시 거론하는가. 만약 늘샘이 기존 학계의 연구 성과들을 바탕으로 뭔가 얘기한다면 그건 아마 통상적으로 학자들이 하는 작업이나 다름없는 일일 것이다. 또한 그의 작업이 통상적이고 관행적인 작업에 머무르고 말았다면 그 분야의 학문에 종사하는 소수 전문가들에게나 관심받는 일이었을 뿐 일반 대중적 독자들에겐 강 건너 불에 지나지 않았을 것이다.

그러나 늘샘이 말하는 '케이 서사'는 기성의 개념과는 전혀 다른 새로운 개념이다. 그리고 그가 사용하는 서사의 개념은 기존의 학자들이 상상하기 어려운 기발한 착상에서 나온 개념이다. 그래서 사실 좀 위험해 보이기도 한다. 그러나 그동안 한국문학사를 아끼고 사랑해왔던 그 누구도 갖지 못했던 천외天外의 발상으로 새로운 관점의 한국문학사를 만들어 보고자 하는 그의 구상은 참신을 넘어 경이驚異함까지 느끼게 한다.

자, 그러면 그가 말하는 '케이 서사'의 새로운 의미는 무엇이고, 또 우리 문학에서 그것이 갖는 문학사적 의의는 무엇인지 우선 그의 설명을 따라가 보자. 다만 그는 한 곳에서 집중적으로 그런 논의를 하지 않고, 이 책 곳곳에 그런 얘기가 산재해 있어서 그걸 찾아다녀야 하는 다소의 불편함은 있다. 하지만 그것은 새로운 것을 찾아 지적 쾌감을 추구하려는 사람들이 감수해야 할 몫이다.

우선 그가 바라보는 서사는 기존 문헌의 설명과 좀 차이가 있다. 즉 그는 서사의 개념, 본질, 형태 같은 식상한 규범적 설명보다는 서사의 사회적 위상, 기능, 역할 등 서사 장르에 대한 의미에 더 관심이 많은 것처럼 보인다. 그래서 그는 비교의 방식을 통해 그런 것을 설명하고 안내하는 방식을 선택한다. 그에 따르면, 문학에서 보여주기(모방)와 말하기(서술)의 분리가 서사의 기능이 확장되고 강화되는 계기가 되었다고 할 수 있다. 그런 분리는 익히 알려져 있듯 근대에 들어와 강화되었다 할 수 있는데, 다음 인용문은 그런 점을 잘 보여주고 있다.

보여주기와 말하기가 '이중적으로' 분리되었다는 것은 세포 분열처럼 모방과 서술이 분리되기 시작되었다는 것을 말합니다. 즉 하나의 미적 거리두기로 대상과 일정한 거리를 지닌 심리적 기제가 가능하게 되었다는 것은 그만큼 절제 있는 인간의 이성적 태도와도 관련된 것입니다.

이어 그는 모방과 서술의 차이를 넘어 그것이 수행하는 기능에 근본적 차이가 있다고 하면서, 다소 논란의 여지가 있을 수 있는 그것의 우열론까지 거론하기도 한다. 하지만 그것은 그가 이 책의 주제로 삼고 있는 산문(서술) 중심의 논지 핵심과 관련 있는 일이기에 충분히 이해가 가는 일이다.

모방(직접제시, 묘사적 사실범주)과 서술(간접제시, 서사적 가치범주)이 조화 있게 결합된 형식이 가장 이상적인 것이지만 우리가 〈일리아스〉라는 서사시를 읽으면서 전자처럼 크리세스의 말을 통해서만 줄곧 작품을 보게 되면, 우리는 대상에 매몰될 소지를 지닌 눈 먼 독자로서의 모방자가 될 가능성이 크고, 이와 달리 우리가 후자처럼 대자적 거리를 지니고 호메로스의 이야기를 통해 작품을 읽는다면 우리는 이성적 인식을 지닌 성숙한 인간이 되는 것입니다. 이것이 바로 루카치가 '소설은 성숙한 남성의 형식The novel is the form of mature virility'이라고 한 바의 진정한 의미일 것입니다.

이런 생각은 결국 시와 소설의 장르에 대한 기능 인식으로까지 확장된다. 지나친 일반화의 오류의 위험성을 익히 알고 있을 그가 이런 발언을 거침없이 하는 이유는 전체의 주제 의식을 강조하고자 하는 의도가 앞섰기 때문일 것이다.

시가 구심적이고 전체적인 동일성의 지배 문학에 가까운 형식이라면 하나의 비판적 성격을 지닌 이야기로서 소설적 산문은 원심적이고 개인적이며 차이를 지닌 '탈중심'의 도가적인 은일과 보전, 나아가 저항의 성격을 지녔다는 점입니다.

여기서 그가 말하는 서술, 말하기, 간접 제시, 가치 범주, 소설 등은 모두 서사의 가족이다. 즉 그가 말하는 서사란 단순히 사실을 전달하는 모방이 아니라 가치를 전달하는 이성적 행위가 된다. 따라서 그러한 서사는 단순히 한 시대의 미적 양식에 그치는 게 아니다. 서사는 그것을 말하고 읽고 공유하는 사람들에게 굴종과 타협을 넘어 비판과 저항을 가능케 하는 의식의 전환으로까지 확장된다. 다시 말해 서사는 〈미적 저항aesthetic resistance의 성격을 지닌 민중의 형식〉으로 작용하게 되는 것이다.

그렇다면 과연 한국문학에 이런 서사가 존재하는가. 존재한다면 그것은 어떤 형태와 내용으로 존재하는가. 그는 우리 문학사(혹은 철학사, 사상사)에서 그에 해당되는 열네 명의 문인을 호명해 냈다. 그리고 그들이 산출해 낸 작품을 '한국형 서사체'라는 공통된 관점에서 하나의 연쇄체로 묶어냈다. 이게 바로 그가 새롭게 명명한 '케이 서사'의 핵심 내용이자 개념이다. 이를 그가 직접 언급한 '케이 서사'의 개념으로 확인해 보자.

서양의 지적 계보에 못지않은 우수한 내력을 지닌 시도 아니요, 소설도 아닌 그 한국적 변증법이자 문화적 결절점으로서의 한국형 서사체.

이미 세계와 통하는 '한국 고유의' 사유와 시도 아니요 소설도 아닌 한국형 서사체라 할 고유의 서사 형식으로 간단없이 흘러

오고 있으며,

그 대승적 성격을 지닌 '한국적 변증법'에 대한 모델이 될 수 있고, 시도 아니고 소설도 아닌, 그러면서 또한 시이기도 하고 소설이기도 한, 서양의 이분법적 장르 이론을 뛰어넘은 '한국형 서사체'.

이 인용에서 보듯 한국형 서사체는 '시도 아니며 소설도 아닌', 그러면서 또한 '시이기도 하고 소설이기도 한', '한국적 변증법이자 문화적 결절점'에 해당한다. 가히 파천황의 새로운 울림이 아닌가.

3. 한국의 혼으로 핀 유명론자들

이 책의 원제목은 사실 철이 좀 지난 것 같은 복고적 냄새가 난다. '한국'이란 말이 그렇고, '유명론'이라는 중세 철학 용어 역시 시효 지난 제품 같은 느낌이 들어 그렇다. 저자가 이를 모를 리 없다. 그럼에도 굳이 이런 표제를 붙인 데는 특별한 까닭이 있을 것이다. 실제로 그는 총론에서 이에 대해 상세한 이유를 밝히고 있다. 읽어 보면 모두 납득이 가고 이해가 되는 내용들이다. 그럼에도 하나의 상품으로서 독자의 선택을 기다리는 저자(혹은 출판사)의 입장에서 생각해 본다면 여전히 의문이 남는다. 최신 트렌드를 반영하여 눈길을 끌게 해도 부족할 판에 오히려 그에 역행하는 것 같은 내용으로 되어 있기 때문이다.

그는 왜 굳이 〈한국의 유명론자들〉이라 했을까.

늘샘은 유명론의 의미보다는 그 시대적 역할과 의미를 더 중시하고 있는 것 같다. 원래 유명론은 실재론과 대립되는 개념으로 정립된 철학 용어다. 기독교가 절대적 힘으로 작용했던 중세는 세상 만사가 신 중심으로 이해되고 인식되어야 했다. 따라서 개체(사물)보다 보편이 선행한다는 혹은 개체 안에 보편이 내재되어 있다고 보는 실재론이 지배적 시대 조류가 되는 것은 너무도 당연한 일이었다. 그런데 이런 지배 담론에 대해 의문을 품는 일부 세력이 나타났다. 과연 보편(본질, 신)이 개체보다 선행하는가. 그런 사고는 실제로 믿을 만한 것인가. 이 세계는 개별을 넘어 보편만이 지배하는 세계인가. 이런 회의적 의문을 제기하는 사람들을 지칭하는 용어가 바로 유명론자唯名論者이다. 그러니까 실재론과 유명론은 동시 발생하여 양립하는 개념이 아니라 먼저 존재하고 있는 강력한 실재론에 맞서 유명론이 뒤에 생겨난 것이다. 유명론이 반시대적인 저항성을 띨 수밖에 없는 이유가 여기에 있다. 늘샘은 바로 여기에 초점을 맞추고 있다.

유명론은 전형적인 근대 시민의 사유입니다. 질병은 질병일 뿐이니 신비화하지 말아야 한다는 수잔 손탁(《은유로서의 질병》)의 주장이나 '광기는 분류다'라는 푸코(《문명과 광기》) 의 합리적이고 실질에 터한 과학철학적 인식들은 이제 일상의 기초일 뿐만 아니라 비판적인 사고의 핵심이 되었습니다.

그렇다면 한국에도 이런 유명론이 존재하는가. 비록 그 명칭이 부합하는 것은 아니지만 그 정신과 의식의 면에서 보면 분명 한국에도 유명론이라고 부를 만한 그런 흐름이 있어 왔다. 그들은 강고한 지배 세력에 맞서 절실한 마음으로 그 시대의 변화를 추구했고, 절망적인 사회 속에서 희망을 꿈꾸었으며, 압도적 지배 세력에 균열을 가져오기 위한 모험적인 시도 등을 끊임없이 이어 왔다. 그리고 그런 생각을 독특한 양식의 글로 남겼다. 그런 시도는 대체로 소수 세력에 머물고 말았지만 성공 여부와 상관없이 그런 노력과 시도가 있었다는 사실 자체만으로 매우 소중한 한국적 자산이라고 할 수 있다. 다음과 같은 늘샘의 말은 이를 잘 보여준다.

유명론은 이렇게 언어에 대한 비판이자 추상적 사고에 대한 도전입니다. 이런 한국적 리얼리즘으로서의 진리에 대한 심오한 의식을 담고 있는 유명론이 한국학에 있어 어떻게 발전하여 오늘에까지 이르렀는지, 그 기원과 내력을 더듬어 보고 의미를 캐내는 일은 오늘에도 여전히 적지 않은 의미가 있을 것입니다. 왜냐하면 우리들은 여기서 하나의 유물론의 전통이자 서사적 형식으로 원효 이래 그 장장한 서사로서의 한국적 리얼리즘을 이끈 박지원, 임화, 김수영 등 거성들을 통해 하나의 문화적 결절점으로서as a cultural node 그 글로컬한 세계성을 지닌 한국적 서사로서의, K-철학의 이론적 성취를 재구할 수 있는 희망의 근거를 볼 수 있기 때문입니다.

나아가 늘샘은 지금 시점에서 왜 이런 유명론의 탐구와 추구가 필요하고, 그것이 갖는 의미가 무엇인지를 구체적으로 밝히고 있다.

우리가 왜 앞으로 한국 유명론의 철학적 선구자들을 호명하지 않을 수 없는지, 그리하여 우리가 왜 저 '보편적'이라는 구심적 사고에서 벗어나 '개별적' 사고로서의 원심적인 '한국적인 것'으로서의 우리의 이야기를 해야만 하는지, 그것은 우리가 '나' 또한 하나의 우주로서 중심을 유지하고 살기 위해서는 먼저 허위에 대한 날카로운 인식을 지닌 과학적이고 합리적인, 유명론적 사고를 낳은 이 땅에 대한 현실적 근거로서의 내재적 인식으로부터 출발하지 않으면 안 되기 때문입니다.

그리하여 그는 우리 문학사, 철학사에서 유명론적 사고로 행동하고, 또 그런 생각을 글로 담아 남긴 선인들을 찾아 나선다. 일종의 철학 오디세이다. 장구한 우리 문학사에 그런 사람은 적지 않게 존재할 것이지만 그는 우선 대표적인 인물 14명을 가려냈다. 이들의 독특한 행적은 때로 기행奇行으로 치부되고, 그들이 남긴 글은 더러 불온한 문서로 취급되어 공격을 받기도 했다.

그러나 그들의 생각이 대부분 반시대적이고, 지배 체제에 대한 비판과 주류적 흐름에 대한 저항성을 지녔기 때문에 그들의 그런 생각을 담아낸 글이 동시대 지배 형식을 따를 수 없는 건 너무도 당연한 일이었다. 보통 형식이 내용을 규제하기도 하지만 때로는 반대로 내용이 형식을 규제하기도 한다. 그런 내용을 담아내기 위해 그들은 고심 끝에 그 시대의 통상적 표현 형식을 거부하고 파괴하는 과감하고 새로운 형식을 시도할 수밖에 없었다. 그게 바로 시도 아니고 소설도 아닌, 그러면서 시이기도 하고, 소설이기도 한 독특한 형식이 탄생하게 되었던 것이고, 이것이 바로 늘샘이 말하는 '케이 서사'가 아니었던가. 이 책의 핵심은 14명의 유명론자들, 그들의 살아온 시대적 행적과 그들이 남긴 글의 가치를 논하는 데 있다. 실제 책의 상당 부분이 그런 내용으로 채워져 있다. 그 내용을 하나하나 따져 살피는 일은 많은 시간과 노력을 필요로 한다. 여기서는 그럴 여유도, 필요도 없다. 그 핵심과 요지만 살피는 일만도 버겁다.

고대의 원효는 통일 이후 신라의 철학으로 불일불이不一不二 사상을 내세웠으며, 이는 비속미를 바탕으로 한 민중불교의 창시로 이어지고, 그것을 널리 전파하기 위해 서사 형태의 각종 '논論'과 '소疏'를 저술하여 남겼다. 이규보는 공자 이래 정형화된 중국의 시 형식을 거부하고 산문정신에 바탕을 둔 우리나라의 "동명왕편" 이야기를 서사시로 창작하고, 당시 지배층들이 경원시하던 패관문학("백운소설")의 글도 거침없이 써냈다. 일연은 원의 침략으로 어지러워진 당대 현실을 바로잡고 새로운 기운을 불러일으키기 위해 이야기를 만들어 전승하려는 의도로 공자가 부정적으로 얘기했던 괴력난신怪力亂神의 이야기를 모아 〈삼국유사〉를 저술했다.

김시습은 현실 권력에 대한 저항이 더 이상 가능하지 않은 상황에서 환상적 이야기를 통한 서사로 탈출구를 모색했다. 그가 저술한 〈금오신화〉는 내용에서 유학자들이 타매唾罵했던 귀신 이야기를 다루고 있고, 또 그 배경과 인물이 우리나라로 되어있다는 점에서 반시대적이고 저항적 성격을 갖는다. 서경덕은 유리론唯理論이 천하를 지배하던 시대에 변화를 중시하는 유기론을 주창한 한국 최초의 유물론 철학자라 할 수 있는데, 그는 그러한 자기 생각을 '잡저雜著'라는 에세이 형식의 글로 남겼다. 정철은 감정과 개별자를 중시하던 유기론자 기대승의 제자로 글에서도 동시대의 지배적 형식인 정형시보다는 별곡체, 사설시조, 희곡체 등 시민문학 형식에 가까운 파격적인 글을 많이 남겼는데, 이는 〈시인가 하면 시가 아니고, 소설인가 하면 소설이 아니며, 하나의 장가長歌 또는 이야기 시〉라고 할 수 있다.

근세의 허균은 예학과 보학이 하나의 국가 이데올로기 통제 장치로서 배타적인 양반사회의 위계질서를 유지, 강화하는 데 사용되던 시기에 살았던 시대의 이단아였다. 그는 이런 은폐된 진실을 까발리는 데는 근대의 시민적 사유를 대변하는 유명론이 유용하고, 또 이를 미적으로 형상화한 이야기 형식이 근대의 소설이라는 점을 제대로 인식하고 있었다. 따라서 그가 저술한 〈홍길동전〉은 도술소설도 의적소설도 영웅소설도 아니고, 중세 우상의 세계를 폭파시키는 하나의 탈마법의 사실주의 소설이라 할 수 있다. 홍대용은 우리나라 최초로 지동설을 주장한 과학자이자 호락논쟁湖洛論爭(인물성동이론人物性同異論)에서 인물성동론을 펼친 철학자다. 인물성동론은 사람과 사물이 다르지 않다는 이론인데, 이는 왕과 신하, 아버지와 아들, 중화와 오랑캐, 명나라와 청나라로 이어질 수 있는 것으로 현실적으로 매우 민감한 문제라고 할 수 있다. 그는 이런 생각을 〈의산문답〉이라는 독특한 형식의 글로 담아냈다. 박지원은 당세의 지배담론인 이기이원론理氣二元論으로서의 음양오행론을 해체하고 기일원론氣一元論으로서의 생성生成의 사상을 내세워 모화사상을 넘어 주체성을 지닌 한국사상가로서의 독자성을 획득한 대문호다. 그는 고문의 시 형식을 파괴하고 자유로운 산문 형식을 도입하여 당세의 이슈를 담론화했는데, 그게 바로 '허생전', '호질', '마장전', '예덕선생전' 등 전래의 민중적 서사 형식의 글들이고, 또 복합적이고 통합적인 형식의 대교향악과도 같은 〈열하일기〉다.

근현대의 임화는 카프의 핵심 조직원으로 문학 활동을 시작했으나 일제의 탄압이 극심해지자 위기에 빠진 문학을 타개하기 위해 고민에 빠진다. 민족진영 사람들이 시조나 고대사 연구 쪽에 매진하고, 카프 쪽 문인들이 소설 쪽에 관심을 기울였다면, 임화는 우리 고전과 언어(한국학)에 열정을 쏟아부었다. 그는 학예사를 설립하여 단기간에 많은 고전 작품을 간행하여 보급하고, 김태준의 〈한국소설사〉의 재출간을 주도했다. 스스로도 〈개설신문학사〉를 대담하게 집필하는 등 잊혀 가는 우리 문학과 언어를 지키려고 노력했다. 특히, 현실에 기반한 유명론적 언어관은 한국판 속어론俗語論으로 가치가 크다. 김수영은 문학 이론과 철학, 시 창작을 함께 한 시인이었다. 서구 문명의 홍수에 대하여 끝없이 회의하고 고민하던 그는 4.19를 분수령으로 시민적 사유에서 민중적 사유로, 근대적 사유에서 탈근대적 사유로 일대 변환을 추구하고, '온몸의 시학'이라는 그만의 독자적인 시론을 완성했다. 그는 대상을 찬미하기 위해서가 아니라 오히려 유명론적 진실의 폭로를 위해 시를 썼다고 볼 수 있다. 이는 말과 사물, 인간과 자연이 다르지 않고 더 이상 둘이 아니다不二라는 한국 고유의 민중적인, 구래舊來의 대승적 변증법을 계승하고 있다는 점에서 매우 소중하다.

이들 열네 명의 유명론 문인들에겐 몇 가지 공통점이 있다. 동시대 현실의 지배적 주류적 흐름과 불화했다는 점, 어지러운 현실을 개혁할 방안에 대해 끊임없이 고민했다는 점, 자신의 생각을 담은 글을 직접 써서 남겼다는 점, 그 글의 내용은 물론 이를 담은 형식과 표현에서 기존의 전통을 과감하게 파괴했다는 점 등이 그것이다. 이런 점에서 보면 그들은 대부분 시대의 아웃사이더, 이단아들이었다.

그러나 그들의 기득권 포기와 강고한 지배체제에 대한 문제 제기, 주류에서 배제되어도 괜찮다는 용기, 스스로의 파괴를 두려워하지 않는 굴강한 의지, 이런 것들이 우리 삶을 바꾸고, 세상을 변화시키는 힘으로 작용했음을 우리는 잘 기억하고 있다. 따라서 그들은 우리 역사를 바꾼 혁명가들이고, 또 현재의 우리를 있게 한 뿌리와 토대였다고 할 수 있다.

늘샘은 이들을 하나로 묶는 역사적 끈으로 한국의 유명론이라는 특이한 발상을 들고 나왔다. 그리고 실제로 그들이 살았던 시대와 주변 환경을 면밀히 분석하고 탐구하여 그러한 점을 입증해 내는 방식으로 이 책을 썼다. 또한 그들이 남긴 글에서 내용적으로 한국적 독자성을 발견해냄과 아울러 형식에서 '시도 아니고 소설도 아닌, 그러면서 시이기도 하고 소설이기도 한' 독특한 서사 양식을 찾아내어 이에 '케이 서사'라는 이름을 붙여 주었다.

앞으로 이런 '케이 서사'의 내용이 원천이 되어 영화, 드라마, 애니메이션, 뮤지컬, 오페레타 등 이 시대의 새로운 보편 서사 형식으로 거듭 태어나게 될 날을 기대해 본다. '케이 서사'는 한국만의 그 고유성과 독자성, 그리고 세계인이 공감할 수 있는 보편성과 세계성을 동시에 갖춘 독특한 양식으로 그 경쟁력이 무한하다. 이미

일부 작품으로 그 효과가 증명된 한국형 서사체가 이를 입증하고도 남는다.

현재의 '케이 컬쳐' 열풍이 언제까지 지속될 수 있을지는 아무도 모른다. 속히 새로운 영역을 개척하고 대비를 해야 한다. 그 새로운 영역 개척의 하나로 늘샘이 개척한 '케이 서사'의 이론적 성취는 그 실현 가능성과 성공 확률이 아주 높은 학문 분야라고 할 수 있다. 요체는 우리 모두의 관심과 애정이다. 우리 스스로 이에 대해 무관심하면서 남들의 기대와 지지를 바라는 것은 염치없는 일이다. 어떤 사물에 대해 새로운 관심을 가질 때 그 사물은 비로소 내 것이 되고, 우리 것이 될 수 있다. 우리가 '케이 서사'를 더 많이 사랑하고 아끼고 관심을 가지면 새로운 '케이 컬쳐'의 시대가 활짝 열릴 수 있다. 이는 늘샘의 꿈이자 우리 모두의 희망이기도 할 것이다.

조 동 길(소설가/문학박사/공주대명예교수)

후기

본문을 통해 보았다시피, 이 책은 그 고유한 '한국형 서사체 형식'에 대한 유명론적 접근으로서의 대중적인 문예철학서입니다. 따라서 이 책을 관통하기 위한 기본 소양으로 '형식'과 '철학'에 대한 깊이 있는 미적 사유가 요구되었던 것이니만큼 쉽지 않은 작업이었음을 고백합니다.

그러나 늘샘은 하나의 화두로 문체 형식(또는 장르)에 대한 그 말로는 다 할 수 없는 인문과학적 매력을, 철학적 직관을 느껴온 지 오래입니다. 그래 플라톤 또한 형식이야말로 가장 중요한 지식이다라 했으니, 대체 형식은 무엇을 의미하는 것인지… 왜 역사는 또 하나의 문체사라 할 정도로 역사의 전형기에는 항상 문체의 변이 있었는지… 그래 이 작은 도정을 〈세계문체사—시인은 왜 철학자를 고발하였나?〉로 가는 길목이라 여기고 있는 터이지만, 아무튼 이런 일련의 작업을 수행하기 위해서는 이론적 배경을 물고 있지 않으면 헤매기 일쑤입니다.

그리하여 나는 보잘 것도 없는 이 땅의 문예비평가를 자칭하고는 있지만, 아니 늘샘 또한 나만의 눈깔을 지닌 자로 나는 어디까지나 나만의 고유한 시각을 지닌 인식이 요구되었다고 볼 때에 있어서, 이것은 분명 나 혼자만의 그것은 아닐 것입니다. 그리하여 이제야 소개하는 것이지만 가령, 니체는 자신의 철학을 계보학이라고 했거니와, 이것은 단순한 역사기술방법이 아닌 그만의 것으로, 그러니까 그는 '호메로스-플라톤-니체'로 이어지는 〈도덕의 계보학〉을 정립한 자로, 탈근대철학의 공식적인 대부가 되었던 것입니다. 이런 니체의 계보학을 이어 프랑스적 버전으로 미셸 푸코가 받아들인 방법론이 바로 그 〈말과 사물〉을 통해 드러낸 유명한 〈지식의 고고학〉인 것입니다. 이런 것은 기존의 선적linear 접근방식이 아닌 다층적인multi-layer 접근방식으로 거부할 수 없는 매력적인 방법론이라 하지 않을 수 없습니다. 그러니까 그 어떠한 역사든 인과적으로 이어져 온 게 아니라는 것입니다. 선적인, 인과적인 역사기술은 이성에 기반한 합리적인 역사인식으로 정통적인 것입니다. 여기에 대해 니체는 예의 '니체의 망치Nietzsche's Hammer'를 내리쳤던 것으로, 그것은 시간적 지속이든 일정한 틀이든 하나의 지배적인 형태의 모습을 지니고 있다는 것입니다. 그래 니체는 호메로스로 대표되는 시(영웅/집단)의 시대가 플라톤으로 대표되는 소설(시민/개인)의 시대가 되었다가, 이제는 다시 초인(창조적 인간/민중)의 시대가 되었다는 것입니다. 이것은 이미 플라톤(《소크라테스의 변명》)과 헤겔(《미학》)을 통해 예시된 것이지만 여기, 그런 니체 계보학을 일반화시키면,

'도덕은 역사의 산물이다'

라 할 것입니다. 마찬가지로 이것을 푸코에게 적용하면,

'지식도 역사의 산물이다'

가 될 것입니다. 자 그렇다면 니체-푸코에 이은 늘샘의 미적 형식의 계보학은 무엇이 될 것인지, 이것을 이 책에 적용하면,

'미적 형식 또한 역사적 산물이다'

가 될 것입니다. 이것은 어느 순간 나도 모르게 번개처럼 스쳐 지나간 영감 같은 것이고, 늘샘에게 다가온 뮤즈의 미소였던 것입니다. 아니, 사실은 한국의 니체라 자부하며 그의 서책에 빠져 오만방자하기 이를 데 없이 설쳐댄 결과이자 푸코에 미치고, 다시 한국의 현대철학자 이정우(〈세계철학사1, 2, 3, 4, 길〉 저자)에 빠지고, 이런저런 수천수만의 방대한 저서들을 난독한 끝에 얻어진 수정의 결과라 할 것입니다.

원래는 졸저 〈청년 임화〉(사실과가치)를 구상하는 가운데 그 내재적인 기원으로서의 '한국적인 것'의 본질을 모색하다가 어느 순간 나에게 다가왔던 것으로 대체 어디에서 이런 사유의 기름이 쏟아져 나왔는지 이것은 참으로 스스로도 주체하기 어려울 정도로 놀라운 사건이었습니다. 이 놀라움이 하나의 작은 파문이 되었나 봅니다. 그래 주변에서 임화보다 유명론자들이 더 재미있고 참신하다는 반응에 미쳐서는 나도 모르게 흥분이 되었던 것입니다. 뭐 작가에게 이것보다 더한 홍복洪福이 어디 있는지, 더욱이 조동길 은사님의 금강안金剛眼을 통해 경탄에 가까운 분에 넘치는 찬사를 받고는 무어라 주체하기 어려운 것을 느낀 것도 사실입니다.

그래 뮤즈라는 말도 있지만 우리말에 '공수'라는 말이 있습니다. 무녀가 세레머니를 할 때 사자의 말을 전하는 것인데, 이것은 사실 영감의 힘이 아니고서는 불가능한 것입니다. 작가도 마찬가집니다. 하나의 작품이 이루어지기 위해서는 공수와 같고 폭포수와도 같은 영감의 힘이 필수적입니다. 그래 늘샘이 작가로서 장인론도 믿지만 영감론을 또한 무시할 수 없는 이유입니다. 뭐 작품이 어디 기술적 설명력만으로 될 수 있느냐 이겁니다. 그래 참으로 이것을 놓쳐서는 안 되는 것이지만 대상을 진정으로 사랑하면 돌부처도 미소짓는다 했으니, 늘샘에게 이 책이 기적이라면 이것 또한 작은 사랑의 기적이 될 것이고, 그것은 과연 그 어디선가 읽어 둔 책 귀신들의 영감이 어린 것이고, 그것은 또한 끊임없는 성원과 지원을 아끼지 않은 산 귀신들의 숨결이 어린 것입니다.

나는 그렇게 봅니다. 감사합니다.